KB126737

흥선대원군 평전

| 근대이행기 조선 정치사의 이면 |

고종시대 인물연구 총서

흥선대원군 평전

| 근대이행기 조선 정치사의 이면 |

초판 1쇄 발행 2021년 11월 20일
초판 2쇄 발행 2023년 5월 31일

저 자 | 김종학

발행인 | 윤관백
발행처 | 선인

디자인 | 박애리
편 집 | 이경남 · 박애리 · 이진호 · 임현지 · 김민정 · 주상미
영 업 | 김현주

등 록 | 제5 - 77호(1998.11.4)
주 소 | 서울시 양천구 남부순환로48길 1, 1층
전 화 | 02)718 - 6252 / 6257
팩 스 | 02)718 - 6253
E-mail | sunin72@chol.com

정 가 32,000원
ISBN 979-11-6068-644-9 93990

이 저서는 2015년 대한민국 교육부와 한국학중앙연구원(한국학진흥사업단)의
한국학총서사업 지원을 받아 수행된 연구임(AKS-2015-KSS-123006)

고종시대 인물연구 총서

흥선대원군 평전

| 근대이행기 조선 정치사의 이면 |

김종학 저

제3장 파국(1894~1895)

서문-흥선대원군, 또는 근대이행기의 일그러진 리바이어던

　이 책의 제목은 『흥선대원군 평전』이지만, 흥선대원군 이하응(李昰 應, 1820~1898)의 일대기를 추적하기보다는 그를 중심으로 전개된 19세 기 후반 정치외교사를 주로 서술했다는 점에서 평전(評傳)이 아닌 일종 의 역사서에 가깝다. 여기에는 대원군이 이 시기 역사적 전개에 중대 한 영향을 미친 인물 중 하나였으며, 따라서 그의 이력이 일반적 의미 의 정치사와 쉽게 분리되지 않는다는 것 외에도 다음과 같은 이유가 있다.

　첫 번째는 대원군의 독특한 정치적 지위와 그로 인한 사료의 결핍 이다. 1863년 고종이 12세의 충유(沖幼)한 나이로 즉위한 이후 약 10년 간, 대원군이 국왕의 생부라는 존귀한 지위를 기반으로 무소불위의 권 력을 행사한 것은 잘 알려진 사실이다. 그런데 이전까지 조선 역사에 서 국왕이 즉위할 때, 왕이 되지 못한 그 생부가 생존해 있던 경우는 없었다. 그 전례가 없으므로 그를 위한 의례나 정치 참여에 관한 규정 이 마련돼 있을 리 없었다.

　대원군은 조정 내에서 어떠한 공식적 지위도 없으면서도 최고의 권력을 행사했다. 엄밀히 말하면 그는 조정에 설 수 없는, 심지어 존재해서도 안 되는 인물이었다. 이러한 파행적인 권력 행사는 19세기 세도정치의 결과 조선의 정치시스템이 이미 붕괴한 결과로밖에 설명할 수 없지만, 아무튼 이로 인해 민간의 전문(傳聞)을 기록한 일부 야사를 제외하면 대원군의 구체적 행적과 생각을 파악할 수 있는 자료는 그다지 많지 않다. 물론 소설적 상상력을 발휘하면 어느 정도 그 한계를 극복할 수 있겠지만, 유감스럽게도 이는 필자의 능력을 벗어나는 작업이다.

두 번째는, 대원군이라는 존재의 시대적 의미이다. 대원군의 통치에 관해선 그동안 많은 연구자에 의해 적지 않은 연구 성과가 축적돼왔다. 그런데 그 대부분은 1863년부터 1873년까지 이뤄진 제1차 집정 시기에 초점을 맞췄다. 물론 이 기간은 대원군이 국정을 담당했을 뿐 아니라, 조선의 문호개방 방식, 더 나아가 근대로의 이행 과정을 규정한 역사적 전환기였다는 점에서 이러한 연구의 편중(偏重)은 타당성이 없지 않다.

하지만 대원군은 하야한 뒤에도 20여 년간 한성에서 벌어지는 모든 정치적 음모의 중심에 있었다. 그리고 이는 대부분 대원군이 주도한 것이라기보다는 여러 정치세력이 그를 소환한 결과였다. 그 정치적 스펙트럼은 실로 다기(多岐)해서, 예컨대 문호개방에 반대한 1881년의 위정척사론자를 시작으로 1884년 갑신정변을 일으킨 '개화당', 1894년 폐정의 개혁을 위해 봉기한 동학농민군, 그리고 갑오개혁을 주도한 또 다른 '개화당'이 모두 이에 속했다. 심지어 1885년과 1886년 조러밀약 사건 이후 고종의 폐위 음모를 꾸민 원세개(袁世凱), 1894년과 1895년

두 차례에 걸쳐 경복궁을 기습한 일본인들도 대원군을 옹위했다. 말하자면 대원군은 그의 의지나 정치 이념과 무관하게, 조선 백성의 여망(輿望)이 집중된 일종의 정치적 우상(偶像)이었다. 이처럼 그가 하나의 우상이 된 이유를 해명하는 것은 그 일생의 의미를 온전히 복원하는 데 불가결한 과제이다. 그리고 그 해답을 얻기 위해선 당대의 정치외교사를 대원군의 삶의 궤적과 조응하는 형태로 재구성할 필요가 있다.

세 번째는 이 시기 정치사에 대한 필자의 문제의식과 관련된다. 간혹 강의를 하다 보면, 근대 우리나라에는 다른 나라에 비해 국가적 위기를 극복할 만한 뛰어난 정치 지도자가 없었던 것 같다는 소감을 듣게 된다. 말하자면 위인의 부재가 국망(國亡)을 초래했다는 인식이다. 하지만 당시 조선인으로선 유일하게 일본(同人社)과 미국의 대학(Vanderbilt 및 Emory)에서 유학한 지식인이자, 19살부터 미국공사 푸트(Lucius H. Foote)의 통역관으로 궁중에 출입하면서 그 속사정에 누구보다 밝았던 윤치호(尹致昊)는 그 원인을 달리 보았다.

> 모두가 자기 이익만을 뒤쫓는다. 대원군은 그의 잘못된 길을 가는 데 방해가 되는 모든 이들을 죽이려고 한다. 왕비는 그 수단이 얼마나 잘못된 것인지에 개의치 않고 권력을 장악하고 싶어 한다. 박영효는 독재자에게 요구되는 강인한 기질도 없이 독재자가 되고자 한다. 그의 개인적 그리고 국가적 이익을 위해 이 상황을 개선할 수 있는 유일한 사람은 이노우에 백작이다. 그는 어부지리(漁夫之利) 속담에 나오는 어부처럼 행동한다. 조선의 정치는 조선인의 거주지처럼 더럽다. 치욕적이다! 치욕적이다! 치욕적이다!(『윤치호일기』, 1895.2.16.)

이에 따르면, 조선 정치의 근본적 문제는 위인이 없는 것이 아니라 모두가 각자 자신의 이익만을 좇는 데 있었다. 대원군은 자신의 목표를 위해 방해가 되는 이들을 거리낌 없이 죽이고 있으며, 왕비는 수단과 방법을 가리지 않고 권력을 차지하고자 했다. 그리고 박영효는 강인한 자질도 없으면서 독재자가 되려고만 했다. 최소한의 정치적 안정과 질서를 지켜줄 것으로 기대할 수 있는 유일한 인물은 이노우에 가오루(井上馨) 일본 공사지만, 그도 마찬가지로 자신과 자국의 이익만을 위해 어부지리를 노릴 따름이었다. 이 상황은 윤치호에게 견디기 힘들 정도로 치욕스러운 것이었다.

이 일기에서 단순히 윤치호가 훗날 친일파로 변신할 잠재성을 발견하거나, 당시 지배계급의 애국심 부재 같은 것만을 읽어내선 안 된다. 마찬가지로 이러한 상황을 몇몇 인물들의 비정상적 권력욕이나 인격적 결함의 탓으로 돌리는 것 또한 조선 정치가 근대의 문턱을 순조롭게 넘지 못한 원인을 분석하는 데는 별 도움이 되지 못한다.

그 대신에 우리는 조선의 최고 권력자들마저도 그 생존과 권력을 위한 절박한 투쟁에 내몰았던 구조적 원인과 사회적 현실에 관해 질문을 제기할 필요가 있다. 이 책에서는 대원군의 일생을 통해 이미 상당히 붕괴된 조선의 정치사회 시스템이 문호개방 이후 국제환경의 변화와 여러 우연적 사건들과 맞물린 끝에 결국 청일전쟁과 명성왕후의 시해라는 파국적 결말에 이르는 과정을 서술하고자 했다. 대원군 개인에 관한 평전이면서도 그 부제를 '근대이행기 조선 정치사의 이면(裏面)'으로 붙인 이유도 여기에 있다.

이 책은 3개의 장(章)과 1편의 짧은 에필로그(epilogue)로 구성된다. 각 장의 대략적인 내용은 다음과 같다.

제1장 「권력(1863~1873)」에서는 대원군의 제1차 집정기를 주로 정치권력의 장악과 공고화라는 관점에서 살펴보았다. 조선 왕조의 법과 전통에 따르면 대원군은 원천적으로 정치에 간여하는 것이 불가능했다. 따라서 그는 형식상 대왕대비 조씨와 고종이 하명하는 여러 구체적인 사업의 총책임을 맡으면서 그 지위를 기정사실화(fait accompli)하는 방식으로 권위를 확립해 나갔다. 그 대표적인 사업이 경복궁의 중건이었다. 이와 함께 비변사의 폐지, 삼군부의 복설, 종친부의 위상 제고, 운현궁의 정치적 활용 등 제도 개편을 통해 기존 세도정치의 제도적 기반을 무력화하는 한편 자신의 권력 기반을 확보하고자 했다. 하지만 결과적으로 대원군의 위세로도 문관 위주의 정치체제, 특히 서울 노론 명문가의 권력 카르텔은 깨뜨릴 수 없었다. 마침내 대원군의 독재 체제가 완성된 것처럼 보였던 순간, 그것은 이들에 의해 여지없이 무너지고 만 것이다.

이 시기는 병인양요, 제너럴셔먼호 사건, 남연군묘 도굴사건, 신미양요 등 서양 제국주의 세력과의 첫 만남이 폭력적인 형태로 이뤄진 때이기도 했다. 일반적으로 대원군의 대외정책을 '쇄국정책(鎖國政策)' 또는 '배외정책(排外政策)'으로 규정하고 그것이 곧 조선이 세계사적 흐름에 낙후된 원인이 된 것처럼 설명하지만, 중국을 제외한 외국과의 교역과 교류의 금지는 건국 이래의 기본적인 대외방침이었다. 대원군은 이를 철저하게 집행했을 따름이다. 오히려 적시에 이뤄진 서구 열강의 침입은 취약한 권력 기반을 가진 대원군에겐 자신의 통치를 정당화하고 독재 권력을 강화하는 절호의 기회가 되었다. 이러한 관점에서 볼 때, 대원군 체제가 무너지지 않는 한 조선의 문호개방은 사실상 기대하기 어려웠다.

제2장 「음모: 1873~1893」에서는 1880년대에 이르러 조선 왕실이 문호를 개방한 경위와 그것이 초래한 정치사회적 결과를 검토하고, 그 격랑의 와중에 대원군을 둘러싸고 진행된 여러 정치적 음모의 내막을 살펴본다. 시대를 막론하고 폐쇄된 국가가 외부세계를 향해 문호를 여는 데는 중대한 정치적 결단이 요구된다. 외부와의 소통이 시작되는 순간 기존의 정치사회질서는 근본부터 동요하고, 지배세력의 기득권도 심각한 위협을 받기 때문이다. 그뿐 아니라, 수백 년에 걸친 교육과 처벌의 결과로 외부세계와의 접촉에 대해 막연한 공포심과 거부감을 주입받은 피지배층의 반발과 함께 제국주의 열강에 의한 국가 자주성의 상실과 경제적 종속의 가능성까지도 고려해야 한다. 이는 당시 중국이나 일본의 전철을 보더라도 충분히 예견할 수 있는 상황이었다. 그럼에도 불구하고 조선 왕실이 문호개방 정책을 취한 가장 큰 이유는 극심한 재정난에 있었다.

조선의 문호개방은 대원군의 운명에도 직접적 영향을 미쳤다. 이로 인해 대원군은 잠시나마 정권을 되찾을 수 있었지만, 결과적으로 청의 조선정책 변화를 초래함으로써 텐진(天津) 바오딩부(保定府)에서 3년이나 유수(幽囚) 생활을 해야만 했다. 그는 조러밀약 사건의 여파로 1885년 10월에 석방되어 귀국했다. 그런데 그의 귀국은 조선 왕실이

제2차 조러밀약을 추진하는 원인이 되었고, 이에 대응하여 원세개(袁世凱)는 고종을 폐위시키고 대원군이나 그 사손을 내신 옹립하려는 음모를 꾸몄다. 이것으로도 알 수 있듯이, 문호개방 이후 한반도의 안과 밖의 문제는 직접 연동되어, 국제적 대립 구도가 국내의 정치적 갈등에 투사되고 국내의 정치적 사건들이 다시 국제적 분쟁 요인으로 확대되는 양상이 나타났다. 그 속에서 국내의 거의 모든 정치세력은 그 생존과 권력을 위해 각각 외세와 결탁하거나 그것을 끌어들이지 않을 수 없었다.

제3장「파국: 1894~1895」는 1894년 초 동학농민운동의 발발로부터 1895년 9월 명성왕후 시해의 주범인 미우라 고로(三浦梧樓)가 부임하기까지의 시기를 다룬다. 일본은 한반도 파병과 대청개전의 명분으로 조선의 독립과 함께 그 내정의 개혁을 제시했다. '개화(開化)'를 명분으로 강요된 개혁에 대한 여러 정파의 - 왕실, 대원군파, 원로대신, 친일 '개화파' 등 - 인식과 태도에는 현격한 차이가 있었다. 일본군의 경복궁 점령(1894.7.23.)과 함께 조선 정계가 크게 분열하기 시작한 원인은 여기서 찾을 수 있다.

한편, 일본으로서도 '문명국'의 체면을 잃지 않고 제3국, 특히 러시아의 개입을 막으려면 조선 개혁 문제에서 최소한의 가시적 성과를 거둘 필요가 있었다. 일본 정계의 거물 이노우에 가오루(井上馨)가 급을 낮추어 조선 공사로 부임한 것도 이 때문이었다. 10월 말, 한성에 도착한 그가 가장 먼저 착수한 것은 대원군과 명성왕후를 정계에서 축출하는 일이었다. 그런데 두 절대적인 카리스마가 사라지자 한성의 정국은 순식간에 극심한 혼란에 빠져들었다. 게다가 이노우에조차도 조선 내정개혁의 필수조건인 차관 공여가 일본 국내의 정치 사정으로 차질을 빚은 데다가 삼국간섭(1895.4.23.)의 결과로 크게 위신을 잃었다. 그는 결국 1895년 9월에 이르러 도망치듯 일본으로 떠났다. 문제는 그 다음이었다. 대원군은 이미 이노우에에 의해 영구히 정권에서 추방되었고, 일본의 후원을 잃은 내각 대신들은 매국노라는 지탄을 면할 수 없었다. 이와 같은 정치적 혼란과 권위의 부재는 결국 무모하고 잔인한 일본인들에 의해 일국의 왕비가 궁궐에서 살해당하는 참극의 한 가지 원인이 되었다.

마지막 「에필로그: 조선 정치사의 마지막 장면」은 명성왕후 시해사건(1895.10.8.) 이후 아관파천(1896.2.11.)에 이르는 과정을 서술한다. 갑오개혁의 핵심 목표 중 하나는 왕실의 국정 간여를 막고, 그것과 정부 간의 사무와 재정을 분리하는 것이었다. 명성왕후 시해 이후 내각은 오직 그 뒷수습에만 급급할 뿐이었고, 고종과 왕세자는 사실상 개화파 내각의 포로 상태에 있었다. 어떤 의미에서 아관파천은 내각 대신들에게 고종이 스스로 성궁(聖躬)을 러시아 공사관으로 옮기는 극단적 방법을 통해 처절한 보복을 가한 사건이었다. 군주와 신하의 역할과 권한을 구분하고 양자 간의 건전한 견제와 균형의 원리로 왕조의 안정성을 유지해온 전통적 정치시스템은 이로써 완전히 붕괴되었다. 시기적으로 제3장의 내용과 이어짐에도 불구하고, 굳이 '후일담(epilogue)'이라는 형식을 차용한 것은 이 때문이다.

1898년 2월 22일 운현궁에서 대원군이 서거하자 평소 그를 경멸하던 이들까지 모두가 크게 놀라며 애도했다고 한다. 그 애도의 의미는 무엇이었을까. 17세기 영국 정치철학자 토머스 홉스(Thomas Hobbes)는 『리바이어던(Leviathan)』(1651)에서 국가가 만들어지기 전 인류의 자연적인 기본 상태를 적나라한 약육강식의 논리가 지배하는 '만인의 만인에 대한 투쟁' 또는 '전쟁 상태'였다고 설명했다. 그리고 언제든 타인의 공격으로 인해 예기치 못한 죽음을 맞을 수 있다는 근원적 공포에서 해방되기 위한 유일한 방법은, 모든 개인이 그들을 보호하고 사회적 질서를 유지할 수 있는 자를 주권자(sovereign)로 섬기는 계약을 맺어서 기꺼이 자연권의 일부를 양도하고 그 절대권력을 받아들이는 데 있다고 보았다.

비록 홉스는 국가의 본질을 설명하고 군주의 주권을 정당화하기 위해 국가가 생기기 이전의 상황을 자연상태로 묘사했지만, 이는 어디까지나 이론적 가설에 불과할 뿐, 실제로는 국가가 타락하고 붕괴한 결과 얼마든지 현실에서도 나타날 수 있는 것이었다.[1] 근대이행기의 조선 사회는 여러 가지 측면에서 홉스의 자연상태를 방불하였다. 앞의 윤치호 일기에서 묘사된 대원군과 명성왕후, 그리고 박영효의 행태 또한 자연상태 속에 고립된 개인의 모습과 다르지 않았다.

그렇다면 대원군을 정치적으로 유용한 존재로 만든 백성의 여망의 실체는, 국왕의 생부라는 누구도 범접할 수 없는 권위를 바탕으로 무너진 사회질서를 복구하고 생존의 최소한의 조건을 지켜줄 수 있는 강

---

1 최정운, 『한국인의 탄생』, 미지북스, 2013, p.106.

력한 권력자의 도래를 바라는 절박한 염원이 아니었을까. 대원군의 사후 그를 향한 애도의 감정 또한 그 마지막 희망이 사라진 상실감의 표현이었을 것이다. 하지만 그것은 결국 우상(偶像)을 향한 맹목적인 바람, 또는 대안이 부재한 상황에서의 불가피한 선택에 지나지 않았다. 그런 의미에서 흥선대원군은 조선 정치사의 최후의 국면에 등장한 일그러진 리바이어던이었다.

이 책은 근대한국 지도자들의 정치사상과 리더십을 재조명한다는 취지에서 이뤄진 한국학중앙연구원 한국학총서 사업의 성과물이다. 어려운 여건 속에서도 의미 있는 사업을 흔들림 없이 추진하셨던 정윤재 전(前) 한국학진흥사업단장님께 깊은 경의를 표한다. 또한 필자가 보다 안정적인 환경에서 연구에 매진하고 아울러 외교사 연구가 갖는 현실정책적 의미에 대해 성찰할 계기를 마련해주신 조세영 전 국립외교원장님께 감사드린다. 연구자로서 연구 성과를 낼 때마다 이를 이유로 소홀하게 대한 가족들에겐 마음의 빚이 하나씩 더 늘어간다. 항상 나의 삶을 의미로 충만하게 해주는 아내 이수진과 두 아이 서하, 서원에게 고마움을 전한다.

2021년 10월
저자 김종학

일러두기

1. 일자는 모두 양력으로 표기하는 것을 원칙으로 했다. 음력 일자를 표기할 때는 별도로 (음력)이라고 표시했다.

2. 인용문은 별도의 표시가 없는 한 모두 필자가 번역한 것이다. 인용 원문에 주석이 있는 경우[原註]는 [   ], 필자가 덧붙인 주석은 (   )로 표시했다.

3. 중국 인명·관직명·기관명 및 일본 관직명·기관명은 한자음대로 표기했다. 일본과 서양 인명은 국립국어원 표기 원칙을 기준으로 했다. 모든 지명은 현지 발음으로 표기했다.

4. 자주 인용된 외교문서집은 다음과 같이 약칭했다.
   - 『舊韓國外交文書』→『舊韓國』
   - 『淸季中日韓關係史料』→『中日韓』
   - 『淸光緒朝中日交涉史料』→『中日』
   - 『日本外交文書』→『日外』
   - Anglo-American Diplomatic Materials Relating to Korean → AADM
   - Korean-American Relations → KAR

5. 일반 독자를 대상으로 하는 대중서임을 고려하여 각주는 가급적 달지 않았으며, 직접 인용문의 경우 출처만 간략히 표기했다.

제1장

권력
(1863~1873)

그는 강인한 성격과 불굴의 의지를 가진 사람이었고, 백성은 그를 미워
하게 되었는지는 몰라도 항상 그를 존경했다. 그는 아마도 조선 정치 무
대에 마지막으로 등장한 진정한 독재자였을 것이다. 그의 성격의 특징
은 어떠한 장애가 있더라도 그 욕망의 목적을 향해 결연하게 그것을 제
거해 버리는 불굴의 의지였다.

- Homer Bezalee Hulbert, *The passing of Korea* (1906)

대원군은 강맹하고 과감해서 마치 바람과 번개가 치는 것 같았다. 제도
가 변통(變通)에 부합하면 구례(舊例)는 염두에 둘 것이 없고, 일을 단행
하면 남의 말에 신경 쓸 필요가 없으니, 이를테면 권척(權戚)을 배제하
고 문벌을 깨뜨리고 군포(軍布)를 개혁하고 서원을 철폐한 일 등이 모두
탁월한 결단력에서 나온 것이었다. 동주(銅柱)와 철벽(鐵壁)처럼 굳어진
누세(累世)의 관습을 손을 대어 부서뜨렸으니 참으로 정치상 대혁명가
였다. … 그 지위가 큰일을 할 만 하고, 재주가 큰일을 할 만하고, 시대
도 큰일을 할 만 했으나 부족한 것은 배움뿐이었다.

- 朴殷植, 『朝鮮痛史』 (1915)

I.
권력의 장악

1) 고종의 즉위

1864년 1월 16일(음 12월 8일), 철종(哲宗, 재위 1849~1863)이 후사도 없이 33세의 젊은 나이로 창덕궁 대조전(大造殿)에서 승하하였다. 조선 왕실의 법도에 따르면, 대행왕(大行王), 즉 막 붕어해서 아직 시호를 받지 못한 왕에게 세자가 있으면 당연히 그가 왕위를 계승하지만, 세자도 대행왕의 유언도 없는 경우에는 왕실에서 가장 웃어른인 왕비가 모든 일을 주관하게 돼 있었다. 당시 왕실의 가장 어른은 익종비(翼宗妃)인 대왕대비 조씨(趙氏)[신정왕후(神貞王后)]였다. 그녀는 곧바로 대보(大寶)를 대비전에 들이게 한 후, 시원임대신을 소견하여 "흥선군(興宣君)의 둘째 아들로 익종의 대통(大統)을 잇게 하라."라는 전교를 내렸다. 그리고 새로운 왕에게 익성군(翼成君)이라는 작호를 내리고, 영의정 김좌근(金左根)과 도승지 민치상(閔致庠)에게 대원군의 사저로 가서 새 왕을 모셔오는 봉영(奉迎)의 임무를 맡겼다. 영돈녕부사 정원용(鄭元容)은 이날의 상황을 다음과 같이 일기에 기록했다.

12월 8일
상께서 담체(痰滯) 증세가 있어서 성향이진탕을 올렸다. 한밤 중에 직숙(直宿)하라는 명이 내렸다. 놀랍고 낭황스러워 곧장 몇 명의 종과 함께 가마를 타고 궐하에 이르니, 문은 이미 열려 있었다. 방금 시임과 원임 대신들은 입시하라는 하교가 있었다고 했다. 바로 협양문으로 달려 들어갔다. 사알(司謁)이 인도하여 대조전(大造殿) 승명문(承明門) 앞에 이르자 곡하는 소리가 밖에까지 들렸다. "이게 무슨 소리냐?" 물으니, 무감이 "이미 승하하셨습니다."라고 했다. 경악해서 곧장 들어가니 영상 김좌근, 좌상 조두순, 판부사 김흥근이 여러 각신(閣臣)과 곡을 한 후 대청에 흩어져 앉아 있었다. … 도승지 민치상이 산천에 기도하라는 전교를 써서 내었다. 또 "대보(大寶)는 대왕대비전으로 들이라."라는 유교(遺敎)를 썼다. …

잠시 후, 대왕대비께서 희정당(熙政堂) 서상방(西上房)에서 발을 드리우고[垂簾] 시원임대신을 소견하셨다. 여러 대신이 모두 곡하자, 발 안에서도 곡이 들렸다. 곡이 끝난 후 아뢰었다.

- 신민들이 복이 없어서 금일 갑자기 하늘이 무너지는 애통함을 당하였나이다. 울부짖기도 망극하거늘 무슨 말을 아뢰겠나이까?

여러 대신이 위로 드리는 말씀을 올렸다. 대왕대비께서 말씀하셨다.

- 망극한 가운데 종사와 국가의 안위가 한시가 위태롭소. 흥선군의 적자(嫡子) 둘째 아들을 들여서 익종(翼宗)의 대통(大統)을 잇게 하오. 글로 내려주시길 청하옵니다.

자성(慈聖: 대왕대비)께서 언문 교서를 써주셨다. 민치상이 한문으로 옮기고, 여러 대신에게 돌려 보인 뒤에 독주(讀奏: 어전에서 낭독함)했다. 다시 하교하셨다.

- 원상(院相: 왕이 죽은 후 졸곡까지 어린 왕을 보좌하는 일)은 영부사가 하오. 봉영대신(奉迎大臣: 새 왕을 모셔오는 대신)은 영의정이 하고, 승지는 도승지가 나가시오. 흥선군의 둘째 아들의 봉작(封爵)은 익성군(益城君)으로 하시오. (『국역 경산일록』6)

새 왕의 즉위식은 철종의 대렴(大殮)을 마치고 성복(成服)을 한 1월 21일(음 12월 13일)에 열렸다. 흥선군의 열두 살 어린 아들 재황(載晃: 아명은 명복(命福))은 이날부터 조선 제26대 왕이 되었다. 조선왕조 최후의 왕이자 대한제국의 초대 황제가 되는 고종(高宗, 1852~1919)이었다. 또한 흥선군은 흥선대원군(興宣大院君)이 되고, 부인 민씨 부인은 흥선 부대부인(府大夫人)이 되었다. 그리고 이들이 살던 집은 운현궁(雲峴宮)으로 불리게 되었다. 한때 무소불위의 권력을 행사하면서 그 위엄과 과단성으로 전국을 호령하였으며, 죽는 날까지 한성에서 벌어진 모든 정치적 음모의 한가운데 있었던 흥선군 이하응(李昰應, 1828~1890)에게 새로운 운명이 펼쳐진 것이다.

2) 대원군의 섭정

흥선대원군이라는 존호로 잘 알려진 이하응은 음력 1820년 12월 21일에 서울 안국동궁(安國洞宮)에서 전주 이씨 남연군(南延君) 구(球)의 넷째 아들로 태어났다. 자(字)는 시백(時伯), 호(號)는 석파(石坡)를 즐겨 썼다.

이하응의 부친 이구는 인조의 셋째 아들 인평대군(麟坪大君)의 5대손인 이병원(李秉源)의 아들로, 본명은 채중(寀重)이었다. 그는 1815년에 정조의 이복동생으로 제주도에 귀양 가서 후사 없이 죽은 은신군(恩信君) 진(禛)의 양자로 입적되었는데, 이때 이름을 '구'로 고치고 군(君)에 봉작되었다. 남연군에게는 흥녕군(興寧君) 창응(昌應, 1809~1828), 흥완군(興完君) 정응(晸應, 1815~1848), 흥인군(興寅君) 최응(最應, 1815~1882), 그리고 흥선군 하응 등 4명의 아들이 있었다.

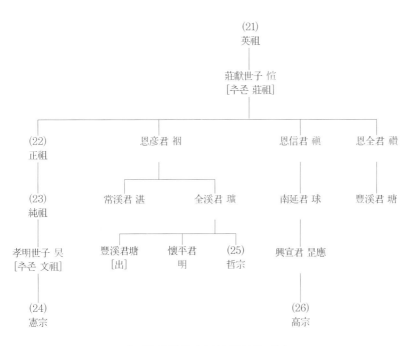

```
                              (21)
                              英祖

                           莊獻世子 愃
                          [추존 莊祖]

   (22)              恩彦君 䄄              恩信君 禛        恩全君 �
   正祖
                  常溪君 湛      全溪君 㼅       南延君 球       豐溪君 塘
   (23)
   純祖
                豐溪君 塘   懷平君    (25)      興宣君 昰應
孝明世子 旲     [出]      明     哲宗
[추존 文祖]

   (24)                                        (26)
   憲宗                                         高宗
```

[그림 1] 19세기 조선 왕실의 계보

　고종의 즉위와 함께 흥선군이 흥선대원군이 된 데서도 알 수 있듯
이, 본래 대원군이라는 존호는 선왕이 형제나 아들 등 후사가 없어서
종친이 그 왕위를 계승하는 경우 새 왕의 생부(生父)에게 주는 호칭이었
다. 조선 시대를 통틀어 대원군이라는 존호를 받은 인물은 모두 4명이
었다. 선조의 아버지 덕흥대원군(德興大院君), 인조의 아버지 정원대원군
(定遠大院君), 철종의 아버지 전계대원군(全溪大院君), 그리고 고종의 아버
지 흥선대원군이었다. 그런데 흥선대원군을 제외한 3명은 모두 사후
에 대원군으로 추존되었다. 오직 흥선대원군만이 생전에 대원군이라
는 존호를 받은 것이다. 흥선대원군은 어린 나이로 왕위에 오른 고종
을 대신하여 이후 10년간 사실상 섭정(攝政)으로 절대적 권위를 과시하
면서 조선을 통치했다. 우리가 흔히 대원군이라고 하면 흥선대원군을

연상하는 것은 이 때문이다. 앞으로 이 책에서도 흥선대원군을 '대원 군'이라고 부르기로 한다.

대왕대비가 철종의 다음 국왕으로 대원군의 둘째 아들을 지명하자 조정 대신들은 크게 우려했다. 아들이 왕이 된 이상 공적으로는 그 아 버지가 신하 노릇을 해야 하지만, 사적으로는 아들 또한 아버지에게 순종해야 마땅했다. 충(忠)과 효(孝)라는 조선사회의 절대적 윤리가 대 원군이라는 존재로 인해 뒤섞이고 충돌했다. 게다가 대원군이 국왕의 생부라는 지엄(至嚴)한 권위를 바탕으로 국정에 간여할 경우, 그를 어떻 게 통제할 수 있겠는가? 건국 초기부터 국왕의 자의적 권력 행사를 막 고 군권(君權)과 신권(臣權) 간의 균형을 유지하기 위해 정교하게 고안된 간쟁(諫諍)이나 경연(經筵)과 같은 제도들이 대원군 앞에서는 무용지물이 될 것이었다.

하지만 대왕대비는 이미 대원군에게 섭정을 맡기기로 뜻을 굳히고 있었다. 고종이 즉위한 당일 그녀는 대신들을 소견해서 대원군과 대신 들이 만날 경우, 상호 간의 예우에 관한 문제를 제기했다. 이는 사실상 대원군을 정사에 참여시킨다는 의미였다. 이에 대해 19세기 이래로 국 가권력을 농단해 온 안동 김씨의 세도가인 김흥근(金興根)과 김좌근은 앞 으로 대원군을 만날 일이 없을 것이라면서 아예 논의 자체를 회피했다.

- (대왕대비) 대원군(大院君)에게 봉작(封爵)하는 것은 국조(國朝)에서 처 음 있는 일인데, 모든 절차를 응당 대군(大君)의 규례대로 거행해야 할 듯하오. 대원군이 군이 사양하고 있는데 그의 말도 괴이하지 않으니, 어떻게 하면 좋겠소?

- (정원용) 무슨 일이는 이전의 법식을 끌어다가 한다면 행하기 쉽지만,

이 일은 전례를 찾아볼 수가 없습니다. 나중에 상의하여 우러러 아뢰겠사옵니다.

- (김흥근) 이는 처음 만드는 일이므로 갑자기 결정하기 어려운 점이 있습니다. 내외 조정의 체례(體例)가 매우 엄하니 신들과 대원군이 아마 서로 접할 때가 없을 것이옵니다.

- 그렇지만 혹시 서로 만나게 될 때는 어떻게 하는 것이 좋겠소?

- (김좌근) 이미 서로 만날 기회가 없는 이상 의례를 미리부터 정할 필요는 아마 없을 것이옵니다. (『高宗實錄』 고종 즉위년 12월 13일)

그러자 대왕대비는 음력 12월 27일, 철종의 장지(葬地)를 살피고 돌아온 대신들에게 국상(國喪) 절차를 대원군과 의논하도록 하교했다. 국상에는 종실이 관여하는 것이 관례였으므로, 대신들도 여기에는 반대할 수가 없었다. 대원군과 조정에서 만날 일이 없을 것이라는 김흥근 등의 장담은 여지없이 무너졌다.

그 뒤로도 대원군은 이처럼 비변사 도제조나 영의정과 같이 포괄적인 권력을 행사할 수 있는 공식 관직을 맡지 않은 채, 대왕대비 또는 국왕이 구체적인 사업을 맡기는 방식으로 국정에 참여했다. 그 대표적 사례가 뒤에서 설명할 경복궁 중건사업이었다. 하지만 그는 언제나 위임받은 사안 이상으로 막후에서 광범위하고 막강한 권한을 행사했다. 이와 같은 정치 권력의 사유화(私有化) 또는 인격화(人格化, personalization)라는 관점에서 본다면 그것은 19세기 세도정치의 연장선에 있는 것이었다.[1]

---

1 대원군의 야사를 수록한 『근세조선정감(近世朝鮮政鑑)』(1886)에서는 '세도'의 의미를 다음과 같이 정의했다.

3) 섭정 이전의 생애

고종이 즉위하기 전 대원군의 생애에 관해서는 알려진 바가 많지 않다. 그는 12세 때인 1831년에 그보다 2살이 많은 여흥 민씨 민치구(閔致久)의 딸을 부인으로 맞이했다. 「국태공행록」에 따르면, 그는 15세 때 어머니를, 17세 때 아버지를 여의고 이듬해 풍수가들이 길지(吉地)로 여긴 충남 덕산 대덕사 석탑 밑으로 이장했다고 한다. 그리고 아버지를 여읜 1836년에 왕조의 관례에 따라 4부 학당의 동몽교관(童蒙教官)에 임명됐다. 그의 관직 이력에 관해선 김윤식(金允植)이 찬술한 대원군의 묘지명인 「흥선헌의대원왕원지명(興宣獻懿大院王園誌銘)」이 참조된다.

> 갑오년(1834. 순조34)에 흥선부정(興宣副正)에 봉해지니 품계는 자신대부(資信大夫: 종3품)였다. 헌종 을미년(1835)에 보신대부(保信大夫: 종3품)로 승품되고, 신축년(1841. 헌종7)에 창의대부(彰義大夫: 정3품)로 승품되어 흥선 정(興宣正)으로 봉작이 높아졌다. 계묘년(1843)에 효현왕후

"조선의 속어에 정권을 세도(世道)라고 하니, '어떤 이가 세도가 되었다. 어떤 집안이 세도를 잃었다.'라고 한다. 예로부터 강력한 종실과 존귀한 외척, 혹은 아첨하고 총애받는 신하와 환관들이 군주를 조종해서 정사를 제멋대로 처리하는 일은 어느 시대고 있었다. 하지만 군주는 애초에 태아(太阿)의 권병(權柄)을 공공연히 신하에게 준 일이 없으며, 왕왕 한쪽만 총애해서 책임을 모두 맡겨서 국가가 어지러워지면 조야(朝野)가 마음속으로 비방하며 분개한다. 하지만 조선에서 세도라고 하는 것은, 어떤 사람이 낮은 관직에 있더라도 만약 왕명으로 세도의 임무를 맡기면 총재 이하가 그 사람의 명을 받든다. 모든 군국의 기무(機務)와 백관의 장주(狀奏)를 먼저 세도에게 상의한 다음에야 왕에게 상주하고, 또한 세도에게 물어본 뒤에야 결정을 내려서, 위복(威福)이 그 손에 있고 여탈(與奪)을 제 뜻대로 하니, 온 나라가 세도를 마치 신명처럼 모신다. 한번 그 뜻을 거스르면 재앙이 곧바로 닥친다."
이 구절은 19세기 조선 정치사 특유의 현상이자 가장 큰 병폐인 세도정치의 의미를 구체적으로 정의했다는 점에서 많은 주목을 받았다. 그런데 여기서 주목할 것은, 19세기 조선의 세도가 국혼(國婚)으로 연결된 인척관계를 핵심으로 했음에도 그에 관한 언급을 회피한 사실이다. 이는 대원군이 또 다른 '세도'가 되면서 그 의미도 변질되었음을 의미한다.

(孝顯王后)가 승하하자 수릉관(守陵官)에 임명되어 군(君)에 봉해졌고, 품계는 소의대부(昭義大夫: 종2품 하)였다. 얼마 지나지 않아 중의대부(中義大夫: 종2품 상)로 승품되었다. 갑진년(1844, 헌종10)에 승헌대부(承憲大夫: 정2품 하), 숭헌대부(崇憲大夫: 정2품 상)로 승품되고, 또 가덕대부(嘉德大夫: 종1품)로 승품되었다. 을사년(1845)에 의덕대부(宜德大夫: 종1품), 흥록대부(興祿大夫: 정1품)로 승품되었다. 병오년(1846)에 수릉(綏陵)을 옮겨 받들 때 대전관(代奠官), 수빈관(守殯官)에 차임되고, 현록대부(顯祿大夫: 정1품)로 승품하여 품계의 끝까지 올랐다. 정미년(1847) 동지사(冬至使)에 뽑혔으나 가지 않았다. 주원(廚院), 전의감(典醫監), 사포서(司圃署), 전설시(典設寺), 조지서(造紙署) 등 부서의 제조(提調)가 되었고, 종친부(宗親府) 유사 당상(有司堂上), 오위도총부 도총관(五衛都總府都總管)이 되었다.

대원군은 1834년 흥선부정(興宣副正)에 봉해진 후 몇 차례의 가자(加資)를 거쳐 1846년에 정1품에 올랐다. 관직으로는 1846년 수릉(綏陵)을 옮길 때 대전관(代奠官)과 수빈관(守殯官)에 임명된 것을 비롯해서 주원(廚院: 사옹원), 전의감(典醫監), 사포서(司圃署), 전설시(典設寺), 조지서(造紙署) 등의 제조(提調)직을 역임했지만, 이는 모두 종실에게 녹봉을 나눠주기 위한 자리로 큰 의미가 있는 것은 아니었다.

대원군의 관직 이력 중에서 주목할 것은 종친부(宗親府) 유사당상(有司堂上)으로서의 활동이다. 종친부란 군(君)에 봉작된 종실을 예우하기 위한 기관으로, 명목상 의정부와 함께 정1품의 최고 관서였다. 대원군은 1847년부터 고종이 즉위할 때까지, 1850년대 후반의 짧은 기간을 제외하곤 줄곧 그 유사당상을 맡았다. 유사당상이란 당상관 중에서도 행정실무를 맡은 직책을 말한다.

그런데 대원군이 유사당상에 임명된 후부터 종친부에서 선파인(璿派人), 즉 전주 이씨의 신역(身役)을 면제하는 일이 많아졌다. 본래 왕실의 계보인『선원보첩(璿源譜牒)』을 담당하는 종부시(宗簿寺)라는 기관이 있었으므로, 선파인의 신역을 면제하려면 종부시에서 그 해당여부를 판정하는 것이 합당하다. 그런데도 대원군은 월권을 무릅쓰면서 군(君)에 봉작되지 않은 선파인들의 직접 관리를 시도한 것이다. 같은 맥락에서 1856년 12월, 종친부는 3년마다 선원록의 수정을 위해 종부시에 내게 되어 있는 선파인의 단자(單子: 명단)를 종친부가 관장하되 종부시는 단지 보첩(譜牒)의 출간만 담당하게 할 것을 철종에게 건의하여 윤허를 얻은 후,(『승정원일기』 철종 7년 11월 19일) 전국 각 지방에 선파인의 단자를 직접 종친부로 올릴 것을 지시했다.

이는 선파인의 수보단자(修補單子)를 종친부가 관장하면 종부시는 그 부속 기관으로 전락할 것이라는 종부시의 반발로 무산되고, 이를 주도적으로 추진한 대원군 또한 파직되었다.(『승정원일기』 철종 8년 정월 19일) 하지만 그로부터 5년 뒤인 1861년 1월에 이르러 선파인 각파의 세보(世譜)를 종친부에서 수정하라는 전교가 내려졌다.(『승정원일기』 철종 11년 11월 30일) 이는 3년에 1번씩 이뤄진『선원보』의 의례적인 보완을 넘어서는 방대한 작업으로서, 그 결실은 대원군의 집정 이후인 1867년 12월에 350권이라는 방대한『선원속보(璿源續譜)』의 간행으로 이뤄졌다.(『승정원일기』 고종 4년 11월 30일) 훗날 대원군은 종실과 선파인들을 규합하여 자신의 정치적 기반 중 하나로 활용하게 된다.

한편, 우리가 잘 알고 있는 대원군의 여러 일화는 대부분 야사(野史)의 형태로 전해진 것들이다. 이러한 야사 중 대표적인 것으로는 박제경(朴齊絅)의『근세조선정감(近世朝鮮政鑑)』(1886), 작자 미상의「흥선대원군

약전(興宣大院君略傳)」, 그리고 매천(梅泉) 황현(黃玹)의 『매천야록(梅泉野錄)』 등이 있다.

홍선군 이하응은 재주와 지략이 다른 사람보다 뛰어났지만, 집안이 어려워 죽으로도 끼니를 잇지 못했다. 성품이 경박하고 방탕해서 무뢰배나 막일꾼과 함께 기생집에서 놀기를 좋아하여 자주 여러 불량배에게 욕을 당하니, 사람들이 모두 조신(朝紳)에 껴주지 않았다. 매번 안동 김씨들에게 아첨을 하였으므로 김씨들은 그 사람됨을 비루하게 여겨 모두 냉안시했다. (『近世朝鮮政鑑』)

대원군이 옛날에 가난했을 때 하루는 기생집에 갔다가 무사 이학영(李鶴永)과 말다툼이 벌어져 얻어맞고 욕을 당한 일이 있었다. 대원군은 분노를 품고 항상 보복하기를 바랐다. 이 씨가 나중에 무반에 올라 지위가 아장(亞將)에 이르렀다. 대원군의 집정 초기에 그 위세를 보고 자못 두려운 마음을 품었지만, 평소 그의 성격을 알고 있는지라 곧장 그 저택으로 가서 뵙기를 청했다. 그리고는 절대 두려운 기색을 드러내지 않았다. 대원군이 물었다. "지금도 나를 때리고 싶은가?" 이 씨가 웃으며 말했다. "지금은 지금이고 그때는 그때입니다. 지금이 만약 그때가 된다면 또 때릴 수 있습니다." 대원군은 이 말을 듣고 장하게 여겼다. 이에 크게 웃고는 그 말의 통쾌함을 칭찬했다. 그 뒤로 이 씨를 더욱 아껴서 대장으로 승진시켰다. 대원군에게 원한을 산 다른 사람도 이 일을 모방해서 죄를 면한 자가 매우 많았다. 대원군의 호협(豪俠)하고 회활(恢闊)한 성품이 이와 같았다. (『興宣大院君略傳』)

운현[대원군]이 어렸을 적에 가난해서 자주 권세 있는 사람을 찾아가 청탁하기를 일삼았다. 한번은 김좌근(金左根)의 집에 갔다. 그가 퇴청할 때 판서 심의면(沈宜冕)이 "궁도령은 궁이나 지키고 있지, 어째서 신을 질

질 끌며 재상 집을 찾아오는가?"라고 했는데, 그 소리가 밖에까지 들릴
정도였다. 방언에 종실로서 군호(君號)를 받은 사람을 궁도령이라고 한
다. 운현은 이 말을 가슴 깊이 묻어두었다. (『梅泉野錄』)

대원군의 많은 일화는 공통적으로 쇄세한 범절에 구애받지 않는
호방한 성격과 자신의 목표를 이루기 위해서라면 어떤 굴욕과 고통도
감내하는 강인한 성격을 강조한다. 또 다른 한편으론 그가 어렸을 적
에 매우 가난하였고, 왕실의 귀공자임에도 불구하고 낮은 신분의 사람
들과 어울려 방탕한 생활을 했음을 전한다.

1800년 정조가 갑자기 서거했을 때 왕세자[순조]의 나이는 불과 11
세였다. 정조는 생전에 왕세자의 장인이 될 안동 김씨 김조순(金祖淳,
1765~1832)에게 새 왕을 잘 보필해달라는 유촉(遺囑)을 남겼다. 이로부터
헌종과 철종에 이르기까지 국왕의 외척이 그 보필을 명분으로 권력을
장악하고 국정을 농단하는 세도정치가 이어졌다. 초기에는 안동 김씨,
반남 박씨, 그리고 풍양 조씨 등 유력한 외척 가문이 서로 경쟁과 정
치적 필요에 따른 협력을 반복하며 공존하였지만, 철종이 즉위한 뒤로
는 순원왕후(純元王后) 김씨의 아우인 좌의정 김좌근과 조카 좌찬성 김
병기(金炳冀), 철종의 장인 영은부원군 김문근(金汶根)과 사촌 동생 김병
국(金炳國) 등 안동 김씨가 권력을 독점하였다.

이렇게 안동 김씨의 세상이 열렸지만, 그들에게도 걱정이 있었다.
그것은 철종에게 후사가 없다는 것이었다. 왕비인 철인왕후(哲仁王后)가
낳은 왕자는 태어나자마자 곧 죽었고, 여러 궁녀에게서 4남 6녀의 자
식을 두었지만 영혜옹주(永惠翁主)를 제외하곤 모두 요절했다. 게다가
철종은 주색(酒色)이 지나쳤다. 만약 철종이 갑자기 세상을 뜨는 불상사

라도 생기면 권력은 순식간에 다른 가문으로 넘어갈 수 있었다. 이에 안동 김씨 세력은 왕위계승 순위에 있는 왕족들에 대한 경계와 감시를 늦추지 않았다.

그 대표적 사건이 1862년(철종 13년) 7월(음)에 발생한 이하전(李夏銓, 1842~1862) 역모 사건이었다. 이하전은 선조(宣祖)의 생부 덕흥대원군의 후손으로서, 비록 왕실과 가까운 혈통은 아니지만 지체와 인물이 출중해서 유력한 계승 후보자로 지목되고 있었다. 특히 헌종이 서거했을 때, 다음 왕으로 안동 김씨는 철종을 주장했지만 풍양 조씨의 지원을 받은 원상(院相) 권돈인(權敦仁)은 이하전을 세울 것을 주장한 일도 있었다. 심지어 이하전은 안동 김씨의 전횡에 분개한 나머지 철종에게 "이 나라가 이씨의 나라입니까, 아니면 김씨의 나라입니까?"라는 직언까지 했다고 한다. 결국 이것이 화근이 되어 전 오위장 김순성(金順性) 등 몇몇 무사가 이하전을 국왕으로 옹립하려고 했다는, 진위가 의심스러운 고변에 따라 제주도로 유배되었다가 결국 21세의 젊은 나이로 사사(賜死)되었다.

철종에게 후사가 없을 경우 왕실 계통상 가장 유력한 계승 후보자는 은신군의 양자인 남연군 구의 자손과 은전군의 양자인 풍계군(豊溪君)의 사후 양자 경평군(慶平君)이었다. 그런데 경평군 또한 1860년(철종 11)에 김좌근과 김문근 등을 비난했다는 죄로 작호를 빼앗기고 전라도 강진의 신지도(薪智島)로 유배되었다.

단지 총명하거나 입바른 말을 했다는 이유만으로 세도가들에 의해 목숨을 잃거나 유배당하는 것이 당시 종친이 처한 현실이었다. 그가 왕위 계승의 유력한 후계자라면 더욱 그러했다. 대원군의 아들들은 유력한 왕위 후보자에 해당했다. 하지만 대원군은 자식이 왕위에 오를 것에 대비한다기보다는 생존을 위해 은인자중할 수밖에 없었을 것이다. 세상의 온갖 손가락질과 업신여김을 받으면서도 권문세가의 날카로운 의심의 눈초리를 피하고자 짐짓 방탕한 파락호 생활을 하고, 때로는 그 밑에서 모진 수모를 참으며 아양을 떨어야 했다. 마침내 둘째 아들이 왕으로 지목되어[2] 감히 입 밖에 낼 수도, 바랄 수도 없었던 꿈이 현실로 이뤄진 것은 그의 나이 43세 때의 일이었다. 기약도 없는 수십년 간의 모진 세월을, 대원군은 그렇게 견디고 또 견딘 것이다.

4) 신정왕후

대왕대비 조씨, 즉 신정왕후는 풍양 조씨 조만영(趙萬永)의 딸로, 순조의 세자였던 효명세자(孝明世子, 추존 익종, 1809~1830)의 부인이며 헌종(憲宗)의 생모였다.

그녀의 친정인 풍양 조씨는 안동 김씨와 더불어 19세기의 대표적인 외척 가문이었다. 풍양 조씨가 본격적으로 정계에서 두각을 나타낸 것은 효명세자가 1827년부터 3년 3개월간 대리청정(代理聽政)을 하면서부터였다. 효명세자는 왕권을 위협할 정도로 비대해진 안동 김씨 세력을 견제하기 위해 박규수(朴珪壽) 등 신진 관료들의 진출을 후원하는 한편, 처가인 풍양 조씨의 도움을 얻고자 했다. 그 덕분에 풍양 조씨는 한때 안동 김씨에 대항할 정도의 세력을 자랑했으나 효명세자가 1830

---

2 대원군은 모두 3남 3녀를 두었다. 장남 재면(載冕)은 대원군이 26세 때인 1845년 7월 20일(음)에 태어났다. 차남 재황(載晃)이 곧 훗날의 고종으로 1852년 7월 25일생이다. 장녀는 판의금부사(判義禁府事)를 지낸 조경호(趙慶鎬)에게, 차녀는 판돈녕(判敦寧) 조정구(趙鼎九)에게 시집갔다. 이 밖에 서자 재선(載先)과 서녀 1명이 있었다. 이재선은 1881년에 역모사건에 연루되어 목숨을 잃었으며, 서녀는 궁내대신(宮內大臣)을 역임한 이윤용(李允用)에게 출가했다. 이윤용은 을사오적의 한 사람인 이완용(李完用)의 친형이다.

년 5월(음)에 갑자기 서거하고, 또 헌종과 철종의 왕비 효현왕후(孝顯王后, 1828~1843)와 철인왕후(1837~1878)가 연이어 안동 김씨 집안에서 간택되면서 세력이 크게 약해졌다.

효명세자를 비롯하여 순조 이후 왕들은 단명하였다. 당시 왕실의 가장 큰 어른은 순조비 순원왕후(1789~1857)였으므로, 후계를 결정하는 데도 그녀가 가장 큰 발언권을 갖고 있었다. 신정왕후는 아들인 헌종의 비를 간택할 때도 시어머니의 결정을 묵묵히 따를 수밖에 없었다. 순원왕후는 헌종비와 철종비를 각각 자신과 6촌과 7촌 사이가 되는 김조근(金祖根)과 김문근의 딸로 골랐다. 그녀는 헌종 즉위 후 7년, 철종 즉위 후 3년 등 2차례에 걸쳐 10년 동안 수렴청정을 하는 이색적인 기록도 남겼는데, 그런 의미에서 19세기 안동 김씨 세도정치를 가능케 한 최대의 공로자는 바로 순원왕후였다고 할 수 있다.

철종의 즉위는 더욱 이례적이었다. 헌종이 후사 없이 승하하자, 순원왕후의 명으로 사도세자의 후손인 전계군 이광(李㼅)의 셋째 아들 원범(元範)이 즉위했다. 그의 조부 은언군(恩彦君)은 정조의 이복동생이었지만, 자신의 장남인 상계군(常溪君)을 왕위에 앉히려 했다는 역모혐의로 강화도로 유배당했다. 전계군은 은언군의 여섯 번째 아들이었는데, 극심한 가난 속에 요절했기 때문에 원범과 그 형들은 몸소 농사를 짓고 베를 짜면서 생계를 꾸릴 수밖에 없었다. 이 때문에 즉위 당시 철종은 관례도 치르지 못하고 교육도 변변히 받지 못한 상태였다. 게다가 가계 계통상 철종은 헌종의 아저씨뻘이 되었는데, ([그림 1] "19세기 조선 왕실의 계보" 참조) 순원왕후는 철종을 자신의 양자로 받아들임으로써 왕통(王統)으로나 가통(家統)으로나 헌종이 배제되는 결과를 초래했다.

이와 같은 이례적 결정의 배경에는 안동 김씨와 풍양 조씨 간의 권력다툼이 있었다. 본래 두 가문은 순조 초년에는 벽파 세력을 물리치는 데 힘을 합쳤다. 그리고 반남 박씨의 박준원 가문이 김조순 가문의 경쟁 세력으로 대두되었을 때는 풍양 조씨의 조득영(趙得永)이 그를 탄핵하는 데 중요한 역할을 하는 등 경쟁과 협력을 반복하였다. 그런데 헌종의 친정이 시작되면서 두 가문은 서로를 극렬하게 공격하여 조정에서 몰아내는 지경에 이르렀다. 마침내 철종 초년에는 조득영의 아들로 조인영(趙寅永)의 사후 풍양 조씨를 이끌었던 조병헌(趙秉憲)이 사사되는 사건이 발생했다. 이전까지 척족 가문 간에 관직의 독점이나 비리 등을 이유로 서로 탄핵하는 일은 종종 있었지만, 이처럼 정적을 죽음에 이르게 한 것은 처음이었다. 또한 1851년(철종 2)에는 영조의 맏아들인 진종(眞宗)의 조천(祧遷) 문제를 놓고 내홍이 발생했는데, 이는 안동 김씨가 억지로 철종을 즉위시킴으로써 왕실의 가통(家統)과 왕통(王統)이 엉클어진 것에 대한 비난의 의미를 내포했다. 이 문제를 제기한 권돈인(權敦仁)과 김정희(金正喜)는 이로 인해 유배형을 당했다.

신정왕후는 조정을 장악한 안동 김씨들의 손에 친정 가문이 몰락하는 과정을 아무 말도 못 하고 지켜볼 수밖에 없었다. 내궁(內宮)에서도 정적(政敵) 가문 출신인 시어머니 밑에서 숨을 죽인 채 살아야 했다. 12세의 나이로 왕세자빈에 책봉되어 23살에 남편을 여의고, 또 42세 되던 해엔 아들마저 떠나보낸 그녀였다. 마침내 1857년 순원왕후가 서거하여 왕대비가 되었을 때, 그녀의 나이는 이미 50세였다. 시아버지와 며느리의 관계를 구부지간(舅婦之間)이라고 한다. 앞으로 보게 될 근대이행기의 조선 정치사를 추동한 가장 중요한 요인 중 하나는 흥선대원군과 명성왕후 간의 구부갈등이었다. 하지만 겉으로 드러나지만 않았을 뿐, 순원왕후와 신정왕후 간의 고부갈등 또한 그에 못지않게 길고도 치열하게 전개된 것이다.

철종이 승하하자마자 신정왕후가 흥선군의 아들을 자기 아들로 입적하여 즉위시킨 것은, 바로 순원왕후가 철종을 왕위에 앉혔을 때의 전례를 답습한 것이었다. 1864년 2월 7일(음 12월 30일), 신정왕후는 교지를 내려 고종의 가통(家統)과 왕통(王統)을 분리했다.

> 대통(大統)이라고 말하는 것은 대륜(大倫)을 말한 것이다. 왕위를 물려받아 내려온 계통으로 말한다면 정조(正祖)·순조(純祖)·익종(翼宗)·헌종(憲宗) 4대의 계통이 대행대왕에게까지 전해 온 것을 주상(主上)이 물려받은 것이니, 어찌 계통이 둘이 된다고 의심할 것이 있겠는가? 백 대가 지난 이후에도 모두 나의 이 마음을 헤아릴 것이다. 익종에게는 '아버님〔皇考〕'과 '효자(孝子)'라고 부르고 헌종에게는 '형님〔皇兄〕'과 '효사(孝嗣)'라고 부르며 대행대왕에게는 '아주버님〔皇叔考〕'이라고 부르면서 3년 동안은 '애종자(哀從子)', 3년이 지난 후에는 '효종자(孝從子)'라고 부르도록 하라.(『承政院日記』고종 즉위년 12월 30일)

이것으로 국왕으로서 고종의 아버지는 효명세자(익종), 어머니는 신정왕후가 되었다. 그리고 헌종은 형이 되고 철종은 아저씨가 되었다. 이후 신정왕후는 서거할 때까지 고종의 가장 든든한 후원자가 되었다. 이로부터 10년 후, 고종이 대원군의 섭정을 끝내고 친정(親政)을 선포하자 대원군파 신하들은 사친(私親)에 대한 효(孝)를 강조하며 이 결정을 비판한다. 하지만 고종은 왕통상의 어머니인 대왕대비의 결정을 존중해야 한다는 논거로 그 예봉을 피하게 된다.

대원군과 신정왕후가 정치적으로 결탁한 과정에 관해서도 많은 야사(野史)가 전한다. 그것들은 철종이 승하하기 전에 이미 두 사람 간에 밀약이 있었다는 사실을 강조한다. 예컨대 「흥선대원군 약전」에는 다음과 같이 기록돼 있다.

철종은 아들이 없이 병이 많았다. 왕족 중에 어진 자를 골라 세자로 삼으려고 했지만, 여러 김 씨가 권세를 다투어 의론이 어지러워 결정되지 않았다. 대원군은 "만약 내 아들이 철종의 뒤를 잇는다면 김 씨들의 집권은 변치 않을 것이다. 내 비록 지위가 높아지더라도 권력은 차지하지 못할 것이다."라고 생각했다. 이에 계책을 내어, 은밀히 익종 왕비 조씨의 시위 궁녀 천·하·장·안 4명과 결탁해서 심복으로 삼고, 이들에게 조대비에게 몰래 다음과 같은 계책을 아뢰게 했다. "지금 철종이 미녕(靡寧)하여 만약 불휘(不諱: 국왕의 서거)가 있을 때 김 씨들이 다른 왕족으로 철종의 뒤를 잇게 한다면 김 씨들의 권세가 장구해질 것입니다. 그리고 익종의 후사는 영영 끊어지고 말 것입니다. 만약 이때를 틈타 신의 계책대로 하신다면 대사를 이룰 수 있을 것입니다." 조후(趙后)는 본래 김 씨들에게 원한이 있어서 항상 불만을 품고 있었다. 대원군의 계책을 듣고는 크게 기뻐하면서 허락하고, 함께 모의하며 은밀히 약속을 맺고 변고를 기다렸다.

이러한 종류의 이야기들은 대원군의 능수능란한 정치술과 간지(奸智)를 보여주는 것으로 널리 구전되어왔지만, 사실 여부는 확인하기 어렵다. 다만 앞의 인용문에서도 보이듯이, 신정왕후가 여인의 몸으로 직접 정무에 관여하기엔 한계가 있었다. 게다가 풍양 조씨의 세력은 크게 위축되었고, 친정 조카인 조성하(趙成夏, 1845~1881)와 그 사촌 조영하(趙寧夏, 1845~1884)가 영민했지만 세도 역할을 맡기엔 아직 연륜이 부족하였다. 따라서 신정왕후가 자신과 마찬가지로 안동 김씨의 탄압을 받는 대원군을 눈여겨본 것은 충분히 있을 만한 일이다. 게다가 대원군은 파락호라는 일반의 인식과는 달리 철종 대부터 종친부의 유사당상으로서 궁중 의례를 주관하면서 모범적인 종친의 모습을 보였고, 풍양 조씨와 가까웠던 추사 김정희의 외종 8촌으로서 그에게서 묵란화를 배우는 등 유리한 인맥도 있었다.

19세기는 조선 후기의 위대한 왕 정조(正祖)의 잔영이 짙게 드리운 시대였다. 앞에서 언급한 것처럼, 정조의 후손들 가운데 왕위계승 후보자로 주목받은 것은 은신군의 양자인 남연군의 자손과 은전군의 양손(養孫)인 경평군이었다. 그런데 경평군은 이미 유배된 상태였으므로, 유일한 후보군은 남연군의 자손들이었다. 이 가운데 대원군의 항렬은 효명세자와 같았으므로 다음 대에서 후보군을 추려보면, 흥녕군 창응(昌應)의 양자 재원(載元), 흥완군 정응(晸應)의 양자 재완(載完), 흥인군 최응(最應)의 아들 재긍(載兢), 그리고 흥선대원군 하응의 아들 재면과 재황(고종), 그리고 서자 재선이 있었다. 이 가운데 양자로 입후(立後)한 이들과 서자를 제외하면 재면과 재긍이 남는데, 재긍은 철종이 승하했을 때 7살에 불과했다. 이러한 사정으로 보더라도 신정왕후의 선택은 부득이한 면이 있었다.[3]

고종의 등극과 함께 수렴청정을 시작한 신정왕후는 효명세자가 미처 이루지 못한 유지(遺志)를 실현하고자 했다. 효명세자는 할아버지 정조가 추구한 우문좌척(右文左戚)의 정치를 추구하면서 세도가문에 맞서 왕권의 회복을 꿈꾸었다. 이를 위해 그는 김로(金鏴)·홍기섭(洪起燮) 등 외척 세력과 무관한 신진 조사(朝士)들을 요직에 발탁하고, 조만영·조

---

3 대원군의 맏아들 재면은 당시 흥완군의 양자로 가 있었는데, 재황이 왕위 계승자로 지목되면서 1864년 8월(음) 다시 대원군의 집으로 돌아왔다.

인영·조종영 등 처가인 풍양 조씨가의 힘을 빌려 막강한 안동 김씨 세력을 견제하려고 했다. 또한 각종 전강·응제·제술의 시행을 크게 늘려서 친위적인 신진 관료를 육성했으며, 연경당(延慶堂) 진작례(進爵禮, 음 1828년 6월 1일) 등 여러 차례의 궁중 연향을 통해 왕실의 위엄을 과시했다.

특히 효명세자는 왕실의 위신을 전국에 선양하기 위해 경복궁을 중건하려는 뜻을 갖고 있었다. 신정왕후는 1865년 4월 경복궁 중건 계획을 선포하면서 "익종(翼宗: 효명세자)께서 정사를 대리하실 때도 여러 번 옛 궁궐에 행행(幸行)하시어 그 터를 둘러보시면서 분연히 중건할 뜻을 가지셨지만 이루지 못하였다."라고 하여 이 역사(役事)가 효명세자의 유지에 따른 것임을 밝혔다. 그뿐 아니라 효명세자 생전에 특별한 지우(知遇)를 입은 박규수와 김영작(金永爵)을 중용하는 등[4] 인적 측면에서도 효명세자의 유업을 계승하려는 의지를 분명히 했다. 신정왕후는 자

---

4 1864년 1월 1일, 신정왕후가 가장 먼저 내린 특별 전교는 효명세자와 가까웠던 박규수의 직위를 특별히 올려주라는 것이었다. 이후 박규수는 왕의 최측근 관료로 활동 도승지(3회), 동지경연사(2회), 강관, 특진경연관, 내의원 부제조와 제조 등을 역임해서, 고종과 조대비를 바로 측근에서 보필했다. 박규수와 더불어 개성유수 김영작(金永爵)도 중용되었는데, 김영작 또한 효명세자의 대리청정 시절부터 장래가 촉망되는 인재로 인정받았다. 김영작의 아들이 바로 구한말 정치외교사에 굵은 업적을 남긴 김홍집(金弘集)이다.

　박규수의 문집 『환재집(瓛齋集)』에 따르면, 효명세자는 1825년 여름 순조의 경우궁 행차에 배종할 때 창덕궁 후원을 나와 박규수의 집을 방문했다. 이처럼 사가(私家)에 왕세자가 친히 왕림한 것은 극히 드문 일이었다. 효명세자는 박규수에게 글을 읽고 써보라고 시키고는 크게 칭찬하고 격려한 후 자정 즈음에 돌아갔다고 한다. 또한 박규수는 1829년에 효명세자의 명으로 그 조부 연암 박지원의 문집 『연암집(燕巖集)』과 자신이 직접 지은 『상고도회문의례(尙古圖會文儀)』 및 『봉소여향(鳳韶餘響)』을 진상했다. 하지만 이듬해 5월에 효명세자가 급서하자 박규수는 그에 대한 변함없는 충성을 다짐하는 뜻으로 자호의 '桓'자를 '瓛'으로 고치고는 매년 효명세자의 기일이 돌아오면 뜻을 이루지 못하고 세상을 떠난 효명세자를 그리워하며 통곡해 마지않았다고 한다. 효명세자 사후 박규수는 24세부터 42세가 될 때까지 무려 18년간 은둔 생활을 했다.

신을 대신하여 이러한 구상을 실현해줄 정치적 협력자로서 대원군에게 기대를 걸었던 것이다.

5) 무너지는 조선

19세기 이후 조선은 봉건적 지배질서가 내부적으로 와해되는 가운데 서구 제국주의 열강의 침입으로 쇄국체제가 깨어지는 국가적 위기 상황에 직면했다. 이러한 의미에서의 '내우외환(內憂外患)'은 같은 시기 청과 일본도 당면한 과제였다. 따라서 대원군 집정의 공과(功過)는 19세기의 시대적 과제에 대한 조선의 대응방식과 그 한계를 여실히 보여준다. 아래서는 대원군 집정의 시대적 배경과 과제를 살펴보기로 한다.

(1) 외부세계로부터의 고립

이양선(異樣船), 즉 서양 증기선이 조선 해안에 본격적으로 나타나기 시작한 것은 18세기 말이었다. 1787년 프랑스 해군대령 페루즈(Jean François Galaupe de la Pérouse)는 군함 2척을 이끌고 동해안을 탐사하였는데, 이 과정에서 울릉도를 처음 목격하고 육군사관학교 교수 다줄레(Dagelet)의 이름을 따서 '다줄레 섬'이라는 이름을 붙이기도 했다. 이어서 영국 군함 프로비던스(Providence, 1797), 영국 상선 로드 엠허스트(Lord Amherst, 1832), 영국 군함 사마랑(Samarang, 1845)이 차례로 조선 연안에 출현했으며, 1846년에는 프랑스 동양함대 사령관 세실(Jean Baptist Thomas Cecil)이 1839년 기해교옥(己亥敎獄) 당시 프랑스 신부 3명이 처형된 것에 항의하는 서한을 전달하기도 했다. 이양선의 출현은 1840년대 더욱 늘어나서, "금년 여름과 가을 이후 이양선이 경상·전라·황해·강원·함경 5개 도의 대양(大洋)에 출몰했는데 간혹 아득하여 추적할 수가 없었다. 어떤 것은 상륙해서 물을 긷고 또 어떤 것은 고래를 잡아 식량으로 삼았는데 그 수를 거의 헤아릴 수가 없다."(『헌종실록』 헌종 14년 12월 29일)라고 할 정도였다. 뿐만 아니라 1860년 청과 러시아 간에 체결된 북경조약에 따라, 비록 두만강 끝의 10km 남짓 되는 짧은 거리이긴 하지만 처음으로 서양국가와 국경을 접하게 되었다.

하지만 대원군 집정 전까지 서양세력의 침입, 이른바 서세동점(西勢東漸)에 대한 위기의식은 그리 높지 않았다. 예를 들어 1840년의 제1차 아편전쟁의 소식이 조선 조정에 전해진 것은 9개월 뒤인 1841년 3월(음) 베이징에 다녀온 동지사(冬至使)에 의해서였다. 그런데 당시 보고서를 보면, 영국인이 교역을 허락하지 않는다는 이유로 작년 6, 7월경부터 정해현(定海縣) 성을 공격하여 점거하고 있다는 것, 강소·산동·직예·봉천 등에서 소요를 일으키고 재물을 약탈하는 등 날로 창궐이 심해진다는 것, 이에 진노한 황제가 등정정(鄧楨廷)과 임칙서(林則徐)를 소환하고 태학사 이리포(伊里布)를 파견해서 다시 교섭하게 했다는 것, 그리고 서양 오랑캐가 시급히 여기는 바는 통상일 뿐인데 지난 2년 간 통상이 단절되었으니 금년 안으로 화친을 허락할 것 같다는 전망 등을 아뢴 데 지나지 않았다.(『동문휘고』 4, 3803~3804쪽) 마찬가지로 일본의 개항이나 메이지유신에도 큰 관심을 보인 흔적은 찾을 수 없다.

당시 조선은 외부세계와의 인적, 물적 교류 뿐 아니라 정보의 유입조차 차단된 국제적으로 고립된 나라였다. 이는 기존의 특권을 감소시킬 수 있는 어떠한 변화도 거부하는 지배계층의 폐쇄성과 완고함에 기인했다. 이들은 스스로 외부세계에 대해 아무것도 알려고 하지 않을 뿐만 아니라, 백성들에게 그 지식이 전파되는 것도 강력하게 통제하였다. 대원군 정권이 붕괴한 이듬해인 1874년 3월 비밀리에 북경주재 영국공사관을 찾아간 역관 오경석(吳慶錫)의 발언은 이와 같은 조선의 폐쇄성과 그 원인을 여실히 보여준다.

> [오경석은] 구체제로부터의 이탈에 대한 지배계급의 거부감이 대단히 크기 때문에 그러한 변화는 오직 힘에 의해서만 가능할 것으로 확신한다고 말했습니다. 소수의 세도가들과 그 수많은 친족들이 염려하는 것은 어떤 변화라도 그 특권의 감소를 수반할 것이라는 데 있으며, 그들은 외부세계에 대해 아무것도 아는 것이 없을 뿐 아니라 그들 자신과 그들이 통치하는 백성들에게 어떤 지식이 유입되는 것도 결연히 막고 있습니다.(FO 17/672, No.25, Wade to Derby, Peking, March 9, 1874, "Memorandum of interviews with Corean Commissioner.")

(2) 삼정의 문란

조선 후기, 경작기술의 발달에 따른 생산량의 증가와 이에 따른 상업 및 수공업 확대가 이뤄졌다. 이와 함께 농촌에서의 새로운 계층분화 현상이 나타났다. 즉, 넓은 토지를 가진 양반 지주나 부농(富農)들은 계속해서 부를 축적한 반면, 영세한 농민들은 본래 가진 토지마저도 지주들에게 빼앗기고 '전호(佃戶)'라고 부르는 소작농이나 날품팔이로 전락한 것이다. 이 과정에서 도태된 양반이 농민과 다를 바 없는 궁핍한 처지가 되거나, 반대로 부유한 상민이 족보를 사서 양반을 자처하기도 하는 등 전통적인 신분질서가 크게 동요했다. 이처럼 신분질서가 동요하는 가운데 이른바 삼정(三政)의 문란이라는 조세수취 제도의 난맥이 더해져 농촌사회의 해체가 가속화되었다.

삼정이란 토지세를 뜻하는 전정(田政), 군역 대상자에게 군포(軍布)를 거둬들이는 군정(軍政), 그리고 환곡에 대한 이자인 환정(還政)을 가리킨다. 그런데 19세기에 이르면 온갖 부정부패가 만연하여 국가재정은 날이 갈수록 고갈되고, 백성의 조세부담은 그 생계를 위협할 정도로 가중되었다. 매관매직이 일상화된 풍조에서 지방관은 벼슬을 위해 투자한 '비용'을 회수하고 더 좋은 자리로 옮길 '자본'을 마련하기 위해, 그리고 토착 서리와 향리들은 현지 물정에 어두운 지방관과 결탁하여 온갖 부정한 방법으로 힘없는 백성을 수탈한 것이다.

군정은 영조 26년 균역법(均役法)의 시행 이후 원칙적으로 16세 이상 60세 이하 장정들에게 군포 1필씩을 거둬들이게 돼 있었다. 그리고 일부 지역에서는 이를 전세(田稅)에 덧붙여 1결당 쌀 2두를 징수하였다. 그런데 지방 행정의 난맥으로 군역자원을 제대로 파악할 수 없었기 때문에 결국 군현 단위로 군포를 징수했으나, 양반을 비롯하여 이서, 승려, 교생 등은 군역이 면제되었고, 또 고의로 향교나 서원에 소속되거나 족보를 사서 양반을 사칭하는 경우가 많았으므로 결국 그 부담 또한 힘없는 농민에게 돌아갔다. 이 과정에서 이미 죽은 사람에게 군포를 매기는 '백골징포(白骨徵布)', 갓난아이에게 징수하는 '황구첨정(黃口簽丁)', 군역자가 생활고를 견디지 못해 달아난 후 이를 이웃이나 남아 있는 친척에게 강제 부과하는 '인징(隣徵)'이나 '족징(族徵)'과 같은 악명높은 수탈이 공공연하게 자행되었다.

하지만 백성에게 가장 큰 고통을 준 것은 바로 환곡이었다. 환정은 본래 춘궁기에 가난한 농민을 구휼하기 위해 봄에 곡식을 나눠주었다가 가을에 거둬들이는 일종의 사회보장제도였다. 그런데 점차 여기에 일정한 이자를 붙여서 모곡(耗穀), 즉 창고에 보관한 곡식의 자연손실분을 추가로 받거나 이자를 붙여서 군영과 관아의 경비로 쓰는 관행이 생겨났다. 그리고 이것이 조선 후기에 이르러 일종의 사채놀이 수단으로 변질된 것이다. 지방관들은 농민들이 환곡을 받기를 거부하는데도 억지로 받게 한 후 이자를 거둬들였으며, 심지어는 배급하지도 않은 환곡에 이자를 받아내기도 했다. 이를 '백징(白徵)'이라고 하는데, 실제 주지도 않은 환곡에 이자를 받는 것은 쉽지 않았으므로 전세에 얹어서 징수하는 도결 또는 가결(加結)이라는 편법을 동원하였다. 다른 한편으로 아전들은 창고에 보관해야 하는 곡식을 불법 반출하여 이자놀이를 하거나 장사 밑천으로 삼았다. 그래서 실제 창고에는 보관된 곡식도 없는데 오직 장부상으로만 거래가 기록된 경우도 허다했다.

이와 같은 삼정의 문란은 조선 재정의 구조적 문제에서 기인하는 것이기도 했다. 즉, 조선 재정의 특징은 국가의 세입과 세출이 완전히 지방 분권화가 되어, 중앙정부는 각 지방에서 거둬들일 세금의 총액과 한성으로 보낼 할당량만 결정할 뿐, 징세 업무는 지방 당국에 일임했던 것이다. 따라서 지방 관청은 한성에 상납해야 하는 금액을 제외한 나머지 예산을 필요에 따라 지출하거나 조달할 수 있었다. 특히 서리와 향리는 나라에서 받는 급여가 없었으므로 능력껏 수입을 보존하는 것을 묵인하는 분위기였다.

철종 말년인 1862년 2월(음) 경상도 단성에서 시작되어 진주를 거쳐 전라도와 충청도, 심지어 황해도와 함경도, 제주도에 이르기까지 전국에서 일어난 임술민란은 생존의 위기에 몰린 농민들이 국가의 수탈에 대항해서 일으킨 최후의 저항이었다. 한때 민란의 불길이 경기도 광주에까지 이르자, 위기의식을 느낀 정부는 6월 21일(음 5월 25일) 삼정의 개혁방안을 논의하기 위한 기구로 이정청(釐正廳)을 설치하고 그 총재관으로 정원용, 김흥근, 조두순(趙斗淳) 등 대신들을 임명했다. 그 결과 10월 12일(음 윤8월 19일) 40여 개 항목으로 이뤄진 '삼정이정책'이 발표되었다. 하지만 지배층의 반발로 실시가 유보되다가, 민란이 수그러드는 기미가 보이자 정부는 12월 20일(음 10월 29일)에 개혁안이 아직 완벽하지 못하니 옛 제도로 돌아가는 것이 편리하다는 이유를 내세워 결국 무효화시켰다. 그리고 이듬해 6월에는 진주민란의 단초를 제공한 경상도 우병사 백낙신(白樂莘)과 전라감사 김시연(金始淵) 등 탐관오리를 모두 사면함으로써 백성을 철저히 기만했다.

이후에도 민란은 계속 이어져 정부도 이를 예사롭게 여길 정도가 되었다. 민란은 대원군 섭정기 잠시 소강상태를 보이다가 유례없는 가뭄이 발생한 1888년부터 동학농민운동이 발발하기 전해인 1893년까지 집중되었는데, 1893년 한 해에만 65건 이상이 발생했다. 매천 황현의 말마따나 조선은 '누적된 병폐가 극에 달하여 저절로 무너지고 있었던' 것이다.

> 오늘의 허다한 폐정(弊政)은 모두 장동 김씨가 세도할 때 비롯되었다. 뇌물이 공공연히 행해지고 탐학을 부려도 징치를 하지 않은데다가, 더욱이 백성을 수탈하는 근원이 되었다. 구학(溝壑)에 빠져 아우성치는 백성들이 호소할 곳이 없구나! 이런 까닭에 누적된 병폐가 극에 달하여 저절로 무너지게 된 것이다. 철종(哲宗) 임술년에 삼남의 백성이 대란을 일으킴에 겨우 어루만져 진정시킬 수 있었다. 그런데 민란을 일으킨 자들은 오직 간악한 서리들을 첫 담고 탐학한 수령을 쫓아내 목전이 뼈아픈 원통을 한번 씻는 데 그쳤을 뿐이다. 만약 간웅(奸雄)이 이 사태를 이용해서 임금의 측근을 공격대상으로 삼아, 한 사나이가 크게 외쳐서 삼도(三道)가 함께 들고 있어났다라면 나라가 어찌 망하지 않을 수 있었겠는가? (『梧下紀聞』)

(3) 지배층의 분열

향촌사회가 신분질서의 동요와 삼정의 문란으로 와해되었다면, 한성은 지방으로부터 단절되어 점차 고립되는 가운데 지배세력 내부의 분열이 가속화되고 있었다.

정치사적으로 보면, 16세기 후반 정여립의 난(1589)으로 호남 지역의 동인(東人)이, 18세기 초반 이인좌의 난(1728)으로 영남 지역의 남인(南人)이, 19세기 초반 김달순의 옥사(1805) 이후 충청 지역의 노론 벽파(僻派)가 중앙정계에서 차례로 구축되었다. 이에 따라 19세기 이후 한성 지역의 노론 시파(時派)에 의한 정권의 독점이 이뤄졌다. 이러한 관점에서 본다면 세도정치란 국혼(國婚)을 둘러싸고 노론 시파 내부의 2~3개 유력 가문 간에 벌어진 권력다툼에 지나지 않았다.

한편, 18세기 이후 한성은 국내외의 정보와 최신 문화, 그리고 재화가 집중되는 한편, 지방은 그러한 흐름에서 소외되어 갔다. 이 때문에 이른바 경화사족(京華士族)은 세련되고 통속적인 취미를 향유한 반면, 지방 유림들은 전통적이고 보수적인 위정척사 사상을 더욱 발전시킨 것이다. 이와 함께 과거(科擧)에서 비정기 시험인 별시(別試)의 비중이 높아지면서 정보력에서 압도적 우위에 있는 한성의 노론 가문이 관직을 독점하기 시작했다. 그 결과, 인재 선발과 관직 배분의 극심한 지역적 편중 현상이 나타난 것이다.

> 오늘날 선비를 구하는 지역은 천 리도 되지 않는다. 8도 안에서 애초 大官으로 등용되지 않는 서북 3도를 제외하고, 나머지 5도의 인사 중에서도 대관으로 등용되는 사람은 없다. 혹 한둘 두드러진 이들이 있다고 해도 그 지역에 흘러가 사는 경화사족일 뿐이니 그 지방의 인사가 아니다.

그러니 오늘날 등용되는 이들은 오직 경기도 한 도의 인재이다. 하지만 경기도조차도 모두 등용되지 않는다. 오직 서울 5부 안에나 해당하니 천 리의 땅을 통틀어 300분의 1이다. 그러나 300분의 1조차도 모두 등용되지 않으니 오직 대대로 벼슬한 사대부에나 해당할 뿐이다. 대대로 벼슬한 사대부 중에서도 오직 귀성 大姓들만 해당된다. 그렇다면 그 300분의 1중에서도 겨우 100분의 1이나 1,000분의 1에 해당될 따름이다. 천 리의 땅에서 인재를 구하는 지역은 1리도 되지 않는다.(『顧問備略』)

이러한 지역적 편중은, 경향 간의 분리 현상을 더욱 가속화시키는 한편 양반들 간의 신분적 유대의식마저 단절시키는 결과를 초래했다. 지방관으로 나온 서울 출신의 양반들은 반상무분(班常無分)을 강조하며 면세를 비롯한 지방 사족의 여러 특권을 빼앗은 반면, 여러 대 동안 과거에 급제하지 못해 향반(鄕班)으로 전락한 지방 사족은 똑같이 중앙정부에 의해 수탈당하는 지방의 농민들과 경제적 이해관계를 같이하게 되었다. 이와 같은 경향(京鄕) 간의 사회적·정치적·문화적·사상적 분기(分岐), 그리고 조선사회의 지배세력인 양반 내 유대의식의 소멸은 훗날 문호개방과 개혁 정책을 추진하는 데 가장 큰 걸림돌 중 하나가 되었다.

한성의 노론 가문들 사이에서도 분열이 일어났다. 앞에서 서술한 것처럼, 철종대에 이르러 안동 김씨는 풍양 조씨를 물리치고 권력을 독점했다. 그런데 안동 김씨의 독주체제가 완성된 것처럼 보인 순간, 이제 그 내부에서 새로운 분열이 발생하기 시작했다. 예를 들어 고종이 즉위하기 전부터 김문근, 김병학과 김병국 형제는 대원군에게 비교적 우호적이었던 반면, 김좌근, 김병기, 김흥근 그리고 남병철(南秉哲)과 심이택(沈履澤)은 적대적이었다. 이 때문에 대원군이 정권을 잡은 후 김좌근은 영의정에서 물러났고, 김병기 또한 광주유수와 같은 한직으로 잠시 밀려날 수밖에 없었다.(『承政院日記』 고종 원년 3월 9일, 4월 18일) 특히 심이택의 경우, 대원군이 야인 시절에 심씨 집안 제사에 왔을 때 크게 망신준 일이 있었다.(『近世朝鮮政鑑』) 이로 인해 심의택은 의주부윤으로 재직할 때 범장(犯贓)죄를 저질렀다는 이유로 문무백관과 지방관이 지켜보는 가운데 대로변에서 곤장을 맞은 후, 제주목에 위리안치(圍籬安置)되는 수모를 겪어야 했다.(『承政院日記』 고종 원년 3월 4일)

그에 반해 철종의 국구(國舅) 김문근의 조카인 김병학과 김병국 형제는 대원군의 충실한 조력자가 되었다. 김병학은 고종 1865년 3월 3일(음)에 좌의정, 1868년 윤4월 23일 영의정에 임명되는 등 1872년 모친상으로 사직할 때까지 대원군 정권의 핵심 지위를 놓치지 않았다. 김병국은 대원군 집정기에 김병기와 호조판서 등의 요직을 번갈아 맡으며 이 시기 재정을 사실상 전담하였다.

이들의 행적은 대원군이 안동 김씨 세도정권을 무너뜨렸다는 기존의 평가를 무색하게 한다. 다른 한편으로 세력기반이 취약한 대원군의 입장에서도 안동 김문 중에서 자신에게 협조할 만한 인물을 중용할 수밖에 없었다. 이와 같은 안동 김문 내부의 분열과 경쟁은 대원군이 큰 저항 없이 집정의 지위에 오를 수 있었던 하나의 요인이 되었다.

2.
권력의 공고화

1) 경복궁 중건의 정치적 의미

경복궁의 중건은 대원군 집정기에 이뤄진 대표적인 토목 공사로 꼽힌다. 경복궁은 조선 건국과 함께 정궁(正宮)으로 세워졌으나 1592년 임진왜란 때 소실된 뒤로 270년 이상 폐허로 남아 있었다. 그리고 이를 대신해 창덕궁과 창경궁이 법궁(法宮)의 역할을 하고, 경희궁을 새로 지어 이궁(離宮)으로 활용했다. 이 때문에 경복궁 중건의 필요성은 여러 차례 제기되었지만, 워낙 큰 규모의 공사인 까닭에 감히 착수할 엄두를 내지 못하고 있었던 것이다.

경복궁 중건의 목적은 실추된 왕실의 권위를 높이고 나라의 기풍을 일신하여 국초(國初)의 면목을 회복하려는 데 있었던 것으로 알려져 있다. 그런데 이 거창한 토목사업은 대원군이 권력을 행사하는 데 필수적인 수단이기도 했다. 대원군은 단 한 번도 조정에서 공식적인 지위를 가진 일이 없었다. 그는 언제나 막후에서 강력한 권력을 휘둘렀는데, 그 중에서도 이 사업이 국가 재정을 주무르고 인사에 간여하는 중요한 통로가 되었다. 대원군은 이 국가적 대역사의 지휘를 맡아 권위를 확보하고, 또 실무적으로도 영건도감의 총책임자가 되어 영의정과 좌의정을 시작으로 조정의 관료들을 수족처럼 부릴 수 있었다.

이 사업은 1865년 4월 26일(음 4월 2일) 대왕대비의 전교(傳敎)로 공식적으로 시작되었다. 다음날 대왕대비는 이처럼 중대한 일은 자신이 감당할 수 없으니 일체를 대원군에게 위임한다는 전교를 내렸다. 그리고 이 공사를 위한 영건도감(營建都監)의 도제조(都提調)에 영의정 조두순과 좌의정 김병학, 제조(提調)에 이최응, 김병기, 김병국, 이돈영(李敦榮), 박규수, 이재원, 부제조(副提調)에 이재면(李載冕), 조영하, 조성하를 임명하였다.

경복궁 중건사업의 총책임을 맡은 이상, 대원군은 무슨 일이 있어도 이를 완수해야 했다. 이를 위해 그는 미신마저 활용했다. 6월 7일 (음 5월 14일), 신하들이 모여 권강(勸講)하는 자리에서 고종은 경복궁 안의 석경루(石瓊樓) 아래서 뚜껑이 있는 구리 그릇이 나왔다고 하면서 참석한 강관 등에게 명문(銘文)을 지어 바칠 것을 명했다. 그 구리 그릇 안에는 소라 모양의 잔(螺酌)이 하나 있었는데, 그 안에는 "화산 도사가 소매 속에 간직한 보배를 국태공에게 바치며 축수(祝壽)하노라. 을축년이 10번 돌아 백사절을 맞음에 개봉하는 사람은 옥천옹이라.(華山道士袖中寶 獻壽東方國太公 靑牛十廻白巳節 開封是人玉泉翁)"라는 구절과 함께 '수진보작(壽進寶酌)'이라는 4자가 적혀 있었다. 강관으로 참석한 박규수는 그 의미를 다음과 같이 풀이했다.

> 그 시의 뜻을 살펴보면, 대원군에게 바치며 축수하려고 태공(太公)에 비유한 듯한데, 대원군은 바로 전하의 사친(私親)이십니다. 또 당(唐)나라와 송(宋)나라 사람들의 말을 보더라도 국가의 존속(尊屬)을 국태(國太)라 하는데, 지금 이 시어(詩語)는 아마도 국태에게 바치며 축수한다는 의미인 것 같습니다. (『日省錄』고종 2년 5월 4일)

이는 대원군이 몰래 사람을 시켜 묻어둔 것이었다.(「興宣大院君略傳」) 화산도사란 여말선초의 국사(國師) 무학 대사의 호로, 미래를 예측할 수 있는 영험한 능력이 있었던 것으로 알려져 있었다. 말하자면 대원군은 미신을 이용해서 경복궁 중건의 신화적 정당성과 함께 자신의 권위를 세웠던 것이다. 이후 '국태공(國太公)'은 대원군을 가리키는 별칭이 되었다.

1866년 음력 3월에 경복궁 공사현장에 화재가 발생해서 목재가 전부 불타버리는 사건이 발생했다. 공사가 중단될 것이라는 소문이 돌았지만, 대원군은 굴하지 않았다. 이 과정에서 전국 각지의 좋은 나무나 큰 바위는 물론, 민간신앙의 대상이 되어온 나무와 바위, 양반 선산의 산림까지 무자비하게 벌채되었다.

> 나라 안 큰 바위와 큰 나무로서 민간신앙의 대상이 된 것은 도끼날을 받지 않은 것이 없으니, 요사스러운 말들이 많았다. 대원군이 대번에 꾸짖으며 "만약 나무와 돌의 신(神)이 해코지를 할 것 같으면 내가 당할 것이니 백성들은 염려하지 말라!"라고 하자, 사람들이 감히 저지하지 못했다.
> 세력 있는 씨족과 대갓집에서는 모두 묘지를 지키며 차지한 산림이 매우 넓다. 자손이 감히 벌채하지 못하고 수백 년을 키워서 빽빽한 나무가 하늘까지 치솟아 있었다. 대원군이 말하기를 "임금께서 거처할 곳을 세우는 중인데, 그대 집의 추목(楸木: 산소 옆에 세운 나무)을 쓰고자 한다. 그대 선조의 영령이 있다면 반드시 수긍할 것이다."라고 하고는 함부로 베고 찍었다. 호소하는 자는 바로 벌을 받으니 부호한 씨족도 어떻게 하지 못했다.(『近世朝鮮政鑑』)

경복궁을 중건하는 데 가장 큰 난관은 재정이었다. 처음에는 왕실의 내탕금과 함께 선파인들의 기부금, 그리고 백성 부호에게 거두는 원납전(願納錢)으로 공사비를 충당했다. 하지만 사업 첫 해인 500만냥을 넘었던 원납전 수봉액은 이듬해엔 100여 만 냥으로 떨어지고 그 다음해엔 60만 냥에 지나지 않게 되었다. 그러자 정부는 원납전을 사실상 강제로 거둬들였고, 백성들은 이를 원망하면서 내는 세금이라는 뜻으로 원납전(怨納錢)이라고 바꿔 불렀다.(『梅泉野錄』) 또한 갖가지 명목의 잡세를 부과했는데, 예컨대 농지 1결에 대해 100문(文)의 세금을 부과한 '결두전(結頭錢)'이나 서울 도성문의 출입세 등이 그것이었다.

그래도 재정 문제가 해결되지 않자, 대원군은 1866년 12월부터 명목가치가 실질가치의 1/20밖에 되지 않는 악화(惡貨) 당백전(當百錢)을 주조해서 강제 유통시켰다. 이는 화폐가치의 하락으로 인한 급격한 인플레이션을 유발했으므로 결국 6개월 만에 폐지되었다. 그러자 대원군은 중국에서 조악한 품질의 청전(淸錢)을 대량으로 들여왔다. 당백전이나 청전이나 화폐 시장을 교란시킨다는 점에선 차이가 없었지만, 이것 말고는 경복궁 중건과 병인양요 이후 국방에 필요한 대량의 재원을 마련할 뾰족한 수단이 없었던 것이다.[제1장 6절 참조]

이와 같은 우여곡절 끝에 1868년 8월 19일(음 7월 2일), 마침내 경복궁이 중건되어 고종을 비롯한 왕실 전체가 창덕궁에서 이어(移御)했다. 경복궁의 중건과 함께 종묘, 종친부, 육조 이하 각 관서와 성벽의 보수공사도 이뤄져 500년 왕조의 수도의 면목이 일신했다. 하지만 경복궁 공사가 끝난 뒤에도 영건도감은 철폐되지 않고, 흥인문과 돈의문, 성균관, 종각, 그리고 국가 사당인 종묘와 영녕전(永寧殿), 왕실 묘소인 능원묘(陵園墓)의 공사를 새로 시작했다. 여기서도 대원군이 국가재정을 장악하고 또 국사를 주도적으로 운영하기 위해 대규모의 토목공사를 중단하기 어려웠던 사정을 간취할 수 있다.

영건도감이 공식적으로 폐지된 것은 1872년 10월(음 9월 16일)이었다. 이날 영건도감에 대한 시상이 있었는데, 회계장부에 따르면 지난 7년

간 총 공사비용은 783만 냥으로, 그 가운데 왕실의 내탕금과 종친의 기부금은 각각 11만 냥과 34만 냥에 지나지 않았다. 그 나머지의 대부분인 727만 냥이 민간에서 거둬들인 돈이었으니, 가혹한 징세로 인한 백성의 고통을 짐작할 수 있다. (『高宗實錄』 고종 9년 9월 16일)

덧붙여 말하면, 1873년에 고종 또한 친정(親政)을 앞두고 경복궁 가장 북쪽에 건청궁(乾淸宮)을 새로 건립했다. 그 비용은 왕실의 내탕금에서 나왔는데, 당시 좌의정 강로(姜㳣)조차 이 사실을 모를 만큼 비밀리에 진행되었다.(『高宗實錄』 고종 10년 8월 19일) 고종은 경복궁 안에선 강파한 아버지의 그늘을 벗어날 수 없다고 느꼈던 것일까. 건청궁은 경복궁 내에서도 가장 깊숙한 곳에 자리한 후전(後殿)이었다. 1885년 이후 건청궁은 국왕과 왕비의 주요 거처이자, 신하 및 외국사신과 국사를 논의하는 은밀한 접견 장소로 사용되었다. 1895년 10월 8일 왕비가 일본 낭인들에 의해 처참한 최후를 맞이한 곳도 건청궁 내 왕비의 침전인 옥호루(玉壺樓)였다.

2) 권력 구조의 개편과 그 한계

(1) 비변사의 폐지

권력 구조의 개편과 관련해서 대원군이 가장 먼저 착수한 작업은 비변사(備邊司)의 혁파였다. 1864년(고종 1) 2월 20일(음 1월 13일), 조대비는 신하들을 만난 자리에서 "의정부와 비변사를 다 같이 묘당(廟堂)이라고 부르면서도 문건은 오직 비변사에서만 다루는 것이 몹시 이상하니 이제부터는 따로따로 다루는 것이 좋겠다."라고 하여 업무 분장을 지시하고, 또 비변사 당상에 원임(原任: 전직) 장신(將臣)들을 임명했다. 이에 따라 이희경(李熙絅), 이경순(李景純), 신관호(申觀浩, 후에 櫶으로 개명)가 비변사 당상에 새로 임명되었다. 이어서 한 달 뒤인 3월 18일(음 2월 10일)에는 영의정 김좌근의 건의에 따라, 의정부와 비변사의 사무를 구분하고 후자는 순수한 군사 업무만을 다루게 했다.

비변사란 1555년(명종 10) 을묘왜변을 계기로 창설된 군사전담기구로서, 임진왜란을 거치면서 점차 기능이 확대되어 문무대신이 함께하는 사실상의 정부가 되었다. 이에 따라 의정부는 점차 유명무실해지고, 행정기구인 육조(六曹)마저 전문성과 독립성을 상실하였다. 그에 반해 비변사는 국가의 모든 군사력을 통제하면서 동시에 삼정(三政)과 대동(大同) 등 재정을 관할하고, 중요한 관직에 대한 인사권을 장악하고 지방행정까지 사실상 총괄하는 최고의 권력기구가 되었다.

19세기 들어 비변사는 세도정치를 제도적으로 뒷받침하는 기능을 했다. 척족들은 비변사의 최고위 관직을 차지함으로써 인사권을 전횡하고 국정을 농단할 수 있는 기틀을 마련했다. 특히 비변사의 당상은 상피제도(相避制度)가 적용되지 않았으므로, 척족은 계속해서 세력을 부식하며 이를 독차지할 수 있었다. 따라서 대원군이 안동 김씨의 세력을 꺾고 자신의 권위를 세우기 위해선 무엇보다 비변사를 혁파해야 했다. 물론 막강한 권한을 가진 비변사는 통치자의 관점에서 보면 정치적으로 유용한 기구임에 틀림없지만, 자신을 추종하는 문반 관료가 많지 않은 대원군은 이를 손쉽게 장악할 수가 없었던 것이다.

하지만 비변사는 오랫동안 세도가의 통치기구로 작동해온 만큼, 그 혁파 또한 간단하지 않았다. 대원군은 섭정을 시작하자마자 의정부와 비변사 간의 업무 분리를 시도했지만, 비변사의 실무를 담당하는 유사당상이나 낭청이 의정부의 직책을 겸임하고 있었으므로 단지 업무의 성격에 따라 같은 사람이 도장만 바꿔 찍는 상황이 벌어졌다. 이로 인해 의정부가 비변사의 부속 기관처럼 되었고, 오히려 안동 김씨의 입지만 강화하는 결과를 초래했다.

그러자 대원군은 비변사의 인물을 교체하는 쪽으로 방향을 바꾸었다. 안동 김씨의 중심인물인 김병기는 4월 14일(음 3월 9일) 광주유수로 좌천되고, 김좌근은 5월 23일(음 4월 18일)에 영의정을 사직했다. 그리고 12월 18일(음 11월 20일)에는 국왕과 대신들이 국정을 의논하는 차대(次對)에 비변사 당상 60여 명 중에 대부분이 불참한 것을 구실로 12명의 당상을 파직한 후, 김세균(金世均), 임긍수(林肯洙), 남성교(南性敎), 한계원(韓啓源), 이흥민(李興敏), 박영보(朴永輔), 이재원, 박규수를 당상에 신규 임명하였다. 특히 박규수는 유사당상으로서 비변사의 실무를 관장하게 했다. 당시 비변사 당상은 차대에 참여하지 않는 것이 관례였다는 점에서 이는 의도적인 인적 쇄신에 다름 아니었다.(『承政院日記』 고종 원년 11월 20일, 22일)

이듬해 초부터 의정부 건물의 대대적 보수공사가 시작되었다. 대왕대비는 내탕금으로 2만 냥을 하사하고, 고종은 의정부 각 건물의 편액을 직접 써주기로 약속했다. 그리고 4월 23일(음 3월 28일)에 이르러 비변사를 의정부의 조방(朝房)으로 격하시키고, 그 인장은 녹여 없애며 발급하는 모든 문서는 '정부'로 시작하게 했다.

> 의정부는 대신이 백관을 거느리고 모든 정사를 규찰하는 곳으로, 그 중
> 요성이 다른 관서와 현격하게 구분된다. 경외(京外) 사무를 모두 비변사
> 에 위임한 것이 언제 시작되었는지는 알 수 없으나, 사체(事體)로 볼 때
> 그렇게 해서는 안 된다. … 이제부터 정부[의정부]와 비국(備局. 비변사)

을, 종부시와 종친부를 통합한 전례에 따라 합쳐서 1부로 만들되, 비국은 계속 정부의 조방(朝房)으로 삼아서 대문 기둥에 현판을 달고, 묘당(廟堂)이라는 편액은 대청에 옮겨 달도록 하라. 그리고 비국의 인신(印信)은 영구히 없애 버리고, 계목(啓目)과 문부(文簿)는 모두 두사(頭辭)를 '정부(政府)'로 하라. (『承政院日記』고종 2년 3월 28일)

이로써 '비변사'는 공식적으로 완전히 폐지되었다. 하지만 이후에도 정부의 사무는 예전 비변사 건물에서 이뤄졌으며, 당상 제도 등도 예전 운영방식을 그대로 답습하였다. 즉, 대원군의 비변사 폐지 조처는 요란하기만 했을 뿐, 사실상 '비변사'라는 이름을 '의정부'로 바꾼데 지나지 않았던 것이다.

(2) 삼군부

문반 관료 중에선 자신의 정치세력을 충분히 확보할 수 없었던 대원군은 무반(武班), 즉 무신들을 중용하고 이들을 통해 군사와 재정을 장악해 나갔다. 그 제도적 기반이 된 것이 삼군부(三軍府)였다.

삼군부라는 말이 어전회의에서 처음 등장한 것은 비변사를 폐지한 후 두 달 만인 1865년 6월 19일(음 5월 26일)이었다. 영의정 조두순은 경복궁의 영건(營建)과 의정부의 중수 및 6조 건물의 이전을 건의하면서 다음과 같이 삼군부를 언급하였다.

지금 경복궁을 영건하면서 동시에 의정부도 중수하고 있습니다. 지금 예조 자리는 국초의 삼군부인데, 이를 의정부와 나란히 마주 세운 것은 일국의 정령이 나오는 것이 문사(文事)와 무비(武備)이기 때문입니다. 오위(五衛)의 옛 제도를 대번에 복원할 수는 없지만, 훈련도감의 신영(新

營)·남영(南營)·마병소(馬兵所) 및 오영(五營)의 사무실을 지금 예조에 합설(合設)하여 삼군부(三軍府)라고 하시옵소서. 예조는 한성부 자리로 옮기고, 한성부는 훈련도감 신영으로 옮긴 후 육부(六部)를 대궐의 좌우에 배열함으로써 일체를 구규(舊規)대로 하시옵소서.(『承政院日記』 고종 2년 5월 26일)

조두순의 계언은 대원군 및 조대비와 이미 사전 조율을 한 뒤에 나온 말이었을 것이다. 건국 초기에 의정부와 삼군부 건물을 나란히 마주보게 세웠다고 한 말에서도 알 수 있듯이, 삼군부의 복설은 처음부터 무신의 지위를 문신들과 대등하게 격상시키려는 의도로 추진되었다.

삼군부란 본래 조선을 건국한 태조(太祖) 이성계(李成桂)가 고려 말의 군제인 삼군도총제부(三軍都摠制府)를 1393년에 개칭한 것으로, 1401년에 승추부(承樞府)로 개편되면서 그 명칭은 사라지고 삼군(三軍) 제도 또한 1450년대 오위 체제가 확립되면서 소멸되었다. 또 명목상 군령(軍令)과 군정(軍政)을 총괄했다고는 하나 실제로 관할한 것은 한성의 병사들에 불과하였고, 의정부가 설치된 뒤로는 형식상 이를 통해 왕명을 받들어야 했다.

삼군부가 복설된 것은 1868년 4월 15일(음 3월 23일)의 일이었다. 1866년에 발생한 병인양요와 제너럴셔먼호 사건 등 서양 제국주의 세력의 내침은 그 좋은 명분이 되었다. 이어서 4월 15일(음 3월 23일) 영삼군부사 김좌근 등 인사조치가 이뤄지고, 이어서 7월 27일(음 6월 8일)에는 삼군부를 의정부와 대등한 정1품 아문으로 하라는 전교가 내려졌다. 얼마 뒤엔 삼군부의 조직 규정인 「삼군부응행사목단자(三軍府應行事目單子)」가 완성되었다. 이로써 기존의 의정부, 종친부와 함께 삼부체제(三府體制)가 성립되었다.

삼군부의 책임자, 즉 삼군부사(三軍府事)는 창설 초기에 임명된 김좌근, 김병기, 김병국을 제외하곤 모두 4군영의 현직대장이 맡았다. 이들은 모두 대원군 파의 무신이었다. 그 실무를 책임진 유사당상 또한 의정부나 육조에서 근무한 경험이 없는 순수한 무장들이었다. 흥미로운 사실은 삼군부가 설치되기 전까지 한성 성문의 출입세에 대한 회계 관리, 그리고 진무영(鎭撫營)과 영종진(永宗鎭) 등 국방 요충지에 군대 자금을 배분하는 일은 모두 운현궁에서 담당하였는데, 삼군부가 창설되자 이를 모두 이관했다는 점이다. 이는 삼군부가 대원군의 영향 하에 있었을 뿐 아니라, 그 정치자금을 마련하는 통로였음을 의미한다.

삼군부의 가장 중요한 임무는 국왕 행차의 호위와 왕궁의 수위였다. 이외에도 변방의 수비를 관할하고 그 무장에 대한 인사권도 행사하는 한편, 군대 재정과 군수 지원도 총괄하였다. 특히 1871년 신미양요를 계기로 삼군부는 전국의 포군(砲軍) 설치를 주관하면서 국방 업무를 총괄 지휘하게 되었다. 당시 신설된 포군의 규모는 전국적으로 약 18,000명이 되었다.

당시 삼군부의 위상에 관해『운하견문록』은 다음과 같이 평했다.

> 근래 오로지 무비(武備)를 중시하여 삼군부(三軍府)를 육조(六曹)의 위에 세우고 국내 군무(軍務)와 융정(戎政)을 모두 관장하게 했다. 시원임 장신(將臣)이 주도하고 또한 대신이 예겸(例兼)하게 하였다. 이에 무부(武府: 삼군부)의 중함이 의정부와 같아졌다.

하지만 삼군부의 위상이 의정부와 대등해졌다고 한 것은 과장에 가깝다. 왜냐면 비록 삼군부가 군사비를 조달하기 위해 여러 잡세(雜稅)

를 관장했지만 여전히 국가재정의 근간인 삼정과 대동은 의정부의 관할이었고, 또 4군영의 대장에 대한 인사권을 의정부에서 행사했기 때문이다. 명목상 의정부와 삼군부가 동일한 정1품의 아문이라고 해도, 여전히 문관 우위의 체제는 변하지 않았던 것이다.

대원군은 섭정 기간 내내 조정 내에서 자신을 지지할 무신 세력의 지위를 높이는 데 힘을 쏟았다. 그 대표적인 조처로는 통제사(統制使)와 진무사(鎭撫使)를 중앙의 군영대장과 같은 위상을 갖는 외등단(外登壇)으로 시행한 것, 기존에 문관이 맡던 각 군영의 대장을 모두 무신으로 임명한 것, 종2품이던 군영 대장의 지위를 병조판서(문관)와 같은 정2품으로 올린 것, 무신들이 병조판서에 임용될 길을 넓힌 것 등이 있었다. 이로써 5군영의 대장들은 병조의 관할에서 벗어나 삼군부에 소속되었고, 대원군은 이를 통해 모든 군령권을 장악할 수 있었다.

하지만 이러한 노력에도 불구하고 끝내 무신의 지위는 문반과 같아지지 않았다. 예컨대 대원군 섭정기에 가장 출세한 무신인 신관호(申觀浩)의 경우, 그 품계가 의정대신에 해당하는 정1품 상(上)의 대광보국숭록대부(大匡輔國崇祿大夫)에 이르지 못하고 바로 밑의 보국숭록대부(輔國崇祿大夫)에 그쳤다.[5] 대원군의 위세로도 유후조나 한계원, 강로와 같은 남인과 북인은 의정대신에 임용할 수 있었지만, 무장은 그렇게 하지 못했던 것이다. 여전히 조선은 숭문(崇文)의 사회였다.

---

5 신헌은 우리나라 최초의 근대적 조약인 조일수호조규(1876)와 조미수호통상조약(1882)을 체결한 인물로 잘 알려져 있다. 그는 효명세자가 대리청정을 하던 1827년에 별군직(別軍職)에 발탁된 것으로 관직을 시작했으며, 대원군의 집정이 시작된 1864년에 병조판서에 임명되었다. 신헌은 추사 김정희를 종유(從遊)하였으며, 철종대 안동 김씨의 미움을 사서 1849년부터 1857년까지 유배 생활의 고초를 겪는 등 대원군과 개인적 인연이 많았다.

(3) 종친부

종친부는 명목상 의정부와 더불어 정1품의 최고 아문이었지만, 실권은 없는 왕실 종친들의 예우 기관에 지나지 않았다. 그러던 것이 대원군이 섭정을 시작하면서 그 명을 받들어 시행하는 집행기관으로 성격이 변화했다.

대원군은 섭정을 시작하면서 종친부의 개편에 착수했다. 그 시작은 1864년 5월 16일(음 4월 11일) 종부시(宗簿寺)를 종친부에 통합한 조처였다. 이는 비변사의 개편과 거의 같은 시기에 이뤄졌다. 대원군은 비록 조정 내의 직함은 없었지만, 종친부 내에선 '대군(大君)'이라는 최고 지위를 갖고 있었다. 그리고 대군은 전주 이씨 종친의 대표로서 종친부를 관리할 권한이 있었다.

대원군의 선파인 등용은 1866년 3월 조대비의 철렴 이후 본격적으로 이뤄졌다. 3월 24일(음 2월 13일) 선파(璿派) 유생과 무인을 대상으로 치러진 특별 과거에 고종과 도승지 이재면이 참석하였다. 이재면은 대원군의 맏아들이었다. 고종이 직접 내린 시제(試題)는 "종친으로 울타리를 삼는다.(以宗族爲藩屛)"였다. 이후 대원군은 선파인만을 대상으로 하는 별도의 과거시험을 열어 고위직에 진출할 기회를 확대하였고, 그 결과 대원군 섭정기 고위직에 오른 선파인의 비중이 증가하였다. 이와 함께 『양전편고(兩銓便攷)』(1864), 『대전회통(大典會通)』(1865), 『육전조례(六典條例)』(1867) 등의 법전을 정비했는데, 그것들은 공통적으로 종친부의 위상을 강화하는 내용을 담고 있었다.

하지만 주요관직에 진출한 선파인의 비중은 안동 김씨에도 미치지 못했다. 예컨대 대원군 섭정기 이조·병조·호조의 판서·참찬·판윤 이상의 직책을 맡은 사람이 안동 김씨의 경우 15명인 반면, 전주 이씨는

7명에 지나지 않았다. 게다가 안동 김씨 등 유력가문은 혈연적 동류의식이 강했지만, 전주 이씨는 대동항렬도 쓰지 않을 정도로 파(派) 별로 분립의식이 강했다. 대원군 또한 권력을 독점하기 위해 잠재적 왕위 경쟁자인 종친의 지나친 성장을 막는 경향이 있었다.

(4) 운현궁

대원군 섭정기에 '대원위분부(大院位分付)' 다섯 글자는 국왕의 전교보다 더 큰 위력을 갖고 있었고, 지방의 관리와 양반들에겐 공포의 대상이었다.

> 운현(雲峴)이 국정을 담당한 갑자년(1864)부터 계유년(1873)까지 10년간 나라 안이 벌벌 떨었다. 소민(小民)들은 혀를 깨물고 서로 조심하면서, 항상 귀신이 문 밖에 서 있는 것처럼 감히 조정 일을 이야기하지 못했다. 옛 제도에 교령(敎令)을 내릴 때는 반드시 '왕약왈(王若曰)'로 시작했는데, 당시 10년간은 오직 '대원위분부'만이 내외를 풍미했다. 갑술년에 친정(親政)이 시작되면서 비로소 옛 제도가 복구되었다. (『梅泉野錄』)

'대원위분부'는 대원군의 사저인 운현궁에서 직접 내리는 명령이었다. 물론 이는 법적으로는 근거가 없었다. 간혹 종친부에서도 '종친부 감결'의 형식으로 다른 아문에 명령을 내렸는데, 이 또한 월권행위에 지나지 않았다. 말하자면 대원군은 어떠한 법적 근거도 없이 권력을 행사하고, 또 조정 관리나 지방 관아는 별다른 저항 없이 이를 순순히 받아들인 것이다. 이는 세도정치의 여파로 조선의 공적인 행정 시스템이 상당 부분 무력화되었음을 의미한다. 대원군은 조정에 나가 다른 신하들과 같은 반열에 서지 않았고, 언제나 관리나 군영 대장들이 운현궁 또는 공덕리 별장으로 직접 와서 중요한 국무를 보고하고 상의한 후, 그 지시를 받아 정책을 집행하였다.[6] 특히 1871년 이후 대원군의 독재 체제가 확립되면서 육조 판서는 중요 국무를 의정대신에게 보고하지 않고 대원군에게 직접 아뢰는 일이 많아졌는데, 서원철폐도 그 중 하나였다.(『承政院日記』 고종 8년 3월 9일, 18일)

운현궁의 권력이 전국에 미치게 되면서 그 규모도 커졌다. 『운하견문록』에는 "지금 운현궁 안에는 사무(事務)가 집중되어 있고 문서들이 쌓여 있다. [대원군의] 총명함을 보충해주고 대신 애쓰는 데 사람이 없음을 근심하지 않는다. 기주출납(記註出納)에 각기 유사(攸司: 담당관)가 있다. 나도 한묵(翰墨)에 종사하는데 선비[士]로 자호(自號)하는 사람이다."라는 기술이 보인다. 이를 통해 운현궁에 국정과 관련된 업무와 문서가 폭주하고 있었다는 것, 그럼에도 이를 감당할 만한 충분한 관리가 근무하고 있었던 것을 알 수 있다.

대원군은 오랜 야인 시절의 경험으로 조선사회의 신분질서가 갖는 위선과 모순을 잘 알고 있었다. 당시 많은 양반들은 행정적 사무를 처리하기 위해 겸인(傔人)이라고 하는 일종의 개인 비서를 두었는데, 이들은 업무의 전문성은 물론 자신들 간의 독자적인 정보망을 갖추고 있었다. 『매천야록』에 "운현은 사람을 취할 때 반드시 영리하고 민첩하며 호탕하게 큰소리치는 자를 쓸 만하다고 여겼으며, 노련하고 점잖은 선비를 혐오하고 경멸했다."라고 한 데서도 알 수 있듯이, 대원군은 부패하고 비효율적인 양반 관료보다는 실무와 실정에 밝은 중인이나 상

---

6 대원위분부가 무소불위의 권위를 갖고 있었던 것은 아니다. 예를 들어 당대 등록(謄錄) 가운데 『의정부등록』에는 유독 대원위분부가 보이지 않는다. 이는 대원군이 국왕처럼 의정부에 직접 명령할 수 없었음을 의미한다. 형식상 대원군과 의정대신은 상호 예우하는 관계였다.

인들을 통해 전국의 동향을 기민하게 파악하고 유용한 정보들을 입수하였다. 『근세조선정감』에 보이는 이른바 '천하장안', 즉 천희연(千喜然), 하정일(河靖一), 장순규(張淳奎), 안필주(安弼周)가 바로 그러한 존재였다.[7]

> 여러 관사(官司)의 서리들은 모두 총명하고 재주가 있는 자들을 선발해서 일을 맡겼다. … 모두 대대로 서리 집안의 후손들로서 전례(典例)에 익숙하여 일이 생길 때마다 그 자리에서 처리하니, 대원군은 오직 그들의 말에 따랐다. 대신육경(大臣六卿)은 본래 아침에 제수되었다가 저녁에 교체되므로 관직을 마치 지나치는 여관처럼 보았다. 이에 이르러 각사(各司)에는 모두 운현에서 전임(專任)시킨 서리들이 있었으니, 경상(卿相)은 팔짱을 끼고 도장만 찍을 뿐이었다. … 인재는 본래 귀천에 국한되지 않으며, 중간 정도 되는 재주라면 오직 윗사람이 어떻게 쓰느냐에 달려 있을 뿐이다. 비유하면 칼이나 송곳은 공작하는 데 쓰이지만, 또한 물건을 훔치는 데 쓸 수도 있고, 혹은 목을 찌르는 데 쓸 수도 있다. (『近世朝鮮政鑑』)

(5) 남인과 북인의 등용

『매천야록』에는 대원군의 인사정책에 관한 유명한 일화가 기록돼 있다.

---

7 대원군의 비선정치(秘線政治)가 가장 위력을 발휘한 분야는 역설적으로 대외교섭이었다. 대원군 섭정기 대일관계를 직접 담당했던 왜학훈도 안동준(安東晙), 동래부사 정현덕(鄭顯德), 경상도 관찰사 김세호(金世鎬)는 모두 대원군의 충실한 심복이었으며, 특히 안동준은 대소사를 불문하고 직접 대원군에게 보고하고 그 지휘를 받았다. 또한 경흥부사 윤협(允眹)은 1865년에 러시아인들이 압록강을 건너와서 세 차례 통상을 요청했을 때 모두 정부에 공식적으로 보고하지 않고 대원군에게 비공식적으로 보고한 후 지휘를 받았다. 개화당의 비조(鼻祖)로 잘 알려진 오경석도 1865년 2월(음)부터 1867년 6월까지 의주(義州) 감세관(監稅官)으로 근무하면서 관세청의 수입을 대원군이 정치자금 및 군사비용으로 사용하는 데 기여했다.

운현이 처음 정권을 얻었을 때, 공회(公會)에서 기세등등하게 재상들에게 다음과 같이 말했다. "나는 천리를 끌어당겨 지척지간으로 만들고, 태산을 깎아 평지로 만들고, 남대문을 3층으로 높이고 싶소. 여러 공은 어떻게 생각하오?" 사람들이 대꾸할 말을 알지 못했는데, 김병기(金炳冀)가 머리를 들고 말했다. "천리도 지척으로 당기면 지척이 될 것이요, 남대문을 3층으로 한다면 3층이 되겠지요. 대감이 금일 못할 일이 무엇이겠소? 그런데 태산으로 말하면 본디 태산이니, 어찌 쉽게 평지로 만들겠소?" 김병기가 나가자 대원군이 한참을 골똘히 생각하고 말했다. "저 혼자 잘난 척 하는군." 천리를 지척으로 당긴다는 것은 종친을 높인다는 뜻이요, 남대문을 3층으로 높인다는 것은 남인들에게 환로(宦路)를 열어준다는 뜻이요, 태산을 평지로 깎는다는 것은 노론을 억누르겠다는 뜻이었기 때문이다.

이에 따르면, 대원군은 처음부터 노론 전제 정권에 대항하기 위해 종친을 규합하는 한편, 그동안 권력에서 소외되어 온 남인을 중용할 의지를 갖고 있었다. 그렇다면 이러한 대원군의 구상은 어느 정도 구현되었을까.

우선 대원군의 섭정 기간 재상을 역임한 인물을 살펴보면, 영의정 김좌근, 조두순, 이경재(李景在), 김병학, 정원용, 홍순목(洪淳穆), 좌의정 조두순, 이유원(李裕元), 김병학, 유후조, 강로, 우의정 이경재, 임백경(任百經), 유후조, 홍순목, 한계원 등 모두 11명이었다. 이들 가운데 노론은 김좌근, 조두순, 김병학, 홍순목 등 4명, 소론은 이경재, 정원용, 이유원 등 3명, 남인과 북인은 유후조와 한계원, 임백경과 강로 등 각각 2명이었다. 따라서 노론이 주도하는 가운데 소론이 일부 참여한 이전 세도정치 시대와 비교해본다면, 적지 않은 변화가 있었다고 할 수 있다.

그런데 영의정의 경우, 철종 시대부터 그 직위에 있었던 김좌근을 비롯해서 조두순과 이경재는 대원군 통치체제가 공고해지기 전 과도기의 재상이었고, 또 정원용과 홍순목도 재임 기간이 짧았으므로 큰 의미가 없다.

대원군 섭정기 정부를 대표하는 인물은 안동 김문의 김병학이었다. 철종의 장인 김문근(金汶根)의 조카인 그는 1867년 6월 2일(음 5월 1일)부터 1872년 10월 30일(9월 29일) 모친상으로 사직하기까지 5년 이상 영의정 자리를 차지했다. 이는 대원군과 안동 김문 일부의 정치적 동맹을 뜻하는 것으로, 이러한 경향은 1866년 3월 29일(음 2월 13일) 원래 대원군과 제휴 관계에 있었던 조대비가 철렴을 선언하고 정치 일선에서 물러난 이후 더욱 두드러졌다. 이와 관련하여, 『매천야록』이나 『풍운한말비사』에는 고종이 즉위할 당시 안동 김문의 김흥근은 생부 대원군의 존재를 이유로 반대했지만, 김병학은 그의 딸을 고종의 비로 간택하기로 대원군과 밀약을 했다는 기록이 있다. 이 소문이 과연 사실인지는 알 수 없지만, 당시 사람들이 보기에도 두 사람의 밀약이 의심스러울 만큼 정치적 제휴 관계가 눈에 띄었던 것이다. 김병학의 동생 김병국 또한 1866년 5월 28일(음 4월 15일)부터 1872년 10월 30일(음 9월 29일)까지 무려 6년 이상 호조판서를 지내면서 대원군 정권의 재정을 담당하였다.

또한 당상관 가운데 남인과 북인이 차지하는 비율을 보면, 세도정치기에 8.3% 정도였던 것이 대원군 섭정기에는 18%까지 확대되었다.(槽谷憲一, 「大院君政權の權力構造」) 하지만 판서만 보면 예조, 형조, 공조 등 중요성이 떨어지는 부서에 임용되는 경우가 많았고, 그나마도 자주 교체되었다. 대원군이 남인의 환로(宦路)를 본격적으로 열어주기 위해 그들의 의리론이나 명분론에 동조한 증거도 보이지 않는다. 다시 말해서 대원군은 노론 일색인 조정 분위기를 쇄신하기 위해 일정 부분 남인과 북인을 등용했지만, 기존의 정치세력을 대체할 만한 대안으로까지는 여기지 않은 것이다.

이는 좌의정의 임용에서도 나타난다. 조선 시대 최고위 관직은 영의정이었지만, 이는 일종의 명예직에 가까울 뿐 — 물론 철종 때 김좌근처럼 영의정이 실세인 경우도 있지만 — 실권은 좌의정에게 있는 경우가 많았다. 왜냐면 좌의정은 6조 가운데 인사와 내무, 재정, 외교와 교육을 각각 담당하는 이조, 호조, 예조를 관할했기 때문이다. 그런데 과도기의 조두순과 이유원을 제외하면, 대원군 섭정기에 좌의정을 역임한 인물은 김병학, 유후조(남인), 강로(북인) 3명이었다. 그리고 이들의 재임 기간은 각각 2년 1개월(1865년 3월 29일~1867년 4월 18일), 2개월(1867년 6월 19일~8월 14일), 1년 1개월(1872년 11월 3일~1873년 12월 23일)로, 유후조와 강로의 재임 기간을 합쳐도 김병학 한 사람에 미치지 못했다.

의정대신의 지위를 남인과 북인이 온전히 차지한 것은 김병학과 김병국 형제가 모친상으로 잠시 정계에서 물러난 1872년 10월(음) 이후의 일이었다. 이때 새 영의정에 홍순목, 좌의정에 강노, 우의정에 한계원이 임명되었다. 홍순목은 남양 홍씨로 노론 계열이긴 했지만, 김정희의 조카사위로 대원군과 인연이 있는 인물이었다. 그리고 줄곧 김병국이 맡아왔던 호조판서에는 선혜청 당상 김세균(金世均)이, 그 후임에는 남인 계열인 이승보(李承輔)가 임명되었다. 이는 1866년 조대비가 철렴을 선언한 후 약 6년간 이어진 대원군–김병학 체제가 종식되고, 대원군 독재체제가 완성되었음을 의미했다. 하지만 역설적으로 이와 함께 대원군의 정치적 고립이 시작됐다. 대원군이 자신의 지지기

반으로 양성한 무신, 이씨 종친, 중인, 남·북인은 여전히 약세를 면치 못했고, 노론 명문거족의 지지를 상실한 대원군 정권은 불과 1년 만에 붕괴하고 만 것이다.

3) '부국지책(富國之策)'

훗날의 일이지만, 대원군은 1882년 임오군란을 교사한 혐의로 톈진에 호송되어 심문을 받을 때 자신의 공적을 "10년간 정사를 보좌하면서 스스로 부국지책을 쓰고자 했고, 또 2차례 양란(洋亂)을 감당했을 뿐 별로 이렇다 할 일이 없소.(十年輔政 自以欲富國之策 又當二次洋亂而已 別無可稱之事也)"라고 술회하였다. 즉, 대원군은 자신의 가장 큰 업적으로 '부국'과 서양인들과의 두 차례 전투에서 굴하지 않은 사실을 꼽았던 것이다.[제2장 6절 참조]

그런데 여기서 '부국'은 국고를 충실히 한다는 뜻으로, 민간의 생산성을 높여 국가 전체의 부(富)를 증진한다는 오늘날의 의미와는 다르다. 대외교역이 제한된 전근대 시기에는 국가 전체의 부(富)는 일정하며, 따라서 백성에게 윤택한 삶을 보장해 주기 위해선 국가가 낭비를 줄이고 예산을 절감하여야 한다는 것이 일반적인 인식이었다.

대원군 정권이 출범할 당시 국가 재정은 반세기 이상 지속된 세도정치와 삼정의 문란으로 사실상 고갈된 상태였다. 게다가 임술민란의 여파가 채 가시지 않아 사회 분위기 또한 어지러웠다. 그런데도 대원군은 경복궁 중건이라는 대규모 토목사업에 착수하였다. 엎친 데 덮친 격으로 섭정 3년차에 발생한 병인양요(丙寅洋擾) 이후 국방예산의 수요가 크게 증대하였다. 1866년 6월 11일(음 4월 20일)에 열린 이진회의에서 우의정 유후조는 다음과 같이 아뢰었다.

> 지금 대궐을 중건하는 일은 선대의 뜻을 이어받아서 하는 사업이니 벽
> 을 바르고 단청을 칠하는 것을 끝마치지 않을 수 없고, 양요(洋擾)를 이
> 제 막 겪어 만약의 사태에 대비하여야 하니 수선하고 정비하는 것을 속
> 히 하지 않을 수 없습니다. 백관과 서리들에게 나누어 줄 녹봉은 깎을
> 수 없고 중외의 관부에서 써야 할 경상 비용도 폐할 수 없는데, 호조의
> 세입(歲入)은 다 바닥이 났고 각 창고의 저축도 따라서 텅텅 비었으니,
> 나라의 경영이 애통하고 백성의 힘이 지친 것이 지금 극에 달하였습니
> 다.(『承政院日記』 고종 4년 4월 29일)

이에 대한 대원군의 대책은 우선 중간에서 국가 재정을 좀먹는 관
리와 아전, 토호들의 부정행위를 적발하여 가혹하게 처벌하는 것이었
다. 이와 함께 재정을 증대하기 위한 여러 시책을 시도하였는데, 서원
철폐, 사창(社倉), 호포제 등 여러 개혁정책은 부국지책(富國之策)과의 연
관성 속에서 추진되었다.

(1) 서원 철폐

서원이란 조선 중기 이후 유학의 연구와 백성 교화, 선현의 제향을
위해 사림(士林)이 설치한 사설 기관이다. 그 시초는 1543년 풍기군수
주세붕(周世鵬)이 유학자 안향(安珦)을 배향하기 위해 세운 백운동서원(白
雲洞書院)이었다. 서원 가운데 조정에서 특별히 현판과 서적, 노비 등을
내려준 것을 사액서원(賜額書院)이라고 하는데, 이 또한 1550년 풍기군
수 퇴계 이황(李滉)의 건의에 따라 명종(明宗)이 백운동서원에 '소수서원
(紹修書院)'이라는 어필(御筆) 현판을 내려준 것이 효시가 되었다.

19세기에 이르러 서원은 선현 제향과 연구교육이라는 본래의 취지를 잃고 오직 재지양반들의 백성 착취와 특혜의 온상으로 변질되어 있었다. 서원은 많은 토지와 노비를 보유했지만 조선왕조의 숭유정책(崇儒政策)에 따라 면세가 인정되었고, 그에 소속된 인원도 부역이 면제되었으므로 온갖 피역자(避役者)의 소굴이 되었다. 게다가 청의(淸議)라고 하여 정부 정책과 인사의 득실에 관해 통문과 통첩을 돌리며 여론을 결집하고 당론(黨論)을 조성하여 당파 싸움을 격화시키거나 조정을 비방하는 등 적지 않은 물의를 일으켰다.

조선후기 이후 서원이 함부로 세워지면서 그 수를 헤아릴 수 없을 정도가 되었는데, 1741년 영조가 서원철폐를 명했을 때의 기록을 보면 서원과 사우(祠宇: 선조나 선현의 신주를 모시고 제향하는 장소)를 합친 수가 1,000개에 가까웠다고 한다. 그 중에서도 백성들의 가장 큰 원망을 산 것은 송시열(宋時烈)을 제향하기 위해 설립한 청주의 화양동서원(華陽洞書院)과 그의 유지에 따라 명말(明末)의 두 황제 신종(神宗)과 의종(毅宗)을 위해 세운 만동묘(萬東廟)였다. 이곳에서 발행하는 묵패(墨牌: 서원에서 발부하는 문서)는 관아의 명령보다 더 큰 위세를 가졌고, 임의로 제수전(祭需錢)의 명목으로 금전을 강탈하거나 말을 듣지 않는 백성을 끌어다가 매질을 해도 이의를 제기할 수 없었다. 이처럼 서원의 폐단이 커지자 숙종 때부터 서원의 무허가 설치와 첩설을 금지하는 조치가 시작되었다. 이어서 서원이 당쟁의 근거지가 된다고 본 영조는 1741년 서원철폐를 단행, 19개의 서원을 포함하여 총 173개의 사원(祠院)을 철폐하였다.

서원의 정리는 왕실의 권위를 세우기 위해서 뿐만아니라, 세수와 인력을 확보하기 위해서도 필수적인 과제였다. 즉, 서원 철폐의 이면에는 그것이 점유한 광대한 서원전(書院田)을 몰수하고, 군역을 피하기 위해 원노(院奴)로 들어간 양인을 환속시키려는 의도가 있었던 것이다. 대원군은 정권의 장악과 동시에 이에 착수하였다. 그는 1864년 8월 28일(음 7월 7일) 조대비의 전교로 의정부에 전국의 서원과 향사(鄕祠)의 존폐 문제를 협의해서 보고하게 했다. 그리고 다음 달엔 각 지방의 서원과 향사의 폐단을 적발하여 처분하고 사설(私設)과 남설(濫設)을 엄금하는 한편, 사액서원에서 정해진 액수 이상의 토지와 노비를 보유한 현황을 조사하게 했다.

이어서 1865년 4월 24일(음 3월 29일)에는 만동묘와 화양동서원의 철폐를 단행하였다.[8] 1868년에는 전국에 있는 약 1,700개의 서원을 모두 없애고, 마침내 1871년 4월 28일(음 3월 9일)에 이르러 사액서원을 포함해서 1명의 선유(先儒)에 대해 2개 이상 중복 설치된 서원과 향사를 모두 철폐하게 했다. 그리고 선유라고 해도 오직 도학(道學)과 절의가 탁월한 사람만 문묘나 향사에 배향토록 하였다. 그 결과, 전국 600여 개의 서원 가운데 47개의 사액서원만이 남게 되었다. 숙종과 영조 등 조선 후기 가장 강력한 권력을 자랑한 왕들도 하지 못한 숙원사업이 대원군에 이르러 완수된 것이다.

지방 유생들의 항의는 격렬했다. 특히 오랫동안 중앙정계의 진출이 막혀 오직 서원을 통해서만 향촌 사회의 영향력과 기득권을 유지할

---

8 만동묘의 철폐에는 이와 마찬가지로 의종의 제사를 지내기 위해 창덕궁 후원에 설치한 대보단(大報壇)의 위상을 강화함으로써 왕실의 권위를 높이려는 정치적 의도가 있었다. 즉, 지방에서 사림들에 의해 사적으로 거행되어 오던 명나라 황제의 제사를 중앙으로 일원화하려는 의지의 표현이었던 것이다. 따라서 만동묘의 철폐는 성리학 이념이나 대명의리(對明義理)를 부정하는 조치가 아니라, 오히려 그 이념을 표출하는 장치와 이로부터 얻어지는 권위를 대원군과 왕실이 전적으로 장악하기 위한 조처였다. (계승범, 『정지된 시간: 조선의 대보단과 근대의 문턱』)

수 있었던 영남 유생들의 반발이 가장 컸다. 이들은 10,000명 이상이 참여한 연명상소를 제출하는 한편, 대궐 앞에 엎드려 호소하는 복합상소 운동을 전개했다. 그러나 대원군은 뜻을 굽히지 않았다.

> 대원군은 … 이러한 폐단을 통렬히 바로잡고자 명령을 내리길, "국내의 서원을 모두 훼철하고, 서원 유생들을 내쫓아라. 감히 항거하는 자는 반드시 죽여라!"라고 하였다. 그러자 사족들이 크게 놀라 온 경내가 물 끓듯 하고, 궐문 앞에 나아가 울부짖는 자가 수십만이나 되었다. 조정이 변고가 일어날까 두려워 간하길, "선현의 제사를 높이는 것은 사기(士氣)를 배양하는 것이니 부디 명을 거두소서."라고 했다. 하지만 대원군은 크게 노하여 "진실로 백성에게 해를 끼치는 것이라면 설령 공자가 부활하더라도 나는 용서치 않을 것이오. 하물며 서원은 우리나라 선유(先儒)의 제사를 지내는 곳인데 이제 곳곳마다 도적이 되었으니 어떻게 해야겠소!"라고 했다. 마침내 형조(刑曹)와 경조(京兆)의 군졸을 풀어 궐문에서 호소하는 선비들을 모두 강 밖으로 쫓아내버렸다. (『近世朝鮮政鑑』)

(2) 사창제

사창(司倉)이란 환곡제도의 일종으로, 관에서 실시하는 환곡과 달리 민간에서 자치적으로 운영하는 구휼 제도이다. 사창의 사(司)란 마을, 면(面)을 의미한다. 세종(世宗)과 문종(文宗) 대에 환곡제도의 전신인 의창(義倉)의 폐단을 없애고 환곡의 부족을 해소하기 위해 시범적으로 사창제가 도입된 적이 있었으나 성종 대에 폐지되었다. 이후에도 환곡의 폐단을 교정하기 위한 보완책으로 여러 차례에 걸쳐 사창제 도입 주장이 제기되었으나 모두 흐지부지되고 말았다. 지방 관아의 재원을 마련할 수 없는 조선 정부의 열악한 재정 상황과 이를 통해 사익을 취하던 관리들의 반발 때문이었다.

사창제 도입이 본격적으로 거론된 것은 1867년 7월 7일 호조판서 김병국의 상소를 통해서였다.(『承政院日記』 고종 4년 6월 6일) 이어서 12일에 구체적인 사창 운영 절목이 만들어졌다.(『日省錄』 고종 4년 6월 11일) 이 또한 대원군 특유의 과단성이 잘 드러난 조처였다. 수백 년 동안 논의와 시범사업에만 그쳤던 사창제가 이때 이르러 본격적으로 시행된 것이다.

그런데 사창제는 병인양요 이후 국가방위 체제의 개편과 관계가 있었다. 사창제를 도입하기 몇 달 전인 1867년 초에 신관호는 민보(民堡) 설치를 건의했다. 이는 요충지에 보(堡)를 설치하고 해당 지역 백성이 이를 중심으로 방수(防守)하게 하는 일종의 민방위 체제였다. 정부에서는 1867년 2월 20일(음 1월 6일) 보제(堡制)와 보약(堡約)을 책으로 만들어 지방의 의견을 수렴하였고, 신관호는 이를 바탕으로 『민보집설(民堡輯說)』을 편찬했다.

1866년 프랑스 함대의 강화도 공격을 계기로 조선 정부는 서양 제국주의 열강과의 군사적 충돌이 조선이 당면한 실질적 위협임을 깨달았다. 문제는 조선의 국방력으로는 전혀 그에 대응할 수 없다는 것이었다. 군대는 이미 허명(虛名)이 되었고, 오랫동안 학대와 가렴주구에 시달린 백성은 전쟁이 나도 나라를 위해 목숨을 바치지 않을 것이었다. 오랑캐가 한번 나타나면 속수무책으로 무너질 수밖에 없는 것이 당시 조선의 군사적 상황이었다.

변란에 대비하는 입장에서 만약 창졸간의 일을 당해서, 병졸 1명을 모집하여 함께 수비하고 전쟁을 하려고 해도 그 형세상 반드시 불가능할

것입니다. 어째서입니까? 작대(作隊)란 것은 허명(虛名)이요, 속오군(束伍軍)도 허명이요, 수군과 육군이 모두 허명이기 때문입니다. 설령 허명이 아니라도 각 읍에 산재되어 있습니다. 평시엔 가혹한 징수와 수탈이 계속되어 근심하고 원망하는 기운이 나라와 백성 간의 화목을 손상시킬 정도가 되었으니 무엇으로 병졸을 삼겠습니까? 난리를 당하면 오랫동안 병사(兵事)를 알지 못해서 구차히 목숨을 부지하기에 겨를이 없을 것입니다. 전쟁 소문만 들려도 깜짝 놀라서 육지의 백성들은 바다로 달아나고 바다의 백성들은 산으로 숨을 것이니, 비록 징병하고자 해도 그 형세상 방도가 없을 것입니다. 오랑캐가 강을 건넌 뒤엔 속수무책이 되어 어떤 계책도 쓸 수 없을 것입니다. 변경의 일이 이 지경이 되었으니 한심하다고 할 만합니다. (『論兵事狀』, 『申櫶全集』下)

단기간 내 정규군의 재건을 기대하기 어려운 상황 속에서 신관호는 민보를 이용해서 유사시 백성들이 탈주하는 것을 막고 이들을 조직적으로 동원하고자 했다. 그는 민보의 이점으로 마을에는 조상의 무덤과 가족, 생업의 기반이 되는 집과 재산, 익숙한 고향과 울타리가 있으므로 백성을 전시에 동원하기 쉽고 이산(離散)을 막을 수 있다는 점을 들었다. 그리고 유사시에 자신의 몸을 의탁할 수 있는 요새가 있으므로 더욱 용감하게 전쟁에 임할 수 있다는 것이었다.

이제 우리 백성이 과연 모두 요새를 설치해서 스스로 보호하게 한다면, 분묘(墳墓)와 친족이 있어서 그 마음을 붙들어 맬 수 있고, 집과 재산이 있어서 그 생업을 보호할 수 있고, 고향과 울타리가 있어서 그 편안히 여기는 바를 굳건히 할 수 있을 것입니다. 성벽과 기계에 모두 믿는 바가 있어서 그 담력을 견고히 할 수 있으니, 저절로 응당 목숨을 바쳐서 차마 떠나지 못할 것입니다. (『民堡輯說』, 『申櫶全集』下)

사창제의 도입은 이 같은 민보 설치구상과 거의 같은 시기에 이뤄졌다. 이와 관련하여 사창을 관리하는 사수(社首)의 조건으로 '근실하며 살림이 넉넉한 자'[勤實稍饒者]를 적시한 데 유의할 필요가 있다. 처음에 사창제를 건의한 김병국은 그 역사적 선례로 송(宋)나라 주희(朱熹)의 숭안사창(崇安社倉)을 들었다. 그런데 숭안사창의 관리 주체는 주희와 향촌의 관리 및 사인(士人) 몇 명이었다는 점에서 사창제에서 그 관리 주체를 부유한 지방민으로 지정한 것과 차이가 있었다.(『日省錄』 고종 4년 6월 11일)

신관호는 「의재진군무소(擬再陳軍務疏)」(1867)에서 민보를 설치한 뒤에 그 책임은 사족이 아니라 부민(富民)이 맡아야 한다고 주장했다. 한번 난리가 나면 부민이 가장 먼저 그 피해를 볼 것이므로 자신의 생명과 재산을 지키기 위해 자발적으로 보(堡)를 설치하고, 또 향촌의 새로운 지도계층으로서 사재를 내서 가난한 백성과 무뢰배들의 구제에 나설 것으로 기대했기 때문이다. 사창제의 관리를 부유한 백성에게 맡긴 것은 이와 궤를 같이 하는 것이었다. 즉, 민보의 설치와 백성 구휼에 적지 않은 재정이 요구되는 상황에서, 부유한 백성에게 향촌에서의 지위를 보장하는 대신 그 재정적 부담을 분담시키려는 의도였던 것이다.

하지만 대원군의 강력한 의지에도 불구하고, 민보의 설치는 조정 대신들의 반대와 지방관의 비협조로 무산되었다. 마찬가지로 부민(富民)을 중심으로 사창을 설치한다는 구상 또한 사족(士族)의 반발로 원만히 진행되지 않았다. 1868년 말에 이르면 사수의 조건은 '근실하며 살림이 넉넉한 자'에서 '문벌이 있고 근실한 자[有閥勤實人]'로 바뀌게 된다. 문반 우위의 정부 구조를 개혁하는 데 실패한 것처럼, 향촌질서의 재편도 쉽지 않았던 것이다.

(3) 호포제

군정의 개혁과 관련하여 고종 즉위 초기에 동포제(洞布制)가 시행되었다. 이는 전국적으로 정확한 군역 대상자를 파악하기 어려운 상황에서 각 고을에 군포 할당량을 부과하고, 고을에서는 다시 이를 호구마다 배분하여 징수하는 제도였다. 그것이 고종 초년에 이미 시행되었음은 1866년 7월 17일(음 6월 6일) "동포제로 말하더라도 비록 이것이 임기응변의 정책이긴 하지만, 근래 몇몇 고을에서 시행해본 결과 아무 폐단이 없으니 여론을 참작해서 똑같이 시행되도록 힘써야 할 것입니다."라는 의정부의 계언으로 알 수 있다.[9]

호포제의 전국적 실시는 1871년 5월 14일 고종의 전교로 공식화되었다. '전국적 실시'라고 한 것은, 이미 전년부터 대원군의 분부로 일부 지방에서 시범적으로 시행되었기 때문이다.

> 근래 각 읍의 민정(民情)의 폐단이 매우 심하다고 들었다. 작년부터 대원군이 분부하여 양반 가구[班戶]는 노비 이름으로 베를 내고, 소민(小民)은 신포(身布)로 내게 하였다. 이제 백골징포(白骨徵布)나 황구첨정(黃口簽丁)으로 인한 원망이 없으니, 이것이 상서로움과 화합을 불러들이는 일이다. 묘당은 각 도(道)에 공문을 내려 이를 만년의 법식(法式)으로 삼으라. (『承政院日記』고종 8년 3월 25일)

---

9 이와 관련하여 『梅泉野錄』의 다음 기록이 참조된다.
"군역에 등록된 장정들에게 군포를 받았는데, 온갖 말류의 폐단이 생겨 백성이 뼈를 깎는 원한을 품고 있었다. 그런데도 사족(士族)은 일생 편안히 놀면서 신역(身役)이 없었으므로 옛 명신(名臣) 중에서도 이를 논의한 자들이 많았다. 하지만 타락한 여론에 이끌려 끝내 시행되지 못했는데, 갑자년(1864) 초 운현이 힘껏 무리의 원망을 감당하면서 귀천 구분 없이 장정 1명당 세납전(歲納錢) 두 꾸러미를 바치게 하고, 이를 동포전(洞布錢)이라고 불렀다".(『梅泉野錄』)

호포제는 군포를 개인 단위가 아닌 가구[戶]를 기준으로 납부하게 한 것으로, 양반 가구도 그 과세대상에 포함시켰다. 또 장정마다 동일하게 납부하던 군포를 가구의 경제적 형편에 따라 차등적으로 부과했으므로 가난한 백성의 부담이 줄어들었다. 그러나 향촌 양반들은 이를 신분질서를 무너뜨리는 것으로 간주하여 격렬히 비난하였다. 이에 대원군은 앞의 인용문에서 보듯이 양반 가구에 한해 노비의 이름으로 군포를 내게 하는 타협안을 낸 것이다.

따라서 호포제는 군포제도의 폐지가 아니라 오히려 그 확대개편이었고, 신분제의 개혁을 의도한 것이 아니라 세원(稅源)을 양반에까지 넓히기 위한 재정적 조처였다. 이 시기에 이르러 호포제가 시행될 수 있었던 것은 그만큼 삼정의 문란이 심각하고 신분질서가 무너져 양반의 권위가 실추되었기 때문이다. 그럼에도 불구하고 여전히 양반 세력이 강한 지역에서는 호포제가 시행되지 못했다. 이 때문에 1871년 이후에도 동포(洞布), 군포(軍布), 군전(軍錢), 결포(結布) 등 온갖 명목의 군포제도가 난립하였다.

호포제나 동포제를 시행했음에도 불구하고 지방의 유력자들은 이리저리 법망을 피했으므로 그 부담은 여전히 힘없고 가난한 백성에게 지워졌다. 지방의 몰락한 양반들도 일반 농민과 똑같이 군포 징수의 대상자가 되었다. 지방관의 가렴주구는 날이 갈수록 심해져 고종의 친정이 시작된 뒤인 1879년에는 예전에 1, 2냥에 불과했던 징수액이 8, 9냥으로 늘어났다.(『承政院日記』 고종 16년 3월 4일) 이제 농민과 똑같이 국가 수탈의 대상으로 전락한 향반들은 점차 같은 정치사회적 문제의식을 공유해 갔다. 이들은 1894년 함께 동학농민운동을 일으켰는데, 그 내정개혁 요구사항 중 하나는 "봄·가을 2차례 거두는 호역전은 구례에 따라 가구당 1냥씩 배정할 것(春秋兩度 戶役錢 依舊例 每戶一兩式 排定)", 즉 군포의 남징과 첩징의 폐단을 시정해 달라는 것이었다.

결과적으로 대원군의 재정확충 노력은 적지 않은 성공을 거두었다. 김윤식이 찬술한 대원군 묘지명에 따르면, "10년 사이에 내리는 명령마다 모두 행해져, 내외가 숙연히 나라를 위해 힘을 바쳤다. 벼슬아치들이 깨끗해지고 민심이 서로 권면하니, 보관해 둔 물자가 날로 쌓여 붉게 썩은 것이 줄을 이었고, 태창(太倉)의 곡식도 10년을 지탱할 수 있을 정도"(「興宣獻懿大王園誌銘」)였다고 한다.

단, 대원군의 부국책은 새로운 국부(國富)의 원천을 발굴하기보다는 어디까지나 그의 개인적 카리스마로 무너진 관리의 기강을 숙청(肅淸)하고 사족의 전횡을 억눌러 조세의 탈루를 최대한 막는 것에 불과했다. 게다가 호조와 군영, 그리고 운현궁의 재정은 엄격히 구분되지 않고 종종 혼용되었고, 대원군 또한 정해진 절차 없이 필요에 따라 이를 임의로 분급하는 것이 상례였다. 이 때문에 대원군 정권이 무너지고 불과 1년 만에 "경사(京司)의 재정(財政)이 완전히 고갈된 것이 오늘 같은 경우가 없어 월봉(月俸: 관리의 월급)을 마련할 길이 없으니, 이것이 가장 큰 걱정"(「承政院日記」고종 12년 9월 23일 좌의정 이최응의 계언)이라는 말이 나올 정도가 되었던 것이다.

서원 철폐, 호포제의 개혁, 사창의 시행 등 대원군의 여러 개혁정책은 조선 후기 가장 강력한 왕권을 자랑하던 왕들도 쉽게 실행하지 못한 것들이었다. 대원군이 이와 같은 급진적 개혁을 단행할 수 있었던 배경에는 국정 운영에 대한 척족의 자신감 상실과 내부 분열, 경향(京鄕)의 분리와 향반의 몰락 등 양반 세력의 동요가 있었다. 게다가 후술하듯이 서양 열강과의 연이은 군사적 충돌로 인한 영속적인 비상사태는 대원군의 예외적인 권력 행사를 정당화하는 한편, 그에 반대하는 세력에 대한 무자비한 억압을 가능하게 했다.

하지만 대원군의 개혁정책은 심오한 정치철학이나 장기적 국가 비전에 기초한 것이 아닌, 오로지 자신과 왕실의 정치적 권위를 세우고 거창한 토목공사와 국방을 위해 필요한 재원을 더 많이 확보하려는 노력에 지나지 않았다. 어쩌면 조선의 운명을 바꾸었을지도 모를 마지막 기회를 이처럼 허망하게 놓친 이유를, 백암(白巖) 박은식(朴殷植)은 배움, 즉 식견의 부족에서 찾았다.

> [대원군이] 권척(權戚)을 배제하고 문벌을 깨뜨리고 군포(軍布)를 개혁하고 서원을 철폐한 일 등이 모두 탁월한 결단력에서 나온 것이었다. 동주(銅柱)와 철벽(鐵壁)처럼 굳어진 누세(累世)의 관습을 손을 대어 부서뜨렸으니 참으로 정치상 대혁명가였다. … 그 지위가 큰일을 할 만 하고, 재주가 큰일을 할 만하고, 시대도 큰일을 할 만 했으나 부족한 것은 배움뿐이었다.(『韓國痛史』)

3.
배외정책(排外政策)과 그 결과

1) 병인박해

조선에 천주교가 처음 전파된 것은 18세기 후반이었다. 15세기 말 이른바 '지리상의 발견' 이후 포르투갈과 에스파냐가 해상무역을 위해 동아시아에까지 진출하기 시작했다. 그 선봉에는 천주교 선교사들이 있었다. 이들은 중국 중심의 세계관을 깨뜨리고 서양 학문에 대한 거부감을 없애기 위해 우선 천문·지리·수학 등 실용적 학문을 고관과 명사들에게 가르치는 '위로부터의 전도' 방식을 취했다. 명나라 또한 흠천감(欽天監)을 설치하는 등 예수회 교단 선교사들이 전파하는 과학기술을 적극적으로 받아들였다. 이후 천주교는 연행사를 통해 '서학(西學)'이라는 이름으로 조선에 알려지기 시작했다. 특히 기호 남인에 속한 성호 이익과 그 제자들은 이를 통해 서양과 중국을 이분법적으로 보는 이른바 화이관(華夷觀)에서 벗어나 서양 학문을 비교적 자유롭게 평가했다. 이처럼 한국 천주교 역사의 특징은, 선교사가 입국하기도 전에 젊은 양반과 역관들의 자발적 학문 활동에서 시작된 데서 찾을 수 있다.

1784년 명례방(明禮坊: 명동)에 있는 중인 김범우의 집에 조선 최초의 교회가 세워지고, 1794년에는 청나라 신부 주문모(周文謨)가 국내에 잠입하였다. 당시 국왕 정조(正祖)는 정학(正學)을 바로 세워 백성을 교화하면 사학(邪學)의 폐해는 저절로 근절될 것으로 생각하여 비교적 온건한 정책을 취했다. 하지만 1800년에 그가 승하하자 가톨릭에 대한 박해가 본격적으로 시작됐다. 권력을 잡은 노론 벽파는 서학을 금하는 포고령을 내리고 오가작통법(五家作統法)을 시행하여 대대적 단속을 단행했다. 이른바 신해박해(1801)였다. 그 뒤로 기해박해(1839), 병오박해(1846), 경신박해(1860) 등 서양 선교사와 가톨릭교도에 대한 대대적 탄압이 주기적으로 발생했다. 하지만 철종 대에 이르면, 금령에도 불구하고 공공연히 천주교가 전파되어 베르뇌(Siméon-François Berneux)와 다블뤼(Marie-Antoine-Nicolas Daveluy) 주교 이하 프랑스인 신부가 12명이나 국내에 들어와 있었다. 베르뇌 주교 서한에 따르면, 1859년 당시 조선의 천주교 신자는 16,700명이나 되었다고 한다.(샤를르 달레, 『천주교회사』, 273쪽)

대원군의 주변에도 천주교 신자들이 있었다. 병인박해 순교자들의 약력을 수록한 『치명일기』에 따르면, 고종의 유모인 박 마르타와 대원군의 하인인 '이 서방'이 천주교 신자였다.[10] 운현궁 청지기 집에 피신해 있다가 체포된 '고갸라'라는 여인도 있었다. 심지어 대원군의 부인인 부대부인도 천주교를 알고 날마다 기도를 바치고 있었다.

따라서 대원군이 처음 섭정의 지위에 올랐을 때 선교사들은 적지 않은 기대를 가졌다. 1864년 8월 18일 베르뇌 주교는 외방전교회 신

---

10 "이 서방: 이승희의 부친이요 대원군의 하인이었는데, 병인년에 잡혀 김도마와 김바오로와 한가지로 치명하였다.
박 말디: 과부로서 문교하여 칠패에서 방물객주하며 지금 주상의 유모인 고로 운현궁에 다니더니 을축년 러시아 배 올 때에 홍 도마와 의론하고 이 일을 부대부인께 아뢰니라. 병인군난에 홍천으로 피하였다가 그곳에서 자기 수양자 이성칠과 같이 잡혀 좌변에서 치명하니 때는 무진 2월이었다." (『치명일기』)

학교에 다음 서한을 보냈다.

> 대왕대비 조씨는 나라의 정치를 새 임금의 아버지에게 맡겼습니다. 이
> 사람은 그가 좋은 것으로 아는 천주교도 적대시하지 않고, 매우 좋은 이
> 야기를 들어서 아는 선교사들도 적대시하지 않습니다. 그는 우리 서양
> 인 8명이 여기 있다는 것을 모르지 않고, 나와 안면이 있는 관장(官長)에
> 게 개별적으로 주교(主敎) 이야기까지 했습니다. … 그의 부인, 즉 임금
> 의 어머니는 천주교를 알고, 교리문답을 조금 배웠으며, 날마다 몇 가지
> 기도문을 외고 자기 아들이 왕위에 오른 것에 대한 감사미사를 드려달
> 라고 내게 청했습니다. (『한국천주교회사』하)

하지만 대원군이 섭정에 오른 후 권력을 공고화하기 위해 반대세
력에 대한 잔인한 처형을 행하고, 또 경복궁 중건을 추진하면서 원납
전을 받는 대가로 벼슬을 파는 등의 모습을 보면서 이들은 점차 위구
심을 품기 시작하였다. 이와 함께 비록 대원군이 당장은 종교에 대해
관용적인 태도를 보이지만 언제든 변덕을 부릴 수 있다는 것, 또 그
경우 천주교인에 대한 전례 없는 탄압이 이어질 것이라는 불길한 예감
을 느꼈다.

> 어린 왕의 아버지는 지금까지 우리도 우리 신자들도 상관하지 않았습
> 니다. 그러나 이 사태가 얼마나 지속할 것인지요. 그는 성격이 격하고
> 잔인하며 백성을 업신여기고 사람의 목숨을 아주 경시합니다. 그가 만
> 약 천주교를 공격하는 날이면 무섭게 할 것입니다. (1865년 10월 6일자
> 다블뤼 주교의 서한. 『한국천주교회사』하)

다블뤼 주교의 불길한 예감은 머지않아 사실로 입증되었다. 1866

년 2월에 이르러 대원군은 가톨릭 교인에 대해 조선 역사상 전례 없는 잔혹하고도 철저한 탄압을 가하기 시작한 것이다. 그렇다면 주변에 천주교 신자를 용인할 정도로 나름대로 관대한 태도를 가졌던 대원군이 갑자기 입장을 돌변한 이유는 무엇이었을까?

이보다 앞서, 러시아는 청과 아이훈조약(1858)과 북경조약(1860)을 체결해서 흑룡강 좌안과 우수리강 동쪽 지방을 차지했다. 그리고 1864년과 1865년에는 러시아인들이 월경하여 통상을 요구하는 서한을 경흥부사에게 전달하는 초유의 사건이 벌어졌다.(『承政院日記』 고종 원년 3월 2일, 7월 22일, 고종 2년 11월 10일, 11일)

그러자 대원군은 1864년 초 베르뇌 주교에게 비밀리에 편지를 보내서 만약 러시아인의 침입을 막아줄 수 있다면 신앙의 자유를 허락하겠다는 제안을 했다. 베르뇌 주교는 프랑스와 러시아는 종교가 다르기 때문에 영향을 미칠 수 없다고 거절하면서도 은밀히 극동 프랑스함대 제독과 주청(駐淸) 프랑스 공사에게 조선 연해에 군함 1척을 파견해 줄 것을 요청했다. 이에 대해 주청공사 베르데미(Berthemy)는 프랑스가 만약 작전에 실패할 경우 조선 정부의 불신과 증오를 초래할 것이며, 군함 파견은 오히려 프랑스 선교사들의 신변에 위험을 끼칠 수 있다는 이유로 받아들이지 않았다.

1865년 러시아인들이 다시 나타나자 이번에는 서울에 있는 몇몇 천주교인들이 전년 대원군의 제안을 역이용했다. 천주교도 김면호(金勉浩 또는 金季浩), 홍봉주(洪鳳周), 이유일(李惟一)은 대원군에게 서한을 보내서, 러시아인을 막는 유일한 방법은 영국 및 프랑스와 동맹을 맺는 것인데, 이를 위해선 조선에 들어온 서양인 주교를 이용해야 한다고 제의했다. 김면호는 이 편지를 쓰기 전에 베르뇌 주교와도 상의했는데,

그는 처음에 김면호를 책망하였다가 곧 "대원군이 만나겠다고 하면 궁궐에 들어가겠다."라고 답했다.

이들은 양반 출신이었지만 학식은 그리 높지 않았다. 대원군은 이들이 쓴 졸렬한 편지를 거듭해서 읽더니 아무 말도 없이 깔고 앉았다. 김면호는 이것이 불길한 조짐임을 깨닫고 지방으로 내려가 숨었다.

이틀 뒤, 홍봉주 등은 고종의 유모 박 마르타를 통해 대원군의 부인인 부대부인 민씨에게 같은 제안을 전했다. 이는 효과가 있었던지, 부대부인 민씨는 "왜 이렇게 가만히들 있는 거요. 러시아인들이 조선에 들어와 나라를 빼앗는데, 아마도 이 불행을 막을 수 있을 주교는 그분이 여기 있는 것이 그렇게도 필요한데 지방순회를 떠나는구려. 내남편에게 편지를 한 번 더 올리라고 하시오. 내가 장담하겠소. 그 편지는 성공할 거요. 그리고 나서 즉시 주교를 돌아오시게 하시오."라고 장담했다고 한다. 박 마르타는 이번에는 학식이 높은 승지 남종삼(南鍾三)에게 상황을 설명하고 편지를 다시 써줄 것을 청했다. 남종삼은 22세에 문과에 급제하여 홍문관 교리, 승지를 역임한 인물로 평소 대원군과도 친교가 있었다.

남종삼은 편지를 써서 직접 들고 대원군에게 갔다. 그때 대원군 주위에는 5, 6명의 대관이 있었다. 대원군은 남종삼의 편지를 신중히 읽고는 "좋소. 대신에게 가서 이 이야기를 하시오."라고 말했다. 칼레의 서한에 따르면, 그 대신은 김병학이었다. 다음 날, 대원군은 다시 남종삼을 불러서 천주교에 관한 이야기를 나누었다. 그는 그 교리가 아름답고 참되다는 것을 인정했지만, "다만 내가 비난하는 게 한 가지 있소. 당신들은 왜 조상들에게 제사를 지내지 않소?"라고 덧붙였다. 그리고는 본론에 들어가 "주교가 러시아인들이 조선을 점령하는 것을 막을 수 있다고 확신하오?"라는 질문을 던졌다. 남종삼이 "물론입니다."라고 답하자, 대원군은 그들을 서울로 불러오라고 했다. 대원군과의 면담을 마친 후 남종삼은 "여러 사람에게 방금 가졌던 대화를 이야기하였다. 종교의 자유가 마침내 이루어지게 되었다는 소문이 사방에 퍼졌다. 신자들은 기뻐서 어쩔 줄을 몰라 하며 서울에 나라의 수도에 어울리는 큰 성당을 지을 이야기를 하고 있었다."(『한국천주교회사』하, 388쪽)

이때 베르뇌 주교와 다블뤼 주교 등은 모두 전교를 위해 지방에 있었다. 이들이 서울에 올라온 것은 그로부터 며칠이 지난 1월 25일과 29일이었다. 1월 31일 남종삼은 대원군을 찾아가 주교들이 서울에 있음을 보고했지만, 대원군의 태도는 며칠 전과 크게 달라져 있었다.

- (대원군) 아니, 당신 아직 여기 있었소? 춘부장을 뵈러 시골 간 줄 알았는데…
- (남종삼) 사실 시골에 가야 합니다. 하지만 중요한 일 때문에 서울에 남아 있었습니다.
- 그렇고말고.

대원군은 남종삼의 말을 끊은 다음에 다시 말했다.

- 알고 있소. 하지만 지금은 급할 것이 하나도 없소. 나중에 봅시다. 그리고 춘부장을 뵈러 간다니, 이 모든 것에 대해 그이와 좀 상의하시오.

남종삼은 그 부친 남상교(南尚教)에게 이 모든 일을 말했다. 남상교 또한 이미 1827년에 북경에서 세례를 받고, 신앙생활을 위해 관직을 관둔 독실한 신자였다. 아들의 말을 들은 남상교는 다음과 같이 말했다.

- 너는 충성스러운 신민의 일을 했다. 하지만 그로 인해 너는 목숨을 잃을 것이다. 네 사형선고에 서명을 하라고 하면 거기에서 천주교에 대한 욕된 표현은 일체 지우도록 명심해라.

2월 19일(1월 5일) 한성부에서 이선이(李先伊)를 체포한 것이 병인박해의 발단이 되었다. 그는 베르뇌 주교의 심부름꾼이었다. 이어서 23일(음 1월 9일), 포도청에서 베르뇌 주교를 체포했다. 그를 문초하는 과정에서 남종삼의 이름이 나왔으므로, 이틀 후 영중추부사 정원용, 영돈녕부사 김좌근, 영의정 조두순, 판돈녕부사 이경재, 그리고 좌의정 김병학이 연명으로 상소를 올려 남종삼을 잡아다가 국청을 열어 진상을 파악한 후 사형에 처할 것을 청하였다.(『承政院日記』 고종 3년 1월 11일) 그로부터 10여 일 후 조대비는 전교를 내려 천주교도의 대대적 수색과 처형을 전국에 지시했다.

근일 양놈들의 일은 진실로 일대 변괴이다. … 안으로는 형조와 한성부와 좌우변 포도청, 밖으로는 팔도(八道)와 사도(四都)의 여러 고을과 진역(鎭驛)에 이르기까지 각자 단속하고 특별히 기찰하여 체포해서 기어코 다 소탕해야 할 것이다. 그리고 관리와 백성 중에 만약 이들을 가리켜 고발하는 자나 체포하여 바치는 자가 있거든 이 공로에 대한 보상에 있어 또한 별도로 뜻을 보일 것이다. 혹시라도 결탁하여 서로 응해서 숨겨주고 아뢰지 않았다가 뒤에 별도로 기찰할 때 발각되면 결단코 남김없이 처형할 것이요, 백성들도 누구나 함께 주벌할 수 있다. (『承政院日記』 고종 3년 1월 24일)

천주교도에 대한 대박해가 시작되었다. 낭장 조선에 전교를 위해 입국해 있던 프랑스 선교사 12명 가운데 9명이 군문효수형을 당했다.

대원군에게 접촉한 홍봉주와 남종삼도 신앙을 증명하며 순교자의 길을 택했다. 이 박해는 1872년까지 약 6년간 이어졌는데, 그동안 순교한 가톨릭 신자의 수는 8천 명에서 2만 명 정도로 추산된다. 이는 세계적으로도 유례를 찾기 어려울 만큼 가혹하고 철저한 종교탄압이었다.[11]

지금까지 서술한 사건의 경위는 샤를 달레(Charles Dallet)의 『한국천주교회사(Histoire de l'Eglise de Corée)』의 기록에 따라 재구성한 것이다. 대원군이 불과 며칠 사이에 태도를 표변한 이유에 관해, 달레는 (1) 러시아함대와 군대가 국경에서 후퇴함으로써 안보적 위기감이 줄어든 것, (2) 1875년 말 연행사로부터 청 정부가 서양인들을 탄압한다는 소식이 전해진 것, (3) 이에 따라 정원용·김좌근·조두순·김병학 등 대신들이 대원군과 주교의 공모에 대해 공공연히 비난하기 시작한 것을 들었다.

> 이제는 러시아인들의 문제가 해소되었다. 그들의 배가 물러가고 그들의 군대가 국경을 넘어갔다고 한다. 그래서 그들이 처음에 불러 일으켰던 공포가 거의 사라졌다. 한편 1865년 12월(양력)에 북경으로 떠나간 조선 사절단에게서 편지가 왔는데, 중국인들이 나라 안에 흩어져 있는 서양인들을 사형에 처하고 있다는 말이 있었다. 이 편지가 1월 하순에 도착했는데, 그것은 불에 기름을 붓는 격이었다. 4명의 주요한 대신들(정원용, 김좌근, 조두순, 김병학)은 주교들에 대한 대원군의 교섭을 공공연

---

11 천주교도에 대한 대원군의 잔인한 탄압에 대해선 많은 일화가 전해진다. 예를 들면 『매천야록』에서는 '도무지'라는 말의 어원을 설명하면서, 포도청의 형졸들이 사형을 집행하다가 질려서 나중에는 죄인의 얼굴에 백지를 붙이고 물을 뿌려 숨이 막혀 죽인 데서 유래했다고 하였다. 즉 '도무지'는 '塗貌紙'라는 말에서 나왔다는 것이다. 또한 대원군의 심복으로서 군권을 장악하고 사람을 많이 죽여 '낙동염라'라는 별명이 붙은 이경하에 대해 대원군은 "이경하는 다른 장점은 없고 오직 사람을 잘 살해하기 때문에 기용한 것이다"라고 했다고 한다.

하게 비난하기 시작했다. … 혼자서 의견을 달리하던 대원군이 그들이 내놓는 이유로 설복당하고 그들의 광신(狂信)에 질질 끌려갔던 것인가. 혹은 자신의 권위를 위태롭게 하고, 자기의 지위를 위험하게 하지 않기 위하여 격류에 몸을 맡기지 않을 수 없었던 것인가. 이것은 나중에 선교사들이 다시 조선에 돌아가서 그 시기에 일어난 모든 일에 대하여 더 완전한 정보를 얻을 수 있게 될 때에야 비로소 알게 될 것이다. 어떻든 대원군은 굴복하여 모든 서양인 주교와 선교사들에 대한 사형판결과 천주교인들에 대한 국법의 시행에 서명하였다.

이와 관련하여, 천주교 탄압 소식을 들은 부대부인은 박 마르타에게 "그래, 나라의 관리들이 내 남편을 반대해서 모여 내 어린 아들의 왕권(王權)을 뒤집어엎으려 했다니, 서양 신부들이 저들에게 무슨 잘못을 저질렀으며 내 아들이 저들에게 무엇을 잘못했단 말인가? 틀림없이 서양 군사들이 저들의 신부 원수를 갚으려고 이리로 와서 내 아들을 죽일 것이다."라고 울부짖었다고 한다. 그렇다면 기존 대신들이 국법으로 금지된 천주교인들과의 내통을 빌미로 대원군에게 정치적 위협을 가했다고 보는 것이 타당할 것 같다.

또한 여기서 주목되는 것이 조대비의 철렴(撤簾)이다. 이보다 앞서 조대비는 고종의 국혼을 치르기 위해 금혼령을 내리고, 또 그 혼인예식을 대원군의 거처인 운현궁에서 치를 것을 지시했다.(『承政院日記』 고종 3년 1월 1일, 15일) 그런데 천주교도에 대한 발본색원을 지시하고 채 한 달도 못 되어 갑자기 수렴청정의 중단을 선언한 것이다.(『承政院日記』 고종 3년 2월 13일) 이는 새 왕이 신년부터 새로운 정치를 펼 수 있게 하도록 배려한다는 뜻에서 각각 음력 12월 28일과 12월 25일에 철렴한 순조 때의 정순왕후나 철종 때 순원왕후의 전례에 비춰보더라도 이례적이었다. 이후 김병학과 김병국이 조정에서 핵심적 지위를 차지한 것을 보면, 아마도 대원군은 안동 김문을 위시한 조정 대신의 협박에 위기감을 느껴 조대비와의 정치적 제휴 관계를 끊고 이들과의 결탁을 선택한 것으로 보인다.

후술하듯이 천주교도에 대한 박해는 프랑스 극동함대가 조선 원정을 단행하는 빌미를 제공했다. 하지만 이들의 내응(內應)이 서양 오랑캐를 끌어들인다고 믿은 대원군은 오히려 더욱 탄압을 강화했다. 서구 열강의 제국주의적 팽창이라는 국제정세에는 무지한 채, 오직 조선 땅에서는 살길을 찾지 못한 무고한 백성들이 내세의 구원을 위해 종교에 귀의하는 것을 서양 오랑캐가 내침하는 원인이라고 보고 발본색원에 나선 것이다. 여기에는 연행사를 통해 청나라에서 입수한 정보도 일정한 영향을 미쳤다.[12] 강화도에서 한창 전투가 진행 중이던 10월 말, 대원군은 프랑스 함대가 왔던 양화진(현재 절두산 성지)에 천주교인들의 처형장을 만들고 다음과 같이 포고했다.[13]

---

12 예컨대 『적호기(赤虎記)』에는 1866년 5월 22일(음 4월 9일) 연행사 부사 서당보(徐堂輔)가 북경의 명사들과 필담한 기록이 수록되어 있다. 그런데 이를 보면 "프랑스 오랑캐의 전교[行敎]라고 하는 것은, 간세(奸細)한 자들과 결탁해서 타국의 정상(情狀)을 알려는 것이다. 만약 간세한 자들이 은밀히 인도하지 않으면 감히 다른 나라 국경을 침입하지 못한다."(翰林偏修 張丙炎), "우선 우리나라의 간세한 무리를 단속해서 저들이 우리의 허실을 탐지하지 못하게 한다면, 아마도 근심이 없을 것이다."(兵部郎中 王軒)라고 하여 프랑스인을 막기 위한 최선(最先)의 방책은 국내의 반역자를 뿌리 뽑는 데 있다는 구절이 많이 보인다. 대원군은 이와 같은 베이징의 정보에서도 영향을 받았을 것이다.

13 이후 조정에서는 천주교인들의 내응이 서양 오랑캐의 내침을 초래하는 근본원인으로 보고 그 탄압 방침을 더욱 확고히 했다.
"서양 배가 먼 바다를 건너와 자기들 멋대로 침략한 것은 반드시 우리나라에 염탐하는 무리가 있어 안팎에서 서로 호응하기 때문입니다. 그러니 현재의 급무는 간사한 무리를 다스려서 하나도 남김없이 하는 것이 우선입니다. 안으로는 형조, 한성부, 양사, 양 포도청과 밖으로는 팔도와 사도(四都) 및 각 진영(鎮營)에서 간사한 무리와 관계되는 자들을 모두 수색 체포하여 매달 월말에 본부에 보고하도록 해야 합니다. 그리고 한 사람이 20인 이상 잡았을 때는 좋

서양 오랑캐가 이곳에 온 것은 바로 천주교인들을 위한 것이었다. 우
리의 강물이 이양선에 의해 더럽혀진 것도 바로 이 서양 오랑캐 때문이
다. 따라서 천주교도의 피로 저들이 남긴 더러움을 씻는 것이 당연하다.

(W.E.Griffis, *Corea, The Hermit Nation*)

2) 병인양요

광기 어린 대박해 속에서 3명의 프랑스인 신부가 살아남았다. 충
청도에서 페롱(Stanislas Féron)과 리델(Félix-Clair Ridel), 경상도에서 칼레
(Adolphe-Nicolas Calais)가 조선인 천주교도들의 보호로 숨어 있었던 것이
다. 그 중 리델 신부는 구사일생으로 조선을 탈출하여 1866년 7월 7일
중국 치푸(芝罘)에 도착, 프랑스 극동함대제독 로즈(Pierre-Gustave Roze)
해군소장을 만나 조선에서 벌어진 참상을 알리고 생존 신부 2명의 보
호를 요청했다. 로즈는 즉각 보복을 결심했다. 단, 주력함대가 인도차
이나에서 발생한 반란의 진압을 위해 떠나 있었으므로 그것이 귀환하
는 대로 조선으로 출발하겠다고 약속했다.

로즈 제독은 함선이 출동하기 전에 페롱과 칼레 두 신부가 희생될
위험이 있었으므로 외교적 수단을 통해 이들의 구출을 시도했다. 그는
주청(駐淸) 프랑스 임시대리공사 벨로네(Henri de Bellonet)와 협의한 후 청
총리아문(總理衙門)에 조회를 보내서, "조선국왕이 프랑스인 주교 2명,
신부 9명, 조선 교인 다수를 망살(妄殺)한 죄를 성토하여, 가까운 시일

은 지역의 변장 자리를 만들어 발령하고, 만일 혹 허위로 수를 채워 보고하였
거나 진짜와 가짜가 뒤섞였거나 혐의로 인한 감정 때문에 평민을 잘못 붙잡아
들였을 때는 해당 군교(軍校)와 하인들에게는 반좌(反坐)의 율을 시행하고, 제
대로 지시하지 않은 각 해당 당상관, 도신, 수신(帥臣) 및 토포사(討捕使)는 모
두 엄중히 논죄하겠다는 뜻을 엄히 신칙하는 것이 어떻겠습니까?"(『承政院日
記』 고종3년 10월 15일)

내 함대를 파견해서 그 나라를 망하게 하고 현 국왕을 폐위한 후 본국 황제의 칙명을 받들어 따로 새 국왕을 옹립할 것이다. 그 나라는 중국의 속방(屬邦)이긴 하지만 정교(政敎)가 자주(自主)이므로 중국에서 이의를 제기하는 것을 불허한다."라고 통고했다. 이에 대해 총리아문은 벨로네 공사에게 "조선이 만약 프랑스인 주교 등을 망살(妄殺)했다면 먼저 그 사실을 조사해야 한다. 갑자기 병단(兵端)을 열어선 안 된다."라고 하면서 경솔한 행동을 만류했다. 이와 함께 예부(禮部)로 하여금 조선국왕에게 자문을 보내서 프랑스 대리공사가 조회한 사실을 알리고, 그 선후책을 강구할 것을 당부하게 했다.

예부의 자문은 프랑스 극동함대가 조선 해역에 나타나기 전인 8월 16일 한성에 도착했다. 하지만 조선 정부는 청의 기대와는 달리 회답 자문에서 가톨릭교도를 단속한 이유를 설명하고, 프랑스 선교사를 포함해서 그 뿌리를 뽑겠다는 강한 의지를 밝혔다.

> 우리나라는 작년 겨울 이래로 흉도(兇徒)와 비류(匪類)가 당을 이루고 결탁해서 몰래 불궤(不軌)를 꾀했기 때문에 마침내 체포했습니다. … 우리나라에 표류해 온 이국인은 모두 호송해주지만, 공식 문서 없이 몰래 월경(越境)한 자들에 있어선 일체 사형에 처하는 것이 원래 성헌(成憲)입니다. 가령 우리나라 사람이 타국에 잠입해서 금령을 어겨가며 선동을 일삼고 헛소문을 퍼뜨려서 백성과 나라가 모두 그 해를 입는다면, 타국도 필시 그를 주벌해서 살려두지 않을 것이니, 그렇게 하더라도 우리나라 또한 당연히 추호도 유감을 품지 않을 것입니다. 봉강(封疆)을 편안히 하고 방금(邦禁)을 엄히 하는 것은 처지를 바꿔보면 모두 똑같은 것입니다. (『同文彙考』 61권. 原編 洋舶情形)

한편, 조선 원정 계획에 대해 프랑스 해군성은 9월 8일자 훈령을 통해 '조선 내륙의 원정까지 계획하지 않고도 안전한 정박지를 거점으로 보복에 성공할 것, 좋은 결과가 있을 것으로 확신하는 작전만 실행하고 프랑스에 책임에 돌아갈 수 있는 것은 아무것도 계획하지 말 것, 휘하 병력만으로 원정을 실행할 것' 등을 지시했다. 로즈 제독은 본격적인 원정에 앞서 위력정찰(威力偵察)을 하기로 결정하고, 프리모게 (Primauguet), 데룰레드(Déroulède), 타르디프(Tardif) 등 3척을 거느리고 9월 18일 조선을 향해 출항했다. 이들 함선은 강화해협을 돌파한 후 한강을 거슬러 올라 25일에는 염창항(鹽倉項)에 도착하여 1일 간 정박했다.

기선(汽船)의 굉음과 함께 시커먼 연기를 뿜어대는 이양선이 한강에 나타난 것은 이번이 처음이었다. 공포에 빠진 백성들의 피난이 이어졌다. 대원군은 급히 어영중군 이용희(李容熙)에게 명해서 한강을 경계하게 했지만, 처음부터 이양선을 격퇴할 힘은 없었으므로 각 성문의 경계를 엄중히 하는 것 외엔 별다른 대책이 없었다. 다행히 이양선은 상륙하지 않고 곧 돌아갔지만, 흉흉한 민심은 쉽게 진정되지 않았다.

한편, 10월 3일 치푸로 복귀한 로즈 제독은 강화도를 점령해서 한강 하류를 봉쇄한다는 작전계획을 세웠다. 이 항로를 차단하면 호남과 호서로부터 서울에 수송되는 공미(貢米)가 중단돼서 싸우지 않고도 조선 정부가 굴복할 것으로 판단한 것이다. 이를 위해 극동에 파견된 프랑스의 모든 해군력을 치푸에 집결시켰다. 선단은 프리깃함(frigate) 라게리에르(la Guerrière)를 비롯하여 코르벳함 2척, 아비조함 2척, 포함 2척 등 7척으로 구성되었다.

프랑스 함대는 10월 14일 강화해협이 손돌목을 통과해서 갑곶진에 상륙했다. 다음날 로즈 제독은 15일 한강 입구의 봉쇄를 선언하고 이 사실을 청과 일본에 주재한 프랑스 공사관 및 관계 관헌들에게 알렸다. 16일, 프랑스 육전대와 해병대에 의해 강화부가 점령되었다. 프랑스 군인들은 강화부의 남문으로 침입해서 각 관아 및 장녕전(長寧殿)을 점령하고 막대한 군기(軍器)와 식량, 재물, 그리고 서적 등을 마구 약탈했다. 『적호기』에는 당시 상황이 다음과 같이 기록돼 있다.[14]

> 이때 양적(洋賊)이 우리나라에 대비가 없음을 몰래 알아내고, 먼저 동성(東城)을 침범해서 곧장 들어왔다. 수졸(守卒)들이 성문을 굳게 폐쇄하니, 도적들은 성벽을 넘어 돌입하여 총을 쏴서 우리나라 사람 2명을 죽였다. 성내 백성과 관속(官屬)은 사방으로 달아났다. 유수와 중군은 방어하려고 했지만, 영내(營內)는 텅 비고 단지 통인(通引)·교리(校吏)·급창(及唱) 4, 5명만 남아 있을 뿐이었다. 형세상 부득이 어진만 모시고 우선 백련사로 피했지만, 또 오래 버틸 수가 없었으므로 다시 어진을 모시고 인화보(寅火堡)로 옮겼다. 그러자 여러 도적은 영내에 들어와서 점거했다. … 부녀자를 보면 반드시 겁탈했다. 그러므로 부녀자들은 노소귀천을 불문하고 모두 피신했다. (『赤虎記』)

프랑스 함대는 1차 원정 때와 달리 강화도만 공격하고 굳이 한성에 접근하지 않았으므로, 이 틈을 이용해서 대원군은 급히 방어 대책을 강구했다. 10월 16일 훈련대장 이경하를 기보연해순무사(畿輔沿海巡撫使), 어영중군 이용희를 기보연해순무사 중군(中軍), 김성근(金聲根)과 안기영(安驥泳)을 종사관에 차하하고, 당일로 순무중군 이용희에게 명하여

---

14 『경산일록』에는 당시 피해가 다음과 같이 기록돼 있다. "장녕전, 만녕전, 행궁, 규상각사와 유영의 관아가 모두 불탔고, 배 32척, 민가 263호도 불탔으며, 호남의 세미(稅米) 중 약탈당한 것이 1,400~1,500여 석이나 되고 남은 것은 1,100여 석이라고 한다." (『경산일록』 병인 10월 8일조)

훈련도감 마병(馬兵) 1초(哨), 보군(步軍) 5초, 표하군(標下軍) 등 장수 9명, 장교 52명, 병사 2,021명을 거느리고 출동하게 했다. 또 총융사 신관호에게 염창항(鹽倉項)의 수비를 명하고, 경성 각 문과 창덕궁 각 문의 경비를 엄중히 했다. 이와 함께 대원군은 한성과 강화 사이의 병력을 증가시키기 위해 가능한 방법을 모두 동원했는데, 그중에서 가장 효과가 컸던 것은 전국에서 총을 잘 쏘는 엽호군(獵虎軍)의 모집이었다.

  10월 19일에 조선 정부는 로즈에게 이번 침공에 정당한 이유가 없음을 비난하는 격문을 보냈다. 다음날, 로즈는 회신을 보내 프랑스 선교사의 살해를 교사한 당국자를 엄중히 처벌할 것, 그리고 전권위원을 강화부로 보내서 조약을 체결할 것 등 2개 조건을 요구했다. 여기서 토사(土司)란 중국 원나라 이후 명·청에 이르기까지 중국의 변경지역의 소수민족을 다스리기 위해 그 토착 추장에게 지방을 다스리는 권한과 함께 세습을 허락한 관직을 말한다. 여기서 당시 프랑스인들이 조선에 대해 가진 저열한 인식을 엿볼 수 있다.

  너 화양(華陽)의 토사(土司)는 잘 들어라.
    나는 본조(本朝)의 대황제의 명으로 이 나라에 머물러 살고 있는 본국의 군민(軍民) 등을 비호하기 위해 이 나라에 잠시 오게 된 자이니, 그 이유는 금년에 이 나라에서 무고하게 주살을 당한 이들이 우리나라의 전교사들로 존경을 받는 인물들이기 때문이다. 너 토사(土司)가 불인(不仁)해서 불의(不義)하게 그들을 죽였으니 마땅히 공벌(攻罰)해야 할 듯하다. … 듣지 못했는가? 몇 년 전에 중국에서 그처럼 불인한 짓을 하고 흉악한 소행을 저질렀다가 우리 본 대국이 정벌하고 멍에를 지움으로써 그들로 하여금 머리를 숙이고 우리 명령을 받들어 행하게 했다.
    이제 대프랑스 진권내신이 불인하고 불의한 나라 고려를 정벌하기로

결정했으니, 만약 귀를 기울여서 지시를 받지 않으면 나중엔 굴복하고
싶어도 전혀 굴복할 데가 없을 것이다.

하나, 세 명의 관원이 토사(土司)를 조종하고 희롱한 것이 근본 원인이
　　됐으니, 우리 왕조의 전교사를 살해한 자를 엄히 조사한 후 처벌
　　하라.

하나, 너 토사(土司)는 속히 전권 1명을 보내되 피성대월(披星戴月)해서,
　　이곳에 와서 직접 상의한 후 영구히 장정(章程)을 정하라. (『巡撫營
　　謄錄』 1권, 병인년 9월 12일)

　중군 이용희는 통진부에 진을 쳤다. 그리고 염하를 사이에 두고 강
화부의 프랑스군과 대치하면서 군이 전진하려고 하지 않았다. 강화부
에서 진을 치고 주둔하던 로즈 제독도 하릴없이 조선 정부의 전권대표
가 오기만을 기다릴 뿐, 육전대를 멀리 내지까지 들여보내서 조선군을
공격할 여력은 없었다. 단지 몇 척의 포함을 갑곶진, 월곶진(月串鎭) 등
의 지점에 보내서 봉쇄선을 유지하거나 약간의 정찰부대를 조선군이
점거한 지역에 파견하는 정도에 지나지 않았다.

　그러던 중, 10월 26일에 로즈는 통진(通津)에 조선 정부가 병력을
집결시키고 있을 뿐 아니라 프랑스군의 상륙에 대비해서 많은 선박을
배치하고 있다는 정보를 입수하고 문수산성(文殊山城)으로 정찰대를 파
견했다. 병력은 보병 2개 분대, 120명이었다. 하지만 이들은 문수산성
을 수비하던 조선군에 의해 3명의 전사자와 2명의 부상자만 남긴 채
격퇴되었다.

　그로부터 며칠 뒤인 11월 9일, 이번에는 정족산성 내 전등사(傳燈寺)
에 조선군이 속속 모여들고 있다는 정보를 입수하고 해군 대령 올리비
에(Olivier) 이하 150명의 정찰대를 파견했다. 하지만 이때는 이미 순무

영 천총(千總) 양헌수(梁憲洙)가 이용희의 지시에 따라 관군 176명, 그리고 각도에서 모집한 포수 367명으로 야간에 은밀히 정족산성에 진을 치고 있었다. 10일 새벽, 정족산성 동문으로 진입하던 프랑스군은 매복해 있던 조선군의 맹렬한 사격을 받았다. 순식간에 32명의 중경상자가 발생했다. 예상치 못한 기습을 받은 프랑스군은 갑곶진으로 후퇴할 수밖에 없었다. 조선 측의 피해는 전사자 1명, 부상자 3명에 불과했다.

정족산성의 패전 후 로즈 제독은 당초 계획했던 한강 입구의 봉쇄는 전혀 효과를 거두지 못했으며, 당분간 조선 정부의 굴복은 기대할 수 없음을 깨달았다. 날이 지날수록 조선 측의 병력은 늘어갔고, 이제는 그들이 염하를 건너 강화부에 고립된 자신들을 공격해 오는 사태를 우려해야 했다. 게다가 곧 겨울이 다가오고 있었다. 혹시라도 염하나 한강이 얼게 된다면 그야말로 고립무원의 상황에 빠질 수밖에 없었다. 마침 조선으로 복귀했던 리델 신부와 다른 프랑스 신부들이 조선인 신자들의 도움을 얻어 무사히 치푸로 탈출했다는 소식이 전해졌다. 로즈는 임무의 절반은 달성한 것으로 판단하고 강화부에서 철수할 것을 결심했다. 그리고 외규장각의 귀중한 서적을 비롯해서 강화부성에서 약탈한 물품을 함선에 옮겨 싣고 장녕전과 다른 관아에 불을 지른 후 외해로 물러갔다. 한강 봉쇄는 11월 18일에 해제되었다.

프랑스 함대가 강화도를 점령하고 한강 입구를 봉쇄한 약 40일 동안 남부지방에서 올라오는 세곡선(稅穀船)의 운항이 중단되고 한성 백성의 고통과 공포도 극심해서 인심이 매우 흉흉했다.[15] 하지만 대원군

---

15 "백성은 오히려 프랑스 사람들이 오기를 바랐습니다. 그들이 무서워하는 것은 그들의 정부였고, 국토를 방위한다는 구실로 조직되려고 하는 도당들이었

은 단호하게 자신의 방침을 바꾸지 않고 모든 가능한 수단을 동원해서 의병을 모집해서 전장으로 보내는 한편, 군민을 격려해서 적개심을 고무했다. 이를 위해 대원군은 평소 애호한 판소리를 활용하는가 하면,[16] 강한 규율과 단결력으로 유명한 보부상단(褓負商團)을 전쟁에 동원하기도 했다.[17]

강화도에서 프랑스와의 군사적 대치가 한창 진행되는 가운데 조정 내에선 프랑스와 화친하는 것이 낫다는 의론도 적지 않았다. 원로대신 정원용의 일기 『경산일록』 9월 25일자(양력 11월 2일)에 다음과 같은 기록이 있다.

오후에 영돈녕 김좌근과 판부사 조두순이 와서 만났다. 술과 국수로 대

습니다. 실제로 서울에서는 공포가 대단했습니다. 프랑스 포함들이 강에 있는 동안 서울에는 쌀이나 나무를 실은 1척의 배도 들어오지 못했습니다. 1주일만 더 계속됐더라면 주민들이 굶어 죽었을 것입니다. 모든 사람이 도망치고 있었으니, 7천 가구가 집을 비웠다는 말들을 했습니다."(『조선천주교회사』하, 463쪽)

16 예컨대 판소리 여섯 마당을 정리한 것으로 유명한 신재효(申在孝, 1812~1884)는 양이(洋夷)와의 전쟁을 독려하기 위해 '괫심한 西洋되놈'이라는 가사를 짓기도 했다. "괘심ᄒ다 서양 되놈/ 無君無父 천주학을/ 네 나라나 홀 것이지/ 단군기자 東方國의/ 忠孝倫理 밝안논의/ 어히 감히 여어보자/ 興兵加海 나왔다가/ 防水城 불에 타고/ 鼎足山城 총에 죽고/ 나문 목심 도ᄉᆞ호자/ 밧쎠밧쎠 도망ᄒ다."(『開化期의 憂國文學』, 81~82쪽)

17 대원군은 프랑스 함대가 강화부성을 점령한 직후 부상(負商)들에게 다음과 같이 명했다.
"일찍이 없었던 변고가 우리 예의의 동방에 미쳤다. 심도(沁都: 강화도)가 함락되고 그것이 통진(通津)에까지 미쳐 대소인민이 몹시 비통해 하고 분노에 극에 달하였다. … 너희 부상들 중에는 의기쾌걸(義氣快傑)의 인물이 많아서, 진흙길에 짐을 지고 다닐 때도 노소(老少)와 어른의 구분이 있고, 여러 사람들이 대(隊)를 형성해서 인원수를 갖춰 일이 생기면 과감히 해결하고 완연히 의로움을 피하지 않는 기품이 있으므로 내가 항상 가상하게 생각하였다. 만일 의기를 나라를 위하는 데 쓴다면 끓는 물을 뛰어넘고 칼날을 밟는 일도 어렵지 않을 것이다."(『巡撫營謄錄』고종 3년 9월 12일)
보부상 단체의 군사적 활용 가능성에 처음 착안한 것은 대원군이었다. 이후 보부상단은 1880년대 민씨 세도정권 하에서 본격적으로 친위민병대 겸 준(準)징세기구의 기능을 수행했다.

접하였다. 두 재상이 말했다. '여러 대신이 일제히 대원위를 만나서 양
인과 화해하자는 뜻으로 말하는 것이 좋겠소.' 하지만 정작 가지는 않았
다.

정원용과 김좌근, 조두순은 화친을 제안하기로 의견을 모았지만,
대원군의 위세에 눌려 아무도 가서 말을 꺼내진 못했던 것이다.

대원군은 '서양 오랑캐가 침범함에 전쟁이 아니면 화친이니, 화친
을 주장함은 나라를 팔아먹는 것이다.(洋夷侵犯 非戰則和 主和賣國)'의 12자
를 조정 대청의 기둥에 크게 적고는, 교전 방침에 관해 물어보는 사람
이 있으면 이를 읽게 했다. 또 10월 22일(음 9월 14일)에는 조정 대신들에
게 회람장을 보내서 자신의 결의를 보였다. 어떤 상황에서도 프랑스 군
대를 강화도에서 몰아내기 전까진 결코 타협하지 않을 것이며, 만약 화
친을 주장하는 자가 있으면 매국의 죄로 다스리겠다는 강한 경고였다.

인(人)자 다음에 사(死)자가 있고, 국(國)자 다음에 망(亡)자가 있음은 예
로부터 천지의 상법(常法)이요, 양이(洋夷)가 열국을 침범한 일 또한 예
전부터 있었다. 지금까지 몇백 년 동안 이 도적이 감히 뜻을 이루지 못
했는데, 몇 해 전에 중국이 화친을 허락한 후로는 그 날뛰는 마음이 한
층 더 헤아리기 어렵게 돼서 도처에서 악행을 저지르니 모두 그 독을 받
고 있다. 유독 우리나라에서만 횡행하지 못하는 것은 실로 기자(箕子)
성인이 하늘에서 음덕을 내리시기 때문이다. 이러한 지경에 처해서 믿
는 것은 예의요, 믿는 것은 백성들의 마음이 성(城)을 이루는 것뿐이다.
오늘날 상하가 만약 의구심을 품거나 겁을 낸다면 만사가 와해될 것이
요, 국사가 무너질 것이다. 내가 획정해서 결심한 네 가지 조건이 있으
니, 이를 잘 이해하고 피로써 맹서해서 나의 뒤를 따르라.

하나, 그 고통을 견디지 못해서 만약 화친을 허락한다면 이는 나라를 팔

아먹는 것이다.

하나, 그 독을 견디지 못해서 만약 교역을 허락한다면 이는 나라를 망치
는 것이다.

하나, 도적이 경성에 임박했을 때 만약 거빈(去邠)한다면 이는 나라를
위태롭게 하는 것이다.

하나, 마약·괴술(怪術)·육정육갑(六丁六甲)으로 귀신을 소환하고 기이한
방법으로 도적을 좇아낸다면, 일후의 폐해가 사학(邪學)보다 더
심할 것이다. (『羅巖隨錄』)

그뿐 아니라 대원군은 한성의 인심이 흉흉한 가운데서도 경복궁
중건공사를 흔들림 없이 진행하였다. 프랑스 함대가 물러간 후, 대원
군의 정치적 위상은 감히 누구도 도전할 수 없을 만큼 확고해졌다.[18]
프랑스 함대의 내습은 대원군이 권력을 공고히 하는 결정적 계기가 된
것이다. 이후에도 그는 서양세력의 위협을 자신의 전제권력을 정당화
하고 강화하는 구실로 활용했다. 그러한 점에서 적시에 이뤄진 서양세
력의 침입은, 대원군에겐 행운이라면 행운이었다.

---

18 "가을에 프랑스 군대가 강화도를 침범했다. 포성이 날마다 서울까지 들렸다.
경복궁 중건 공사는 끝나지 않아 공사장의 소음과 포성이 뒤섞여 들려왔지
만, 하응은 태연한 모습으로 꿈쩍도 하지 않은 채 잠시도 공사를 멈추지 않고
진행시켰다. 만약 하늘이 도와주지 않아서 도적들이 걷잡을 수 없이 일어났
다면, 하응은 김경징(金慶徵)과 같은 신세가 되었을 것이다. 그러나 당시 사
람들은 하응의 이런 행위를 영웅다운 수완이라고 했다. 아아! 나는 가소롭기
짝이 없다고 생각한다." (『梧下記聞』)
여기서 김경징은 병자호란 당시 강도검찰사(江都檢察使)로 강화도를 방어하
는 임무를 맡았다가 청나라 군대의 공격을 받자 수비를 포기하고 달아난 인
물이다.

3) 제너럴셔먼호 사건

한편, 강화도에서 프랑스군과의 교전이 발발하기 직전에 평양에서는 영국 상선 제너럴셔먼호(General Sherman)가 대동강을 거슬러 오르다가 군민(軍民)에 의해 불에 타 침몰하는 사건이 발생했다.

제너럴셔먼호는 텐진에 있는 영국인 소유 미도즈 상사(Meadows & Co.)의 스쿠너형 범선이었다. 미국 상인 프레스턴(W. B. Preston)은 조선과의 통상을 계획하고, 미도즈 상사의 도움을 얻어 제너럴셔먼호의 의장(艤裝) 작업에 착수했다. 이 배에는 선주 프레스턴을 비롯해서 미국인 페이지(Page), 일등항해사 미국인 윌킨슨(Wilkinson), 그리고 선원으로 영국인 호가스(Hogarth) 등 서양인 5명, 중국인 13명, 흑인 2명이 탑승했다. 또 통역관으로 영국 성공회파 선교사 로버트 토머스(Rev. Robert Thomas, 崔蘭軒)가 동행했다. 그는 일찍부터 조선 전교에 뜻을 품고 1865년에 조선 해안에 상륙해서 2개월여 조선인과 접촉하면서 한국어를 익힌 적이 있었다. 토머스는 훗날 조선에서 순교한 최초의 개신교 목사로 역사에 이름을 남기게 된다.

제너럴셔먼호는 1866년 7월 29일 텐진에서 출항해서 치푸에 기항했다가 8월 16일 대동강 어귀에 도착했다. 그리고 서서히 강을 거슬러 올라가서 황해도 황주목(黃州牧) 삼전면(三田面) 송산리(松山里) 앞바다 급수문(急水門)에 임시 정박했다. 황주목사 정대식(丁大植)과 역관 이용숙(李容肅)이 접근해서 내항 목적을 묻자, 이 배는 영국·미국·청의 3개국 상인이 탄 상선으로 조선의 특산물과 서양 화물을 교역하기 위해 내항했으며 어떤 다른 뜻도 없다고 설명했다. 목사는 외국 선박이 내해에 진입하는 것은 국금(國禁)에 해당한다고 경고했지만, 이들은 명에 따르지 않고 계속 대동강을 거슬러 올라 22일에는 평양부 신장포(新場浦)에까지 도달했다.

평안도 관찰사 박규수는 평안도 중군(中軍) 이현익(李玄益)과 서윤(庶尹) 신태정(申泰鼎) 등을 보내서 문정(問情)하게 했다. 이들 또한 거듭 천주교와 예수교(耶蘇敎)는 모두 나라에서 금하는 바이니 즉시 물러갈 것을 명했다.

그런데 당시 대동강 상류에 며칠간 큰비가 내려서 물이 크게 불어나 있었다. 하지만 평양에는 비가 내리지 않았으므로 제너럴셔먼호의 선장은 그것이 평상시의 수위라고 생각하고, 계속 상류로 거슬러 올라갔다. 중군과 평양 서윤이 중지할 것을 명했지만 한사코 따르지 않았다. 25일엔 이미 만경대(萬景臺)를 지나 한사정(閑似亭) 상류에 정박하고, 보트를 내려 상류로 향하게 했다. 중군 이현익은 작은 배를 타고 추격했다. 그러자 제너럴셔먼호의 선원들은 그 배를 기습해서 이현익을 인질로 사로잡았다.

평양에서는 크게 당황해서 신태정을 제너럴셔먼호에 보내 이현익의 석방을 요청했지만 거절당했다. 중군이 구류됐다는 소식에 평양의 군민(軍民)이 분격했다. 이들은 28일부터 대동강 주변에 운집해서 활과 총을 난사하고 돌덩이를 집어 던지기 시작했다. 마침내 제너럴셔먼호에서도 형세가 심상치 않다고 보고 돌아갈 채비를 시작했다. 그런데 평양부 양각도(羊角島) 아래 이르렀을 때, 대동강의 물이 빠져서 제너럴셔먼호가 강바닥에 걸려 버렸다. 이날 평양 군졸들과 제너럴셔먼호 선원들 간 교전 끝에 중군 이현익이 무사히 구출됐다.

8월 29일부터 31일까지 제너럴셔먼호는 대동강에서 반(半)좌초 상태로 있었다. 평안도 관찰사 박규수는 백낙연(白樂淵)을 중군(中軍)에 임명하고 신태정과 함께 제너럴셔먼호를 공격하게 하는 한편, 자신도 강변에 나가 전투를 독려했다. 제너럴셔먼호는 거의 움직일 수 없는 상황이었지만 총포를 쏘아대면서 결사적으로 저항했다. 이에 박규수는 화공(火攻)을 명했다. 위원(魏源)의 『해국도지(海國圖誌)』에 기술된 해방책(海防策)을 응용한 전략이었다. 9월 2일이 되자 제너럴셔먼호의 선원은 이미 탈진하고 탄약도 소진되어 불에 타는 섶을 실은 배가 접근하는 대로 내버려 둘 수밖에 없었다. 토마스 신부와 청국인 1명은 백기를 내걸고 뭍에 올라 살려줄 것을 애원했지만 분격한 군중에게 참살되었다. 선주 프레스턴과 선장 페이지 이하 승조원들도 제너럴셔먼호와 운명을 함께 했다. 조선 측 사망자는 13명이었다.

전투가 끝난 후, 박규수는 장계를 올려 전황을 보고했다.

저들 선박의 제도(制度)가 견고해서 총포로는 이미 깨뜨리기 어려웠으니, 승리를 거두는 방책은 화공보다 나은 것이 없었습니다. 그러므로 신의 영(營)의 중군(中軍) 및 서윤(庶尹)과 더불어 깊이 강구한 끝에 방략을 획정했습니다. 24일 치보(馳報)에, "금일 묘시(寅時, 오전 5시~7시)에 이양선이 원래 정박했던 곳에서 조금씩 내려오다가 삼후(三帿) 근처에 물이 얕은 곳에 걸려서 움직이지 못하고 있습니다. 총수(銃手)와 사수(射手)를 많이 보내서 물가 여러 곳을 차단하고 있습니다."라고 했습니다.

오시(午時, 11시~13시)에 저들의 선박에서 큰 포성과 함께 총을 쏘아댔습니다. 우리 백성 1명이 죽자, 온 도성의 백성과 방수(防守)하는 교졸(校卒)들이 몰려들어 함성을 지르며 온 힘을 다해 공격했습니다. 이에 땔감을 실은 배들을 보내서 일제히 불을 지르게 했습니다. 배가 불에 타기 시작하자 최난헌(崔蘭軒, 토머스 신부)과 조능봉(趙凌奉) 두 놈이 뱃머리로 뛰어나와서 비로소 살려주기를 애걸했습니다. 그러므로 즉시 사로잡아서 해안가에 묶어놓았습니다. 많은 군민(軍民)이 분노를 이기지 못해 일제히 때려죽였습니다. 저 배가 불탈 때 저들 가운데 어떤 자들은 뱃머리로 나오고 어떤 자들은 강 속으로 뛰어들었습니다. 군졸들이 즉시 추격해서 총으로 쏘아 무찔러 죽였습니다. 그 시신의 수는 총에 맞아 죽은 자가 13명이고, 불에 타 죽은 자가 4명입니다. 일전에 총에 맞아 죽은 자 1명까지 계산하면 총 20명이 되니, 모두 남김없이 죽였습니다.

(『赤虎記』)

평양의 승전보가 도착한 것은 마침 프랑스 함대의 내침을 경고하는 예부의 자문이 도착한지 며칠 뒤였다. 프랑스 함대와의 일전을 결의하고 있던 대원군은 이 소식에 반색하였다. 그는 박규수를 비롯해 백낙연과 신태정 등 군공을 세운 이들을 포상하는 한편, 청 예부에 자문을 보내 '양이초멸(洋夷剿滅)'을 의기양양하게 보고했다.

4) 남연군묘 도굴 미수 사건

1868년 5월, 오늘날의 예산군 덕산면에 있던 대원군의 부친 남연군의 묘를 서양인이 도굴하려다가 미수에 그쳐 조선 관민을 경악시키는 사건이 발생했다. 범인은 중국 상하이에서 무역에 종사하던 독일 함부르크 출신 상인 에른스트 오페르트(Ernst Oppert)였다.

그는 이전에도 조선에 온 일이 있었다. 첫 번째 내항은 병인양요가 발발하기 몇 달 전인 1866년 3월부터 4월 사이였다. 오페르트 자신이 쓴 『조선기행(Reisen nach Korea)』에 따르면, 그는 극동 최후의 미개 방국인 조선과 처음 무역을 열어 큰 이익을 얻고자 했으며, 이를 위해 사전에 주도면밀한 연구를 했다고 한다. 그는 영국 상인 제임스 휘톨(James Whittall)의 도움으로 상선 로나(Rona, 선징은 James Morrison)를 이용할 수 있는 허가를 얻었다. 그리고는 상하이에서 잉커우(營口)로 항행하던 도중 항로를 변경해서 3월 28일에 충청도 해미현 조금진(調琴津) 근처에 정박했다. 평신첨사(平薪僉使) 김영준(金泳駿)과 해미현감 김응집(金膺集)이 문정(問情)을 시도하자, 오페르트는 자신이 온 것은 통상을 위해서며 국왕께 예물을 바치고 싶다는 뜻을 전했다. 하지만 문정관들로부터 조선은 외국과의 통상을 국법으로 금지하고 있다는 답변을 듣고 3일 뒤에 상하이로 떠났다.

상하이로 돌아간 오페르트는 첫 실패에 굴하지 않고, 약 250톤의 외륜기선 엠페러(Emperor)를 구입해서 다시 조선 항행을 시도했다. 이번에는 선박에 9파운드 대포 1문과 소선회포(小旋回砲) 몇 대까지 장착하였다. 그리고 8월 6일 조금진 앞바다에 다시 나타나 지방관에게 서한을 전하며 통상의 허가를 청했다. 하지만 김응집의 답변은 지난번과 다르지 않았다. 그런데 해미현 앞바다에 정박하고 있을 때, 필립보(Philippus)라는 세례명을 가진 조선인이 나타나 리델 신부의 서한을 보여주면서 구조를 간청하였다. 지방관과의 교섭에서 실패한 오페르트는 리델 신부와 조선인 신자를 구출해서 그 안내를 받기로 결심했다. 하지만 약속한 날까지 이들이 오지 않자, 오페르트는 어쩔 수 없이 11일에 출항했다. 그는 해도나 수로 안내자도 없이 덕적군도(德積群島)를 지나 서해안의 복잡한 섬과 암초 사이를 헤치며 북상하다가 20일에는 강화도 월곶진에까지 이르렀다. 하지만 이곳에서도 지방관에게 통상과 입경(入京)을 거부당하자, 어쩔 수 없이 단념하고 상하이로 복귀했다.

그로부터 2년이 지났다. 그는 한때 프랑스 극동함대의 원정이 실패로 돌아갔다는 소문에 실망하기도 했으나, 조선에서 탈출한 페롱 신부의 권유로 다시 용기를 얻었다. 당시 페롱 신부는 남연군의 유해를 약탈하는 것이 조선에 문호개방과 신앙의 자유를 가져오는 가장 좋은 방법이라는 제안을 했다고 한다. 훗날 랄르망 프랑스 공사는 페롱 신부의 정신 상태가 온전치 않았으며, 만약 교회 당국이 이 계획을 사전에 알았더라면 분명히 반대했을 것이라고 밝혔다.

오페르트는 이 무모한 계획을 위해 68톤의 증기선 차이나(China, 선장 Moeller)를 빌렸다. 그리고 페롱 신부 및 그와 함께 도망쳐온 조선인 최선일(崔善一)을 통역 겸 길잡이, 상하이주재 미국영사관의 통역관 젠킨스(F.B.Jenkins)를 보좌역으로 삼고, 서양인 8명, 말레이시아인 20명, 중국인 100명의 선원을 거느리고 다시 조선을 향해 출항하였다.

차이나 호는 5월 10일 충청도 홍주군(洪州郡) 행담도(行擔島)에 도착했다. 오페르트 등은 다시 작은 기선으로 옮겨타고 덕산군(德山郡) 구만포(九萬浦)에 상륙했다. 최선일의 아우 최성일(崔性一)과 교인 김여강(金汝江)이 맞이하러 나왔으므로, 이들의 안내를 받아 덕산군 관아를 습격하고 무기를 탈취했다. 덕산군수 이종신(李鍾信) 등이 침입한 이유를 물었지만, 이들은 자신들이 러시아 군사들이라고만 하고 발포하면서 접근하지 못하게 했다.

이윽고 한밤이 되자 남연군의 묘소로 가서 바로 도굴을 시작했다. 이 자리에는 본래 가야사(伽倻寺)라는 절이 있었는데, 대원군은 고종이 즉위하기 전 풍수꾼에게서 그 자리가 2명의 왕이 나올 천하명당이라는 말을 듣고는 절에 불을 지르고 탑을 부순 후 그 자리에 부친의 묏자리를 썼다는 일화가 있다.

하지만 묘광(墓壙)이 단단해서 쉽게 부술 수가 없었다. 그 사이에 덕산군수가 아전과 백성을 몰고 왔으므로 결국 오페르트는 도굴을 단념하고 급히 선박에 올라 먼바다로 떠났다. 이 해괴한 보고를 접한 관찰사 민치상(閔致庠)은 즉시 현지에 포수를 파견했지만, 이미 오페르트는 달아난 뒤였다.

경악한 대원군은 서양 오랑캐를 추격해서 전멸시키라는 엄명을 내리는 한편, 포도청과 각 진영(陣營)에 천주교도의 색출과 처단을 더 엄중히 할 것을 지시했다. 한편, 오페르트가 탄 기선 차이나는 돌아가지 않고 다시 북상하여 5월 13일 영종진 앞바다에 출현했다. 오페르트는 영종첨사가 보낸 문정관(問情官)에게 대원군에게 올리는 서한을 전달하고, 이번 사태는 전적으로 서양인을 살해한 것에 대한 보복이라고 성명했다.

> 번거롭게 서봉(書封)을 조선국 대원위 좌하(座下)께 올립니다.
> 삼가 여쭙니다. 남의 장지(葬地)를 파는 것이 비례(非禮)에 가까우나 간과(干戈)를 움직여서 백성을 도탄에 빠지게 하는 것보다는 낫습니다. 그러므로 부득이 행한 것입니다. 본래는 관(棺)을 모시려고 했지만 생각에 필시 과도하다고 여겼습니다. 그러므로 우선 정지한 것이니, 이 어찌 경례(敬禮)의 도가 아니겠습니까? 결코 멀리서 온 사람들의 힘이 미치지 못했을 것이라고 의심하지 마십시오. 우리 군중(軍中)에 어찌 석회를 파괴할 기계가 없겠습니까? 그러나 귀국의 안위가 장차 존가(尊駕)의 처분에 달려 있으니, 만약 국가를 위하는 마음이 있다면 대관 1명을 보내서 양책을 도모하게 하십시오. 만약 집미(執迷)해서 결단하지 못한 채 4일이 지나면 저희들은 돌아갈 것입니다. 오래 지체하지 마십시오. 며칠이 되지 않아 필시 국가가 위태롭게 되는 환난을 당할 것입니다. 그 때를 당해서 후회하는 상황을 면하신다면 매우 다행이겠습니다. (『龍虎閒錄』)

오페르트는 영종첨사의 회신이 오기도 전에 수십 명의 선원과 함께 싱륙해서 영종진 입성을 시도했으므로, 조선 수비군과 교전이 발생했다. 하지만 전투에서 패하자, 오페르트는 필리핀인 선원 2명의 시신만을 남긴 채 다시 차이나 호에 올라 떠나갔다.

오페르트가 아직 정식으로 개항하지도 않은 조선에 잠입해서 왕족의 묘를 도굴하려다가 미수에 그쳤다는 소식은 상하이의 서양인들 사이에서도 큰 화제를 일으켰다. 조선 정부로부터 이 사실을 통보받은 청 정부는 서양 각국 공사관에 공문을 보내 그 처리를 요구했다. 특히 제너럴셔먼호 사건 이후 조선에 관심을 갖고 있던 미국은 그 국민 젠킨스를 대상으로 영사재판을 열었다. 미국 목사 윌리엄 그리피스는 『은둔의 나라, 한국(Corea, The Hermit Nation)』(1882)에서 이 사건에 대해 다음과 같이 논평했다.

> 한 미국 시민이 한국에 대해 "불법적이고 추악한 원정"을 하고, 미국과 조약 관계가 없는 나라에 거칠게 상륙하려고 시도한 죄로 기소되었다. 게다가 그가 간 이유는 죽은 왕의 유골을 조선인에게 되팔거나 몸값을 요구하기 위해 죽은 왕의 유골을 파내려는 데 있었다고 한다. 쉽게 말해서 이는 해적질이나 시신 절도로서, 해부의 목적이나 과학 또는 고고학적 흥미를 위해서가 아니라 섭정과 서울의 궁정에서 돈을 뜯어내기 위해 조선의 분묘에 내려가 왕족의 유해를 파낸 것이다.

5) 신미양요

1866년의 제너럴셔먼호 사건이 외부세계에 알려진 것은, 프랑스 함대의 제1차 원정 당시 동행한 리델 신부가 조선인 천주교 신자로부터 평양에서 서양 선박 1척이 격침된 소식을 전해 듣고, 이를 치푸에 돌아가 퍼뜨린 데 연유했다.

1866년 10월 15일 북경주재 미국공사관 1등서기관 윌리엄즈(Samuel

Wells Williams)는 총리아문을 방문하여, 조선에 조회를 보내 제너럴셔먼호의 생존 선원을 인도시켜 줄 것을 요청했다. 총리아문은 "올해 7월 [음력]의 양이초제(洋夷剿除)에 관한 조선 국왕의 자문을 살펴보니, 조선 평양부에서 불법을 자행하다가 인원과 선박 모두 불에 타고 물에 빠진 것은 스스로 영국인 최난헌(崔蘭軒)이라고 했으니 미국 선박은 아니다."라고 답했다. 이와 함께 조선 국왕에게 미국공사관의 조회를 전달하면서 진상조사를 요구하는 한편, 함부로 외국과 갈등을 빚지 않도록 당부했다. 이에 대해 조선 정부는 바로 회자(回咨)를 보내 미국 상선을 격침했다고 하는 것은 영국 선박의 와전이라고 설명하고, 또 거친 말로 총리아문의 당부를 반박했다.

> 폐방(敝邦)은 영국, 프랑스 두 나라와 본래 교섭하지 않으니 어찌 실화(失和)한 일이 있겠습니까? 통상과 전교(傳教)는 방금(邦禁)에 따라 거절한 것이요, 교사(教士)는 이국(異國)의 유민(莠民)들이 변복하고 백성을 광혹(誑惑)케 해서 척제(斥除)했을 뿐입니다.
> 대체로 천하 각국이 서로 정전(征戰)할 때는, 반드시 먼저 소상히 실정을 연구하고 분명히 흔단(釁端)을 잡은 후에야 비로소 군대를 일으킬 수 있는 법입니다. 그런데 지금 프랑스인들은 우리에게 아직 대비가 없음을 보고 강화부에 틈입(闖入)해서 온 성을 불태우고 재화를 약탈했으니, 이는 일개 강제로 빼앗는 잔포(殘暴)한 도적일 뿐입니다. 통상이란 것이 과연 이와 같습니까? 전교라는 것이 과연 이와 같습니까? (『同治朝籌辦夷務始末』47권, 同治六年正月丁卯)

주청미국 특명전권공사 벌린게임(Anson Burlingame)은 아시아함대 사령관 벨(Henry Haywood Bell)에게 진상조사를 요청했다. 벨 제독은 와츄세트(Wachusett) 함장 슈펠트(Robert W. Shufeldt) 중령에게 이를 지시했다. 슈펠트는 1867년 1월 21일 치푸를 출항, 황해도 장연현(長淵縣) 오우포(吾又浦)에 도착해서 현감 한치용(韓致容)에게 미국 상선의 침몰 여부를 문의하고, 아울러 생존자가 있을 경우 인도를 바란다는 내용의 서한을 전달했다. 이에 한치용은 서한에 대한 답신은 곧 정부에서 내려오겠지만, 자신은 제너럴셔먼호 사건에 관해선 아무 것도 모른다고 답했다. 그런데 어떤 마을 주민이 서양 선박이 평양 앞바다에서 불에 타서 침몰하고 탑승원 전원이 사망한 사실을 확인해 주었다. 슈펠트 함장은 이를 제너럴셔먼호의 조난을 확인한 것으로 간주해서, 현감의 회답을 기다리지 않고 귀항했다.

그로부터 1년 후, 이번에는 와츄세트에 탑승한 중국인 수부(水夫) 우문태(于文泰)가 장연현에 있을 때 김자평(金子平)이라는 조선인에게서 제너럴셔먼호 탑승자 중 서양인 2명과 청국인 2명이 평양에 갇혀있다는 말을 들었다면서 소문을 퍼뜨렸다. 이는 물론 사실이 아니었다. 하지만 임시대리공사 윌리엄즈는 다시 총리아문에 조회를 보내서 조선 정부로 하여금 제너럴셔먼호의 생존자를 풀어주게 할 것을 요청하였다. 이번에도 이 조회는 청 예부를 통해 조선 정부에 전달됐지만, 조선 정부는 김자평이 누구인지 알 수 없으며 서양인이 구류되었다는 것도 낭설에 불과하다고 일축하였다.

그러자 윌리엄즈는 다시 아시아함대 제독에게 진상조사를 위한 군함의 파견을 의뢰하였다. 지시를 받은 페비거(John C. Febiger) 해군중령은 세넌도어호(Shenandoah)에 올라 대동강 하류를 거쳐 1867년 4월 10일 평안도 삼화부(三和府) 앞바다에 도착했다. 삼화부사 이기조(李基祖)와 징연현감 박정화(朴鼎和)가 문정(問情)을 시도했지만 페비거는 그 접근을 거부하고 단지 몇 차례 서한을 보내면서 한성에 전해줄 것만을 요구했으므로, 이들은 박규수가 전년에 슈펠트에게 전하기 위해 미리 작성해 둔 서한의 등본만 교부했다.(『瓛齋集』7권, "擬黃海道觀察使答美國人照會") 그리 고 김자평이라는 자를 장연부(長淵府) 육도(陸島)에서 체포한 후, 그 목을 베어 서양인들에게 보이면서 그의 말이 사실이 아님을 설명하려고 했 다. 하지만 페비거 등은 이를 믿지 않고 한 달 이상 머물면서 수로를 측량한 후 치푸로 복귀했다.

제너럴셔먼호 사건의 진상은 결국 밝혀지지 않았다. 하지만 이를 계기로 미국 아시아함대 수뇌부 사이에서 한반도 연안에서 미국인이 조난되었을 경우, 그 생명과 재산을 보호하기 위해 조선과의 수호통상 조약 체결이 필요하다는 논의가 제기되었다. 당시 국무장관 윌리엄 시 워드(William H. Seward)는 이른바 먼로 독트린(Monroe Doctrine)으로 대변되는 고립주의적 전통과 달리 적극적인 대외정책을 추구하는 인물이었다.

한편, 아시아함대 제독 로완(Stephen C. Rowan) 소장과 그 후임자 로저 스(John Rodgers) 소장은 일본의 문호를 개방한 페리(Matthew C. Perry) 제독 의 선례를 따라 포함외교를 통해 조선과의 수교를 단행하기로 결정했 다. 로저스는 자신이 특파 사절로 임명될 것으로 기대했지만, 국무성에 서는 조선과의 외교교섭에는 해군 사관보단 외교관이 적임이라고 판단 하여 주청 특명전권공사 프레드릭 로우(Frederick F. Low)를 선임했다.

로우 공사는 1871년 2월 11일에 총리아문을 방문해서, 미국 정부가 곧 조선에 함대를 파견해서 조약을 체결할 의향이 있으니 이러한 뜻을 조선 동지사(冬至使)에게 전해줄 것을 요청했다. 총리아문의 기본적인 정책은 조선의 정교금령(政敎禁令) 일체는 그 자주적 권리에 속한다는 것이었다. 따라서 병인양요 때와 마찬가지로 이번에도 간여하기를 원 치 않았지만, 미국 공사의 요청을 거절하면 조선과 미국 간에 중대한 위기를 초래할 우려가 있었으므로 그 서한을 예부로 넘겨 조선에 전달하게 했다. 그러나 이미 프랑스 군함을 물리친 경험이 있는 대원군은 주저 없이 미국의 요구를 거절하는 회자(回咨)를 보내왔다.

> 인신(人臣)에게는 의리상 외교(外交)가 없습니다. 만약 조난당한 객선(客船)이 있으면 위휼(慰恤)하고 호송함에 비단 나라에 항규(恒規)가 있을 뿐만이 아니요, 또한 성조(聖朝)의 심인(深仁)을 체행하고 있으니, 상판(商辦)을 하지 않더라도 의려(疑慮)가 없을 것임을 보장할 수 있습니다. 그러나 혹시 호의를 갖지 않고 와서 제멋대로 능학한다면, 이를 막고 초제(剿除)하는 것은 또한 천조(天朝) 번병(藩屛)의 직분 내의 일일 것입니다. 미국 관변(官弁)은 다만 제 백성을 단속해서 비리(非理)로 서로 간여치 못하게 하면 될 뿐이니, 교섭 여부를 어찌 다시 논할 것이 있겠습니까? (『同文彙考』61권. 原編 洋舶情形)

그런데 로우 공사와 로저스 제독은 청을 통해 조선에 전달한 서한이 분명히 효과가 있을 것으로 믿고, 그 회신을 기다리지도 않은 채 성급히 출동을 결정했다. 1871년 5월 나가사키에 기함(旗艦) 콜로라도(Colorado), 코르벳함 알래스카(Alaska)와 베니시아(Benicia), 그리고 포함 팔로스(Palos)와 모노카시(Monocacy) 등 5척의 함선이 집결했다. 함포는 총 85문, 승무원은 1,230명에 달했다. 로우 공사와 그 수행원들은 기함 콜로라도에 탑승하고, 로저스 제독의 지휘하에 5월 16일 출항했다. 그리고 19일에 충청도 해미현 앞바다에 도달하고, 21일에 짙은 안개를 헤치고 경기 남양부 풍도(楓島) 앞바다에 닻을 내렸다. 26일, 전 함대가 부평부 물치도(勿淄島) 앞바다로 정박지를 변경했다.

6월 1일, 남양부사의 급보를 받은 조선 정부는 어재연(魚在淵)을 진무중군(鎭撫中軍), 이창회(李昌會)를 강화판관에 임명하여 현지에 급파하는 한편, 서울에 있는 각 군영에서 군대를 차출해서 만일의 사태에 대비했다. 이날 로저스 제독은 무장한 보트 4척을 보내서 강화해협을 측량하고, 포함 팔로스와 모노카시로 이들을 엄호하게 했다. 보트는 항산도(項山島)를 우회해서 손돌목의 거센 조류를 통과하여 북상했다. 이를 본 광성보(廣城堡)에서 먼저 포격을 개시하였고, 덕포진(德浦鎭)과 초지진(草芝鎭)에서도 그 뒤를 따라 발포했다. 미국 보트는 곧바로 퇴각하였다.

이 날의 소규모 전투는 로우 공사에겐 뜻밖의 사건이었다. 그의 임무는 어디까지나 조선 정부와 평화적으로 교섭해서 조난자 구호를 위한 조약을 체결하는 것이었다. 이를 위해 이미 청 총리아문을 통해 그 의도를 조선 정부에 미리 통지하기까지 했다. 그런데도 조선 측의 선제 공격을 받게 되자, 로우 공사는 이를 중대한 사건으로 간주했다. 그와 로저스 제독은 미국 국기가 공격을 받았는데 어떠한 보복도 하지 않고 물러가는 것은 국가의 위신을 실추시키는 일이라는 데 동의했다. 하지만 본국 정부의 지시를 위반하고 멀리 떨어진 지역에서 독자적 판단으로 전투를 개시하는 데는 큰 결심이 필요했으므로, 만약 조선 정부가 선제 발포의 책임자를 처벌하고 교섭에 착수한다면 문제를 더 키우지 않기로 하고 며칠간 행동을 유보했다. 그 사이에 물치도 앞바다에 정박한 미국 함선과 조선 지방관과의 교섭이 진행됐다. 그것은 조선 역관과 드류 서기관이 각각 강화도 해변에 꽂아둔 장대에 서한을 묶어놓으면 상대방은 이를 가져다가 읽고, 다시 답신을 묶어놓는 방식으로 이뤄졌다.

며칠이 지나자 조선 정부에 교섭 의사가 없음이 분명해졌다. 그 사이에 함대의 전투준비도 완료되었으므로, 로저스 제독은 6월 10일 전투를 개시하기로 결정했다. 상륙 부대는 해병대 450명으로 편성되었고, 해군중령 킴벌리(L. A. Kimberley)가 지휘를 맡았다. 이날 아침, 모노카시호의 엄호 포격 속에 미국 해병대가 강화도 상륙을 마치고 초지진에서 노영(露營)했다.

다음날 새벽, 미국 군대가 덕진진을 공격해서 점령하고, 이어서 진무중군 어재연이 수비하는 광성보(廣城堡)로 육박했다. 킴벌리 해군중령은 광성보 뒤에 있는 봉화곡(烽火谷) 일대의 언덕에 포격 대형을 펼치고, 모노카시도 강화해협을 거슬러 올라가 남성두(南星頭) 부근에 닻을 내리고는 수륙에서 동시에 맹렬한 포격을 퍼부었다. 조선군이 집중 포격을 받고 동요하는 기색이 보였으므로 킴벌리는 돌격 명령을 내렸다. 대부분 호랑이 사냥꾼으로 구성된 조선군은 맹렬한 사격으로 응수했다. 파괴된 성벽을 뚫고 쳐들어오는 미국 해병대를 상대로 조선군은 백병전으로 용맹하게 맞섰지만 끝내 패배하고 말았다. 이 광성보 전투에서 진무중군 어재연과 그 아우 어재순(魚在淳), 진무영 천총(千總) 김현경(金鉉暻), 광성별장 박치성(朴致誠) 이하 약 80명이 전사하고, 10여 명이 부상을 입고 포로가 되었다. 미국 해병대에선 해군대위 휴 맥키(Hugh W. Makee)를 비롯해서 전사자 2명, 중상자 5명, 경상자 5명이 발생했다.

그런데 처음부터 로저스 제독의 계획은 처음에 미국 보트에 포격을 가한 포대를 점령하거나 파괴하고, 24시간 동안 이 상태를 유지하면서 조선인들에게 충분히 위력을 과시한 뒤에 철수한다는 것이었다. 블레이크 중령은 초지진에서 광성보까지의 모든 포대를 점령, 파괴했으므로 당초 계획을 완전히 달성한 것으로 판단하고, 물치도 정박지에 있는 함대로 복귀했다. 다시 말해서 전투에 승리하고 조선군의 진지를 초토화했지만, 이를 영구적으로 점령하지도, 별도의 강화조약을 요구하지도 않은 채 스스로 떠나버린 것이다. 로우 공사와 로저스 제독은 7월 1일에 드류 서기관의 이름으로 조선 정부에 최후통첩을 남긴 후, 다음날 전 함대를 거느리고 물치도를 떠나 치푸로 돌아갔다.

5년 전 프랑스 함대의 내습에 변변한 반격도 하지 못하고 퇴각해버린 조선군대의 실력에 개탄한 대원군은 이후 꾸준하게 한강의 입구인 강화부 일대의 방비에 힘을 쏟았다. 그 대표적인 성과가 진무영(鎭撫營)의 설치였다. 하지만 서구열강의 근대적 군대의 화력에는 이야기가 되지 않았다. 그 소규모 부대의 공격만으로 방어선은 완전히 무너지고 만 것이다. 광성보의 함락과 진무중군 어재연의 전사 소식은 조선 관민에게 큰 충격을 주었다.

그럼에도 대원군은 병인양요 때의 경험에 근거해서 지구전을 펼치면 미국 함대 또한 결국에는 퇴각하지 않을 수 없을 것으로 막연히 믿고 전쟁을 독려하였다. 고종도 그 뜻을 따르지 않을 수 없었다.[19] 광성보 전투 다음날인 6월 12일(음 4월 25일), 대원군은 "양이가 침범할 때 싸우지 않으면 화친하는 것이니, 화친을 주장함은 나라를 팔아먹는 것이다. 우리의 만년 동안의 자손들에게 경계하노라. 병인년에 짓고 신미년에 세운다.[洋夷侵犯 非戰則和 主和賣國 戒我萬年子孫 丙寅作 辛未立]"라고 새

---

19 광성보 전투 직후인 6월 12일, 고종은 신하들과의 경연 자리에서 다음과 같이 전교하였다.
"이 오랑캐가 강화하고자 하는 것이 무슨 일인지 모르겠다만, 수천 년 예의를 지켜온 나라로서 어찌 개나 양 같은 무리와 서로 강화한단 말인가. 비록 몇 년 동안 서로 대치한다고 해도 반드시 통렬히 끊어버려야 할 것이다. 만약 '강화'라는 단어를 말하는 사람이 있거든 마땅히 매국(賣國)의 법을 시행해야 할 것이다." (『承政院日記』 고종 8년 4월 25일)

긴 척화비(斥和碑)를 전국의 모든 대로에 세울 것을 명했다. 이 척화비는 대원군의 단호한 배외정책의 상징이었다. 이는 훗날 임오군란(1882)의 수습과정에서 조선 민중의 배외감정을 자극한다고 본 일본공사 하나부사 요시모토(花房義質)의 요구에 따라 모두 뽑히게 된다.

미국 함대가 광성보 전투의 승리에도 불구하고 조용히 떠난 것은 대원군에겐 하늘이 내린 요행이나 다를 바 없었다. 그럼에도 대원군은 의기양양하여 자신의 배외정책과 이교도 탄압 정책에 더욱 확신을 가졌다. 하지만 대원군의 요행은 조선의 문호개방과 근대적 발전에는 저주가 되었다.

> 미국인들을 물리친 뒤에 그 섭정[대원군]은 조선이 가공할 서구인들에 맞서 그 지위를 지킬 수 있는 능력을 입증한 것으로 생각해서 몹시 의기양양했습니다. 하지만 이 위원[오경석]은, 개인적으로 그것은 환상에 불과하다고 확신하며, 자신은 미국 군대의 얼마 되지 않는 숫자를 직접 목격했으므로 그들이 진지하게 공격할 준비를 갖추지 않았다고 결론 내릴 수 있다고 말했습니다. … 만약 1871년에 미국인들이 꽁무니를 빼는 대신에 두 달만 더 머물렀다면, 섭정은 자신감을 잃고 항복했을 것입니다. 귀하는 제가 이렇게 말하는 것에 대해 놀라셨을 것입니다. 하지만 저는 저의 조국에 대해 슬픔과 우려를 동시에 느끼고 있으며, 현재 우리의 은둔이 지속될 수 없음을 알고 있습니다. (FO 17/672, No.25, "Memorandum of interviews with Corean Commissioner.", 1874년 3월 6일 북경주재 영국공사관에서의 오경석의 발언)

6) 양요(洋擾) 이후의 국방정책

병인년과 신미년 두 차례에 걸친 양요(洋擾)는 대원군의 권위를 절대적인 것으로 만들었다. 경위야 어쨌든 대원군은 청과 일본도 당해내지 못한 프랑스와 미국의 함대의 침공에 맞서 조정과 백성을 독려하여 이를 격퇴시키는 데 성공하였다. 이후 대원군은 서양 오랑캐의 재침(再侵)을 막기 위해 국방력 강화정책을 추진하였다. 이 과정에서 그는 군사와 재정권을 한손에 장악하였다.

병인양요 이후 국방정책의 초점은 포군(砲軍) 위주의 상비병 증설에 맞춰졌다. 그전까지 조선군대의 기본 전술이 조총을 쓰는 포수(砲手), 활을 쏘는 사수(射手), 그리고 창을 쓰는 살수(殺手)의 삼수병(三手兵) 체제였다면, 서양 함대와의 전투를 계기로 포수 위주의 전술로 변화한 것이다. 이를 위해 각 고을에 포군을 설치했는데, 그 수는 전국적으로 약 3만 명에 달했다.

특히 프랑스 함대와의 전투를 통해 강화도가 수도 방위의 가장 중요한 요충지라는 것이 재차 확인되었으므로, 이를 수비하기 위해 진무영(鎭撫營)을 설치했다. 그리고 강화유수로 하여금 그 대장인 진무사(鎭撫使)를 겸임시키고 외등단(外登壇)으로 대우함으로써 그 지위를 통제사(統制使)와 같게 하였다. 그 결과 진무영은 포군을 중심으로 3,000명 이상의 병력을 갖출 수 있었다. 비록 큰 쓸모는 없었지만, 『해국도지(海國圖志)』를 참조하여 수뢰포(水雷砲)와 갑함(甲艦) 등을 시험 제조하기도 하였다.(『承政院日記』 고종 4년 9월 11일) 신미양요 이후엔 전국에 포군 1만 6,771명, 총수(銃手) 1,225명을 전국 307개 곳에 나누어 배치하고 외적의 침입에 대비했다.

문제는 국방력 강화에 필요한 재원의 마련이었다. 대원군은 그 재원을 기존의 전세(田稅)에 부가하거나 온갖 명목의 잡세를 신실하여 충당했다. 예컨대 한성의 각 군영은 그 운영비를 마련하기 위해 성문에서 통행세를 거두었으며, 경복궁 중건을 위해 거둬들이기 시작한 원납전 또한 각 도의 포군을 증설하는 데 사용되었다. 특히 국방 강화의 핵심인 진무영의 운영비는 의주(義州) 포삼세(包蔘稅)로 충당하다가, 신미양요 이후에는 심도포량미(沁都砲糧米)라는 새로운 명목의 세금을 전세(田稅)에 부가해서 징수하고 송도(松都)의 수삼세(水蔘稅)와 선혜청 재정 일부를 전용해서 썼다. (『高宗實錄』 고종 8년 5월 25일)

하지만 잡세만으로는 늘어난 토목공사와 국방예산을 감당하는 데 한계가 있었다. 이미 대원군은 병인양요 직후인 1866년 12월 6일(음 10월 30일)에 당백전(當百錢)의 주조를 결정한 바 있었다. 당백전은 그 실질 가치는 상평통보의 5~6배에 불과한 반면, 명목가치는 100배에 달하는 전형적인 악화(惡貨)였다. 그것이 시장에 범람하자 당연히 화폐가치는 폭락하고 물가는 급등했다. 당시 관(官)에서 주조한 당백전만 1천 6백만 냥의 거액에 달했다. 정부는 이를 유통시킴으로써 일시적으로 막대한 이익을 거두었지만, 화폐가치가 폭락하고 미가(米價)가 6배 이상 폭등하는 등 물가가 급등하는 부작용이 나타났다. 결국 대원군도 시행 6개월 만에 그 주전(鑄錢)을 중단하고 연말에는 통용마저 금지시킬 수밖에 없었다.

그러자 대원군은 그 손실을 만회하기 위해 이번엔 청전(淸錢)을 밀수입하는 방법을 취했다. 청전은 당백전과 마찬가지로 그 실질가치가 상평통보의 ⅓에 지나지 않는 악화(惡貨)였는데, 이를 청나라에서 들여올 때는 금속으로 간주해서 그 무게에 따라 세금을 거둔 후, 국내에 들여와서는 상평통보와 같은 명목가치로 유통시켰던 것이다. 당연히 물가가 급등하여 자살하는 백성이 속출했다. 대원군 정권이 붕괴된 직후인 1874년 당시 청전의 유통량은 3~4백만 냥에 달했는데, 이는 상평통보 전체 유통량의 30~40%에 달하는 규모였다.

특기할 것은, 이와 같은 국방력 강화와 재원 확보 정책이 대원군의 독단과 운현궁 내의 비공식적 절차를 통해 이뤄졌다는 사실이다. 일례로 고종은 1871년 2월 2일이 돼서야 각 도(道)에 설치되는 포군의 전체 규모를 아뢰라는 전교를 내렸으며,(『承政院日記』 고종 7년 12월 13일) 이에 대해 삼군부는 부정확한 수치를 간략하게 보고했다. 삼군부조차 대원군이 주도하는 포군 양성 규모를 정확히 파악하지 못하고 있었던 것이다. 원납전 또한 1868년에 경복궁 공사가 끝난 뒤에도 여전히 징수되었는데, 공사가 진행될 때는 그나마 영건도감에서 매달 초에 납부액이라도 보고했지만 공사가 끝난 뒤엔 운현궁에서 이를 모두 관장하여 정부는 그 액수조차 파악할 수가 없었다. 대원군은 이 막대한 재원을 직접 관리하면서 '대원군자비전(大院君自備錢)'이나 '격외조획전(格外措劃錢)' 등의 명목으로 각 군영에 임의로 나눠주었다.

대원군은 병인·신미양요가 끝난 뒤에도 전쟁 준비를 명분으로 내세우면서 자신의 권력을 더욱 강화하였다. 이처럼 국방정책이 대원군의 권력 기반이 된 이상, 그 정권이 지속되는 한 배외정책(排外政策)은 결코 중단될 수 없었다. 외부의 위협이 대원군의 권력 강화를 정당화하는 명분이 되고, 대원군에게 권력이 집중될수록 외부세계에 대한 적대정책이 강화되는 일종의 악순환에 빠지게 된 것이다. 그러한 점에서 대원군 체제를 무너뜨리지 않고서는 조선의 문호개방은 기대하기 어려웠다.

제2장

음모

(1873~1893)

1.
대원군의 몰락

1) 명성왕후(明成王后)

고종이 가례(嘉禮)를 올린 것은 1866년, 나이 15세 때의 일이었다. 이해 2월 15일(음 1월 1일) 대왕대비는 철종의 삼년상을 마치자마자 전국에 금혼령을 내리고 왕비의 간택 절차를 시작했다. 가례 기간에 왕비가 머물 별궁은 운현궁으로 정했다. 3차례의 간택을 거쳐 4월 21일(음 3월 7일) 민치록(閔致祿)의 딸이 왕비로 결정되었다. 5월 5일(음 3월 21일) 고종이 직접 별궁에 가서 새 왕비를 창덕궁으로 데려오는 친영례(親迎禮)가 거행됐다. 새 왕비는 국왕보다 한 살 많은 16세였다. 훗날 조선 정계의 막후 실력자로서 근대사에 큰 자취를 남긴 명성왕후 또는 민비(閔妃)가 등장하는 순간이었다.[1]

명성왕후는 1851년 11월 17일(음 9월 25일) 경기도 여주(驪州) 근동면(近東面) 섬락리(蟾樂里)에서 태어났다. 민치록의 첫 번째 부인인 해주 오

---

[1] 오늘날 고종비의 호칭은 흔히 '명성황후' 또는 '민비'가 사용된다. 그런데 '민비'는 아직 조선이 제국이 되기 전이라는 점에서 시기가 맞지 않고, 또 '명성왕후'는 대한제국 성립 후 일본인들에 의해 황후를 격하하는 뜻으로 사용된 호칭이어서 아직 부정적 뉘앙스가 남아 있는 것이 사실이다. 왕비가 시해된 후 1897년 3월 2일(음 1월 29일) 고종의 명에 따라 대행왕후(大行王后)의 시호는 명성(明成)으로 정해졌다.(『승정원일기』고종 33년 12월 4일) 따라서 이대로라면 왕비의 시호는 '명성왕후'가 되었겠지만, 같은 해 10월 12일 대한제국이 선포되면서 11월 6일 그 시호가 '명성황후'로 승격되었다. 즉, '명성황후' 또한 조선 조정에서 정한 시호이고, 또 이 책은 1895년까지의 시기를 주로 다루므로 앞으로 '명성왕후' 또는 왕비라고 부르기로 한다.

씨는 혈육을 남기지 못하고 1832년 36세의 젊은 나이로 죽었다. 해주 오씨의 부친은 노주(老洲) 오희상(吳熙常)으로 19세기 낙론계 학맥을 잇는 정통 유학자였다. 그 제자인 유신환(俞莘煥)의 문하에선 김윤식을 비롯하여 민태호, 민규호(閔奎鎬), 민영목(閔泳穆) 등이 배출되었다. 명성왕후는 민치록의 재취(再娶)인 한산 이씨가 낳은 딸이었다. 한산 이씨는 1남 3녀를 낳았는데, 다른 형제는 모두 일찍 죽고 명성왕후만이 무남독녀로 자랐다. 그래서 아들이 없는 민치록은 민치구의 아들 민승호(閔升鎬)를 양자로 들였다. 민치구는 부대부인 민씨(대원군 부인)의 친정아버지이니, 말하자면 민승호와 대원군은 본래 처남 매부 사이였다.

명성왕후는 어려서부터 총명하고 기억력이 뛰어나서 어떤 글이든지 두세 번만 읽으면 곧 외울 정도였다. 특히 독서를 좋아해서 문학과 역사에 통달하였는데, 고종이 직접 지은 행장(行狀)에 따르면 가례를 위해 운현궁에 머물 때도『소학』,『효경』,『여훈(女訓)』등의 책을 밤늦도록 읽었다고 한다. 왕비가 된 뒤에도 관리들이 올리는 상소문을 언제나 직접 읽었으며, 특히 팔가문초(八家文鈔)를 좋아해서 베이징에서 선본(善本)을 구해왔다.(『梅泉野錄』) 그녀가 서거한 뒤엔『주역』,『자치통감강목』,『춘추좌전』등 생전에 즐겨 있던 책을 함께 홍릉에 매장했다.

명성왕후의 친정 여흥 민씨는 태종비 원경왕후(元敬王后)와 숙종비 인현왕후(仁顯王后)를 배출한 노론 명문가였다. 명성왕후는 인현왕후의 아버지 민유중(閔維重)의 6대손에 해당했다. 민치록은 문음(文蔭)으로 벼슬길에 나섰지만, 과거에 급제하지 못했으므로 높은 관직을 얻지 못하고 지방 외직을 전전했다. 그러다가 명성왕후가 8세 되던 해 영천군수 벼슬을 마지막으로 오늘날 서울시 종로구 안국동에 자리했던 감고당(感古堂)에서 사망했다. 감고당은 본래 인현왕후가 장희빈과의 갈등으로

궁궐에서 물러난 후 5년간 기거한 곳이었다.[2]

세도정치기에는 '국혼물실(國婚勿失)'이라는 말이 나올 정도로 왕비의 친정아버지가 국구(國舅)로서 권력을 장악하는 것이 관례화되어 있었다. 명성왕후는 부대부인 민씨와 12촌 간이었으므로 어렸을 때부터 자주 운현궁에 출입하였고, 나이가 한 살 어린 고종은 가례를 올리기 전부터 그녀를 '안동방 아줌마'로 부르며 잘 따랐다고 한다. 총명하기가 이를 바 없는데다가 아버지도, 친형제도 없는 명성왕후는 대원군에게 완벽한 왕비감으로 보였을 것이다. 게다가 양오라비가 된 민승호도 원래는 자신의 처남이었으므로 쉽게 통제할 수 있을 것으로 여겼다. 대원군은 그녀를 잘 알고 있다고 믿었다. 하지만 명성왕후의 총명함과 담대함은 그의 예상을 뛰어넘는 것이었다.

덧붙여 말하면, 훗날 명성왕후도 여흥 민씨의 세도를 공고히 하고자 민유중의 6대손인 민태호(閔台鎬)의 딸을 순종비로 골랐다.(『韓史綮』5, 「太上皇紀」) 그런데 대원군의 부친인 남연군 또한 민유중의 4대손인 민경혁(閔景爀)의 딸과 혼인했으니, 남연군부터 대원군과 고종, 순종에 이르기까지 4대에 걸쳐 같은 집안[여흥 민씨 삼방파(三房派)]와 혼인관계를 맺었던 것이다.

왕비와 대원군의 관계가 처음 어긋난 것은 왕자의 생산 문제 때문이었다. 가례를 올린 후 명성왕후는 좀처럼 아들을 낳지 못했다. 그러던 중 고종이 궁인 이씨에게서 1868년에 완화군(完和君) 선(墡)을 얻었는

---

2 명성왕후는 인현왕후와의 관계를 강하게 의식하고 있었다. 고종이 쓴 행장에 따르면, 그녀가 왕비로 낙점되기 전인 1865년에 인현왕후가 꿈에 나타나 "너는 마땅히 내 자리에 앉게 될 것이다. 너에게 복을 주어 자손에게 미치게 하니 영원히 우리나라를 편안하게 하라."라는 말을 했다고 한다.(『大行皇后誌文御製行錄』)『梅泉野錄』에도 왕비는 총명한 기억력으로 인현왕후에게 충성한 사람의 자손을 반드시 찾아서 기용했다고 기록돼 있다.

데, 대원군이 완화군을 아끼고 심지어 세자로 책봉하려는 기미를 보이자 명성왕후의 불안감은 극에 달했다. 의지할 만한 친정이 없는 명성왕후로선 오직 세자만이 그 지위를 보장해줄 수 있었다. 명성왕후는 1871년 11월(음)에 드디어 첫 왕자를 낳았지만, 항문이 막힌 쇄항증(鎖肛症)이라는 선천적 기형이 있어 겨우 5일 만에 죽고 말았다. 왕비는 그 원인이 대원군이 보낸 산삼에 있다고 믿어 그를 증오하기 시작했다고 한다.

조선 시대 왕실 족보인 『선원계보기략(璿源系譜記略)』에 따르면, 명성왕후는 4남 1녀를 낳았다. 하지만 1874년 3월 25일(음 2월 8일)에 낳은 순종(純宗)을 제외하곤 모두 1년을 넘기지 못하고 요절했다. 게다가 순종 또한 어려서부터 천연두를 앓는 등 잔병치레가 잦았다. 순종은 태어난 지 불과 1년 만에 세자로 책봉되고 또 9살 때 민태호의 딸과 가례를 올렸는데, 이는 모두 일반적인 일은 아니었다. 그것은 세자의 지위가 흔들리면 중전으로서의 위상도 위태롭다는 명성왕후의 불안 때문이었다. 이후 왕비는 수만 냥의 국고를 탕진하면서 왕자의 건강과 왕실의 안녕을 위해 무당에 의존하고 전국의 명산대천에 기도를 바치는 데 열중하게 된다.[3]

---

3 "원자(元子)가 탄생한 이후 궁중의 기양(祈禳: 제사)은 절도가 없어 그 행사가 팔도의 명산까지 미치고, 고종도 마음대로 연회를 즐겨 상(賞)을 줄 경비가 모자랐다. 양전(兩殿: 왕과 왕비)이 하루에 천금을 소모하여 내수사(內需司)에 있는 물량으로는 지탱할 수 없으므로 호조와 선혜청의 공금을 공공연히 가져다 썼으나 재정을 관장하는 사람이 감히 거절을 할 수 없어, 1년도 안 되어 대원군이 10년 동안 저축해 둔 미곡이 다 동이 났다. 이로부터 매관매직의 폐단이 발생하기 시작했다." (『梅泉野錄』)

2) 고종의 친정(親政) 의지

이미 1866년에 대왕대비가 철렴을 선언하여 공식적으로는 고종의 친정(親政) 체제가 되었지만, 국왕은 허명(虛名)에 불과할 뿐 모든 권력은 아버지인 흥선대원군에게 집중돼 있었다. 고종도 성년이 되면서 이 상황에 불만을 품기 시작했다. 그는 만 20세가 된 1870년부터 자신의 명을 출납하는 승정원에 여흥 민씨를 등용하기 시작했다. 10월 8일, 비서실장 격인 도승지에 민승호를 임명한 것이 그 신호탄이었다. 이어서 1873년 1월에는 민규호가 도승지에 임명되었다.(『承政院日記』고종 9년 12월 7일) 이와 함께 여흥 민씨의 조정 진출이 두드러져서, 민치상(閔致庠)과 민승호가 각조 판서에 임용된 것을 비롯하여 민겸호, 민영위(閔泳緯), 민영목 등이 각조 참판 또는 승정원, 규장각, 홍문관에 등용되었다.

이즈음 친정(親政)에 대한 고종의 의지는 연행사(燕行使)에 대한 하문(下問)을 통해서도 확인된다. 1872년 5월 동지겸사은사 민치상의 복명을 계기로 그 질문의 수가 크게 늘었을 뿐 아니라, 내용에서도 청 황제의 안부 등 의례적인 문답에서 벗어나 중국의 정세, 특히 동치제(同治帝)의 친정(親政)에 관해 적극적으로 묻기 시작한 것이다. 동치제는 6살의 어린 나이로 즉위했는데, 이 때문에 서태후(西太后)라는 이름으로 더 유명한 생모 자희태후(慈禧太后)가 수렴청정을 하고 숙부인 공친왕(恭親王) 혁흔(奕訢)이 내외 정사를 담당하고 있었다. 그러한 점에서 고종과 대왕대비, 대원군의 관계와 유사한 면이 있었다.

- (고종) 공친왕이 서양의 오랑캐를 불러들여 안으로 국가를 좀먹게 하였는데, 신민들 중에 간혹 분하고 원통해 하는 마음을 가진 사람은 없던가?

- (박봉빈) 조야의 모든 사람들이 격분하여 탄식하지 않는 이가 없었습니다.
- 공친왕은 천자의 숙부로서, 국가를 위하지 않고 외적을 불러들여 국가를 어지럽히고 있으니, 그 사람됨이 선하지 못하다는 것을 알 수 있다. (『承政院日記』 고종 9년 4월 30일)

- (고종) 민정(民情)은 어떻던가?
- (박규수) 물가가 폭등하여 비록 고생하고 있었지만 민심은 거의 모두가 안도하고 있었습니다. 내년 정월에 황상(皇上)이 친정(親政)하기를 여론이 매우 희망하고 있는데, 아마도 특별한 정령(政令)이 있을 것입니다. (『承政院日記』 고종 9년 12월 26일)

동치제가 곧 친정(親政)을 시작한다는 소문은 1872년 5월 민치상을 통해 조선 조정에 공식적으로 전해졌다.(『承政院日記』 고종 9년 4월 4일) 같은 해 말에는 박규수의 보고로 그것이 거의 확정되었음이 알려졌다. 실제로 동치제는 1873년 음력 정월에 친정(親政)을 선언했는데, 당시 그의 나이는 18세에 불과했다. 그 뒤에도 고종은 연행사가 복명할 때마다 동치제가 친정을 개시한 이후의 상황을 자세히 하문했다. 앞의 대화에서 고종이 공친왕의 실정(失政)을 비난하거나 동치제의 친정을 바라는 중국 백성의 여론을 강조한 데서도 알 수 있듯이, 이는 중국의 상황에 빗대어 자신의 친정(親政)의 정당성을 내외에 설파하기 위한 고도의 정치적 언설이었다.

1873년 10월 17일(음 8월 26일), 고종은 어전회의에서 유생들에게 성문 통과세를 징수하는 것에 대해 문제를 제기했다. 사실 이것은 그렇게 중대한 문제는 아니었다. 하지만 그 징수와 사용을 모두 운현궁에서 담당했다는 점에서, 법적 근거가 없는 대원군의 통치행위를 비판하고 오직 그 명에만 순종하는 각 군영의 장신(將臣)들에게 경고를 내리기 위한 포석이었다.

> 과거에 응시하는 유생들이 성문을 들어오는데 문세(門稅)를 내게 한다고 들었다. 국가에서 선비를 대우하는 예는 각별해야 하는데, 어찌하여 이렇게까지 침탈을 하게 되었는가? 나는 그것이 올바른 일인지 모르겠다. 이 세금을 거둬들이는 것은 부득이해서 취한 조처인데, 각 군영에서 전혀 단속하거나 신칙하지 않아서 받지 말아야 할 사람에게까지 받고 있으니, 이것이 무슨 사체인가?(『承政院日記』 고종10년 8월 26일)

하지만 대원군의 영향하에 있는 장신들은 쉽게 움직이려고 하지 않았다. 그러자 고종은 약 한 달 뒤인 11월 29일(음 10월 10일)에 다시 엄명을 내려서 왕명에 따르지 않은 네 영(營)의 장신들을 엄중하게 심문하게 하고, 더 나아가 모든 도성의 문세를 철폐한 후 세금을 관리하는 관청에서 각 군영에 그 비용을 대주도록 명했다. 드디어 젊은 국왕이 군부에 대한 직접 통제를 시도한 것이다.

> 갑자년(1864) 이후 여러 곳에서 세금을 만든 것은 군수(軍需)에 쓰기 위해서다. 이는 당연한 일이니 실로 금석(今夕)과 같은 정식(定式)이다. 그리고 각 문세를 각 군영에 보내는 것 또한 군수를 보충하려는 뜻이다. 그런데 최근 각 대문에서 세금을 거둬들일 때 지나치게 징수한 것이 많아서 민폐가 적지 않다고 한다. 지금부터 도성의 문세는 철파하라. 각 군영의 지급하는 방법은, 세금을 관장하는 관청에서 삼영(三營)에는 각각 3,000냥, 총융청에는 1,000냥을 보내주도록 사역원과 각 군영에 분부하라.(『承政院日記』 고종10년 10월 10일)

이는 그간 은인자중하던 고종이 처음으로 대원군의 시정(施政)을 공개적으로 비판한 사건으로서, 스스로 친정(親政)의 의지가 있음을 천명하는 것이었다. 고종의 나이도 어느덧 24살이 되었다. 이미 전년부터 대원군 독주체제가 완성되면서 그에 불만을 품은 인사들이 국왕을 중심으로 암암리에 결집하기 시작했다. 그 중심에는 민승호를 중심으로 하는 왕비의 친정인 여흥 민씨들이 있었다. 여기에 대원군의 친형이지만 성격이 맞지 않아 불화한 흥인군 이최응과 자신을 중용하지 않는 것에 불만을 품은 맏아들 이재면, 그리고 이제는 19살이 된 조성하와 조영하가 가담했다.

> 대원군에게는 3명의 형이 있었는데 두 사람은 이미 죽었다. 한 사람은 흥인군(興寅君) 이최응(李最應)으로 사람됨이 겁이 많고 유약해서 대원군과 의기(意氣)가 맞지 않아 서로 사이가 멀었다. 대원군의 장자 재면은 군주의 형으로서 마땅히 군작(君爵)에 봉해져야 한다고 생각했지만, 대원군은 그를 봉해주지 않았다. 문과에 급제한 후 벼슬이 참판에 올라서 항상 대장을 시켜줄 것을 청했는데, 대원군은 들어주지 않았다. 재면은 항상 그 부친이 자기를 사랑하지 않음을 한스러워했다. 계유년에 이르러, 주상의 나이가 성년이 되었다. 중궁은 궁인 장씨와 조영하, 민승호를 시켜 흥인군 이최응과 이재면을 꼬드겨 매일 군주에게 친정(親政)을 권하게 했다. (『興宣大院君略傳』)

이와 함께 김병학과 김병국 등 대원군 섭정기에 권세를 누린 안동 김씨가 돌아서기 시작했다. 만동묘와 서원 철폐 이후 유생들은 이미 오래전부터 대원군 정권을 원망했다. 백성 또한 대원군 집정기 끊이지 않는 세금 징수와 토목공사, 그리고 서양세력과의 전쟁으로 인해 피폐

와 곤궁을 겪고 있었다. 무소불위의 권력으로 전국을 전율케 하던 대
원군의 10년 통치에도 종말이 다가오고 있었다.

3) 대원군의 하야

(1) 면암 최익현

기염이 하늘을 찌르던 대원군의 권세를 무너뜨린 것은 최익현(崔
益鉉)의 상소문이었다. 최익현의 자는 찬겸(贊謙), 호는 면암(勉菴)으로
1833년 포천현에서 출생했다. 14세 때 당대의 명유(名儒) 화서(華西) 이
항로(李恒老)의 문하에 들어갔으며, 22세에 부모를 봉양하기 위해 처음
벼슬에 뜻을 두고 성균관에 입교했는데 단연 두각을 나타내 1년 만에
춘도기(春到記) 명경과(明經科)에 급제했다.

최익현이라는 이름이 세상에 널리 알려진 것은 1868년, 그의 나이
36세 때였다. 당시 사헌부 장령으로 있던 그는 11월 23일(음 10월 10일)에
상소를 올려 대원군의 시책을 정면으로 비판했다.(『勉菴集』「掌令時言事疏」)
여기서 그는 토목공사의 중지, 원납전(願納錢) 징수 금지, 당백전 혁파,
사대문세(四大門稅)의 폐지를 건의했다. 이보다 앞서, 1866년 병인양요
당시 대원군은 민심을 결집하기 위해 이항로에게 승정원 동부승지직
을 제수했는데, 이항로는 출사하기는커녕 오히려 무익한 토목공사를
중단하고 백성을 착취하는 정치를 버리지 않으면 국가가 망할 것이라
고 단언하는 상소를 올려 대원군을 비판하였다. (『日省錄』 고종 3년 9월 12일)
최익현의 상소는 스승의 뜻과 행동을 계승한 것이었다.

대원군 측에서 가만히 있을 리 없었다. 최익현의 상소가 올라온 지
나흘 뒤에 대원군의 지시를 받은 사간(司諫) 권종록(權鍾祿)은 그에게 유

배형을 내릴 것을 주장하는 상소를 올렸다. 하지만 고종은 유배를 보내는 대신 삭직(削職)이라는 비교적 가벼운 형벌을 내림으로써 사실상 최익현을 보호하였고, 며칠 뒤에는 다시 특지(特旨)를 내려 통정대부(通政大夫, 정3품)에 올리고 돈령부도정(敦寧府都正)에 제수했다. 이를 계기로 최익현은 12월 8일(음 10월 25일)에 다시 상소를 올렸다.(『勉菴集』「辭敦寧府都正疏」) 이에 대해 고종은 "예전부터 네가 한 말은 절실하지만, 다만 말을 사용한 것이 문제가 돼서 간관(諫官)들이 따진 것이다. 이제 어찌 이 때문에 책임을 질 것이 있겠는가? 내수외양(內修外攘)의 방도로 말하자면, 내 뜻에 크게 부합하니 어찌 유념하지 않을 수 있겠는가?"라는 비답(批答)을 내렸다. 비록 최익현은 벼슬을 내놓았지만, 이를 계기로 고종은 그를 눈여겨보게 되었다.

최익현이 다시 중앙정계의 핵으로 등장한 것은 1873년이었다. 앞에서 언급한 것처럼 고종은 11월 29일 사대문의 통행세를 폐지하는 조처를 내렸다. 그리고 이와 함께 신응조(申應朝)와 최익현을 각각 이조판서와 승정원 동부승지에 제수했다. 반(反)대원군 색채가 농후한 인사였다. 특히 최익현의 동부승지 임명은 그에게 시무(時務)를 논하는 상소를 올리라고 장려한 것과 다를 바 없었다. 최익현은 출사(出仕)하는 대신, 포천에서 상소를 올려 대원군의 실정(失政)을 강하게 비판했다.

근년 이래 정치가 옛 법도를 변화시키고 사람이 연숙(軟熟: 주견이 없음)해서, 대신과 육경(六卿)은 건백(建白)의 논의가 없고, 대간(臺諫)과 시종은 일 만들기를 좋아한다는 비방을 피하려고 합니다. 조정에서는 속론(俗論)이 자행돼서 정의(正誼)가 사라지고 아첨하는 무리가 뜻을 펴서 곧은 선비가 숨어버렸습니다. 부렴(賦斂)을 그치지 않아서 생민이 어육(魚肉)이 되고, 인륜[彝倫]이 무너져서 사기(士氣)가 막혀버렸습니다. 일을 공정하게 하는 자를 괴격(乖激)하다고 하고, 일을 사사롭게 하는 자를 득계(得計)했다고 합니다. (『勉菴集』「掌令時言事疏」)

이 상소는 관례에 따라 포천현에서 경기감영으로 올라왔다. 그런데 경기감사 김재현(金在顯)은 이를 상부에 보고하지 않고 몰래 대원군에게 바쳤다. 이를 보고 격분한 대원군이 접수하지 말 것을 명했으므로, 김재현은 겁을 먹고 최익현의 상소를 봉해서 포천현으로 환송했다. 하지만 최익현이 상소했다는 소문은 이미 서울과 지방에 떠들썩하게 퍼졌다.

대원군은 이항로 문하에서 최익현과 동문수학한 금위대장 양헌수를 시켜 지난번 상소는 도저히 원본 그대로 올릴 수 없으니, 부모의 병을 핑계로 관직을 사양하도록 회유했다. 하지만 최익현은 단호히 거절했다. 한편, 고종의 지시로 승정원의 하례(下隸)가 최익현이 출사하지 않는 이유를 알아보기 위해 하루에 세 번씩 찾아오는 지경에 이르자, 최익현은 양주로 나가 원래 상소에서 한 글자도 고치지 않고 제출했다. 이를 받아본 고종의 비답은 다음과 같았다.

너의 이 상소는 실로 충성스러운 마음에서 나온 것이다. 또 나를 경계시키는 말이 극히 가상하니, 감히 열성조(列聖朝)의 성사(盛事)에 따라 호조참판에 제수하노라. 이처럼 정직한 말에 만약 다른 논의를 하는 자가 있다면 소인(小人)임을 면치 못할 것이다.(『承政院日記』 고종 10년 10월 25일)

이와 함께 고종은 최익현을 호조참판(戶曹參判)에 임명했다. 이 처분은 대원군에 대한 명백한 항거였다. 조정을 장악한 대원군 파의 신하들도 가만히 있을 수 없었다. 좌의정 강로와 우의정 한계원, 영돈녕부사 홍순목, 호조판서 김세균, 예조판서 조성교(趙性敎), 공조판서 이인응(李寅應), 병조판서 서상정(徐相鼎), 전 형조판서 서당보(徐堂輔), 대사헌 홍종운(洪鍾雲), 대사간 박홍수(朴弘壽), 사간 오경리(吳慶履), 정언 심동헌(沈東獻), 장령 김동식(金東軾)과 김복성(金復性), 지평 이인규(李麟奎), 집의 이재순(李在淳) 등이 자핵(自劾)하고 사직을 청했다. 이와 함께 최익현을 비난하고 대원군의 시정(施政)을 옹호하는 상소가 봇물처럼 쏟아졌다. 그중에서도 가장 격렬한 것은 형조참의 안기영(安驥泳)과 전 정언 허원식(許元軾)의 상소였다. 다음은 허원식의 상소 일부이다.

그의 상소에서 "인륜이 없어졌다."라는 것은 무슨 말입니까? 인륜은 군신 부자보다 더 중한 것이 없는데, 군신 부자 사이에 무슨 변이 있습니까? 종족을 친목하게 하는 교화가 성대하니, 사람들이 효제충신(孝悌忠信)의 도리를 닦고, 사도(邪道)와 이단(異端)을 배척하는 공이 크니, 백성들이 오랑캐가 되거나 짐승이 되는 처지를 면하게 되었는데, "인륜이 없어졌다."라는 것은 잘못입니다.

그의 상소에서 "정사가 옛 법을 변경하였다."라는 것은 무슨 말입니까? 정사는 예악의 교화보다 더 큰 것이 없는데, 예악의 교화에 무슨 변고가 있습니까? 『대전회통(大典會通)』을 편수하여 선왕께서 만든 법에 어김이 없고, 『오례신편(五禮新編)』이 이루어져서 열성조의 의문(儀文)이 더욱 드러났으니, "옛 법을 변경했다."라는 것은 잘못입니다.

그의 상소에 또 "생민이 어육이 되었다."라는 것도 잘못입니다. 갑자년(1864) 이후 향리에는 무단(武斷)하는 풍습이 없어지고 길에는 굶어 죽는 걱정이 없어서, 백성은 그 생업을 편안하게 여기고 의식과 사람이 풍족한데, 어찌 "어육이 되었다."라고 하겠습니까?

그의 상소에 또 "속론(俗論)이 자행하고 아첨하는 사람이 뜻을 얻었다."라고 했는데, 속론이란 무슨 논의길래 그가 그것을 안다면 어째서 분명히 밝히지 않고, 아첨하는 사람은 누구이길래 그가 그를 안다면 어째서 정확하게 지적하지 않는 것입니까?

그의 상소에 또 "사(私)를 일삼는 자는 잘하는 일이라 한다."라고 했는데, 사(私)를 하는 자는 누구이며, 사를 일삼는 자는 누구입니까? 지금 밝은 조정에 권귀(權貴)의 신하가 하나도 없는데, 그가 반드시 미워하는 사(私)가 있고 또 반드시 사를 일삼는 자가 있을 것입니다. 이는 전체 상소 가운데 가장 애매한 말입니다.

정의(正誼)니 직사(直士)니 한 것도 자기 홀로 은연중 자처하여 대신 이하 만조백관을 일체 주견 없이 비방을 피하는 무리로 몰아넣으니, 결코 좋은 사람의 마음이 아닙니다. 속히 먼 지방으로 귀양 보내는 벌을 내려 패란(悖亂)하는 자의 경계로 삼게 하소서. (『勉菴集』「年譜』)

이 상소문에서 알 수 있듯이 최익현의 상소에서 가장 문제가 된 것은 '이륜두상(彝倫斁喪)'과 '정변구장(政變舊章)', 즉 '인륜이 무너져 사라졌다.'와 '정치가 옛 법도를 변화시켰다.'라는 구절이었다. 효(孝)는 성리학 국가 조선의 절대적인 규범이자 인륜이었으며, 또 대원군 집정의 정당성의 근간이었다. 이 때문에 사대부들도 "국왕과 대원군은 부자지간이므로 다른 사람이 함부로 말하기 어렵다. 만일 이를 말한다면 인륜을 어지럽히는 것이다."라고 여겨 대원군의 집정에 대해 가타부타 논하기를 꺼린 것이다. 이처럼 10년간 지속된 불문율이 이제 최익현에 의해 처음으로, 그것도 가장 격렬한 방식으로 깨어지고 있었다.

고종은 단호했다. 스스로 탄핵한 육조 대신들에게는 감봉 3등의 처분을, 그리고 승지·옥당·양사는 모두 파면했다. 또 최익현의 상소를 강력하게 비난한 안기영과 허원식은 모두 유배를 보냈으며, 성균관에서 집단휴학[捲堂]을 주도한 유생들도 멀리 귀양을 보냈다.

12월 17일(음 10월 28일), 강연 자리에서 최익현의 상소와 안기영·허원식의 반박 상소를 놓고 국왕과 강관 이승보(李承輔), 검교전한(檢校典翰) 권정호(權鼎鎬) 간에 격론이 벌어졌다. 최익현의『연보』에 따르면, 이 자리에서 권정호는 "사나운 낯빛과 목소리로 입을 함부로 놀려 도리에 어긋난 말을 떠들면서, 간간이 시정의 잡설을 갖고 외치고 위협해서 다시 신하의 예의가 없었다. 사관이 당시 연설(筵說)을 기록하다가 그 흉언(凶言)을 뺄"(暴色厲聲 肆口悖言 間以里巷雜說 咆哮威脅 無復人臣禮 史官白圭 雙 記筵說 刪其凶言) 정도였다고 한다. 하지만 고종은 조금도 물러서지 않았다.

- (권정호) 일전에 최익현의 상소에 대해 성상께서 정직하다고 분부하시고 좋은 관직을 제수하셨으니, 남의 말을 받아들이고 간쟁의 길을 열어놓으신 성스러운 덕과 지극한 뜻을 따라서 알 수 있습니다. 억만년이 지나도록 무궁할 아름다움이 실로 오늘날에 기반할 것이니 신은 흠앙해 마지않습니다. 다만 저 최익현이 말을 두리뭉실하게 해서 의도를 추측할 수 없게 한 것은 실로 정직한 말이 아닙니다.

- (고종) 무슨 말인가?

- 삼공과 육경이 건의한 바가 없다고 했는데, 건의라는 것이 언제 무슨 일을 건의할 만했는데 건의하지 않았다는 것입니까. 또 대간과 시종 신들이 일 만들기 좋아한다는 비방을 피하려 한다고 했는데, 비방을 피하려 한다는 것이 언제 무슨 일을 두려워하며 피하려 했다는 것입니까. 또한 '이륜두상' 네 글자는 결코 신하된 자가 고할 수 있는 말이 아닙니다. 한 시대의 사람을 몰아 모두 윤리를 썩게 한 죄과로 귀결시켰는데 신은 어떤 사람을 두고 썩었다고 하고 어떤 일을 보고 없어졌다고 하는지 모르겠습니다. 구구절절이 이미 지적한 바가 없이 뜻을 은연중에 드러내었으니 황당함을 가리기 어렵습니다. 임금께 아뢰는

문자는 마땅히 신중해야 하는 법인데 이처럼 꺼리는 바가 없었으니 이것을 어찌 정직하다고 하겠습니까. 그가 시골의 소원한 사람으로서 당돌함을 피하지 않고 이렇게 언사소(言事疏)를 올렸으니 가상하다면 가상하지만, 어찌 정직하다고 말할 수 있겠습니까?

- 최익현의 상소는 남을 논박한 것이 아니다. 대개 시사(時事)를 말한 상소다. …

- (이승보) '이륜두상' 네 글자는 쉽게 입에서 낼 수 있는 말이 아닙니다. 이 상소에서 말한 뒤에 만약 한마디 말도 하지 않는다면 온 세상의 윤리가 썩을 것이니 후세 사람들이 어찌 감히 오늘날에 대해 의심을 갖지 않겠습니까? 두 신하의 상소를 아직 보지는 못했습니다만, 모두가 지닌 양심에서 벗어나지 않을 것이옵니다.

- 내가 정직한 사람을 칭찬하여 드러낸 것이 잘못됐다는 말이냐! (『承政院日記』 고종 10년 10월 28일)

이승보와 권정호는 최익현이 말한 '이륜두상'이 구체적으로 지칭하는 대상이 모호하다며 계속해서 항의했다. 다시 말해서 '인륜이 무너져 사라졌다.'와 같은 중대한 말을 꺼내놓고도 그 대상을 분명히 제시하지 않아서 온 조정의 신하들을 죄인 취급하였으므로, 마땅히 국청(鞫廳)을 설치해서 진의를 실토하게 해야 한다는 것이었다. 이들도 최익현의 필봉이 겨누는 대상이 대원군이라는 것은 잘 알고 있었다. 다만 최익현이 국청에서 대원군을 지목해서 발설하는 순간, 고종은 자식된 도리로 그에게 극형을 내려야 했다. 이 때문에 고종도 끝까지 최익현을 충성스럽고 정직한 사람이라고 비호하면서 국청의 설치를 끝까지 윤허하지 않은 것이다.

(2) 친정(親政) 선언

12월 22일(음 11월 3일), 최익현은 마침내 최후의 일격을 가했다. 이날 최익현은 「호조참판을 사직하며 아울러 소회를 아뢰는 상소(辭戶曹參判 兼陳所懷疏)」를 올렸다. 최익현의 10월 상소에 관한 비난이 '정변구장'과 '이륜두상'이라는 두 구절에 집중되었으므로, 이 상소는 자신이 의미하는 바가 무엇이었는지를 부연하는 형식을 취했다.

> 신이 전의 상소에서 말을 꺼냈으나 그 의미를 다 드러내지 못한 것이 있습니다. 또 오늘날 비평하는 자들을 보건대 '정치가 옛 법도를 변화시키고 윤리가 무너져서 사라졌다[政變舊章 彝倫斁喪]'는 여덟 자를 갖고 신을 논하는 칼자루로 삼고 있으니, 신은 다시 그 뜻을 아뢰고자 합니다. …
>
> 지금 국사가 폐단이 없는 곳이 없습니다. 명(名)의 부정함과 언(言)의 불순함을 신이 다 기록할 수는 없으나, 다만 그 더욱 두드러지고 큰 것만을 거론한다면, 황묘(皇廟)를 철폐해서 군신(君臣)의 윤리가 무너지고, 서원을 혁파해서 사생(師生)의 의리가 끊어지고, 귀신으로서 양자로 들어가 부자의 친함이 문란해지고, 국적(國賊)을 신설(伸雪)해서 충역(忠逆)의 구분이 혼란해지고, 호전(胡錢)을 사용해서 화이(華夷)의 구별이 어지러워진 것입니다. 이 두세 조건이 한 덩어리가 되어 천리와 민이(民彝)가 이미 씻은 듯 사라져서 다시 남은 것이 없습니다. …
>
> 도(道)를 세워서 의혹이 없게 하고 덕성을 훈도(薰陶)하는 일은 어진 스승에게 맡기시고, 백관을 진퇴시키고 음양을 섭리(攝理)하는 일은 대신에게 맡기시고, 타인의 과실을 바로잡고 착오를 교정하는 일은 양사(兩司)에 맡기시고, 보양(輔養: 가르치고 인도하는 일을 보좌함)을 논사(論思)하고 성심(聖心)을 계옥(啓沃: 신하가 성심을 다해 군주를 보좌함)하는 일은 유신(儒臣)에게 맡기시고, 군대를 조련하고 무예를 닦으며 절충어모

(折衝禦侮: 적을 막아냄)하는 일은 수신(帥臣)에게 맡기시고, 전곡(錢穀)을 출납하고 군국(軍國)에 수용(需用)하는 일은 유사(有司)에게 맡기시고, 효자와 청렴한 자를 골라 천거해서 사류(士流)를 수습하는 일은 도신(道臣: 관찰사)에게 맡기십시오. **만약 이러한 위치에 있지 않고 오직 친친(親親)의 반열에 있는 자는 단지 그 지위를 높이고 그 녹을 중하게 해서 그 호오(好惡)만을 함께 할 뿐, 국정에 간여치 못하게 하십시오.**(『勉菴集』「辭戶曹參判 兼陳所懷疏」, 강조─인용자)

　여기서 최익현은 '정변구장'과 '이륜두상'의 사례로 ① 만동묘를 철폐해서 군신의 윤리가 무너진 것, ② 서원을 철폐해서 스승과 제자의 의리가 끊어진 것, ③ 귀신으로서 양자로 들어가 부자의 친함이 문란해진 것, ④ 국적(國賊)을 신설(伸雪)해서 충신과 역적의 구분이 혼란해진 것, ⑤ 호전(胡錢)을 사용해서 화이(華夷)의 구별이 어려워진 것 등 5가지를 들었다. 이 가운데 ①과 ②에 관해선 이미 앞에서 설명했다. ③은 대원군 집권기에 요절한 대군(大君)이나 왕자, 각파에서 후사가 끊어진 사람들의 경우 이미 수백 년 전에 죽은 사람을 갖고 그 대수(代數)를 채우고, 심지어 부조(父祖) 이상 9대, 10대나 되는 옛 조상들과 함께 다른 집에 양자로 들어가는 사례가 종종 있었으므로 이를 비판한 것이다.

　④에서 말한 '국적'이란 광해군대의 좌의정 한효순(韓孝純)과 인조대 이조판서 이현일(李玄逸), 효종대 좌의정 목내선(睦來善) 등을 가리킨다. 한효순은 인목대비(仁穆大妃)를 폐출할 때 주동자였는데, 인조반정(仁祖反正) 이후 관직이 추탈되었다가 고종 원년에 신원되었다. 이현일과 목내선은 숙종 때의 갑술옥사(甲戌獄事)로 삭탈관직되었는데, 이현일은 철종 4년, 목내선은 고종 원년에 탕척 처분을 받았다. 이 가운데 한효순은 북인(北人), 이현일과 목내선은 남인(南人)계로서 노론과는 정치적으

로 대척관계에 있었다. 결국 이는 남인과 북인의 의리론(義理論)에 관련된 문제로, 대원군의 위세가 등등했을 때는 누구도 감히 발설하지 못한 것이었다. ⑤는 청전(淸錢)의 유통을 비판한 것이다.

이 다섯 가지는 각각 군신의 윤리(君臣之倫), 스승과 제자의 의리(師生之義), 어버이와 자식 간의 친함(父子之親), 충성과 반역의 구분(忠逆之分), 중화와 오랑캐의 분별(華夷之別)과 같이 유교적 '명분'과 관계된 것들이었다. 그러고 나서 최익현은 대원군의 10년 세도에 종지부를 찍은 결정적인 한 문장을 덧붙였다. "만약 이러한 위치에 있지 않고 오직 친친(親親)의 반열에 있는 자는 단지 그 지위를 높이고 그 녹을 중하게 해서 그 호오(好惡)만을 함께 할 뿐, 국정에 간여치 못하게 하십시오." 국법에 정해진 공식적 자격이 없이 오직 국왕의 생부에 불과한 대원군은 단지 예우할 뿐, 국정에 참여치 못하게 하라는 극언(極言)이었다.

이는 대원군 정권의 통치 정당성을 부정하는 폭탄 발언이었다. 이 상소가 승정원에 들어가자 제일 먼저 난처해진 것은 도승지 김보현(金輔鉉)이었다. 그는 이처럼 패악스런 상소[悖疏]는 받아서 올릴 수도, 물리칠 수도 없다고 아뢰었지만, 고종은 그대로 올릴 것을 지시했다. 그러자 삼사(三司)에서는 번갈아 탄핵 상소를 올리고, 영돈녕부사 홍순목, 좌의정 강로, 우의정 한계원을 비롯한 시원임대신들은 밤새워 청대(請對: 급한 일로 국왕의 알현을 청하는 일)하면서 국청(鞫廳)을 설치해서 최익현의 죄상을 밝히고 엄한 형벌을 내릴 것을 호소했다.

고종과 민씨 척족도 이처럼 과격한 상소가 올라오리라고는 미처 생각지 못했을 것이다. 하지만 이들은 이를 계기로 정권 접수에 착수했다. 다음날인 12월 23일, 고종은 시원임대신을 소견하여 전적직으로 서무친재(庶務親裁)를 선언하고 이를 조보(朝報)로 반포할 것을 명했다. 그런데 이미 1866년에 대왕대비가 철렴하면서 형식적으로는 고종이 기무(機務)를 직접 총괄하는 상황이었다. 따라서 이 전교는 다음날 철회되었지만, 실질적으로는 이날부터 대원군의 섭정이 중단되고 고종의 친정(親政)이 시작되었다.(『承政院日記』 고종 10년 11월 5일) 고종은 친정을 시작하자마자 대원군이 중용한 좌의정 강로와 우의정 한계원을 사직시키고, 영의정에 이유원, 우의정에 박규수를 임명하여 친정체제를 정비했다. (『承政院日記』 고종 10년 11월 13일, 12월 2일)

최익현의 상소가 국왕의 생부를 언급하는 등 지나친 것은 사실이었으므로, 고종은 12월 25일에 체포령을 내렸다. 그러면서도 대원군의 보복을 우려해서 특별히 양헌수를 좌포도대장, 백낙정(白樂貞)을 우포도대장에 임명해서 그를 보호하게 했다.

27일, 최익현은 중죄인을 가두는 의금부 남간(南間)에 수감되었다. 이날 자정에 최익현의 국청이 열렸다.[4] 재판장격인 위관(委官)은 홍순목

---

4 최익현이 남긴 『耽謫顚末』이라는 글에 그의 국청과 관련된 흥미로운 일화가 기록되어 있다. 국청을 앞둔 저녁 8시 즈음 서리(胥吏)로 보이는 남자 하나가 몰래 창문 틈으로 밀봉한 편지 한 통을 밀어 넣으면서 "이 편지는 바로 중궁전(中宮殿)에서 사무를 맡은 윤 아무개의 편지요. 꼭 그대의 답장을 받아야 하오. 그래야 궁중에 들어가서 당신을 위해 주선할 방도가 생길 것이요."라고 했다. 최익현은 처음 보는 사내였으므로 "나는 그 사람과 본래 안면이 없소. 또 여기가 얼마나 위험한 곳인데 감히 바깥사람과 문답을 통하겠소?"라고 거절했다. 하지만 그 남자가 거듭 권하였으므로 뜯어서 읽어보니, '국문할 때 만동묘에 관한 처분은 대왕대비께서 내린 것이니 놓아두고 거론하지 말라. 그 대신 한효순·목내선·이현일 등 세 죄인에 관한 일은 상세히 진술하고, 또 백성과 국가를 병들게 한 시정의 잘잘못을 강력히 논하라.'는 내용이 적혀 있었다. 그 내용이 매우 황당했으므로, 최익현은 편지를 돌려주면서 "달리 할 말이 없소. 다만 알았다고만 전해 주시오."라고 했다고 한다.
　이 편지는 중궁전(中宮殿)에서 나온 것이라고 했으므로, 왕비가 직접 쓴 것이거나 또는 그 명을 받아 윤 아무개라는 궁녀가 쓴 것이 분명하다. 특히 양반 남자끼리 보내는 서한에 한글로 쓰는 경우는 거의 없었다. 대원군을 권좌에서 몰아내고 대신 친정(親政)을 개시하려는 고종과 민씨 척족에게 가장 큰 부담은 '불효'를 저질렀다는 비난이었다. 이 때문에 만동묘의 처분과 관련하여 사통에 의한 부친인 흥선대원군이 아니라 왕통에 따른 '모친'인 대왕대비의 뜻을

이 맡았고, 그 밖에 판의금부사 김세균, 지의금부사 박규수, 동의금부사 황종현(黃鍾顯)·심승택(沈承澤) 등이 배석했다. 최익현은 자신이 상소를 올린 것은 나랏일과 민생을 걱정한 결과이며, 일부 과격한 언사는 '시골에서 보고들은 것이 상소의 격식에 익숙하지 못한 소치'에 불과할 뿐이라며 스스로 변호했다. 최익현의 기록에 따르면, 이날 국청에서는 평범한 질문을 한 차례 했을 뿐이며 다음 날로 예정된 심문은 아예 취소되었다고 한다.

다음 날 고종은 최익현의 자술서를 보니 다시 캐물을 만한 단서가 없고, 또 자전(慈殿: 대왕대비 조씨)의 분부가 있었다는 이유로 특별히 가벼운 형을 내리게 했다.

> 방금 최익현의 공초를 보았는데 시골 사람으로서 지각이 없어 그렇게 하였던 것이니, 다시 캐물을 만한 단서가 없다. 게다가 삼가 자교(慈敎)를 받았는데 "지금은 다른 때와 다르니 특별히 가벼이 처벌하는 법을 시행하라."라고 하시며 누누이 말씀하셨으니, 어찌 감히 따르지 않을 수 있겠는가? 경들도 이해할 수 있을 것이다. (『承政院日記』 고종 10년 11월 9일)

이와 함께 최익현의 추국(推鞫)을 중단하고 제주목(濟州牧)에 위리안치(圍籬安置)하라는 명을 내렸다. 승정원에서는 세 차례나 장계를 올려 항의하고, 시원임대신과 의금부 당상은 왕비의 출산이 임박했다는 이유로 지금 형벌을 쓸 수 없다면 내년 봄까지 기다렸다가 심문할 것을 주장했지만, 고종은 요지부동이었다. 오히려 고종은 항의하는 신하들을 모두 파직시키는 한편, 그 의견을 공식적으로 수렴하는 자리인 진

받았음을 강조하여 불효라는 허물을 피하고, 아울러 노론의 지지를 얻기 위해 한효순 등 남인의 신원이 불가함을 주장하도록 사주한 것으로 보인다.

강(進講)·상참(常參)·경연(經筵)을 중단하는 것으로 대응했다.

지금까지 고종이 친정을 시작하기까지의 과정을 박은식은 『한국통사(韓國痛史)』에서 다음과 같이 요령 있게 서술했다.

> 이에 민규호, 조영하 등이 대원군의 장자 이재면과 공모하여 임금께 친정(親政)을 권유했다. 간관(諫官) 최익현은 강직한 선비인데, 상소를 올려 대원군을 탄핵하자 그 위성(威聲)이 조야를 진동했다. 대원군이 분노하여 그를 죽이려고 했지만, 민규호, 조영하 등 여러 사람이 온 힘을 다해 그를 보호하고 임금께서 특별히 그를 호조참판에 임명해서 총애하자, 대원군이 마침내 양주의 곧은골[直谷]로 퇴거하여 대권(大權)이 이동하였다.

3) 대원군 봉환 상소운동

고종이 친정을 시작하고 얼마 되지 않은 1874년 1월 27일(음력 12월 10일) 경복궁에 큰 불이 나서 자경전(慈慶殿)이 전소되는 사건이 발생했다. 이 방화의 배후로 대원군이 의심되었지만, 국왕의 생부에게 혐의를 둘 수는 없었다.

그로부터 이틀 뒤인 29일, 부사과 박우현(朴遇賢)은 이 화재가 대원군에 대한 국왕의 불효에서 비롯된 것임을 암시하는 내용의 상소를 올렸다.

> 효란 모든 행실의 근원이며, 만물 교화의 근본입니다. 맹자가 이르길, "오직 부모에게 순종해야 근심을 풀 수 있다."라고 하셨으니 예로부터 수신제가치국평천하의 도는 효제(孝悌)로부터 확장해가는 것입니다. 그리고 효의 도리란 또한 부모의 뜻을 잘 받드는 것이 최고입니다. … 그

제 회록(回祿: 화재)의 경보는 참으로 작은 일이 아닙니다. 재앙은 이유 없이 생겨나지 않으니, 어찌 재앙을 그칠 방도를 생각하지 않겠습니까?

(『承政院日記』 고종 10년 12월 12일)

박우현의 상소는 고종이 생부인 대원군에게 효를 다하지 않은 점을 비판하고 있었다. 이미 조선왕조에는 '불효'를 이유로 폐위된 연산군과 광해군의 선례도 있었으므로, 이는 고종의 임금으로서의 자질을 문제시하는 것과 다를 바 없었다. 고종은 당일로 "허다한 어구가 신자(臣子)가 감히 입에 담을 수 없는 것이다. 그 마음먹은 것이 하나하나 흉패하니, 즉시 국청을 설치해서 진상을 밝히고 나라의 형법을 밝혀야 할 것이로되, 이런 벌레 같은 무리는 사람으로 보고 책망할 수도 없다. 또 자교(慈敎: 대왕대비의 전교)를 받았다."라는 전교를 내리고 그를 원악도(遠惡島)에 유배 보낼 것을 명했다. 국청을 설치하지 않은 것은 불효의 문제가 공론화되는 것을 꺼렸기 때문이었을 것이다.

결국 박우현은 '흉악한 음모와 반역의 정황'이 있다는 죄명으로 전라도 나주 흑산도(黑山島)에 위리안치(圍籬安置)되었다. 이 사건을 계기로 정국도 차츰 안정되었다.

본격적으로 친정을 시작한 고종은 대원군 통치 시기의 정책을 개혁하는 데 힘을 쏟았다. 그 대표적인 것으로는 청전(淸錢)의 폐지, 국왕 친위부대인 무위소(武衛所)의 신설, 만동묘의 복설, 강화 진무영의 폐지 등이 있었다.

대원군 정책의 부정은 대원군 황현이 "좋고 좋지 않은 것을 막론하고 모두 뜯어고쳤다(毋論善否 一倂矯革)."라고 평할 정도로 철저하게 이뤄졌는데, 사실 그 일자적 목표는 대원군의 세력기반을 무너뜨리는 데 있었다. 예컨대 청전 폐지의 경우, 군문(軍門)을 통해 대원군에게 흘러들어가던 정치자금을 차단하는 의미가 있었다.[5] 또 강화 진무영의 폐지와 무위소의 신설 등은 대원군의 지지세력을 와해시키고 왕권을 강화하기 위한 조처였다. 단, 지방 유생들의 강력한 요청에도 불구하고 고종은 상징적 의미를 갖는 만동묘만 복설했을 뿐, 철폐된 서원들을 복구하지는 않았다. 호포법이나 사창제 또한 대원군의 정책을 계승하였다. 이는 대원군의 집권이 끝나고 고종의 친정이 시작되었지만, 그 본질은 지방과 분리된 한성 내부 정치세력의 교체, 즉 민씨 척족을 중심으로 한 노론의 정권 탈환에 불과했음을 의미한다.[6]

그 사이 대원군은 가능한 수단을 모두 동원해서 고종의 친정을 되돌리려고 했다. 하지만 이는 무위에 그쳤다. 10년 동안의 폭정으로 인해 모두가 대원군을 원망하고 있었다. 대원군은 가슴 깊이 울분을 억누른 채 물러날 수밖에 없었다. 그는 고종이 최익현의 상소를 가납하자 운현궁으로 떠났다가 다시 경성 북문 밖의 삼계동(三溪洞) 별장으로 퇴거했다. 바로 서울 부암동에 있는 석파정(石坡亭)이다. 그리고는 나랏일에 관해선 언급하지 않고 찾아온 손님들과 시와 술로 시름을 달래거

---

5 하지만 갑작스러운 청전 폐지 조치는 오히려 시장의 혼란을 가중시켰다. 왜냐면 이미 상평통보는 자취를 감추고 오직 청전만 유통되는 상황에서 하루아침에 이를 폐지하자 통화량이 격감해서 상거래가 마비되고 실직자가 폭증하였으며, 오직 상평통보를 비축해둔 사람들만 몇 배의 이익을 얻었기 때문이다. 게다가 국고에도 이미 청전이 많이 비축되어 있었으므로, 청전 폐지는 국고의 대량 손실을 가져왔다. 이에 대해선 박규수도 "내탕고에 든 돈이 얼마나 되는지 따지지 않고 하루아침에 혁파했으니 … 공화(公貨)는 마침내 쓸 수 없는 재물이 되었고, 백성의 재물은 유통의 이로움을 볼 수 없다. 이것이 지금 가장 절박한 근심거리이다."라고 우려하였다.(『瓛齋集』 「淸錢革罷後 措劃救弊議」) 불과 몇 개월 만에 정부는 청전의 유통을 다시 허용할 수밖에 없었다.

6 『梅泉野錄』에 따르면, 고종은 노론을 자처하면서 어떤 사람이 노론이면 '친구', 소론이면 '저쪽', 남·북인이면 '그놈'이라고 불렀고, 또 총명한 왕비는 인물과 가문의 당색(黨色)을 암기해서 소론과 남인을 모두 배척하였다고 한다.

나, 학창의(鶴氅衣)를 입고 정자관(程子冠)을 쓴 채 은사(隱士)로 자처했다. 그러던 중 강화진무영을 폐지한다는 소식이 들리자(『承政院日記』고종 11년 8월 20일), 궁궐에 들어가 그 불가함을 극언했다. 하지만 끝내 받아들여지지 않자 서울을 떠났다. 이때 그는 가슴을 치면서 "이 군영이 도대체 나라에 무슨 해를 끼쳤다고 스스로 장성(長城)을 허무는가?"라며 탄식했다고 한다.(『梅泉野錄』)

도성을 나온 대원군은 덕산(德山)의 남연군묘를 참배한 후, 가평(加平)을 거쳐 양주 곧은골[直谷]로 들어갔다. 이를 계기로 대원군을 서울로 모시고 오라는 봉환상소가 빗발쳤다. 11월 28일(음 10월 20일) 부사과 이휘림(李彙林)의 상소를 시작으로 이듬에 1월 6일(음력 11월 29일)엔 전 장령 손영로(孫永老)가 상소를 올렸다. 그 와중에 왕비의 양오라비이자 고종 친정체제의 중심인물인 민승호가 신원미상의 인물이 두고 간 물건을 열다가 그 내부에 장치된 폭약이 터져 그의 어린 아들 및 명성왕후의 생모 한창부부인(韓昌府夫人) 이씨와 폭사하는 참극이 발생했다(1875년 1월 5일). 그 범인으로 전 병사(兵使) 신철균(申哲均)이 체포되어 참형을 당했지만, 그 배후가 대원군이라는 것을 모르는 사람은 없었다.

고종은 이휘림과 손영로를 각각 고금도와 금갑도에 유배 보냈다. 하지만 대원군의 봉환을 요구하는 상소는 수그러들지 않았다. 1875년 음력 2월부터 6월 사이 영남지방의 남인 유생들이 상경하여 3차례나 복합상소(伏閤上疏)를 했다. 나중에는 영남 유생뿐 아니라 호유(湖儒), 관유(關儒), 해유(海儒)가 가담하고, 또 소북인(少北人) 150여 명이 참여함으로써 유생 1,000여 명의 거국적인 복합 운동이 전개되었다. 뒤늦게 전라도와 함경도의 유생들도 가담했다. 이처럼 유생들의 상소로 전국이 시끄러워지자, 고종은 "이는 남의 골육지간을 이간질하려는 것으로, 안팎을 선동하고 인심을 현혹시키는 자다. 지금부터 만약 다시 복합(伏閤)하는 자가 있으면 극률(極律)로 다스릴 것이다."라고 경고하였다.(『羅巖隨錄』)

하지만 상소운동은 쉽게 수그러들지 않았다. 1875년 7월 20일 4도의 유생들이 광화문 밖에서 복합 상소를 계속하자 고종은 그 소수(疏首)를 하옥하고 참형에 처하라는 전교를 내렸다. 이처럼 지방의 유생들, 특히 영남 유생들이 자신 때문에 대거 처형당할 위기에 처하자, 대원군은 어쩔 수 없이 대왕대비의 교지에 따라 24일 스스로 양주에서 다시 상경해서 운현궁으로 귀환했다.

4) 대원군과 영남 남인

대원군의 복합상소 운동을 주도한 것은 영남지방의 남인 유생들이었다.

이들은 인조반정(1623)으로 경상우도의 남명학파가 쇠퇴하고, 갑술환국(1694)으로 인해 좌도의 퇴계학파마저 정계 진출이 거의 차단된 뒤로는 사실상 중앙 권력에서 소외되어 왔다. 게다가 이인좌의 반란(1728) 이후 영남은 반역향(反逆鄕)으로 인식되었다. 또 이들은 이른바 우율(牛栗), 즉 우계 성혼과 율곡 이이의 문묘 합사 문제를 두고 서인과 심각하게 대립하고 있었다.

대원군은 야인 시절부터 영남을 두루 다니면서 상주의 유후조, 의성의 신석호(申奭祜) 등과 가까이 지내면서 지역 인사들과 교유하였다. 이들은 대원군이 집정한 후 누구보다 충실한 추종세력이 되었다. 안동김씨, 더 나아가 노론 전제 정권을 견제하려는 대원군의 의도와 대원군의 후광을 얻어 중앙정계로 진출하려는 영남 유생들의 의지가 결합하여 정치적 제휴관계가 성립되었던 것이다. 이를 두고 『매천야록』에서는 "운현은 처음에 인평대군의 후예였다가 세 왕손(王孫)의 양자로 입적했으니, 그 근원과 속마음은 본디 남인이었다."라고 평할 정도였다.

대원군은 남인의 대표격으로 서애 유성룡의 후손인 유후조를 우의정에 임명하고 집권 기간 내내 중용하였다. 당시 영남 남인은 이른바 병호시비(屛虎是非)로 심각하게 분열돼 있었다. 병호시비란 서애 유성룡과 학봉 김성일의 문묘종사와 관련하여 두 사람 간의 서열을 둘러싼 논란으로, 서애 파의 병산서원(屛山書院)과 학봉 파의 호계서원(虎溪書院) 간의 대립이라는 의미에서 이와 같이 불렸다. 대원군은 1866년에 유후조를 통해 이 문제에 직접 간여한 일도 있었다.

> 근일[1870년 7월]에 안동부사가 병산서원에 내린 첩지를 보니 병산 호계 양서원에 소속된 각 문중 유생들을 금월 27일에 호계서원에 모으고 관에서도 그때 참석한다고 합니다. … 가만히 생각건대 합하[대원군]께서 반드시 어떤 합당한 대책을 시달하신 것이 있으리라 짐작됩니다. 지난 병인년(1866) 봄 제가 병산 호계 양쪽의 보합(保合)한 사실을 알린 바가 있어서 합하께서도 유념하신 것이 있으시어 당시 안동부사 심동신(沈東臣)에게 왕복한 교시까지 있었으나, 제가 중국에서 돌아와 보니 아무런 결정이 없었습니다. 들으신 바가 무엇이었으며, 통촉하신 바가 무엇이어서 그렇게 되었는지 모르겠습니다. 제가 비록 병산 서원쪽 사람이오나 보합하는 일에 있어선 참으로 많은 고심을 하였으니 어디까지나 사심 아닌 공도를 위한 것이었습니다.(『洛波先生文集』「上大院君書」)

영남 남인은 병인양요 직후 국가 재정이 어려운 상황에서 지방에서는 거의 유일하게 군수 물자의 기증사업, 즉 '군수원납(軍需願納)'에 참여하기도 했다. 이는 한성에 있는 유후조와 신석호, 허원식 등이 비공식적으로 힘쓴 결과였다. 비록 경제적으로 낙후되어 큰 기여는 하지 못했지만, 대원군의 시책에 적극 부응하려고 한 의지만큼은 뚜렷했다.

서원 철폐를 계기로 대원군과 영남 남인 간의 관계도 한 때 악화됐다. 앞에서 설명한 것처럼, 대원군은 1865년의 만동묘 철폐를 시작으로 1868년에 미사액서원을 폐지하고, 1871년에 이르러 '문묘종향인(文廟從享人)', '충절대의지인(忠節大義之人)'을 배향하는 47개소를 제외한 모든 서원을 철폐했다. 서원 철폐에 대한 반발은 영남 지방에서 가장 컸는데, 18세기 이후 상업적 발전이 지체된 이 지역의 양반들은 오직 서원을 통해서만 향촌사회에서의 기득권과 위신을 유지할 수 있었기 때문이다. 성균관 내의 남인 유생들이 권당(捲堂)에 돌입하자, 대원군은 우부승지 이만운(李晚運)에게 서찰을 보내서 자신 덕분에 영남 전체가 다시 일어나 사람이 되었다고 하면서 국가와 백성을 위해 서원 철폐에 협조해줄 것을 극력 당부했다.

> 갑자년[1864] 이후 영남 전체가 내게 힘입어 다시 일어나 사람이 된 것은 내 말을 기다리지 않고도 알 것이다. 경향(京鄕)의 여러 남인도 진실로 이성지성(秉彝之性)이 있는 자는 거의 있을 것이다. 금번 사원(祠院) 훼철은 내 일신의 이익 때문이 아니고, 나라와 백성을 위한 것으로 대변통(大變通), 대경장(大更張)하지 않을 수 없는 일이다. (『疏行日錄』「雲宮抵李台晚運書」)

서원 철폐를 반대하는 만인소에는 1만 명이 넘는 영남 유생들이 참여했다. 그런데 그 규모에 비해 저항의 강도는 그다지 세지 않았다. 그것은 신미양요의 발발로 인해 국정(國情)이 뒤숭숭하기도 했지만, 영남 출신 대관들이 고향에 서한을 보내 대원군의 뜻을 알리는 등 반정부 운동이 지나치게 과열되는 것을 막았기 때문이다. 당시 만인소에는 대원군의 시정에 관한 비판이 보이지 않을 뿐 아니라, 상소가 받아들여지지 않는데도 한번으로 제출을 포기하는 등 대원군을 배려한 흔적이 역력하다. 대원군도 이 문제로 영남 유생을 처벌하지 않았다.

대원군이 하야하자 영남의 유생들이 가장 열렬하게 그의 복권과 봉환을 주장한 배경은 이와 같았다. 이후 이들은 고종의 문호개방 정책을 강력히 비난하면서, 집정 당시 철저한 배외정책을 추진한 대원군의 재집권을 위한 여론을 조성하는 데 앞장섰다. 제2차 수신사 김홍집이 도쿄주재 청국 공사관의 참찬관 황준헌(黃遵憲)의 『사의조선책략(私擬朝鮮策略)』을 반입한 것을 계기로 서양 국가와의 수교통상을 반대하는 이른바 신사위정척사(辛巳衛正斥邪, 1881) 운동이 요원의 불길처럼 전국에 확산되었을 때도 그 중심이 된 것은 영남의 유림이었다. 하지만 이와 같은 상소 운동이 큰 효과를 거두지 못하자 이들은 직접 수단을 통해 대원군을 다시 권좌에 앉히려는 음모를 꾸미게 된다. 뒤에서 서술할 이재선 옥사가 그것이다.

2.
조일수호조규의 체결

고종의 친정체제가 수립되고 약 반년 뒤인 1874년 8월 6일(음 6월 24일), 청 예부에서 보낸 1통의 자문이 조정에 도착했다. 판리대만등처 해방대신(辦理臺灣等處海防大臣) 심보정(沈葆禎)의 프랑스인 군사고문 지켈 (Prosper Marie Giquel, 日意格)의 상주를 옮긴 것으로, '일본군 5,000명이 아직 나가사키에 주둔 중인데 대만에서 군대를 철수한 뒤에 조선에서 일을 벌일 것이다. 프랑스와 미국은 조선과 예전의 갈등이 해소되지 않았으니 군함으로 원조할 것'이라는 내용이었다.(『同文彙考』 4, 「倭情」)[7]

이전부터 대원군 섭정기 조일관계의 악화를 우려하던 고종과 민씨 척족은 이 자문을 심상하게 넘길 수 없었다. 전근대 대일외교 라인은 동래 왜관에 파견된 훈도(訓導)가 실무를 담당하고, 그 위에 동래부사, 경상도관찰사, 예조판서가 있었다. 조정에서는 자문을 접수하고 5일 뒤인 8월 11일에 대원군 집정기에 대일교섭 실무를 담당해온 훈도(訓導) 안동준(安東晙)을 의금부로 잡아와서 조일관계 단절의 책임을 문

---

7 이보다 앞서 1871년 12월에 류큐 왕국에 속한 미야코지마(宮古島)의 공납선 (貢納船)이 대만에 표착하여 그중 54명이 생번(生蕃)이라고 부르는 원주민에게 살해당하는 사건이 발생했다. 청 총리아문으로부터 '류큐는 중국의 속국이고 따라서 그 국민은 일본인이 아니지만, 대만의 생번(生蕃)은 중국의 정교(政敎)가 미치지 않는 화외(化外)에 속한다.'라는 답변을 받은 메이지 정부는 마침내 1874년 5월에 이르러 국제법상 무주지(Terra nullius)의 논리를 내세워 3,600명의 원정군을 파견했다. 이는 일본 근대사상 최초의 해외출병이었다.

고 공목(公木)의 유용혐의를 심문하기로 결정했다. 그리고 14일에는 경상도 관찰사 김세호(金世鎬)를 파직하고, 전 동래부사 정현덕(鄭顯德)에게 유배형을 내렸다.

김세호, 정현덕, 그리고 안동준은 대원군의 심복으로서 그 밀명을 받아 대일외교를 전담한 이들이었다. 말하자면 신정부는 이와 같은 인적쇄신을 통해 대일관계 개선 의사를 드러냈던 것이다. 이와 함께 8월 16일에는 동래부비장 남효원(南孝源)이 비공식적으로 초량의 일본 공관을 방문해서 조일국교의 타개책을 협의하고, 28일에는 고종의 최측근인 금위대장 조영하가 밀사를 통해 사신(私信)을 전했다. 그리고 9월 3일에는 신임훈도 현석운이 부산에서 일본 관리 모리야마 시게루(森山茂)와 회담을 갖기에 이르렀다. 이는 조선 관헌이 일본 외무성 관리를 공식 접견한 첫 사례였다.

이보다 앞서, 조일관계는 대원군 섭정기인 1868년말부터 악화되기 시작했다. 당시 일본에서는 에도막부의 마지막 쇼군[征夷大將軍] 도쿠가와 요시노부(德川慶喜)가 메이지 천황(明治天皇)에게 정권을 반상(返上)한 대정봉환(大政奉還)이라는 사건이 일어났다.(음 1867년 11월 9일) 이로써 12세기 가마쿠라 막부 이래의 막번체제(幕藩體制)가 무너지고 천황 중심의 중앙집권적 국가가 수립됐다.

그런데 이러한 정치변동의 영향은 일본 국내에 국한되지 않고 조일관계에까지 파급되어 이후 수년 간 중대한 분규를 일으켰다. '사대교린(事大交隣)'이라는 표현에서도 알 수 있듯이, 큰 나라인 중국에 대해선 '사대의 예'를 취하되 일본과 여진족 등에 대해선 대등한 이웃나라로서 교제한다는 것이 조선시대 기본 외교방침이었다. 그런데 메이지유신 이전까지 일본은 에도(도쿄)의 쇼군이 정치경제적 실권을 장악하면서도 교토에는 일본 국민의 정신적 구심점이자 명목상의 주권자인 천황이 엄연히 존재하는 모순된 정치구조를 갖고 있었다. 그렇다면 조선국왕의 대등한 교제 상대는 쇼군인가, 아니면 천황인가? 이 문제에 대해 조선 정부는 편의상 쇼군을 일본의 군주이자 대표로 간주했다. 하지만 이제 쇼군이 천황에게 권력을 반상하게 되자 일본 국내에서는 조선 국왕은 예전 쇼군과 대등한 자이므로, 조선은 이제 천황이 다스리는 일본보다 한 등급 낮은 국가라는 비하의식이 나타나기 시작한 것이다.

이 같은 인식은 서계(書契), 즉 외교문서의 양식을 통해 구체적으로 드러났다. 1868년 12월 쓰시마의 사절들이 막부의 폐지와 천황의 만기친람—왕정복고(王政復古)—을 통고하기 위해 부산에 도착했다. 그런데 이들이 지참한 서계에는 '황(皇)'이나 '칙(勅)'과 같이 천자(天子)만 쓸 수 있는 글자가 적혀 있었을 뿐 아니라, 대마도주의 관직명을 변경하고 기존에 조선 측에서 증급한 인장을 일방적으로 폐기하겠다고 통고하는 등 교린 관계의 관행을 일방적으로 바꾸는 내용이 담겨 있었다. 하지만 그보다 더 큰 문제는 서계의 형식이었다. 즉, 조선을 가리키는 '귀국(貴國)'이라는 글자보다 자국의 천황을 뜻하는 '황(皇)'을 한 칸 더 위에 적음으로써 양국의 상하관계를 은연 중에 드러냈던 것이다.

조선 정부는 자국의 정치변동을 이유로 수백 년 동안 지속된 국제 관행을 일방적으로 고치려는 이러한 시도를 인정하지 않았다. 임진왜란 이후 일본을 불구대천의 원수로 여겨온 민족 정서에도 어긋날 뿐 아니라, '황(皇)'을 자처하는 문서를 접수할 경우 기존에 조공관계를 맺어온 청과의 관계에도 문제가 발생할 수 있었기 때문이다. 하지만 서계의 접수가 거부당하는 사이 일본 내에선 조선인들이 천황을 업신여겼다고 하여 정한론(征韓論)이 비등했다. 이처럼 메이지유신 직후 일본에서 보낸 서계의 접수 여부를 두고 조일 관계가 조일수호조규(강화도조약)가 체결되는 1876년까지 교착되었는데, 외교사에서는 이를 '서계문제'라고 부른다.

이와 관련하여 대원군 정권에서는 일본이 옛 규범에 맞게 서계를 작성해서 보내지 않는 한 그것을 결코 받아들일 수 없다는 강경한 입장을 취했다. 그 사이 일본에서는 1873년 10월 정한론의 여파로 이른바 '메이지 6년의 정변' 또는 '정한론 정변'이 발생하여 조슈번(長州藩)과 함께 메이지 정부의 양대 축 가운데 하나인 사쓰마번(薩摩藩)의 관료와 군인들이 대거 이탈하는 사태가 벌어졌다. 이처럼 조일 관계의 경색 국면이 지속되는 가운데 1874년 8월에 일본의 침공을 경고하는 청 예부의 자문이 도착한 것을 계기로 고종의 신정부는 서계문제의 해법을 모색하기 시작한 것이다. 그 첫걸음이 대원군의 비선(秘線)으로서 대일 교섭을 담당하던 김세호, 정현덕, 안동준에게 대일 국교 단절의 책임을 물어 처형한 것이었음은 앞에서 설명한 바와 같다.

그렇다면 대원군은 이 문제에 대해 어떻게 생각하고 있었을까? 1874년 아직 양주 곧은 골에 머무르고 있을 때, 그는 정부대신들에게 회람하는 글을 보냈다. 그 요점은 ① 일본의 서계는 무엄하게 '황(皇)'과 '대(大)'를 자칭하고 또 조선을 한 글자 낮춰 적었으므로 국가 체면상 수용할 수 없다는 것, ② 오늘날 일본은 본질적으로 서양 오랑캐와 같으므로 섣불리 그 제안에 넘어가선 안 된다는 것, ③ 서계의 정문(正文)을 일본어로 작성하는 것은 우리가 읽을 수 없으니 받아들일 수 없다는 것 등이었다. 이 중에서 대원군이 가장 중시한 것은 ①, 즉 조선과 일본의 국격(national prestige)에 관한 문제였다.

예전 서계를 물리친 것은 망령되게 존칭을 붙이고 약조를 위배했기 때문이다. 비록 저 왜인들이 교활하고 간악하긴 하지만 그래도 말이 엄정하고 의리가 바른 것을 알아서 감히 다시는 시끄럽게 굴지 못했는데 지금 어째서 또 온 것인가? 저들이 '황(皇)'과 '대(大)'를 쓴 것이 또 예전의 호칭을 제거하지 않았다. 더구나 '칙(勅)' 한 글자를 더 첨가해서 '황'자와 함께 극항(極行)에 쓰고 우리나라는 한 글자를 낮춰서 적었다. 이는 우리나라를 우방의 대등한 예로 대한 것이니 그것을 접수해야 한다는 말은 우리나라 신자(臣子)가 감히 논의할 수 있는 바가 아니다. 대청(大淸)은 본래 황제의 나라이므로 서로 호칭할 때 '황'과 '대'를 쓰더라도 조금도 문제될 것이 없지만, 우리나라의 경우엔 '대조선(大朝鮮)', '대황제(大皇帝)'라고 칭할 수가 없으며 단지 '국왕(國王)'이라고만 해야 한다. 그런데 저들이 '대일본', '대황제'의 아래에 '국왕'이라고 우리를 호칭한다면 그 등급과 분수가 확실하게 존재하니 이를 용인할 수 있겠는가? (『龍虎開錄』「大院位錄記」)

대원군은 이와 유사한 내용의 서한을 박규수에게도 보냈다. 박규수의 문집인 『환재집(瓛齋集)』에는 서계문제와 관련하여 대원군에게 보낸 서한 5통이 실려 있는데, 그 중 이와 관련된 내용을 살펴보자.

지난번 곧은골[直谷]에서 뵈오니, "'황(皇)'자를 가장 높은 행에 쓴 것과 '귀국(貴國)'을 한 자 낮추어 쓴 것이 서계를 접수할 수 없는 제일의 의리이다."라고 한가하게 생각하시나 여기엔 그렇지 않은 것이 있습니다.
그 서계를 보면 '일본국(日本國)', '조선국(朝鮮國)', '본방(本邦)', '귀국(貴國)' 등의 글자는 동일한 예(例)에 따라 평등하게 높였으며, 오직 '황(皇)'자만을 행을 가장 높였으나, 글 가운데 별도로 우리나라의 지존(至尊)을 언급하는 구절이 없었기 때문에 아직 그것을 '황(皇)'자와 똑같이 높이는 것을 보지 못한 것입니다. 만일 그러한 구절이 있었다면 반드시 '황

(皇)'자와 똑같이 높였을 것입니다. 국호를 평등하게 높였으니, 황(皇)과 왕(王)은 평등하게 극존(極尊)이라는 것을 그 글을 보면 저절로 바로 분변할 수 있습니다.

전에 쓰지 않았던 '대(大)'라는 글자를 지금 갑자기 쓴 것은, 현재 해양의 여러 나라들이 다투어 중국을 본받아 모두 '대(大)'자가 있으니, 이러한 일이 어찌 족히 의리로 간주하여 쉽지 않고 다툴만한 것이 되겠습니까? '칙(勅)'자를 쓴 것은 바로 그 신하들이 명을 받들어 온 것을 뜻하는 것입니다. 저들이 자기 나라 군주의 칙명(勅)을 받들어 왔을 뿐이니, 이 글자가 어찌 우리에게 가해질 것이며 또 어찌 반드시 금지하여 다투면서 따질 것이 있겠습니까? '서양인들을 싣고 와서 도처에 시장을 열고, 육지에 내려 자행(恣行)할 것'이라는 설은 미래의 근심입니다. 지금 그 서계 가운데 일찍이 이를 반구(半句)라도 언급한 것이 있었습니까? 만일 이러한 폐단이 생긴다면 그 때 가서 엄하게 물리칠 것이요, 없는 말을 근심할 것이 아닙니다. 지금은 서계를 거부할 힘이 있으나, 그 때 가면 그 청을 물리칠 구실이 없을 것입니다. 이것이 크게 이해할 수 없는 것입니다. (『瓛齋集』「答上大院君」)

박규수는 대원군의 주장에 대해 일본의 서계에서 자국의 천황을 뜻하는 '황(皇)'자를 조선을 가리키는 '귀국(貴國)'보다 한 칸 높여 적은 것은 사실이지만, 아직 조선의 국왕을 지칭하는 '왕(王)'자는 명기한 일이 없다. '일본국'과 '조선국', 그리고 '본방'과 '귀국'처럼 국가를 뜻하는 어구들은 모두 평등하게 적었으니, 만약 다른 서계에서 조선 국왕을 지칭할 일이 있으면 반드시 '황(皇)'과 대등하게 적을 것이다. 그리고 일본의 국호 앞에 '대'자를 쓴 것 또한 서양국가들 가운데 그러한 사례가 없지 않고, 또 '칙(勅)'이라는 글자를 사용한 것도 일본 내에서 그 신하와 군주 사이의 문제일 뿐이라고 지적했다. 하지만 그의 본의는 그 다음 구절에 있었다.

춘추시대 240여 년 동안에 교빙(交聘)과 회맹(會盟)이 열국의 대사(大事)였으며, 예(禮)로써 하는 일이 아님이 없었습니다. 만일 예에서 어긋나는 일이 있으면 군대가 움직였으니, 무릇 교린(交隣)에 있어서는 마땅히 예로써 접대할 뿐인 것입니다. 지금 일본인이 우리와 이웃이 된 것이 2, 300년인데 저들이 이미 수호(修好)를 내세웠으니, 비록 저들의 흉중에 속임수가 있더라도 우리는 예로써 대접해서 저들로 하여금 내세울 말이 없게 하고, 활용할 만한 빈틈이 없게 한 후에 이를 가지고 저들이 장래 어떻게 하는가를 지켜보아야 합니다. 그런데 지금은 도리어 우리 스스로 구실을 삼을만한 단서를 많이 만들어서 칼자루를 거꾸로 잡아 그것을 저들에게 건네주고 있으니, 계책을 잃음이 어떻게 이 지경까지 이르게 되었는지 모르겠습니다. …

왕자(王者)의 정치는 백성을 보호하는 것일 따름입니다. 삼면이 바다로 둘러싸인 나라로서, 장사치와 어민들이 날마다 해상으로 나아가 저 나라에 표도(漂到)하는 자들이 매년 수십 차례가 넘는데도 매번 일본 선박이 구조해서 돌려보냈다는 장계를 볼 수 있으니, 그렇다면 교린에 신의가 없어서는 안 됨을 이로부터 알 수 있습니다. 지금 만약 저들과 영원히 절교한다면 이러한 백성들의 생명은 어디에서 구하시겠습니까?

(『瓛齋集』「答上大院君」)

박규수는 화이(華夷) 여부를 불문하고 입국(立國)의 근본은 예(禮)에 있으므로 만국은 모두 그 나름의 예의(禮義)를 갖고 있으며, 따라서 이치에 근거한 소통이 가능하다는 믿음을 갖고 있었다. 그에게 외교(外交)란 만국이 공유하는 예와 이치에 기초해서 타국과의 평화를 추구하는 행위에 다름 아니었으며, 특히 조선과 같은 작은 나라는 내치와 외교에서 시의성을 잃지 않는 것이야말로 스스로를 보존할 수 있는 유일한 방법이었다. 그렇기 때문에 서계문제와 관련해서도 일부 자구에 연연하여 저들에게 비례(非禮)를 저질러 침략의 구실을 주기보다는 예의를 준수해서 우리의 명분을 지켜야 함을 강조한 것이다.[8]

또한 그에게 정치의 본령은 바로 백성을 보호하는 데 있었다. 물론 일본과 일전을 벌이기에 충분한 군대와 군량이 있다면야 강경하게 대응해도 무방할 것이다. 하지만 유감스럽게도 당시 조선의 현실은 전혀 그렇지 못했다. 이 때문에 그는 무고한 백성의 생명을 지키기 위해서라도 무익한 분쟁을 중단해야 함을 역설한 것이다.

박규수가 1874년 8월을 기점으로 서계접수론(書契接受論)으로 선회한 이유도 여기에 있었다. 『매천야록』에 "[박규수는] 대원군 시절에는 힘껏 척양(斥洋)을 주장하다가 갑술년(1874) 이후 힘껏 통왜(通倭)를 주장해서 머리와 꼬리가 다르게 시의(時議)에 영합했으니, 사람들이 비로소 의심하기 시작했다."라는 구절은 이를 의미한다.

그로부터 2년 뒤인 1876년 2월에 이르러 일본의 전권변리대신 구로다 기요타카(黑田淸隆)와 부전권 이노우에 가오루(井上馨)가 군함 6척과

---

8 뿐만 아니라 박규수에게 '예(禮)'를 준수하는 것은 곧 대인관계나 국제관계에서 강해지는 방법이기도 했다. 그는 1875년 음력 정월에 대원군에게 보낸 서한에서 다음과 같이 주장했다.

"진실로 이와 같다면 서계를 접수하지 않음이 과연 강함을 보이는 것이 되겠습니까, 약함을 보이는 것이 되겠습니까? 강약은 서계의 접수 여부에 달려 있는 것이 아니니, 이는 저들이 구실로 삼아 군대를 움직일 명분이 되기에 족할 뿐입니다. 대체로 강약의 형세는 오직 사리(事理)의 곡직(曲直)에 달려 있을 뿐입니다. 우리가 일에 대처하고 사람을 대접함에 예(禮)가 있고 이치가 바르다면 비록 약하더라도 반드시 강한 것이며, 우리가 일에 대처하고 사람을 대접함에 예가 없고 이치가 굽었다면 비록 강하더라도 반드시 약한 것입니다."(『瓛齋集』「答上大院君」②)

대원군은 일본의 서계를 준엄하게 물리치고, 또 필요할 경우 무위(武威)를 과시하는 것이 강함이라고 믿었다. 그에 반해 박규수는 국제관계에서의 강함이란 무력으로 판가름 나는 것이 아니라, 사리의 곡직과 예(禮)에 맞게 일에 대처하고 사람을 대접하는가의 여부에 달려 있다고 본 것이다.

군대를 거느리고 강화도에 상륙했다. 조선 정부는 협상대표로 접견대관 신헌을 파견했다. 이 협상의 막후 지휘는 한성에 있는 박규수가 담당하였다.

강화도에서 협상이 진행되는 동안 한성의 분위기는 극히 소란스러웠다. 일본 증기선 몇 척이 강화도 주변을 위력정찰하면서, 그 측량보트가 밤낮으로 연해를 돌아다니고 간혹 공포를 크게 울리는 상황에서 인심이 흉흉해지는 것도 무리가 아니었다. 게다가 고종과 민씨 척족이 일본인과 평화적인 교섭 방침을 정했다는 소문이 퍼지자 최익현을 비롯한 유생들이 대궐 앞에 엎드려 상소를 올리며 척화를 외치기 시작했다.(『勉菴集』「持斧伏闕斥和議疏」)

대원군은 이와 같은 배일운동(排日運動)의 중심이 되었다. 일본 측 기록에 따르면, 양국 대표의 회담이 진행 중이던 2월 12일 새벽에 신헌이 "며칠 전에 대원군의 복심(腹心)인 자 2명이 양국의 화호(和好)를 방해하고자 동지 약간을 소취(嘯聚)해서 경성을 탈출했다는 소식을 경성에 있는 주화(主和) 대신이 심부름꾼을 보내서 알려왔다. 그렇다곤 하지만 지금 물색해서 엄히 나포하라는 명령이 내렸으니, 불일내로 그를 포박해서 사형에 처할 것이다. 그 사이에 만약 저 당(黨)이 절발(竊發)해서 귀국 사람에 대해 불경한 일을 저지른다면, 그 자리에서 그를 참(斬)하더라도 우리나라에서는 조금도 이의가 없을 것이다. 그들을 소탕해서 평정하면 신속히 그 경과를 통보하겠다."라는 경고를 전했다고 한다.

한편, 신헌이 기록한 협상일지인 『심행일기(沁行日記)』에 따르면, 2월 2일에는 대원군의 서한을 받고, 2월 10일과 11일에는 서한을 보냈다고 한다. 이로써 보건대, 대원군은 예전부터 총애했던 신헌이 협상 대표가 되자 그를 통해 강화도 현지의 협상상황을 전달받고, 또 직접 영향력을 미치려고 한 것같다.

대원군의 방해, 그리고 반대 여론에도 불구하고 1876년 2월 27일 총 12개 조항으로 구성된 조일수호조규(朝日修好條規, 강화도조약)가 체결됐다. 1868년 이래 양국 간 분쟁의 원인이 된 서계문제와 관련해서는, 앞으로 양국의 외교문서나 외교적 의례에선 군주의 위격(位格)은 거론하지 않고 단지 양국 '정부'가 대등한 자격으로 교제한다는 원칙에 합의했다. 그 정신은 조약문에서 양국 국호를 대등하게 '대조선국'과 '대일본국'으로 표기하고, 조약 체결 주체를 '일본국 황제 폐하'나 '조선국 국왕 전하'가 아닌 양국 '정부'로 합의한 데서도 잘 드러난다. 그리고 일본이 조선에 파견할 공사의 등급은 3등 공사로 정했는데, 이는 1등과 2등 공사의 경우 천황의 신임장을 조선 국왕에게 제출해야 하므로 국격 문제가 다시 제기될 수 있기 때문이었다.

이것으로 서계문제로 촉발된 분쟁이 일단락되고, 조일 양국 간에 근대적 조약과 국제법에 기초한 새로운 관계 수립의 가능성이 열렸다. 흥미로운 사실은, 원래 일본인들이 가져온 조약 원안에는 조약 체결 주체가 '대일본국 황제 폐하'와 '조선국 국왕 전하'로 명기되어 있었다는 것이다. 이에 대해 조선 정부는 신헌에게 이는 양국이 대등하지 않은 혐의가 있으므로 조약문에서 군주의 위호(位號)는 삭제하고, 국호 또한 '일본국'과 '조선국'으로 통일할 것을 지시했다.(『沁行日記』) 결국 최종 조약문은 조선 측의 의견대로 작성되었다. 그런데 앞에서 본 것처럼, 조선의 국격을 일본보다 낮게 해선 안 된다는 것은 대원군이 서계접수 불가론을 외친 가장 중요한 이유였다. 그런 점에서 조선 정부가 이 같은 수정 대안을 낸 데는 대원군의 영향력이 어느 정도 미쳤을 가능성도 있다.

3.
문호개방과 그 반동

1) 문호개방의 배경

고종과 민씨 척족은 1880년대부터 문호개방 정책을 본격적으로 추진했다. 조선의 문호개방이 공식적으로 이뤄진 것은 1882년 5월 22일 제물포에서 신헌과 슈펠트 제독 간에 체결된 조미수호통상조약에 의해서였다. 이미 6년 전에 조일수호조규가 체결되었으나, 정부의 공식 입장에 따르면 이는 서계문제 및 운요호사건(雲揚號事件, 1875년 9월 20일~22일)으로 인해 단절된 조일 간의 옛 우호를 회복한다는 '중수구호(重修舊好)'를 위한 약조에 지나지 않았다. 이미 전근대시대에도 임진왜란 후 체결된 기유약조(己酉約條)처럼 문서화된 조약의 선례가 있었다. 조미수호통상조약이 최초의 근대적 조약으로 간주되었음은, 제12조의 "이는 조선국이 처음 입약하는 것이니 약정하는 조관은 우선 간략히 하되,(茲朝鮮國初次立約所訂條款 姑從簡略, This being the first Treaty negotiated by the Gov't of Chosen, is necessarily incomplete and imperfect in provisions…)"라는 조항으로도 알 수 있다.

시대를 막론하고 폐쇄된 사회가 외부세계에 문호를 연다는 것은 간단한 문제가 아니다. 외부와의 교류가 시작되는 순간, 기존의 정치사회질서는 근본부터 동요하고 양반을 비롯한 지배세력의 기득권도 보장할 수 없다. 또한 수백 년에 걸쳐 외부세계에 대한 막연한 공포심과 불안감이 심어진 민중의 극심한 반발을 초래할 수 있다. 게다가 제국주의 열강의 침입으로 인한 국가 자주성의 상실과 경제적 종속 가능성도 고려해야 했다. 문호개방이라는 정치적 결단의 중대함은, 정권과 왕실의 명운이 걸렸다고 해도 지나치지 않았다.

따라서 막연히 국제정세에 능동적으로 부응한다는 이상론(理想論)만으로 문호개방을 설명하긴 어렵다. 그렇다면 조선은 왜 문호를 개방하게 되었을까? 그것은 국제적 요인과 국내적 요인으로 구분해서 생각할 수 있다.

우선 국제적 요인으로는 청으로부터의 권유가 있었다. 강희제 시절 세계 최대의 제국을 자랑하던 청의 판도는 아편전쟁 이후 서양 열강에 의해 점차 잠식되었다. 청의 주요한 조공국인 조선, 류큐, 타일랜드, 베트남 가운데 타일랜드는 이미 1850년대부터 조공을 바치지 않고 있었고, 베트남에서는 프랑스와 종주권을 둘러싼 분쟁이 벌어졌다. 류큐는 1879년에 이르러 일본이 일방적으로 오키나와현으로 편입하였다. 게다가 신장성 서북쪽에서는 이른바 이리(伊犁, Kuldja) 분쟁이 발생하여 러시아와의 외교적, 군사적 대치가 심화되고 있었다.

이제 청의 입장에서 주요한 조공국 중에 유일하게 남은 것은 조선이었다. 조선의 상실은 비단 동북 3성과 베이징의 지정학적 위기를 의미할 뿐 아니라, 청 제국의 위신이 걸린 문제였다. 그런데 청은 아편전쟁과 태평전쟁의 난 등 오랜 기간 외우내환에 시달린 나머지 이를 스스로 지킬 여력이 없었다.

이에 한반도 문제를 실질적으로 담당한 직예총독 겸 북양대신 이홍장(李鴻章)은 외교적으로 이 문제를 해결하려고 했다. 그가 처음 시도한 방법은 청일수호조규(1871)를 체결하여 일본의 한반도 침략을 막는 것이었다. 이 조약의 제1조는 "양국의 소속방토(所屬邦土)는 서로 예(禮)로 대해서 조금이라도 침범할 수 없으며 영원한 안정을 얻게 한다.(嗣後大淸國 大日本國 被敦和誼 與天壤無窮 即兩國所屬邦土 亦各以禮相待 不可稍有侵越 俾獲永久安全)"였다. 이홍장에게 그 '소속방토'의 핵심은 조선이었다.

> 저 나라[일본]는 고려[조선]와 가까운데, 『명사기사본말(明史紀事本末)』을 상고해보면 그 강약의 정형을 대략 알 수 있습니다. 최근에 들으니, 저 나라가 다시 때때로 조선을 넘보려는 마음을 갖는다고 합니다. 혹시라도 교활하게 야욕을 부려서 겸병하려고 한다면, 우리나라는 산해관(山海關) 밖 3개 성(省)이 울타리를 잃게 될 것이니, 미리 계책을 마련하지 않을 수 없을 듯합니다. 저들이 문을 두드리며 우호를 청할 때 약법(約法)을 정해둔다면, 비록 영원한 평안은 보장할 수 없더라도, 혹 조금 거리끼는 마음을 가질 것입니다. 그러나 또 고려를 적시하는 것은 편치 않았습니다. 그러므로 '소속방토(所屬邦土)'라고 범연하게 말한 것이니, 대략 포괄할 수 있을 듯합니다. (『晩淸洋務運動事類彙鈔』)

그런데 일본 측 대표인 다테 무네나리(伊達宗成)는 귀국 후 복명하는 자리에서 "소속방토(所屬邦土)는 번속토(藩屬土)를 지칭하는 것이 아니다."(『日外』4. 문서번호 223)라고 보고했다. 다시 말해서 조선을 포함한 조공국은 청일수호조규의 적용 대상이 아니라고 해석한 것이다. 실제로 1876년 일본이 독자적으로 조선과 교섭하여 조일수호조규를 체결할 때도 청은 유효한 개입을 하지 못했다. 이는 '소속방토'의 적용 범위를 조약에 구체적으로 명시하지 않은 이홍장의 실책이었다.

그러자 이홍장은 조선으로 하여금 서양 여러 국가와 조약을 맺게 하는 방안을 구상했다. 이를 통해 일본이든 러시아든 특정국가가 조선을 독점하는 사태를 막으려 한 것이다. 말하자면 한반도 내에서 일종의 세력균형을 이루려는 것으로, '이이제이(以夷制夷)'라는 전통적 지혜의 근대적 응용이라고 할 만한 구상이었다. 다만 섣불리 조선에 외교를 권고했다가는 그 내부 여론의 극심한 반발이 우려되었으므로, 전(前) 영의정 이유원에게 서신을 보내는 비공식적 방법을 취했다. 두 사람 사이 간의 서한은 1875년부터 총 17차례 이상 오갔는데, 공식적으로 수교통상을 권고한 것은 다음에 인용하는 1879년 8월 26일자(음력) 서한이었다.

> 일본은 근년 이래로 서법(西法)을 숭상해서 백 가지 사단을 만들면서 스스로 이미 부강지술을 깨우쳤다고 여깁니다. 그러나 이로 인해 국고가 고갈되고 국채가 누적되어 사방에서 일을 만들면서 웅장한 판도를 개척하는 것으로 소비를 충당하지 않을 수 없습니다. … 류큐는 수백 년이 된 오래된 국가이자 전혀 일본에 죄를 지은 일이 없는데도 금년 봄에 갑자기 병선(兵船)을 보내서 그 왕을 겁박하여 폐위시키고 강토를 병탄했으니, 장차 중국과 귀국에 대해 틈을 노려서 제멋대로 굴지 않으리라고 보장하기 어렵습니다. … 현재의 계책으로는 독으로 독을 공격하고 적으로 적을 제어하는 방책을 써서 이번 기회에 또한 태서 각국과 조약을 체결해서 그들의 힘을 빌려 일본을 견제하는 것이 좋을 듯합니다. (『龍湖閒錄』)

한편, 문호 개방을 불가피한 선택으로 만든 국내적 요인으로는 극심한 재정난을 들 수 있다. 19세기 이래 조선의 재정 상황은 악화일로를 치달아서, 1882년 임오군란(壬午軍亂) 직후에는 "조선의 빈곤함은 심상치 않은 수준인데, 이번 변란을 거치면서 나라에 1개월 치 비축분도 없는 상황"(『中日韓』 문서번호 554)이라는 말이 나올 정도가 되었다. 비단 재정난이 아니더라도 세원(稅源)의 확장은 부국강병을 위해서도 필수적인 조건이었다. 청조에서도 서양의 근대적 과학기술을 도입하려는 이른바 양무운동(洋務運動)의 주된 재원은 무역을 통해 얻는 관세수입이었다. 심지어 여기에는 1860년에 공인된 아편 무역의 관세수입도 포함되었다. 조선으로서도 재정 위기를 극복하고 더 나아가 부국강병을 달성하려면 일단 통상을 개시하지 않을 수 없었던 것이다.

1880년 제2차 수신사(修信使) 김홍집의 일본 방문은 문호개방, 즉 미국과의 조약 체결의 결정적 계기가 되었다. 김홍집에게 부여된 사명(使命)은 해관 설치 및 통상장정 체결을 위한 예비교섭이었다.

당시 김홍집의 나이는 39세였다. 근대적 외교의 경험도, 참고할 만한 책자도 없는 상황에서 중대한 임무를 맡은 그의 마음은 크게 무거웠을 것이다. 그가 의지할 수 있는 대상은 그래도 의사소통이 가능하고 특수한 역사적 관계에 있는 중국의 외교관들이었다. 그는 중국 공사관원들에게 여러 가지 조언을 얻었는데, 이 과정에서 참찬관, 오늘날로 말하면 서기관에 해당하는 황준헌이 쓴 『사의조선책략(私擬朝鮮策略)』(이하 『책략』)이라는 책자를 받았다.

『책략』의 요지는 "오늘날 조선의 급무는 러시아를 방비하는 것이 가장 중요한데, 러시아를 막는 방책으로는 중국을 가까이하고, 일본과 연결하고, 미국과 연합하는 것이 최선이다.(朝鮮今日急務 莫先於防俄 而防俄之策 莫先於親中國結日本聯美國)"라는 한 문장으로 요약된다. 말하자면 안보론 또는 지정학적 관점에서의 문호개방론인 것이다. 기존의 설명에 따르면, 이와 같은 러시아 위협론이 주효한 결과 조선 정부의 대미수교 방침이 정해졌다고 한다.

그런데 이와 같은 통설에는 몇 가지 의문스러운 점이 있다. 다음 절에서 서술하듯이, 김홍집이 『책략』을 어전에 진상한 후 그 필사본이 전국에 유포돼서 비난 상소가 빗발쳤다. 그 중 가장 유명한 상소인 영남만인소(소수 이만손)에서는 방아론(防俄論)의 허구성을 다음과 같이 논박하였다.

> 러시아 오랑캐[俄夷]는 우리와 본래 혐의가 없습니다. 그런데도 헛되이 다른 사람의 이간질을 믿어서 우리의 위중(威重)을 손상시키고, 원교(遠交)를 믿고 근린(近隣)을 도발하여 거조(擧措)가 전도되고 헛소문이 먼저 퍼져서, 이것이 흔단(釁端)이 됨을 빙자해서 우리에게 와 병단(兵端)을 찾는다면 장차 어떻게 막으시겠습니까? … 가령 러시아 오랑캐가 참으로 황준헌의 말대로 그 힘이 우리를 병탄할 수 있고 뜻이 침릉(侵陵)하는데 있다면, 장차 앉아서 만 리 밖의 원조를 기다려야겠습니까, 아니면 홀로 곡하(穀下: 북경)의 강융(羌戎: 만주족)과 함께 막아야겠습니까? 이는 그 이해(利害)가 확연한 것인데, 지금 조정에서는 어째서 이 백해무익한 일을 해서 아직 가지지도 않은 러시아의 마음을 깨우고, 아직 일어나지도 않은 미국의 일을 만들어서 도적과 오랑캐를 불러들이려는 것입니까? (『高宗實錄』 고종 17년 10월 1일)

요컨대 청의 경우 러시아와 이리분쟁으로 인해 외교적, 군사적 분쟁을 겪고 있는 것이 사실이지만, 조선은 아직 흔단(釁端)을 빚은 일이 없다. 그런데도 중국의 꼬임에 넘어가 조선과 국경을 접하고 있는 강국 러시아를 적대시하는 것이 과연 옳은가? 그리고 만에 하나 러시아가 조선을 침략할 야욕을 갖고 있다고 해도, 멀리 태평양 너머에 있는 미국의 원조를 막연히 기대하기보다는 베이징의 만주족과 함께 죽기를 각오하고 일전을 겨뤄야 한다는 것이었다. 순수한 안보적 관점에서 보더라도, 황준헌의 방아론은 오히려 조선의 국익에 부합하지 않는다는 논지였다.

영남 유생들이 국제정세에 관해 해박한 식견을 갖고 있었다고는 믿기 어렵다. 그런데도 사리(事理)를 미루어 판단한 결과, 이처럼 설득력 있는 반론을 제기한 것이다. 그렇다면 외부세계의 정보를 독점하다시피 한 고종과 조정 대신들은 이 정도의 현실적 판단도 할 수 없었던 것일까? 앞에서 언급한 것처럼 미국과의 수교가 왕실과 국가의 명운을 좌우할 수 있는 중차대한 정치적 결단임을 고려하면, 이처럼 논리도 명료하지 않은 안보론만으로는 더더욱 이를 설명하기 어렵게 된다. 게다가 왕실은 『책략』이 전래된 이후에도 1885년과 1886년 두 차례에 걸친 조러밀약, 그리고 청일전쟁 이후 친러정책 등 러시아 황실에 의지하려는 시도를 그치지 않았다. 이 또한 왕실이 러시아 위협론을 진지하게 고려하지 않은 증거로 볼 수 있다.

김홍집은 일본에 체류하던 8월 26일, 주일청국공사 하여장(何如璋)에게서 다음과 같은 말을 들었다.

현재 해내(海內) 각국 중에 오직 미국만이 민주지국(民主之國)이요, 또 국세가 부유하고 충실하니, 열국과 통호할 때 신의를 맺는 것을 숭상하여 크게 편의를 차지하려고 하지 않습니다. 이번에 그들이 와서 좋게 통상을 요구할 때, 만약 요사이 일본이 개정하려고 하는 조약안을 모방해서 저들과 조규를 체결할 수 있다면, 저들은 필시 흔쾌히 응할 것입니다. 그렇게 하면 통상을 원하는 다른 나라들도 반드시 미국과의 조약을 참조해서 [이권을] 독차지하지 못할 것이니, 일체 통상의 권리를 모두 내가 장악할 수 있어서 설령 만국과 교섭하더라도 유익할 뿐 손해될 일이 없습니다. 이는 만세일시(萬世一時)의 기회이니 놓쳐선 안 됩니다. 만약 반드시 이를 원치 않아서 문호를 닫고 굳게 거절하다가 훗날 또 다른 파란을 일으켜 일이 위급해졌을 때 조규를 맺는다면 반드시 그 손해가 막심

할 것입니다. 그대도 그렇게 생각하지 않으십니까? (『金弘集遺稿』「修信使

金弘集 入侍筵說」)

즉, 지금 미국 측에서 자발적으로 조선과의 수교를 희망하고 있으니, 이 기회를 이용해서 협상에 나서면 유리한 조건으로 조약을 체결할 수 있다. 그러면 이후 다른 서양국가와 조약을 맺을 때도 미국과의 조약을 선례로서 원용할 수 있다. 이는 천재일우의 기회이니 절대 놓치지 말라는 제안이었다.

이보다 앞서, 슈펠트 미 해군준장은 아프리카와 중동, 그리고 아시아에 시장을 확대하라는 국무성과 해군성의 지시에 따라 1878년부터 1880년까지 타이콘데로가(U.S.S. Ticonderoga)호로 세계를 일주하였다. 이 과정에서 슈펠트는 조선과 통상조약을 체결하는 것을 자신의 군 경력의 정점으로 삼고자 했다. 그는 수교통상을 청원하는 서한을 조선 정부에 전하기 위해 일본 외무성과 청 이홍장에게 중개를 요청하였다. 한편, 청이나 일본의 입장에서 조선 정부를 설득하여 대미수교를 성사시키는 것은 국제사회에서 이 나라에 대한 자국의 영향력을 입증하는 더 없이 좋은 수단이었다. 이처럼 조선의 문호개방을 놓고 청일 간에 외교적 경쟁이 벌어지던 시점에 김홍집이 일본에 도착했던 것이다.

이 기회에 미국과 유리한 조건으로 통상조약을 체결하라는 하여장의 조언은 재정 수입을 증대시키기 위해 부심하던 고종과 민씨 척족의 귀를 솔깃하게 했을 것이다.[9] 하지만 한 나라의 부(富)의 총량은 일정하

---

9 실제로 조미수호통상조약 제5주에 따르면 수입물품에 내한 산세는 종가세 (ad valorem) 10%(일용품)에서 30%(사치품)이었는데, 이는 중국이나 일본 이 서구열강과 맺은 조약에 비해 2배 이상 높은 것이었다.

다는 전제하에 국가 재정의 확대는 곧 민간의 재물을 수탈하는 것과 다를 바 없으며, 재정을 풍족하게 하는 유일한 방법은 오직 절약과 검소함에 있다는 고식적인 절검론(節儉論)이 팽배한 사회 분위기 속에서 이를 공공연히 발설하기는 어려웠다. 이 때문에 고종과 정부는 '상국(上國)'인 중국의 권유, 그리고 러시아의 위협이라는 안보론을 내세워 문호개방에 따르는 여론의 반발을 다소나마 무마하려 한 것으로 보인다.

김홍집은 1880년 10월 2일(음 8월 28일) 고종에게 복명하고 『책략』을 진상했다. 고종은 11일(음 9월 8일)에 정부 대신들을 소집해서 『책략』의 대미수교론에 관해 자순(諮詢)했는데, 오직 영의정 이최응만 적극적으로 찬성하고 나머지 대신들은 함구할 뿐이었다. 그러자 고종은 다시 이최응을 비롯해서 좌의정 김병국, 영중추부사 이유원, 영돈녕부사 홍순목, 판중추부사 한계원, 봉조하 강로 등 여섯 대신에게 따로 모여이 문제를 논의하게 했다. 이 자리에서 대신들은 "배를 보내서 글을 보내면 글을 보고서 좋은 말로 답한다."라는 결론을 내렸다. 이는 사실상 슈펠트가 수교통상을 청하는 서한을 보내면 물리치지 않고 접수하겠다는 뜻이었다. 이 결정을 주일청국공사관에 알리는 밀사의 임무는 개화승 이동인(李東仁)에게 맡겨졌다.

하지만 우려한 대로 『책략』의 어전 진상과 대미수교의 조짐은 극심한 여론의 반발을 초래했다. 이로 인한 정국의 혼돈은 2년 가까이 이어져 마침내 1882년 7월의 임오군란으로 정점에 달하였다.

2) 신사(辛巳) 위정척사 운동

『책략』은 삽시간에 필사되어 진국으로 퍼졌다. 11월 3일(음 10월 1일) 병조정랑 유원식(柳元軾)의 상소를 시작으로 그 내용뿐 아니라 이를 반입한 김홍집까지 탄핵하는 상소가 연이었다. 그 가운데 전 사간원 정언(正言) 허원식의 상소는 인천의 개항과 톈진으로의 유학생 파견, 그리고 무위소(武衛所) 설치와 같이 실시된 주요 시책까지 비판하였다.(『承政院日記』 고종 17년 12월 17일)

마침내 1881년 신사년(辛巳年)에 이르러 거국적인 위정척사 운동이 일어났다. 그 중심이 된 것은 역시 영남 유생들이었다. 이들은 이미 1880년 겨울 경상북도 상주의 산양(山陽) 장터에 모여서 만인소를 준비하고, 이듬해 3월 300여명의 유생들이 궐문 앞에 나아가 이를 제출했다. 이 상소는 전 예조판서 강진규(姜晉奎)가 제소한 것인데, 실제 그것이 입철(入徹)될 때는 병조판서 민태호의 회유로 완곡한 내용으로 수정됐다고 한다. 하지만 원래 상소문이 집집마다 퍼져서 세상을 떠들썩하게 했다.(『日外』 14, 문서번호 155) 영남 유생들도 회유에 넘어갔다는 오명을 면하고자 2번에 걸쳐 다시 만인소를 제출하였는데, 이번에는 국왕 또한 그 소수(疏首)에게 유배형을 내리고 유생들을 교외로 축출하는 등 강경하게 대응하였다. 이 과정에서 유림뿐만 일반 백성들도 한마음으로 이들을 지지하였다. 서리와 나장(羅將)들은 영남의 유생들을 존경해서 극진히 이들을 대접하였으며, 곤장을 칠 때도 일부러 세게 하지 않았다고 한다.(『騎驢隨筆』)

계속해서 경기와 충청 유생들의 상소가 이어지자, 고종은 6월 5일(음 5월 9일) 일본과의 강화(講和)는 옛 우호관계를 회복한 것에 지나지 않는다는 '중수구호론(重修舊好論)'을 공식 성명했다. 그리고 23일에는 이른바 '척사윤음(斥邪綸音)'을 반포했다.

오늘날 거짓을 없애고 도적을 없애 우리 백성들을 안정시키는 방도는

진실로 사당을 완전히 없애버리는 데 있다. 그러나 만약 완전히 청산해
버리는 방도는 옛날에도 부족함이 없었으니 지금이라 해서 어떻게 더
할 수 있겠는가? 아마도 또한 근본으로 돌아가야 할 뿐이다. 병이 침노
하지 못하게 하려는 사람은 원기(元氣)를 보충하는 것만 같은 것이 없고
더러운 때를 없애려는 사람은 몸을 깨끗이 씻는 것만 같은 것이 없다.
지금 사교(邪敎)의 오염을 씻어버리려고 하는 사람은 우리의 유술(儒術)
을 더 잘 닦는 것만 같은 것이 없다. (『承政院日記』 고종 18년 5월 27일)

하지만 이는 비난 여론을 무마하려는 방편이었을 뿐, 실제 고종과
민씨 척족의 본의는 아니었다. 문호개방에 관한 정부의 로직(logic)을
가장 명료하게 제시한 것은 7월 3일(음 6월 5일)에 올라온 전 사헌부장령
곽기락(郭基洛)의 상소였다. 그는 이 상소를 제출한 당일로 예조참의에
발탁됐는데, 이는 이 상소가 민씨 척족의 사주에 의한 것이었음을 암
시한다.

우리나라에서 일본을 용접(容接: 너그럽게 대접함)함은 바로 기미(羈縻)
의 계책에서 나온 것이며, 저 일본이 양(洋)과 교호(交好)해서 양복을 입
고 양학(洋學)을 배우는 것은 우리나라에서 금지할 수 있는 바가 아닙니
다. 그리고 우리가 교호하는 것은 오직 일본일 뿐이니, 어찌 양이(洋夷)
와 통교한 적이 있었겠습니까? …

황준헌(黃遵憲) 책자로 말하더라도 그 글의 사정(邪正)과 말의 미악(美
惡)은 신이 참으로 알지 못하오나, 그 계책을 내린 바는 바로 우리나라
에서 긴요한 적정(賊情) 등에 관계된 사안입니다. 그 시행 여부는 오직
조정에서 상확(商確)한 후에 조처할 것이지만, 일본 사신이 된 자가 본
국의 중대사에 있어서 어찌 월(越)나라 사람이 진(秦)나라 사람을 보듯
사양하고 받지 않을 수 있겠습니까? 만일 받아오지 않았더라면, 신은
도리어 그 죄가 받아온 죄보다 크다고 생각합니다. …

또 일본이 우리와 상통한 유래가 오래되었습니다. 그런데 최근에 들으니, 그 부강이 예전과 비할 바가 아니라서 각국에서 방자하게 행동해도 막을 수 없다고 했습니다. 가령 우리나라와 처음부터 상통하지 않았더라도 지금 교린의 뜻으로 문을 두드린다면 의리상 사절할 수 없는데, 하물며 지난 300년 동안 수호하던 나라가 천하통상(天下通商)의 규칙을 똑같이 시행할 것을 청하니 무슨 말로 거절할 수 있겠습니까? … 오늘 우리나라의 형세와 군사의 힘으로 능히 관문을 닫아걸고 조약을 폐기하여 우리 강토에 한 발자국도 들여놓지 못하게 할 수 있겠습니까? 지탱하지 못하여 마지못해 따르는 것보다는 차라리 순순히 나가서 관계를 견고히 맺고 신의를 보임으로써 옛날의 좋은 관계를 돈독히 하는 것이 낫지 않겠습니까?(『高宗實錄』 고종 13년 6월 8일)

이 상소는 처음에 지금까지 조선이 외교 관계를 맺은 것은 일본 뿐이며, 이는 서양 학문을 수입하려는 의도가 아니라 옛 우호를 회복한 것에 불과하다는 중수구호론을 반복했다. 그리고 『책략』에 관해서는, 중국이 조선의 안보 문제에 관해 보낸 중요한 문헌이기 때문에 이를 받아온 김홍집에게 책임을 물어선 안 된다고 주장했다. 그러면서도 "우리나라와 처음부터 상통하지 않았더라도 지금 교린의 뜻으로 문을 두드린다면 의리상 사절할 수 없는데"라고 하여 서양 국가와의 수교 가능성을 열어두었다. 아마도 이것이 대미수교를 추진한 고종과 민씨 척족의 솔직한 정세 판단과 인식에 가까웠을 것이다.

하지만 유생들의 상소는 그치지 않았다. 경기도(소수 신섭(申㰍)), 강원도(소수 홍재학(洪在鶴)), 충청도(소수 조계하(趙啓夏)), 전라도(소수 고정주(高定柱))의 유생들이 대궐 앞에 몰려들어 위정척사를 울부짖었다. 이 가운데 가장 문제가 된 것은 홍재학의 상소였다. 그는 이유원과 심홍집은 예수의 심복이자 서양인과 내응하는 자에 불과하다고 탄핵했다. 또 대일 외교의 정당화 논리인 '중수구호론'에 대해서도 서계(書契)에서 '천황'을 참칭하고, 동래와 덕원을 개항하고, 한성 인근에 일본 공사관을 설치하고, 서양 물건을 교역하는 등 최근 조일관계의 양상이 과거의 그것과 다르다는 이유로 강력하게 비판하였다. 심지어 "전하께서 만기(萬機)를 직접 다스리신 후에 언제 하루라도 척사위정의 정령(政令)을 내리신적이 있습니까? 사학(邪學)하는 무리를 보이는 대로 잡아들여서 초치(草薙)하신 적이 언제 있었습니까?"라고 한 대목에서는 대원군의 재집권을 은연중에 희구하는 뜻까지 보였다. 이는 고종의 입장에선 역린(逆鱗)을 건드린 것과 마찬가지였다. 홍재학은 범상부도죄(犯上不道罪)로 능지형에 처해지고 그 가산은 적몰 당했다.

신섭의 상소 또한 거의 같은 시기인 1881년 8월에 올라왔다. 이 상소는 김홍집뿐만 아니라 이유원이 '인신무외교(人臣無外交)'의 의리를 저버리고 이홍장과 사적으로 서한을 교환하면서 그 조언에 따라 대미수교를 찬성한 죄를 논박했다. 신섭도 전라도 고금도 유배에 처해졌다. 이러한 사태의 전개에 놀란 이유원은 소를 올려 이홍장과의 서신 왕복경위를 해명하는 한편, 자신은 이홍장의 권유를 거부하였고『책략』의반입과도 관계가 없으며 연미자강(聯美自强)은 모두 잘못된 정책이라고변명하는 데 급급했다. 이래서는 문호개방 정책은 물론, 정부의 위신이설 리 없었다. 분노한 고종은 이유원을 9월 7일 평안도 중화부(中和府)로 유배 보냈다가 다시 더 먼 경상도 거제부(巨濟府)로 유배지를 옮겼다.

이처럼 문호개방 정책에 대한 반대 여론이 들끓자 대원군에게 재기의 서광이 비치기 시작했다. 8년 전 대원군의 실각에 결정적 역할을한 유림은 물론이고, 그가 집정할 때 가혹한 통치에 허덕였던 일반 백성까지도 이제 그의 귀환을 바라고 있었다. 여기에는 물론 조일수호조규 체결 이후 무관세 무역으로 인한 물가의 등귀, 고종 친정 이후 가중된 지방관의 탐학, 그리고 만동묘와 화양서원을 제외한 일반서원을 복구하지 않은 것에 대한 불만 등 여러 요인이 있었다. 하지만 신사위정척사 운동이 이처럼 광범위하게 확산되고 신분을 초월한 거국적인 지지를 얻을 수 있었던 배경에는 척왜(斥倭), 즉 반일에 대한 공감과 문호개방 자체에 대한 막연한 불안 심리가 있었다. 특히 후자는 수백 년 간 이어진 국제적 고립상태 속에서 형성된 것으로, 그 넓고도 단단한 배외사상(排外思想)의 뿌리는 고종과 민씨 척족이 문호개방 정책을 추진하는 데 가장 큰 장애가 되었다.

3) 이재선 역모 사건

유생들의 연이은 상소로 전국이 들끓던 1881년 10월 20일(음 8월 28일), 광주산성장교 이풍래(李豊來)가 포도청에 역모를 고변하는 사건이 발생했다. 놀랍게도 이 역모의 중심엔 대원군의 서장자(庶長子) 이재선이 있었다. 그리고 그 주동자로 지목된 전 형조참의 안기영(安驥永)과 전 승지 권정호(權鼎鎬)는 모두 남인으로서 대원군의 심복이었다.

역모자들이 체포된 후 진술한 바에 따르면 사건의 경위는 다음과 같았다. 처음에 유생 강달선(姜達善)이라는 자가 안기영과 권정호를 찾아와 일본인을 몰아내기 위한 벌왜(伐倭) 계획을 설명하고 대원군파의 합류를 요청했다. 이에 안기영 등이 이재선에게 이를 알리면서 공모가 시작되었다.

8월 5일(음 7월 11일) 안기영의 집에서 첫 비밀 모임이 열렸다. 이 자리에는 이재선, 안기영, 권정호를 비롯하여 전 승지 채동술(蔡東述), 유생 이철구(李哲九), 이우교(李雨敎), 이종해(李鍾海) 등이 참석했다. 이들은 대원군 파가 정권을 잡아야 일본의 침입을 막고 내정을 개혁할 수 있다는 데 동의하고, 이재선을 왕으로 추대하기로 결의했다. 거사를 위한 군사로는 용호영과 강화도 유영(留營)의 병사, 무뢰배들, 인천의 포군(砲軍), 서울 변두리의 유랑민과 불량배, 함경도의 급수군(汲水軍) 조직, 이재선의 궁궐 내 심복, 노비들의 비밀결사인 검계(劍契)를 동원하기로 했다.

구체적으로는, 강화도 출신의 이철구가 이곳에서 100명의 무뢰배를 동원하면 안기영이 영남과 충청에서 장사 170명을 모집해서 강화도에서 합류한 후 함께 유영을 기습한다. 그것이 성공하면 중군 조중호(趙中鎬)는 사전에 위조해 둔 국왕의 전교를 보이고 이들을 서울로 진군시킨다. 그리고 상경하는 길에 인천 포군을 합류시킨 후, 일본 공사관을 공격한다는 것이었다. 만에 하나 이 계획이 실패하면 다시 강화도로 퇴각해서 재기를 노리기로 했다.

하지만 이 계획은 역모라고 하기엔 너무나 엉성한 것이었다. 자금을 마련하는 것부터 문제가 생겼다. 이들은 원래 거사자금으로 2만 냥을 조달하려고 했지만, 실제 확보한 것은 모두 합쳐도 2천 냥이 채 되지 않았다. 자금이 원만하게 융통되지 않으니 군대 모집이 원활하게 될 리 없었다. 어쩔 수 없이 공모자들은 10월 6일(음 8월 14일)에 처음으로 대원군에게 음모를 대략 보고했는데, 대원군은 성사 가능성이 적다고 보고 회의적인 태도를 보였다고 한다.

그럼에도 이들은 대원군의 인기만 믿고 다음 계획을 준비했다. 그 계획이란, 10월 13일(음 8월 21일) 경기도에 진사시의 초시(初試)가 열려 많은 사람들이 모였을 때, 유생으로 변장하고 "대원군 대감이 위정척

제2장 · 음모(1873~1893)　173

사를 위해 분기하셨다!"라고 외친다. 그러면 필시 천여 명의 유생들이 호응할 것이니, 이들을 '천(天)', '성(成)', '봉(蜂)'의 세 글자 군대[三字軍]로 나누어 각각 창덕궁 및 문호개방을 주장한 대신의 저택, 그리고 일본 공사관을 습격하게 한다. 그리고는 국왕을 폐위하고 왕비를 처분하며(天軍), 대신과 척족을 죽이고(成軍), 일본인을 무찔러 무기를 탈취한다(蜂軍)는 것이었다.

하지만 총 1자루도 없이 반란을 일으킨다는 것은 애초 계획보다 더 현실성이 없었다. 음모자들 내부에서도 의견이 엇갈려 혼선을 빚다가, 결국 D-Day로 예정한 10월 13일 당일에 거사를 연기하기로 하고 대원군에게 진행경과를 보고했다. 대원군은 이들의 계획이 아예 불가능하다고 보고, 피해를 줄이기 위해 강달선 등 3명을 포도청에 '사람을 속여 재물을 편취했다[騙財欺人]'는 비교적 가벼운 죄목으로 고발했다. 그리고 음모에 가담한 이들을 불러서 단단히 입단속을 시키고 당분간 숨어있을 것을 지시했다. 하지만 이들은 대원군의 분부에도 불구하고 음모를 포기하지 않았다. 그리하여 고종이 서릉(西陵)에 행행하는 10월 21일에 다시 거사할 계획을 세웠지만, 앞에서 언급한 것처럼 그 전날 밤에 겁을 먹은 이풍래가 포도청에 고변함으로써 끝내 무산되고 만 것이다.

『매천야록』에 따르면, 이재선은 숙맥도 분간하지 못할 정도로 어리석어서, 심지어 역모가 발각된 후 사형을 당할 때 자신이 무슨 죄로 죽는지 모를 정도였다고 한다. 게다가 역모도 처음부터 끝까지 황당한 계획의 연속이었으므로, 조정 관리들은 적당히 이를 처리하려고 했다. 하지만 왕비와 척족은 이를 대원군 세력을 뿌리 뽑는 기회로 삼고자 했다. 처음에 심문을 맡은 위관(委官)은 한계원이었는데, 그는 남인인 데다가 대원군 집권기 우의정을 지낸 인물이었으므로 곧 홍순목으로 교체됐다. 이 사건에 연루되어 체포된 사람은 31명에 달했는데, 약 2개월에 걸친 취조 끝에 그 중 13명이 처형되고 3명이 유배됐다. 그 대부분은 남인과 북인이었고, 노론은 북촌의 서얼(庶孼) 몇 명만 가담했다. 이재선은 왕족이어서 제주목으로 유배되었다가 후에 사약을 받고 죽었다. 역모를 밀고한 이풍래는 광주 중군으로 승진하였다. 역모에 관련된 이들 가운데 무사한 것은 오직 대원군뿐이었다.

이 사건을 계기로 대원군의 세력은 크게 위축되고, 유생들의 척사 상소운동도 점차 수그러들었다. 하지만 이는 강력한 탄압으로 인한 일시적인 안정에 지나지 않았다. 문호개방 정책에 따른 불안과 불만은 여전히 잠재되어 있었다. 죽은 것처럼 보였던 불씨는 이듬해 임오군란으로 다시 한 번 거세게 타오르게 된다.

4.
청국으로의 납치와 귀국

1) 임오군란

1882년 7월 23일(음 6월 9일), 무위영(武衛營)에 소속된 옛 훈련도감 출신 군졸 사이에서 소동이 일어났다. 군향(軍餉)이 13개월이나 미불되다가 겨우 지급받았는데, 곳간지기가 쌀에다 몰래 겨와 모래를 섞어놓고 나머지를 착복했기 때문이다. 군졸들은 분격하였고, 처음에 말다툼으로 시작된 것이 나중엔 곳간지기, 무위영 장교들과 난투를 벌이는 지경에까지 이르렀다. 이를 보고받은 선혜청 당상 민겸호는 주동자를 잡아 죽이라고 명했다. 이를 들은 군졸들은 더 흥분하였고, 마침내 다른 군영의 병사들까지 소요에 가담했다.

군졸들은 무위대장 이경하에게 달려가 호소했다. 이경하는 일단 이들을 해산시키고 각자 민겸호에게 가서 용서를 빌게 했다. 그런데 군졸들이 민겸호의 집 앞에 갔을 때, 이번 사건의 원인을 제공한 곳간지기를 마주쳤다. 흥분한 군졸들은 소리를 지르며 그를 쫓다가 결국 민겸호의 집에까지 난입하여 닥치는 대로 때려 부쉈다.

민겸호는 왕비의 양오라비인 민승호의 친형으로, 민씨 척족을 대표하는 인물이었다. 그 집에 함부로 쳐들어간 이상 군졸들은 죽음을 면할 수 없었다. 이들은 부질없이 죽느니 한번 민씨에 대한 원한이라도 풀기로 하고 운현궁으로 몰려갔다. 대원군은 이들을 좋은 말로 달래면서 미지급된 군향을 반드시 지급하겠다고 약속하고 해산시켰다. 그런 뒤에 유춘만(柳春萬)과 김장손(金長孫) 등 군졸들의 주동자를 은밀히 불러서 밀계(密計)를 내렸다. 그 밀계가 무엇이었는지는 알려져 있지 않지만, 이후 사건의 진행 경과로 볼 때 전년의 이재선 역모 사건의 계획을 답습했을 가능성이 크다. 처음에 단순한 소요로 시작된 사건이, 이로써 군사 쿠데타로 발전했다.

이제 난군(亂軍)이 된 병졸들은 먼저 동별영(東別營)으로 달려가 군기고를 부수고 무기를 탈취한 후, 포도청으로 몰려가 잡혀 있던 동료를 구출했다. 그리고는 민태호 이하 척신들과 문호개방 정책을 주장한 관리들의 집을 공격하고, 일본공사관을 습격해서 하나부사 요시모토 공사 이하 관원들을 모두 몰아냈다. 이 과정에서 다수의 일본인이 살해당했다.

다음 날이 되자 반란의 규모는 더욱 커졌다. 무위영과 장어영(壯禦營)의 거의 모든 병졸이 가담하였다. 이보다 앞서 1882년 2월의 군제개편에 따라 기존의 훈련도감, 용호영, 무위영이 무위영으로, 금위영, 어영청, 총융청이 장어영으로 통폐합됐으므로, 사실상 모든 경군(京軍)이 반란에 참여한 것이다. 게다가 군졸 대다수가 거주한 이태원과 왕십리의 빈민들까지 도성에 들어와 폭동에 가담했다.

광분한 난군과 난민은 마침내 임금이 계신 창덕궁까지 난입해서 문호 개방 정책과 민씨 일족의 부패한 세도정치의 배후로 알려진 왕비를 찾았다. 잠시 후 고종과 명성왕후가 있는 중희당(重熙堂)이 포위됐다. 이 과정에서 민겸호와 경기도 관찰사 김보현이 국왕의 안부를 살피기 위해 입궐했다가 난군들에게 살해당했다.

대원군의 부인인 부대부인 민씨는 자신이 타는 사인교(四人轎)로 몰래 왕비를 피신시키려고 했는데, 난군 가운데 가마꾼이 있었으므로 이를 눈치채고 달려들었다. 이때 무예별감 홍재희(洪在羲, 후에 계훈(啓薰)으로 이름을 고침)가 "그 여자는 내 누이 상궁이다!"라고 외치며 이를 막은 후, 왕비의 얼굴을 알지 못한 난군들이 주저하는 사이에 겨우 구출했다. 왕비는 일단 벽동(碧洞)의 민응식(閔應植)의 집으로 피신했다. 그리고 이천을 거쳐 충주에 있는 민응식의 향제와 민영위의 집 등에서 약 50일간 은신하다가, 군란이 진압된 뒤인 9월 12일(음 8월 1일)에야 환궁할 수 있었다.(「壬午六月日記」) 한편, 기지를 발휘해서 절체절명의 위기에서 왕비를 구한 홍재희는 그로부터 23년 후, 이번에는 일본인 자객들로부터 그녀를 지키려다가 함께 죽음을 맞이하게 된다.

사태는 고종이 통제할 수 없는 지경에 이르렀다. 남은 방법은 대원군을 불러들여서 권력을 이양하는 것뿐이었다. 7월 25일, 대원군이 소명(召命)에 따라 입궐하자, 고종은 "이제부터 크고 작은 공무를 모두 대원군에게 아뢰어 결정하라."라는 전교를 내렸다. 이것으로 대원군은 9년 만에 다시 정권을 장악하게 되었다.

임오군란은 군향의 부실지급이라는 사소한 사건에서 시작되었지만, 그것이 초래한 결과는 이후 조선의 운명을 결정했다고 할 수 있을 정도로 심대했다. 이는 이 사건의 발생과 전개 과정에 단순히 우연의 요소로만은 설명할 수 없는 구조적 요인이 개재했음을 의미한다. 그것은 과연 무엇이었을까?

우선 발생 배경에 관해 살펴보자. 일반적으로 임오군란의 원인으로는 1881년 일본 공병소위 호리모토 레조(堀本禮造)를 군사교관으로 초빙해서 창설한 신식 군대인 교련병대(敎鍊兵隊, 일명 별기군)와 구식군대 간의 차별대우가 지적된다. 그런데 실제로 구식군대의 질시의 대상이 된

것은, 교련병대가 아닌 무위영(武衛營)이었다.[10]

처음에 친정을 시작한 직후 경복궁에서 원인 미상의 화재가 발생하자, 고종은 이를 계기로 1874년 1월에 무위소란 이름의 궁궐 파수군을 신설할 것을 명하였다. 정조가 왕권 강화를 위해 만든 장용영(壯勇營)과 같은 성격의 부대였다.

이것이 왕권 강화의 도구가 될 것을 우려한 신하들의 반대에도 불구하고, 고종은 결코 뜻을 굽히지 않았다. 무위소의 책임자인 무위도통사는 훈련도감·금위영·어영청의 책임자인 제조(提調)를 겸하고 용호영·총융청·포도청까지 관할하여 사실상 경군(京軍)의 병권을 장악했다. 그뿐 아니라, 포삼세(包蔘稅)의 80% 이상이 무위소에 배정되는 등 다른 군영에 비해 압도적인 재정 지원을 받았다.[11] 게다가 무위도통사는 호조판서나 선혜청 당상을 겸임했으므로 다른 관서에서 쉽게 그 운영자금을 빌려올 수 있었다. 무위소의 예산이 가장 컸던 만큼 소속 병사들의 처우에도 큰 차이가 났을 것이다.

무위소의 병력은 꾸준히 증가해서 1881년에는 4,200여 명에 달했

---

10 예를 들어 윤효정(尹孝定)의 『風雲韓末秘史』에서는 "이 때 闕內에는 甲午(甲戌의 잘못) 以後로 設置한 武衛營이라는 營門이 있어서 이것은 上監의 親軍營이므로 都統使 以下 將校의 勢力과 兵卒의 料布가 在來한 五營將卒에 比하야 심히 豊富하고 그 뿐 아니라 特別償賜하시는 布木錢糧이 있고 五營兵卒은 國庫의 窘絀을 핑계하고 八朔 동안이나 料布를 주지 아니하니 軍心이 크게 不平하야…"라고 하였고, 또 김윤식은 『陰晴史』에서 "그때 조정에서 무위영을 신설해서 대우가 다른 군영에 비해 나았다. 그런데 다른 군영은 병향(兵餉)조차 미지급되는 일이 잦았으므로 길가에 원성이 가득했다. 훈련도감의 군병(軍兵)은 평소 사납다고 일컬어졌는데 분노가 더욱 심했다. 이 때문에 강창(江倉)에서 군료(軍料)를 나눠줄 때 훈련도감의 군졸들이 먼저 난을 일으킨 것"이라고 기록했다.

11 예를 들어 1874년 11월 1일(음) 호조판서 김세균의 보고에 따르면, 최근 각 군영에 대송(貸送)한 금액이 무위소 51,000냥, 훈련도감 35,000냥, 금위영 5,000냥이며, 근래 상납전(上納錢) 1,400냥도 무위소에 보냈다고 하였다. (『承政院日記』 고종 11년 11월 1일)

다. 그리고 1882년 2월 13일에 기존의 오군영을 무위영(武衛營)과 장어영(壯禦營)의 2개 군영으로 통폐합하는 전교가 내려졌다. 임오군란이 발발하기 불과 5개월 전의 일이었다.

요컨대 무위영은 고종의 왕권강화책의 핵심이었다. 이는 대원군이 삼군부를 통해 군대와 재정을 장악한 것과 마찬가지였다. 세간에서는 무위소를 '수하친병(手下親兵)', 즉 국왕의 친위부대로 인식하고 있었다. 당연히 무위도통사는 민씨 척족 아니면 고종이 가장 신임하는 무장이 맡았다. 이와 같은 무위영의 운영 방식은, 고종의 왕권 강화가 왕비 및 그 일족과 일종의 정치공동체 형태로 이뤄지고 있음을 의미한다. 그럼에도 불구하고 임오군란이 무위영에 통합된 옛 훈련도감 군졸 사이에서 발발한 것은 그 왕권강화 노력의 근본적 한계를 보여준다.

또한 임오군란은 고종과 민씨 척족이 주도한 문호개방 정책에 대한 민중 저항의 성격을 띠고 있었다. 일단 난리가 터지자 경군(京軍) 대부분이 이에 가담했을 뿐 아니라, 도시 빈민들까지 흥분해서 문호개방을 추진한 관료들의 저택을 습격하고, 심지어 왕궁까지 침범하여 왕비를 잡으려고 광분한 것은 오랫동안 억눌러온 불만의 표출이었다. 그러한 점에서 임오군란은 전년에 미수로 그친 이재선 역모 사건과 본질적으로 다르지 않았다.

군란이 발발했을 당시 영선사(領選使)로 텐진에 있던 김윤식은 이 소속을 접하고, 그 원인이 문호개방에 대한 민중의 반감에 있을 것이라고 추측했다.

국왕께서 친정(親政)을 시작하신 뒤로 나라의 형세가 매우 미약한네 천하의 시국이 크게 변하는 때를 당하여 고립과조(孤立寡助)하니, 종사를 보존하기 어려움을 살피시고 오직 중조(中朝: 중국)의 명을 받들어 뜻을 외교에 오로지 하셨습니다. 그런데 불령한 무리가 항상 외교와 외구(外寇)라는 말로 국왕의 죄를 열거하고, 비방하는 말로 선동해서 민심을 경혹(驚惑)케 합니다. 지난 신사년(辛巳年)에 이재선, 안기영 등의 역적이 난당을 결집해서 국왕의 폐위, 친신(親臣)의 삼제(芟除), 벌왜축사(伐倭逐使)의 세 가지 일을 꾸몄으나 일이 누설돼서 형륙을 당했습니다. 이제 난당(亂黨)이 궁궐을 침범하고 이웃 나라 사신을 좇아냈다는 소식을 들으니, 이것이 바로 작년 역적의 여당(餘黨)의 소행임은 의심할 여지가 없습니다. (『天津談草』)

한편, 임오군란을 거치면서 조선 정부의 재정은 사실상 파탄 상태가 되었다. 군란 직후 이홍장이 총리아문(總理衙門)에 보고한 바에 따르면, 그 국고(國庫)에는 이미 1개월 치의 비축분도 남아 있지 않았다.

조선의 빈곤함은 심상치 않은 수준인데, 이번 변란을 거치면서 나라에 1개월 치 비축분도 없어졌으니 대신해서 크게 우려하고 있습니다. 도대(道臺) 마건충(馬建忠) 등의 밀보에 따르면, 일본이 전에 50만 엔의 차관을 허락했지만 그 군신(君臣)들은 협제(脅制: 위협과 간섭)를 받을 것을 우려해서 아직까지 망설이며 결정을 내리지 못하고 있다고 합니다. 하나부사는 계속해서 광산을 대신 개발하여 배상금을 상환하는 방안을 타진했습니다. 다행히 김굉집(金宏集: 김홍집) 등이 극력 반대했지만, 당장 세관 설치와 세관원 고용, 그리고 일체 새로운 사업을 시작할 경비를 실로 마련할 길이 없으니 조영하 등이 우리에게 원조를 구하는 것은 본디 만부득이한 사정에서 나온 것입니다." (『中日韓』 문서번호 554)

요컨대, 임오군란이 가져온 파멸적 결과는 국가 기능의 핵심인 군대와 재정을 붕괴시킨 것이었다. 따라서 국가 재건을 위해선 타국의 원조를 구하지 않을 수 없는 것이 당시의 현실이었다.

어떤 나라에 도움을 청할 것인가? 일본 및 서양 국가와의 수교통상을 추진하다가 이 사단이 난 마당에 이들 국가는 고려대상이 될 수 없었다. 조정 관리의 대부분은 그래도 역사적으로 특수한 관계가 있고, 안보적 이해를 공유하는 청에 의존할 수밖에 없다고 생각했다. 뒤에서 살펴보겠지만, 임오군란의 발발 소식이 전해지자 청은 불과 6일 만에 그 진압을 위해 조선 파병을 결정했다. 이후 청이 조선에 대한 내정 간섭과 정치적 압력을 강화한 것은 역사의 상식에 속한다.

당시 김윤식, 어윤중(魚允中), 김홍집, 조영하 등 많은 조정 관리는 이를 불가피한 사태로 받아들였다. 그에 반해 국왕과 왕비는 왕실의 권위와 자주성을 지키기 위해 청으로부터의 이탈을 모색했다. 이를 기회로 정권의 장악과 조선사회의 근본적 개혁이라는 정치적 목적을 위해 왕실에 접근한 것이 바로 김옥균(金玉均), 박영효(朴泳孝)의 독립당(獨立黨, 또는 개화당)이었다.

이러한 관점에서 본다면, 이른바 온건개화파와 급진개화파(독립당) 간 정치적 대립의 본질은 개혁의 속도나 철저함보다는 외교 노선의 목표와 방식의 차이에 있었다고 할 수 있다. 그리고 이와 함께 조선 내부의 정쟁(政爭)은 새로운 양상을 띠었다. 각자가 자신의 권력과 생존을 위해 외세를 끌어들이고, 이로 인해 갈등이 더욱 증폭되는 악순환에 빠지게 된 것이다. 불과 2년 뒤에 터진 갑신정변은 이러한 새 국면을 상징하는 사건이었다. 김옥균은 청의 세력을 배후로 하는 조정 대신들을 타도하고 권력을 장악하기 위해, 후쿠자와 유키치(福澤諭吉), 고토 쇼지로(後藤象二郎)와 같은 일본의 재야세력과 손을 잡았다. 이후 권력을 지키려는 측에서도, 또 그것을 쟁취하려는 측에서도 외세와의 결탁은 필수적인 조건이 되었다.

2) 제2차 집정

1882년 7월 25일(음 6월 11일) 고종은 앞으로 대소 공무를 모두 대원군에게 아뢰어 결정하라는 전교를 내렸다. 이로써 대원군의 두 번째 집정이 시작되었다. 대원군 앞에는 당장 해결해야 할 과제가 산적해 있었다. 우선 군란을 진정시키고 어지러운 민심을 수습해야 했다. 이를 위해 고종은 '죄기윤음(罪己綸音)', 즉 스스로 반성하는 윤음을 내려서 이번에 발생한 미증유의 변고가 잘못된 국정운영과 문호개방 정책에서 기인했음을 천명하고, 군란 가담자에 대한 관대한 처분을 약속하였다.

> 임금 자리를 계승한 이래, 크게 토목공사를 벌여 백성의 재물을 억지로 끌어들임으로써 가난한 자와 부자 모두를 곤경에 처하게 하였으니, 이것이 나의 죄로다. 화폐를 수차례 개혁하고 무고한 이를 많이 죽였으니, 이것이 나의 죄로다. 사당과 서원을 헐어버리고 충현(忠賢)에게 제사 올리지 않았으니, 이것이 나의 죄로다. 신기하고 보기 좋은 것만 구하고 상 내리는 일에 절제가 없었으니, 이것이 나의 죄로다. 기양(祈禳)의 의례를 지나치게 믿어 내탕금을 허비하였으니, 이것이 나의 죄로다. 널리 인재를 등용하지 않고 종친과 외척에게만 높은 자리를 주었으니, 이것이 나의 죄로다. 뇌물이 공공연히 행해져 탐관오리들이 징벌되지 않은 탓에 가난한 백성의 근심스럽고 괴로운 정상이 위에 도달하지 않았으니, 이것이 나의 죄로다. 나라의 창고가 바닥나 군리(軍吏)가 배를 곯고, 공가(貢價)의 빚이 연체되어 시정(市井)이 폐업하였으니, 이는 나의 죄로다. 각국과 우호관계를 맺는 것은 시의(時宜)이거늘, 시행한 조치가 방도에 맞지 않아 한갓 백성들의 의심만 더하였으니, 이것이 나의 죄로다. 그리하여 결국에는 신을 노엽게 하고 백성의 원성을 자아내 변고가 백

출함에 아랫사람이 윗사람을 능멸하여 재앙이 육친(六親)에게 미쳤다. 위로는 천자에게 근심을 끼치고 아래로는 만백성의 삶을 어지럽혔으며, 이웃 나라에 신용을 잃고 천하의 웃음거리가 되었나니, 이 또한 나의 죄로다. (『雲養集』「罪己綸音」)

이어서 고종이 신설한 무위영과 장어영, 그리고 훈련병대(별기군)을 폐지하고, 훈련도감, 용호영, 어영청, 금위영, 총융청의 5군영 체제를 복구하였다. 군심(軍心)의 불만은 무위소(무위영)와의 차별 대우에서 기인했으므로 이는 군졸들을 달래는 의미가 있었다. 그리고 약속한 대로 병졸들에게 밀린 군향(軍餉)을 지급하였다. 병졸들은 각자 소속부대로 돌아갔고, 한성의 혼란은 점차 진정되었다.

다음으로 착수한 것은 정부 조직의 개편이었다. 먼저 고종의 문호 개방 정책을 상징하던 통리기무아문(統理機務衙門)을 폐지하고 옛 삼군부를 복구하여 군사와 주요 국무를 관장하게 했다. 통리기무아문이란 청의 총리기무아문(總理機務衙門)을 모방하여 군국기무(軍國機務)를 총괄하기 위해 1881년 1월(음 12월 21일)에 설치한 기관으로서, 민씨 척족을 중심으로 일부 소장 관료가 참여하는 형태로 구성돼 있었다. 그에 반해 복설된 삼군부는 김병국, 신헌, 이경하 등 예전 대원군 집권기에 활약한 원로대신들이 중심이 되었다.

이와 함께 대원군의 위신을 세우기 위해 '존봉의절(尊奉儀節)'이 제정됐다. 그 규정은 다음과 같았다.

하나, 대신은 '시생(侍生)'이라 하고 보국숭록대부 이하는 '소인(小人)'이라 칭한다.
하나, 교자(轎子)는 팔인교(八人轎)로 한다.

하나, 흉배는 거북의 무늬를 쓴다.

하나, 품대(品帶)는 청색의 가죽에 수정을 박은 것을 쓴다.

하나, 초선(蕉扇)은 일산(日傘)으로 대신하되, 흰 바탕에 푸른색으로 테
두리를 한다.

하나, 부대부인(府大夫人)의 품대는 청색의 가죽에 수정을 장식한 것으
로 마련한다. (『高宗實錄』 고종 19년 6월 11일)

세 번째는 민씨 척족을 몰아내고, 자신의 세력으로 그 자리를 채우
는 일이었다. 대원군은 맏아들 이재면을 훈련대장·금위대장·어영대
장에 임명하고, 호조판서와 선혜청 당상을 겸임케 했다. 병권과 재정
권을 모두 맡긴 것이다. 물론 모든 실질적인 결정은 자신이 할 요량이
었을 것이다. 또한 자신의 심복으로 대일외교의 비선(秘線)으로 활동하
다가 고종의 친정 이후 유배당한 전 동래부사 정현덕을 석방하고 승정
원 우승지에 임명했다. 그런데 정현덕은 대원군 정권이 불과 1개월 만
에 무너지는 바람에 숙배(肅拜)도 하지 못한 채 체포되어 결국 사형을
당하는 비운을 맞이하게 된다.

이와 함께 대원군은 행방불명된 왕비의 승하를 기정사실로 간주하
고 국장(國葬)의 준비를 명했다. 왕비가 궁궐로 돌아오지 못하게 하고
은밀히 제거할 생각이라도 한 것일까? 하지만 이는 대원군 자신이 마
건충(馬建忠)에게 납치되는 빌미를 제공한 자충수가 되었다. 이는 다음
절에서 살펴보기로 한다.

결과적으로 대원군의 두 번째 집정에선 이렇다 할 성과가 없었다.
그것은 왕비의 국장 준비로 분주했던 탓도 있지만, 무엇보다 청이 의
외로 신속하게 군대를 파견함으로써 달리 손쓸 여지가 없었기 때문이
다. 흥미로운 사실 하나만 덧붙이기로 한다. 대원군은 정권을 잡자마

자 부산에 정박한 영국 함선에 전령을 보내서, 자신은 비록 예전엔 배외주의자로 알려졌지만 이제는 생각을 바꿔서 문호개방 정책을 계승하겠다는 뜻을 성명했다.(FO 48/287, No.108 inclosure 1) 이는 일본에서 메이지 정부가 수립된 직후, 옛 막부가 서양 열강과 체결한 불평등조약이 여전히 유효함을 천명함으로써 그 간섭을 막은 것을 연상케 한다. 집권 기간이 짧았기 때문에 이것이 그의 본심이었는지는 알 길이 없지만, 적어도 그의 예민한 정치적 감각만큼은 확인할 수 있다.

3) 청의 파병

한편, 임오군란 당시 난민의 습격을 받아 인천으로 피신한 하나부사 요시모토 일본 공사와 그 일행은, 영국 측량함 플라잉 피시(Flying Fish) 호에 수용되어 7월 29일 밤 나가사키에 도착했다. 하나부사의 급전(急電)으로 군란 소식을 알게 된 일본 정부는 긴급 각의를 개최해서 대처방안을 논의했다. 청 조정에서는 그보다 이틀 뒤인 8월 1일 주일 공사 여서창(黎庶昌)의 전보를 통해 이 사실을 파악했다.

당시 조선 문제의 실질적 책임자는 직예총독 겸 북양대신 이홍장이었다. 그런데 그는 모친상으로 휴가를 얻어 귀향 중이었으므로, 양광총독(兩廣總督) 장수성(張樹聲)이 그 직무를 대리했다. 여서창의 급보를 받은 장수성은, 마침 텐진에 와 있던 영선사 김윤식과 문의관(問議官) 어윤중에게 의견을 물었다.

김윤식은 이번 일은 틀림없이 작년 이재선 역모 사건의 잔당의 소행일 것으로 보았다. 그리고 이들이 정권을 잡을 경우 일본과 분명히 마찰을 빚을 것이며, 일본이 이를 빌미로 무리한 배상을 요구하고 조선 내정에 간여할 것이니 신속히 군함을 파견해서 국왕을 구하고 일본과의 관계를 중재해줄 것을 청하였다.(『天津談草』) 장수성은 조선 국왕의 정식 자문이 도착하기도 전에 8월 2일 북양수군 제독 정여창(丁汝昌)에게 출동 준비를 명하고, 외교에 밝을 뿐 아니라 조미수호통상조약과 제1차 조영·조독수호통상조약 체결에 관여해서 조선 사정에 익숙한 마건충(馬建忠)을 소환했다.

이윽고 8월 10일 밤, 초용(超勇), 양위(揚威), 위원(威遠) 등 청국 군함 3척이 인천 제물포에 입항했다. 그중 한 척엔 어윤중이 타고 있었다. 마건충은 어윤중을 화도별장(花島別將) 김홍신(金弘信)에게 보내서 이번 사태의 진상을 파악하게 했다. 어윤중은 돌아와 다음과 같이 보고했다.

> 국왕께서는 지파(支派)로서 정통(正統)을 이으셨습니다. 그 친부는 대원군이라 하는데, 성격이 재물과 여색을 탐했습니다. 국왕이 입승(入承)하자 국가 권력을 움켜잡고 제멋대로 행사해서 남의 재물을 뺏고 사람을 죽이기를 좋아했으며, 일본과는 까닭 없이 관계를 끊어서 거의 병단(兵端)을 만들었습니다. 당시 국왕은 간신히 이름뿐인 왕위만 껴안고 있을 뿐이었고, 대원군에게 붙은 자들이 실로 늘어나 무리를 이루었습니다. … 작년에 역모를 일으켰을 때 세 가지 호령을 구분했는데, 그 하나는 곧장 왕궁을 공격하는 것이고, 또 하나는 뜻이 다른 조정 신료들을 모두 죽이는 것이고, 마지막 하나는 일본인을 무찔러 죽이는 것이었습니다. 금일 사건은 바로 작년 음모가 이어진 것입니다. 대원군이 있으면 누가 감히 외교를 거론하겠습니까?(『東行三錄』)

어윤중의 보고는 김윤식의 말과 같았다. 유일한 차이라면, 이번 변란의 배후가 대원군임이 분명해진 것이었다. 청국 군함이 제물포에 들어오기 직전에 일본 군함 곤고(金剛)도 입항했는데, 곤고에서 보내온 외무서기관 곤도 마스키(近藤眞鋤)와 함장 니레 가케노리(仁禮景範)도 같은 말을 했다. 대원군이 역적의 수괴이고 정권을 장악한 것이 사실이라면, 군대를 동원해서 저항할 우려가 있었으므로 정여창과 마건충은 6영(營) 3,000명 병력의 추가 파견을 요청했다.

> 초 9일에 일어난 일은 국왕의 생부인 흥선군 이하응이 무리를 이끌고 난을 일으켜 곧바로 왕경(王京)에 들어가 왕비를 시해하고 태왕비를 억지로 돌아오게 한 것입니다. 국왕은 비록 폐위되지는 않았지만 이미 깊은 곳에 갇혀서 바깥 조정과 접촉할 수 없게 되었습니다. 또한 대소 문무 신료 가운데 뜻이 다르고 외교에 관계한 자들은 거의 다 죽여버렸습니다. …
>
> 지금의 계책으로는 헌대(憲臺: 이홍장)의 권형독단(權衡獨斷)을 청해서 한편으로는 상주를 올리고, 다른 한편으로는 육군 육영(六營)을 조발해서 즉시 위원(威遠)·미운(湄雲)·태안(泰安), 그리고 텐진에 있는 초상국(招商局)의 윤선(輪船)에 실어 동쪽[조선]으로 보내는 것이 제일입니다. 우레 같은 기세로 곧장 왕경(王京)을 취해서 역적의 수괴를 잡아들인다면, 저 난당 등은 아직 포치(布置: 군대 배치)가 정해지지 않고 방어가 주밀(周密)하지 못하니 썩은 나무처럼 꺾이리라는 것을 미리 헤아릴 수 있습니다. (『東行三錄』)

이보다 앞서 장수성은 주일공사 여서창을 통해 일본의 움직임이 심상치 않음을 확인하고, 8월 7일에 조선 출병을 상주하여 이미 재가를 얻었다. 그는 광동수사제독(廣東水師提督) 오장경(吳長慶)에게 타전하여 출동 준비에 착수하게 했다. 8월 20일, 오장경이 이끄는 2만 병력이 경기 남양부 마산포에 도착했다. 김윤식도 함께 귀국했다.

청 조정에서 처음 임오군란의 발발 소식을 접하고 파병을 결정하기까지 걸린 시일은 불과 6일이었다. 그 신속함은 일본의 외무당국을 경악시키기에 충분했다. 역사적으로도 보더라도 청의 군대가 한반도에 진주한 것은 약 250년 전 병자호란 이후 초유의 사태였다. 그렇다면 청은 왜 한중관계의 양상을 근본적으로 뒤흔드는 중대한 결정을 이처럼 서둘러 내린 것일까.

본래 한중 간 조공관계의 본질은 중국과 그 주변 국가 간 국토, 인구, 경제력과 군사력, 문화 등의 비대칭적 구조 속에서 만들어지고 발전한 정치적 의례(political ritual)라는 데 있었다. 다시 말해서, 주변 국가들은 중국에 정기적으로 조공을 바치고 중국은 그 통치자를 책봉하는 의례를 통해 전자는 중국 중심의 지역 질서에 순응한다는 의사를 표시하고, 후자는 그 내정에 간섭하지 않으며 유사시 원조한다는 의지를 확인한 것이다. 이를 통해 한반도의 왕조들은 중국 왕조와의 장기간에 걸친 평화공존을 실현하고 내정과 외교에서 사실상 완벽한 자주권(自主權)을 향유할 수 있었다. 전통적 의미에서의 '속국(屬國)'은 이처럼 의례적인 상하관계 속에서 내정과 외교에서 자주적 권리를 갖는 나라를 의미했다.

그런데 19세기 중엽 이후 서양 제국주의 세력이 동아시아에 침투하면서 문제가 발생하기 시작했다. 서양의 역사나 국제법에서는 동아시아의 조공관계에 해당하는 사례 또는 개념이 존재하지 않았으므로, 이를 근거로 조선에 대한 우월한 권리 – 종주권 – 을 주장하기가 곤란해진 것이다. 이에 청은 전통적 '속국'의 의미를 서구 국제법의 '종속국(dependent state)' 또는 '피보호국(protectorate)' 개념을 통해 재해석하기 시작했다. 이에 따르면, 보호를 제공하는 나라가 피보호국에 대한 권리를 주장하려면 후자에 전쟁이나 내란이 발발했을 경우 실제 보호를 제공하고 그 결과에 대한 책임을 져야 했다. 1882년 임오군란이 발발하자 청이 신속하게 군사적 개입을 단행한 이유는 여기에 있었다.

단, 그렇다고 해서 조청관계가 서양 국제법에 의거한 보호관계로 완전히 변질되었다고 단정하는 것은 잘못이다. 이는 주일공사 여서창이 일본 외무성에 청의 파병을 통고하면서, "이번 파병은 속방(屬邦)에 병란(兵亂)이 생겨서 스스로 자기의 일을 처리하려는 것이니 … 비유하자면 다른 사람이 자제(子弟)의 집에 물건을 맡겼는데 혹 도둑을 맞았다면 가장(家長)이 사문(査問)하지 않을 수 없는 이치와 같다."라고 한 데서도 알 수 있다.(『岩倉公實記』下) 1894년 청일전쟁의 결과 조공의례가 완전히 철폐되기 전까지, 청의 조선정책은 전통적 종주권과 서양 국제법의 보호권이 결합된 기괴한 혼종의 성격을 띠었다.[12]

4) 납치

8월 12일, 하나부사 요시모토 공사가 군함 4척과 수송선 2척에 보병 1개 대대 병력을 태우고 제물포로 돌아왔다. 그리고는 조선 정부의 만류에도 불구하고 20일에 호위병 2개 중대를 거느리고 입경한 후, 창덕궁 중희당(重熙堂)에서 고종을 알현했다. 이 자리에서 하나부사는 일본 정부의 요구사항을 적은 책자를 제출하고, 3일 안에 회답을 줄

---

12 다음에 인용한 내각학사(內閣學士) 주덕윤(周德潤)의 상소는, 베트남의 종주권을 놓고 프랑스와 분쟁이 벌어지는 가운데 전통적 의미의 '속국'을 서양 국제법의 '피보호국'으로 재해석할 것을 주장한 최초의 사례 중 하나다. 이 상소의 날짜는 1883년 5월 13일(음 4월 7일)로 되어 있다.
"중국의 이른바 '속국'은 바로 외국에서 말하는 '보호국'입니다. … 그렇다면 중국이 베트남을 다투고자 한다면 반드시 먼저 '속국'의 이름 을 다투어야 하고, '속국'의 이름을 존속시키고자 한다면 반드시 먼저 '보호'의 실제를 남겨둬야 하는 것입니다."(『中日』4, 「內閣學士周德潤請用兵保護越南摺」)

것을 반협박조로 요구했다. 그가 제출한 요구사항 7개 조는 다음과 같았다.

> 첫째, 지금부터 15일 내로 흉도의 우두머리와 그 무리를 체포해서 엄중하게 처리할 것.
>
> 둘째, 사망자는 장례를 후하게 치를 것.
>
> 셋째, 5만엔(圓)을 피해자의 유족과 부상자에게 지급할 것.
>
> 넷째, 흉도의 폭거로 인해 일본에서 받은 모든 손해와 출병 준비 등의 일체 비용을 액수에 맞게 배상할 것.
>
> 다섯째, 원산, 부산, 인천 각 항의 간행리정(間行里程)을 확장해서 사방 100리로 하고, 새로 양화진을 개시장(開市場)으로 하고, 함흥과 대구 등지를 왕래하면서 통상하게 할 것.
>
> 여섯째, 일본 공사, 영사 및 그 수행원, 종자 등이 내지를 자유롭게 여행하도록 허락할 것.
>
> 일곱째, 지금부터 5년간 일본 육군병 1개 대대를 두어 일본공사관을 호위할 것. 단, 병영의 설치와 수선은 조선 정부에서 맡음.

이에 대해 고종은 전권대표로 영의정과 예조판서를 임명하겠다고 약속했다. 국왕 알현을 마친 후, 하나부사는 중희당의 부속 건물인 연현각(延賢閣)에서 대원군과 회견을 가졌다. 이 자리에서 대원군은 하나부사의 요구에는 답변을 회피한 채, 자신도 국제정세에 따라 반드시 척사정책을 고집하는 것은 아니라는 점만 분명히 했다. 그런데 하나부사가 고종을 알현하는 자리에서 요구 책자를 직접 제출한 것은 대단히 무례할 뿐만 아니라 국제적 관례에도 맞지 않는 행위였다. 이 때문에 고종에게 봉정한 요구 책자가 반환되었으므로, 하나부사는 다시 영의정 홍순목과 회견을 갖고 요구 책자를 전달한 후 회답 기한을 23일 정오까지로 재차 못박았다.

그런데 홍순목은 21일에 하나부사에게 공문을 보내서, 왕비의 장례 준비 때문에 지방에 나가야 하므로 귀경할 때까지 회담을 열기 어렵겠다는 뜻을 전했다. 본래 국상(國喪)이 나면 대신이 그 절차를 지휘하는 것이 관례였고, 이를 준비하는 것은 가장 중요한 국사(國事)로 여겨졌다. 하지만 이러한 사정에 익숙하지 못한 하나부사는 이를 의도적으로 회담을 지연시키려는 행위로 간주하고, 자신이 제시한 회답 기한이 되기도 전인 22일에 교섭 결렬의 책임은 전부 조선에 있음을 선언한 후 다음날 오전 인천으로 떠나버렸다.

이보다 앞서, 하나부사와의 회담에서 그의 강경한 태도를 본 대원군은 마건충에게 도움을 청하기로 했다. 대원군은 21일 남양에 있는 마건충에게 하나부사가 조선 조정에 요구 책자를 제출하고, 그 회답 기한을 사흘로 통고한 사실을 급히 알렸다. 마건충은 다음날 남양을 출발해서 수원에서 하룻밤을 묵은 후, 23일에 입경(入京)하여 남별궁(南別宮)을 거처로 삼았다.[13] 하지만 이때는 이미 하나부사가 교섭 결렬을 일방적으로 선언하고 인천으로 떠난 뒤였다. 마건충은 그가 귀국하는 것을 막기 위해 급히 달려갔다.

8월 24일, 인천에서 마건충과 하나부사의 회견이 열렸다. 하나부사에게서 지금까지의 경위를 들은 마건충은 다음과 같이 설득했다.

조선 국왕과 그 신하들은 일본 공사와의 상의를 희망하고 있다. 하지만

---

13 남별궁은 현재 중구 소공동(小公洞)에 있던 궁궐인데, 임진왜란 당시 명나라 장수 이여송(李如松)이 숙소로 사용한 이후 조선 국왕이 중국 사신을 접견하는 장소로 자주 사용되었으며, 1897년에는 대한제국이 환구단(圜丘壇)을 세운 곳이다.

지금 정권을 잡은 것은 국왕이 아니라 집정(執政: 대원군)일 뿐이다. 이
때문에 일본 공사와 회담을 열 수 없는 것이다. 따라서 금일의 급무는 국
왕이 전권을 장악하게 하는 것이다. 내가 오늘 온 것은 결코 조선과 일
본 양국 간을 중재하기 위해서가 아니라, 공사가 혹시 조선의 정치적 사
정을 충분히 고려하지 않고 국왕이 아닌 인물과 잘못 상의하는 것을 방
지하기 위해서다. 또 최근 중국에서 군대 약간을 파견했는데, 이는 오직
난당(亂黨)을 다스리기 위한 것이다. 부디 양찰하기 바란다.(『東行三錄』)

하나부사는 마건충의 말에서 대원군을 몰아내고 정권을 다시 국왕
에게 돌려주려는 의도를 눈치챘다. 하나부사에게도 이 제안은 나쁠 것
이 없었다. 왜냐면 한때 분개해서 협상 결렬을 선언하긴 했지만, 빈손
으로 일본에 돌아갈 경우 후속 조처가 마땅치 않았기 때문이다. 만약
마건충이 대원군을 축출해 준다면 체면을 잃지 않고 조선 정부와 협상
을 재개할 수 있었다. 또 경우에 따라선 조선 정부로 하여금 일본 측의
요구사항을 수용하게 하는 데 마건충의 중재를 활용할 수도 있었다.
하나부사는 25일 마건충을 찾아와 말했다.

일본 정부는 이미 조선 정부에 제출한 요구의 관철을 선결문제로 간주
하며, 어떤 형식으로도 제3국의 개입을 반대한다. 만약 조선 정부로 하
여금 오늘내일 중에 전권 대신을 인천에 파견하게 한다면, 협상 재개도
굳이 사절하지 않겠다.(『東行三錄』)

이 말을 들은 마건충은 바로 인천을 떠나 한성으로 돌아왔다. 마침
대원군이 찾아왔으므로, 마건충은 만찬을 열고 오랜 시간 필담을 나눴
다. 대원군이 돌아간 후, 마건충은 정여창과 함께 오장경에게 하나부
사와의 회견 결과를 보고했다. 이 자리에서 이들은 대원군의 납치를

결정하고 신중히 계획을 모의했다.

　8월 26일, 운명의 날이 밝았다. 정오에 오장경과 정여창, 그리고 마건충이 의장을 갖춘 호위병을 거느리고 운현궁을 방문했다. 대원군과 면담을 마치고 돌아온 오장경은 성 밖에 있는 기명제독총병(記名提督總兵) 황사림(黃仕林)의 군영에서 기다리고, 마건충과 정여창은 서둘러 남별궁에 군사를 배치한 후 합류했다. 손님이 이쪽을 한번 방문하면 이쪽도 한번 답방하는 것이 예의다. 이윽고 대원군이 호위 군사 몇 명을 거느리고 황사림의 군영으로 왔다. 마건충은 이날의 긴박했던 상황을 다음과 같이 기록했다.

> 이날은 가랑비가 내렸다. 4시가 되었을 때 하응이 수십 기의 호종(護從)을 거느리고 왔다. 그가 장막에 들어오자 필담을 권했다. 신시[申時: 오후 4시경]부터 유시[酉時: 오후 6시경]까지 필담을 나눈 종이가 24폭이나 되었다. 둘러보니 시종 가운데 조선인이 1명도 없었다. 그들이 이미 모두 장막에 잡혀 있음을 알고, 지금이 바로 거사할 때라고 생각해서 마침내 글을 휘갈겨 써서 보였다.

- (마건충) 그대는 조선 국왕이 황제께 책봉 받은 사실을 알고 있는가?
- (대원군) 알고 있소.
- 왕이 황제의 책봉을 받았으니, 일체의 정령(政令)이 마땅히 왕에게서 나와야 한다. 그런데 그대는 6월 7일의 변에서 제멋대로 대병[大柄: 대권]을 훔쳐 자기와 뜻이 다른 사람을 죽이고, 사인(私人)을 끌어다 써서 황제께서 책봉하신 왕을 물러나 수부[守府: 한갓 선왕이 남긴 창고만 지키고 있음]하게 했다. 왕을 기만한 것은 실로 황제를 가볍게 여긴 것이다. 그 죄가 마땅히 용서하지 말아야 할 것이로되, 다만 왕에게 부자지친(父子之親)이 있으니 우선 관대하게 처분하는 것이다. 속히 수

레에 올라 마산포로 갔다가 군함을 타고 텐진으로 가서 조정의 처분을 받으라!

겁에 질린 하응이 사방을 둘러보았다. 오장경과 정여창 두 군문(軍門)이 일어나 장막 밖으로 나갔다. 나도 하응의 팔짱을 끼고 나가 수레에 태웠다. 그때 군사들은 2열로 도열하고, 창과 칼이 빽빽이 늘어서 있었다. 장부들이 수레를 대기하고 있었지만, 하응은 자기 가마가 아니라며 타지 않으려 했다. 나는 그를 억지로 밀어 넣고 출발시켰다. 건장한 군졸 100명이 벌떼처럼 에워싸고 떠났다. 정 군문이 말을 몰아 뒤따랐다. (『東行三錄』)

대원군의 두 번째 집정은 이처럼 허망하게 끝났다. 정권을 다시 잡은 지 불과 34일 만의 일이었다. 난군을 동원해서 친형 이최응을 비롯하여 척신 민겸호와 김보현을 살해하고, 죽음도 확인되지 않은 왕비의 국상을 서둘러 선포하고, 일본공사관을 습격해서 대일관계를 수렁에 빠뜨리면서까지 얻은 권력의 대가로는 너무도 짧은 기간이었다.

다음날 마건충은 이홍장에게 흥선대원군을 납치한 경과를 보고했다.

저는 12일에 인천에서 돌아왔고, 정 제독[정여창]도 이날 해군 100명을 거느리고 소수(筱帥: 오장경)의 대군과 함께 달려왔습니다. 소수(筱帥)는 성밖에 진을 쳤고, 정 제독은 남별궁으로 들어와 저와 계획을 의논했습니다. … 이튿날 정오 소수(筱帥)와 함께 이하응을 방문한 후 그가 성을 나와 답방하기를 기다렸다가 군중(軍中)에서 붙잡아 배로 보내기로 했습니다. … 논의가 결정되고 즉시 한밤중에 성을 나가 소수(筱帥)와 상의했습니다. 그는 "우선 외교를 닦은 후 내란을 제거해야 한다."라고 했지만, 저는 "조정이 조선을 위해 외교를 주지(主持)한 것은 국왕을 부지(扶持)하기 위함입니다. 그런데 오늘날 하응이 권력을 전단하고 국왕은 왕부(王府)만 지키고 있으니, 설령 일본인과 의논을 결정하고자 해도 사소한 것도 정하기 어려울 것입니다. 또 정할 수 있게 하더라도 이는 하응을 돕는 것이지 국왕을 돕는 것이 아니므로, 크게 체통을 잃을 것입니다. 금일 해야 할 일은 응당 먼저 내란을 제거하는 것입니다."라고 했습니다. 소수(筱帥)가 이를 듣고 비로소 거사를 과감하게 허락했습니다.

『東行三錄』

이 보고에서 보듯이, 대원군의 납치를 결정하고 주도한 장본인은 마건충이었다. 왜 그는 본국의 지시도 없이 이처럼 중대한 사건을 결행한 것일까?

앞에서 언급한 것처럼, 마건충은 협상 결렬을 선언하고 인천으로 떠난 하나부사가 체면을 잃지 않고 다시 협상장으로 돌아오게 만들어야 했다. 앞에서 서술한 것처럼, 대원군의 제거는 그 명분이 될 수 있었다. 게다가 대원군이 정권을 쥐고 있는 한, 언제든지 임오군란과 유사한 사건이 발생해서 조선과 일본 간에 분쟁이 발생할지 알 수 없었다. '외교'로 인해 조선에서 일본인과 서양인이 살해당하는 혼란이 반복되는 것은, 그 종주국을 자임한 청이나 국내여론을 신경 쓰지 않을 수 없는 일본 정부 모두에 적지 않은 부담이었다. 대원군의 제거는 일본에도 불리할 것이 없는 조건이었다. 이러한 점에서 그의 납치는 마건충과 하나부사 간 암묵적인 정치적 야합의 결과였다.

대원군을 납치한 당일에 오장경, 정여창, 마건충은 조선 백성에게 알리는 포고문을 게시했다. 민심을 안정시키기 위해 대원군을 납치한 이유를 설명하는 한편, 청 황제에게 언제든 조선 군주를 교체할 수 있는 '종주권(宗主權)'이 있음을 천명하는 내용이었다.

조선은 중국의 번복지방(藩服之邦)으로 본래 예의(禮儀)를 지켜왔는데, 근년 이래로 권신(權臣)들이 권병(權柄)을 훔쳐서 정치가 사문(私門)에서 나와 독(毒)이 쌓이고 화(禍)가 깊어짐에 마침내 금년 6월의 변이 발생했음을 알게 됐다. 왕비를 시해하고 왕을 욕보였으며, 백성을 해치는 잔학한 관리가 일시에 모두 나왔으니, 이는 천고의 지극한 변고다. …

지난번 변고를 아뢸 때, 길가에 떠도는 소문이 모두 너희 국태공이 이 일을 주관한다고 했다. 황제께선 이 때문에 혁연(赫然)히 진노하시고, 너희 국태공이 이미 이 일을 주관했다면 필시 그 주명(主名)을 얻을 수 있을 것으로 생각하셨다. 이에 특별히 군대를 파견하여 너희 나라 국경에 임하게 하시고, 우선 국태공을 입조(入朝)시켜서 친히 사정을 들으시고자 했다. 그리고 일단 죄인이 잡힐 것을 기다렸다가 다시 천토(天討)의 위엄을 펼쳐서 우두머리는 죽이고 종범(從犯)은 석방해서 밝게 전칙(典則)을 행하게 하셨다. 조정의 뜻이 매우 간절하니 어찌 감히 공경하며 두려워하지 않겠는가?

이제 통령북양수사(統領北洋水師) 정 군문(丁軍門)이 잠깐 국태공과 함께 항해해서 입궐할 것이다. 다른 사람의 골육지간(骨肉之間)에 대처함에 은혜를 온전히 하고 의리를 밝히는 것은,[全恩明義] 우리 대황제께 본디 권형(權衡)이 있으니 반드시 너희 국태공에게 심하게 질책하시진 않을 것이다. 그러나 거동이 창졸해서 너희 상하 군민(軍民)이 미처 이러한 뜻을 깨닫지 못하고 망령되게 의구심을 품을까 우려했다. 이 때문에 원대(元代)에 고려 충숙왕(忠肅王)과 충혜왕(忠惠王)을 잡아들인 것을 전례로 삼은 것이니, 이는 높고 깊은 성의(聖意)에 크게 의지한 것이다. …

(『岩倉公實記』下)

주목되는 것은 '전은명의(全恩明義)'라는 표현이다. '전은'이란 부자나 형제 사이에는 설령 죄가 있어도 죽이지 않음으로써 은혜를 온전히 한다는 뜻인데, 대원군과 고종 간의 관계를 고려해서 그를 죽이지는 않겠다는 뜻을 함축한다. '명의'란 의리를 밝힌다는 뜻으로, 여기서는 대원군의 신하로서의 의리를 가리킨다. 다시 말해서 마건충은 대원군을 납치한 명분을, 황제의 배신(陪臣)에 불과한 그가 황제가 직접 책봉한 국왕의 자리를 찬탈한 '불충(不忠)'에서 찾은 것이다. 그리고 그 역사적 전례를 무려 500여 년 전, 원(元)나라 때 고려 충숙왕과 충혜왕을 각각 토번(吐蕃)과 광둥(廣東) 게양현(揭陽縣)으로 유배 보낸 고사에서 찾았다. 하지만 이는 서로 내정에 간여치 않았던 기존 조청관계의 관행에서 보자면, 오히려 이번 처분이 극히 예외적인 것임을 드러낼 뿐이었다.

대원군 납치를 주도한 마건충은 이홍장에게 그 수습책까지 건의했다.

> 하응이 변란을 주도하고 권력을 훔친 죄는 참으로 용서할 수 없습니다. 그러나 국왕에게는 부자지친(父子之親)이 있으니 끝내 법으로 다스린다면 국왕이 장차 스스로 처할 곳이 없을 것이요, 그렇다고 나라 안에 그대로 두면 변란의 싹이 다시 일어날 수 있습니다. 따라서 헌대(憲臺: 이홍장)께서 처음 하신 논의대로 하응을 중국에 기류(羈留: 구류)하되 죽을 때까지 부귀를 누리게 하신다면 아마도 은의양전(恩義兩全: 은혜와 의리가 모두 온전함)에 가까울 것입니다. 이미 진헌(晉憲: 장수성)에게는 하응을 중국에 안치할 것을 보고했습니다. 다만 반정(反正: 고종의 복권) 이후 저 국왕은 반드시 더욱 진작(振作)하기를 도모할 것입니다. 재조(再造: 조선의 재건) 국면에서 헌대(憲臺)가 아니면 함께 주지(主持)할 분이 없을 것입니다. 게다가 일본인들은 교활한 속임수가 다단(多端)하고 요구가 끝이 없으니, 미천한 재주를 가진 제가 일을 맡아서 혹시라도 뜻을 다 받들지 못하여 일을 그르칠까 몹시 두렵습니다. 부디 시국의 어려움을 굽어살피시어 나와서 나랏일을 보신다면 조선과 대국(大局)에 큰 다행이겠습니다. (『東行三錄』)

마건충의 건의는 두 가지였다. 하나는 국왕의 친부인 대원군에게 형법을 적용한다면 국왕이 백성에게 면목이 없어지고, 그를 조선 국내에 놓아둔다면 언제 다시 변란이 발생할지 모르니 중국으로 데려가 죽는 날까지 구류해야 한다는 것이었다. 다른 하나는, 마건충은 하나부사와의 회견에서 일본의 움직임이 심상치 않음을 느꼈다. 당시 일본 참모본부는 도쿄와 구마모토 2개 진대(鎭臺)를 동원해서 혼성여단을 편성하고, 운송선 4척을 후쿠오카 항에서 대기하게 하는 등 언제라도 조선 출병이 가능하도록 대기명령을 내린 상태였다. 따라서 이홍장이 속히 업무에 복귀해서 조선 문제를 직접 챙길 것을 요청한 것이다.

5) 심문

납치된 대원군을 실은 가마는 밤새 진창길을 달렸다. 청나라 병졸 100여 명이 앞뒤로 그를 호위했다. 대원군은 이튿날 정오에 남양부 마산포에 도착했다. 그리고 곧장 군함 등영주(登瀛洲)에 실려 톈진(天津)으로 호송됐다.

당시 대원군이 등영주 안에서 청 관헌의 감시를 피해 쓴 편지가 전해진다. 비록 수신자는 명기되지 않았지만, 맏아들 이재면일 것으로 추측된다.

> 이 편지를 지금 비록 쓰지만 어느 날에 도착할지 모르겠고, 어떻게 부쳐야 할지도 모르겠다. 다만 오늘 일도 또한 한 가지 쾌(快)한 여행의 방법이다. 큰 배에 들어와 동정을 상세히 살펴보니 또한 한 가지 장관이다. 들어보니 일간에 출발하며 빨리 가면 돌아오기까지 7, 8일 정도 허비할 것이라고 하지만, 실은 언제 나올는지 알지 못한다. 또 접대하는 도리를 보

니 십분 우대함이 특별하고, 그중 몇 사람은 너무 공손하니 더욱 고맙다.

이 뜻을 공사청(公事廳)에 들여보내 일일이 고하고, 이 종이는 동생과 형이 반드시 돌려보아라. 비록 북쪽에 들어가고자 하나 의복과 문건들이 없으니 절박하다. 또 어려운 것은 말을 통할 통역이 없는 것이다. 톈진에 도착하면 이응준(李應俊)이 있으니 크게 다행이다.

여기서부터 내일 아침에 떠나 출발하면, 이틀 만에 톈진에 도착할 수 있으면 왕복하는 데 7, 8일 허비할 것이라고 한다. 이 배에서 다 말하길, 오늘날 태공(太公: 대원군)이 천조(天朝: 중국 조정)에 들어가는 것이 크게 다행이라고 한다. 총총히 겨우 써서 숨겨 두었다가 인편을 기다려 부칠 생각이다. 동하지 말고 안정해라.

15일 아침 (「다시 살아가지 못하리라」)

대원군은 자신을 기다리는 운명을 아직 깨닫지 못했다. 불의의 사태를 막기 위해 그를 호송한 청 관리들이 짐짓 공손하게 그를 대했기 때문이다. 대원군은 청에 가서 조사를 받고 7, 8일 정도면 귀국할 수 있을 것으로 생각하고 있었다.

하지만 톈진에 상륙하자마자 그 기대는 여지없이 깨지고 말았다. 이날 대원군이 기록한 일기는 그의 참담하고 절망적인 심경을 잘 보여 준다.

7월 19일[양력 9월 1일]

한밤중에 톈진에 도착했다. 홀로 천 리를 온 것이다. 영무처(營務處)에 들어가 있었다. 배 안에서 나를 데리고 온 자, 영중(營中)에서 맞이하는 자가 온갖 말로 떠들었으나 알아듣기 어려웠다. 그때 나는 뱃멀미로 원기가 모두 빠져나가 혀가 말려들고 기운이 위축되어 앉지도 서지도 못할 지경이었다. 잠시 후 명함 1통이 도착했다. 그것은 영무처 위원 6명

이 연향을 위해 식탁을 차려놓고 나를 부르는 것이었다. 간신히 그곳에
갔다. 새벽에 첫닭이 운 후 연향이 끝났다. 모두 흩어져 아무도 남아 있
지 않았다. 나만 홀로 병으로 신음하며 앉아 있었다. 약은 고사하고 물
을 따라주는 이조차 없었다. 크게 탄식하며 눈물을 흘렸다. 큰 집은 괴
괴하게 몇 개 등불만 켜있고, 나는 홀로 침상에 누워 있었다. 새벽 기운
이 조금씩 차가워지는데 아직 인적은 없었다. 이런 때야말로 사람을 사
귀기는 어렵고 귀신 소리를 듣기는 쉽다. 마음 붙일 사람은 오직 문지기
뿐이지만, 불러도 대답이 없고 그의 말을 들어도 알아듣기 어려웠다.
그때 위원 한 사람이 다시 와서 필담으로 말했다.

- 동국(東局)에 귀국 사람 최성학(崔性學)이 있는데 그를 아시오?

나는 벌떡 일어나 앉으며 적었다.

- 알고 있소, 알고 있소. 그 사람은 지금 어디 있소?
- 지금 문밖에 있소.
- 빨리 불러주시오.

잠시 후 최성학이 들어왔다. 나는 정신을 차리지 못하고 외마디를 외치
며 그의 손을 잡았다.

- 너로구나, 너로구나. 네가 과연 사람 살리는 부처로구나!

최성학은 평소 잘 알던 사람이었다. 그도 눈물을 흘리며 말했다.

- 이게 무슨 일입니까.. 이게 무슨 일입니까..

나는 다시 기운이 빠져 말을 잇지 못하고 주저앉았다. (『大院君의 天津被
拉日記 李鴻章의 査問答記』)

말도 통하지 않는 이역만리에서, 이제는 굳이 적의(敵意)를 숨기지
않는 중국인들에게 둘러싸인 대원군에게 최성학은 마치 지옥에서 만
난 지장보살처럼 보였다. 이날부터 최성학은 대원군의 통역이 되었다.

그리고 전년에 영선사 김윤식을 따라와 톈진에서 유학 중이던 조태현(趙台鉉), 이희민(李熙民), 고영철(高永喆)[14] 등도 만날 수 있었다.

조선 사람과의 만남은 대원군이 마음을 진정시키는 데 큰 도움이 됐다. 하지만 무엇보다 안정을 되찾는 데 도움이 된 것은 앞으로 20일 정도면 귀국할 수 있으리라는 최성학의 말이었다. 다음 날 대원군은 이재면에게 다시 편지를 보냈다. 그는 자신이 귀국해서 탈 사인교를 수리해 놓으라는 당부까지 했다.

> 최성학이 어제 주복의 말을 듣고 왔는데, "황상께서 비밀 명령으로 귀국의 태공을 불러들인 것은 다름이 아니라 근래 중국의 형세가 고립되어 조선과 일본의 관계를 의심하는데, 육지의 조항(條項)은 곧 귀국이다. 그러므로 태공을 불러들인 것이다. 배신(陪臣)에게 물어보아도 귀국의 풍속과 갑병(甲兵)의 여하를 자세히 알지 못하므로 태공을 불러들여 일체의 일을 계획하려는 것이다."라고 했다. 조정의 의론이 이러하다는 것을 비로소 알았다. …
> 물어보니 지금 생각 같아선 8월 10일 안에 서울에 돌아갈 것 같다. 내 사인교는 부서져 쓰기 어려우니 궁궐에 있는 당교(唐橋) 중 하나를 풀은 삼승포(三升布)로 사인교의 다리를 싸서 남양(南陽)으로 보내어라. 오늘 이 네 생일인데 절로 늙은 소가 송아지를 핥는[老牛舐犢] 애정이 난다. 학도와 공장이 모두 와서 엎드려 귀국 인사를 고하니, 이들을 변통해서 데리고 돌아갈 생각이다. 또 들어보니 황성(皇城)의 여러 재상이 나를 보려고 날짜를 세며 기다린다고 한다. 이 편지를 배편에 부치니, 이 또

---

14 고영철(1853~?)은 1881년 중국의 무기제조법 등 선진문물을 견습하기 위해 톈진에 파견된 유학생 38명 중 1인으로서 수사학당(水師學堂)에서 영어를 익혔다. 그는 대원군을 만난 후 1883년에 세워진 동문학교의 주사(主事)가 되었으며, 같은 해 민영익을 대표로 하는 미국 보빙사절단의 통역관으로 선발됐다.

한 장 대인의 분부이다.

20일 정사(丁巳) 씀 (『다시 살아가지 못하리라』)

하지만 대원군의 기대와 달리, 9월 12일에 열린 이홍장의 심문은 매섭기 짝이 없었다. 이홍장은 엄중하게 임오군란의 발생 원인과 대원군의 배후조종 여부를 추궁했다. 대원군은 이날의 심문 내용을 다음과 같이 기록했다.

중당(中堂: 이홍장)의 부름이 있어서 즉시 가서 만났다. 이홍장과 장수성 두 공은 남쪽을 향해 나란히 앉고, 주복과 원보령(袁保齡) 두 사람은 북쪽을 보며 함께 앉았다. 나는 남쪽을 향해 걸상이 놓였다. 당(堂)에 들어가 읍(揖)한 후 자리에 가서 앉았다. 내 옆에는 오직 최생(崔生)과 통역 정인흥(鄭寅興)만 있었다. 내가 황태후와 황상의 성체(聖體)를 여쭈니 저들이 답하고는 다시 자리에 앉아 차를 권했다. 중당이 붓을 잡고 먼저 쓰기 시작했다.

- 6월 9일 민란(임오군란)의 원인은 무엇이오?

- 군향(軍餉)이 잘 배급되지 않아 난이 일어난 것입니다.

- 난의 우두머리는 누구요?

- 모릅니다.

- 어찌 모를 리가 있소?

- 난이 일어난 뒤에 비로소 듣고 집으로 돌아갔으니, 그간의 사정은 실로 알지 못합니다. 저는 한가로이 근교 별장에 살고 있었는데, 당일 국왕의 청으로 집에 돌아왔다가 곧장 왕궁에 들어갔습니다. 이는 아마도 무위제조(武衛提調) 민겸호(閔謙鎬)의 환롱(幻弄: 교묘한 꾀로 남을 농락함) 때문일 것입니다. 군향(軍餉)을 고가로 내다 팔아서 10여 삭

(朔: 10일)이나 군향을 나눠주지 않다가, 5일에 겨우 1삭(朔)의 군향을 풀었는데, 쌀의 품질이 조악하고 양을 속였습니다. 여러 군인이 이를 빌미로 바로 서리와 낭관을 구타하고 쌀을 받아가지 않았습니다. 그때 겸호가 만약 좋은 말로 어루만지고 타일렀더라면 분명 이러한 변고가 없었을 것입니다. 그런데 겸호는 이렇게 하지 않고, 주동자 4명을 심문한 후 제멋대로 죽였기 때문에 이러한 소동이 난 것입니다. 모든 일은 겸호가 나라 곡식을 환롱하고 인명을 함부로 죽였기 때문에 일어났습니다.

- 그렇다면 겸호는 어떻게 그런 직책을 맡았고, 조정에서는 아무 말이 없었소?

- 국왕이 어질고 선해서 사람을 믿기만 하고 의심할 줄 몰라 이처럼 전례 없는 변고를 초래한 것입니다. 하지만 지금은 국왕이 크게 깨닫고 통분해서 겸호가 사사롭게 쌓아둔 재물을 압수하였고, 차차 군향도 배급할 것입니다.

- 겸호의 죄가 이와 같은데 어째서 분명히 성토하지 않고, 단지 재산만 압수하고 군향을 배급하는 것이오?

- 군향 배급은 제가 들은 다음에 들어왔습니다. 어제 집안 서신으로 들으니, 조정의 논의가 비등해서 겸호에게 장차 추탈(追奪)의 형벌을 시행한다고 합니다.

- 군민(軍民)이 난을 일으켜 왕비를 핍박해서 시해하고 일국 재상들을 살해했는데, 어째서 그 죄를 징토(懲討)하지 않았소? 난군(亂軍)의 우두머리를 필시 알지 못했을 리가 없소. 이제 칙지(勅旨)를 받들어 조사하는 자리에서 어찌 줄곧 얼버무리기만 하는 것이오?

- 난군의 우두머리는 아마 겸호가 제멋대로 죽인 자일 것입니다. 나머지 궁궐을 침범한 놈들을 어찌 다스리지 않을 수 있겠습니까? 다만 군민(軍民)이 모두 봉기해서 주범과 종범을 판별하기 어려웠습니다. 조

정에서 이미 양 포청(捕廳)에 명하여 비밀리에 탐문하고 형벌을 시행했다고 합니다. 이를 만약 덮어둔다면 우리나라를 어떻게 2천 년 예의지방이라고 할 수 있겠습니까?

- 2천 년 예의지방이 이제 무례지방(無禮之邦)이 되었소.

- 그게 무슨 말씀이십니까? 일에는 결말이 있으니, 잠깐 조처를 지켜보시면 통촉하실 것입니다.

- 민겸호와 김보현은 왜 해를 입었소?

- 두 사람이 모두 전후(前後)로 무위제조였기 때문입니다.

- 그렇다면 재상인 이[이최응]는 어째서요?

- 무위도제조(武衛都提調)였기 때문입니다.

- 무위영과 기무아문(機務衙門)은 어째서 혁파했소?

- 무위영은 본래 별설군액(別設軍額)이 아니고 훈련영(訓鍊營: 훈련도감)의 절반을 내영(內營: 궁궐 내 병영)에 붙인 것이니, 당나라의 신책병(神策兵)과 같습니다. 기무아문은 본래 남설(濫設)한 것입니다. 중국에는 총리각국사무아문(總理各國事務衙門)이 있지만, 다른 나라에도 그러한 것이 있다는 말은 못 들었습니다. 별도로 아문을 설치하고, 또 온갖 폐단이 생겼기 때문에 혁파한 것입니다. 외국과의 통상(通商)으로 말씀드리면, 작은 문제는 예조에서, 큰 문제는 정부에서 담당한다면 어찌 다른 근심이 있겠습니까?

- 그건 맞소.

- 이처럼 엄핵(嚴覈)하는 자리에서 한갓 말장난으로 호도한다면 장차 상주하여 형부(刑部)로 넘기겠소. 그렇게 된 다음에야 어찌 백뢰(白賴: 결백한 것처럼 말을 꾸밈)할 수 있겠소?

- 끓는 기름 솥이 앞에 있더라도 사대부가 죽으면 죽었지 어찌 모른다

는 말로 거짓 자백을 하겠습니까?

- 그날 변란에서 각하의 나졸(邏卒)이 인도한 것을 어떤 사람이 목격했다는 증거가 있소.

- 그 사람이 지금 어디 있습니까? 부디 대질을 시켜 주십시오.

- 지금 텐진에 없소.

- 비록 형부에서 형벌을 받더라도, 어찌 한 쪽의 말만 듣고 국문을 할 수 있습니까? 그 사람이 지금 텐진에 없더라도, 중당께서는 반드시 그 사람의 거주지와 성명을 아실 것입니다. 제가 설령 10년간 포승줄에 묶이는 한이 있어도 반드시 그 사람이 오기를 기다렸다가 흑백을 가리겠습니다. 제 나졸이 무엇 때문에 인도했겠습니까?

- 그가 변란의 괴수이기 때문이오.

- 그렇다면 제가 불궤(不軌: 역모)할 마음을 먹고 은밀히 인도하게 했다는 말씀이십니까?

- 각하가 변란의 괴수를 알지 못한다고 운운하는 말은 이치에 맞지 않소. 듣자하니 두 번이나 각하의 집에 와서 호소했다고 하던데, 그 사이에 어찌 알지 못했을 리가 있소?

- 수천 명이 둘러싸고 있는데 어떻게 자세히 알겠습니까? 온 나라 군민(軍民)이 모두 반역했는데, 누구를 시켜서 호령을 내렸겠습니까?

- 그렇게 사실을 말하지 않으면 각하는 조순(趙盾)의 주벌(誅罰)을 면하기 어려울 것이오.

- 그것이 춘추필법(春秋筆法)입니다. 제가 만약 조금이라도 불궤(不軌)할 마음을 먹었다면 남동(南董)의 필봉을 어떻게 면하겠습니까? 다만 하늘이 위에서 알고 계십니다. 부디 고발한 사람과 한 번만 대질을 시켜 주시면 죽더라도 여한이 없겠습니다. 대질해서 사실을 기리지도 않고

홀로 만고에 씻지 못할 오명을 얻는 것은 부당합니다. 인류(人類)에 끼지 못할 뿐만 아니라, 금수도 부끄러워 무리에 껴주지 않을 것입니다.

- 날이 이미 늦었으니 자리를 파하겠소. 며칠 내로 위원과 대관을 보내서 다시 이야기하겠소.

- 알겠습니다. (『大院君의 天津被拉日記 李鴻章의 査問答記』)

대원군은 호락호락하지 않았다. 그는 끝까지 죄를 인정하지 않으면서 임오군란의 원인은 민겸호를 비롯한 무위영 책임자의 탐학과 잔인함에 있고, 사건 당일 수천 명의 군졸이 자신의 집에 몰려와 호소했지만 수괴는 모른다는 말로 변명했다. 또한 그의 군졸이 난군을 인도하는 것을 목격한 자가 있다는 추궁에는, 죽을 때 죽더라도 한번 대질이라도 시켜달라는 말로 끝까지 버텼다.

이후에도 이홍장과 장수성은 천진해관도(天津海關道) 주복, 후선도(候選道) 원보령(袁保齡), 마건충 등을 시켜서 여러 차례 대원군을 심문했다. 그때마다 대원군은 완강하게 죄를 인정하지 않았다. 하지만 이와 무관하게 대원군의 처분은 이미 조선에서 끌려올 때부터 결정돼 있었다.

9월 21일(음 8월 10일), 이홍장과 장수성 등은 '민씨 일족의 탐학이 변란의 원인이 된 것은 사실이지만, 대원군이 국왕의 생부로서 정권을 되찾으려고 난군을 선동한 형적(形跡)이 있음도 부인하기 어렵다. 대원군은 아직 그 세력이 많으니, 이를 방치하면 국왕과 왕비, 그리고 조정 신하들과 갈등을 빚어서 다시 난리가 일어날 우려가 있다. 따라서 고려 충숙왕과 충혜왕의 전례에 따라 대원군을 즈리(直隷) 바오딩부(保定府)에 안치하고 영원히 본국에 돌아가는 것을 불허함으로써 조선의 화란(禍亂)의 싹을 제거해야 할 것'이라는 내용으로 상주를 올렸다.(『中日』

4. 문서번호 142)

이틀 후인 9월 23일에 청 광서제는 대원군은 국왕의 생부이므로 특별히 은혜를 베풀어 사형을 면해주는 대신, 영원히 바오딩부에 구류하고 귀국을 불허한다[減死安置]는 상유(上諭)를 내렸다.

> 이하응이 국정을 담당할 때 왕은 어린 나이였다. 권력을 전단(專斷)하고 백성을 학대해서 악한 행적이 환히 드러났으니, 정권을 돌려준 뒤에도 날로 원망이 심해졌다. 작년에는 바로 그의 자식 이재선의 모역 사건이 있었다. 이번에 난군이 처음 봉기했을 때 먼저 그의 집으로 가서 호소했는데, 바른말로 금지하지도 못하고, 도리어 사후에 서무(庶務)를 제멋대로 쥐고 위복(威福)을 마음대로 해서 홀로 난당을 불문에 부쳤다. 이홍장 등이 성지(聖旨)에 따라 신문(訊問)함에 이르러선 오히려 다시 다방면으로 은폐하고 분식하면서 사실을 토로하려고 하지 않았다.
> 　그가 당악수화(黨惡首禍: 당을 만들고 재앙을 앞장서서 만듦)한 것은 실로 입이 백 개가 있어도 피하기 어렵다. 그가 위세를 쌓아서 군주를 두렵게 하고 종사를 위태롭게 한 죄를 따지자면 본래 마땅히 법에 따라 엄하게 징계해야 할 것이로되, 다만 조선 국왕이 이하응에 대해서 그 정의(情誼)가 존친(尊親)에 속하니, 만약 끝내 중한 형벌에 처한다면 도리어 그 국왕이 스스로 처할 곳이 없게 될 것을 염려했다. 그러므로 특별히 은혜를 베풀어서 우선 관대하게 감형하는 것이다. 이하응은 그 치죄(治罪)를 면하고 즈리(直隷) 바오딩(保定) 지방에 안치한 후 영원히 귀국을 허락하지 말라.(『中日』 4. 문서번호 142)

이에 따라 대원군은 톈진으로 압송된 지 15일만인 26일에 바오딩 성성(保定省城) 내 구(舊) 청하도서(淸河道署)에 연금됐다. 청하도서란 바오딩부에 소속된 지방행정 관서로서 직예총독관서 바로 옆에 있었다. 말하자면 대원군은 이홍장의 직접 감시를 받았던 것이다.

한편, 생부가 끌려간 상황에서 고종도 가만히 있을 수는 없었다. 납치 소식이 전해지자 고종은 급히 이조참판 조병호(趙秉鎬)를 호행사(護行使)에 임명했지만, 대원군은 이미 청 군함에 실려 텐진으로 떠난 뒤였다. 군란의 진압에 사의를 표하기 위해 사은겸진주사(謝恩兼陳奏使)로 베이징에 간 조영하는 청 예부, 총리아문, 직예총독 등에 대원군의 석방을 탄원했지만, 청 조정에서는 이를 각하하고 대신 국왕이 세시사신(歲時使臣)을 보내 안부를 살피는[省問] 것만 허락했다.

그 뒤에도 조선 조정은 기회가 있을 때마다 대원군의 석방과 귀국을 간청했다. 하지만 그것이 모두 진심에서 나온 것이라고는 보기 어렵다. 민씨 척족에게 이는 윤리적 비난을 피하고, 대원군 세력의 준동을 막기 위한 의례적인 행위에 지나지 않았던 것이다. 이 사실을 모르지 않았을 대원군이지만, 그럼에도 구명을 위한 호소는 계속되었다.

> 이곳에서 하는 말이 다 주문(奏文)이 다시 들어와야되겠다고 한다. 또 어제 윤영이가 배행(陪行)해서 온 사람이 이중당(이홍장)에게도 긴(緊)하고 사람이 상스럽지 않아서 필담을 시켰더니 그 대답이 이러했다. 부디 진주사(陳奏使)를 또 보내야, 나 돌아가고 못 돌아가는 것은 고사하고 상감의 체면이 천하에 빛이 나겠으니, 부디 잘 아뢰어 내 한 몸을 살려다오.
>
> 19일 견중 『다시 살아가지 못하리라』

6) 바오딩부에서의 연금 생활

대원군도 자신이 처한 현실을 받아들이는 데는 적지 않은 시간이 필요했다. 9월 25일에 가족에게 보낸 편지에서는 "텐진에서 안치(安置)

공문을 보았다. 그 지시에 따라 바오딩부로 향할 것인데, 언제가 될지는 예측하기 어렵다. 어느 곳에 가든지 내 마음에는 번뇌가 없다. 집안일과 자식 교육은 조금도 소홀히 하지 말라. 대저 팔자소관이다."라고 하면서 애써 태연한 모습을 보이다가도, 다른 편지에서는 "지금은 조각 편지들이 밖으로 통하지만, 다시는 한 마디 글이나 글자 하나도 나가지 못할 것"이라고 절망적인 심경을 토로하기도 했다.

심지어 그는 왕비에게 목숨을 구걸하는 편지를 쓰기도 했다. 대원군과 왕비는 둘도 없는 정적(政敵) 관계에 있었다. 비록 왕비이자 며느리지만, 이처럼 불구대천의 원수처럼 된 상대에게 모든 염치와 체면을 버리고 구명(救命)을 청할 수 있는 사람이 얼마나 있을까. 여기서도 대원군의 성격의 일단을 엿볼 수 있다.

전마누라[중전마마]께

그동안 망극한 일을 어찌 만 리 밖에서 간략한 글월로 말씀드리겠습니까.

마마께서는 하늘이 도우셔서 환위(還位)를 하셨거니와 나야 어찌 살아 돌아가기를 바라오리까. 날이 오래되니 [중전마마의] 옥도(玉度)가 빛나시고 태평 태평하시고 상감마마 제절(諸節)과 자전[대왕대비]께서도 태평하시고 동궁마마 내외가 평안하기를 축수하고 축수할 뿐입니다. 나는 다시 살아 돌아가지 못하고 만 리 밖의 외로운 넋이 되오니 우리 집 대를 이을 후사(後嗣)야 두 분 마마(兩殿: 고종과 명성왕후)께서 어련히 보아주시겠습니까. 다시 뵙지도 못하고 이승에서의 내 목숨이 오래지 못하겠으니 종이와 붓을 마주하니 한심스럽습니다. 내내 태평히 지내시기를 바라옵니다.

바오딩부 안치(安置) 죄인 이(李) 올림

10월 20일 『홍선대원군이 명성황후에게 보낸 한글편지』

12월 15일(음 11월 6일)에는 오여륜(吳汝綸)과 왕진경(王晉卿)이 대원군을 내방해서 필담을 나눴다. 필담이라고는 해도 추가 심문과 다를 바 없었다. 오여륜은 훗날 이홍장의 문집인『이문충공전집(李文忠公全集)』을 편찬하는 인물이다.

이날의 필담에서 주목되는 것은 대원군이 자신의 10년 집정의 공적을 스스로 평가한 대목이다.

- 집사께서 국정을 담당할 때 일컬을 만한 공덕(功德)이 무엇인지 듣고 싶소.
- 10년간 정사를 보좌하면서 스스로 부국지책(富國之策)을 쓰고자 했고, 또 2차례 양란(洋亂)을 감당했을 뿐 별로 이렇다 할 일이 없소.
- 어째서 10년이 지났는데 부유해지지 않았소? 양란(洋亂)은 요행일 뿐이니 공이라고 할 수 없소. 집사가 혹시 지금 국정을 맡는다면 양인(洋人)이 오지 못하게 막을 수 있소?
- 지금 형세는 왜·양을 배척해선 안 되오. 다만 좋게 화호(和好)하고 협의해서 만전지책(萬全之策)을 행해야 하오.

대원군은 자신의 공적으로 '부국지책', 즉 국고를 충실히 한 것과 병인양요와 신미양요 등 서구 열강과의 2차례 전쟁을 감당한 것을 들었다. 대원군의 통치는 군주가 인격을 수양해서 이를 바탕으로 덕치(德治)를 행하면 마치 북극성이 움직이지 않아도 여러 별이 그를 향하듯이 지극히 선한 정치가 저절로 이뤄진다는 성리학적 왕도정치(王道政治)의 이상과는 거리가 멀었다. 전통적인 의미에서의 법가(法家) 또는 근대 서구의 현실주의(realism)의 가르침처럼 그의 통치 수단은 권력과 권모술수였고, 그 결과 일정하게 부국강병을 달성한 것을 대원군은 자신의 공적으로 생각한 것이다.

이 또한 대원군이라는 근대적 영웅이 등장해서 왕도정치의 허상을 무너뜨렸다기보다는, 19세기의 세도정치기를 거치며 이미 전통적인 정치이념과 윤리가 이미 형해화(形骸化)됐기 때문이라고 보는 편이 옳을 것이다. 당시 조선인 중에서도 전통적 정치이념과 윤리가 여전히 현실 정치에서 유효하다고 믿는 사람은 많지 않았을 것이다. 하지만 누구도 감히 이를 말하지 못하는 상황에서 전통과 제도, 심지어 도덕률마저 초월한 정치 행위를 과감하게 실천한 데 정치가로서의 대원군의 특출함이 있었던 것이다.

이날의 필담에서 불과 44세에 지나지 않는 오여륜은 이미 예순이 넘은 대원군에게 "집사(執事)가 존귀한 시아버지로서 도리어 아녀자에게 패한 것은 어째서요?", "천하는 말하지 마시오. 집사는 일국이나 논하시오. 당신은 나라를 마음대로 다스렸고 아무도 방해하는 사람이 없었소. 그런데도 부강을 이루지 못했으니 이는 누구의 잘못이오?"라고 하는 등 온갖 야유를 퍼부었다. 아무러한 대원군도 "나쁜 젊은이를 만나서 곤욕이 극심하오."라고 한탄할 수밖에 없었다.(『大院君의 保定府談草』)

바오딩부 생활은 사실상 가택연금과 다르지 않았다. 외부인의 출입은 물론, 서신조차 검열을 거치지 않고서는 왕래할 수 없었다. 필요한 물건은 원칙적으로 간수가 대신 구입해 주고, 만약 대원군이 꼭 나가서 사야 한다면 사전에 이홍장의 허락을 받고 출입 시에 간수가 대동해야 했다. 그마저도 한 달에 한두 번만 허락되었으며, 외박은 불가능했다. 오직 장자 이재면만이 곁에서 그를 모셨을 뿐이다. 다음은 대원군의 감시 규정인 「간수조선대원군 이하응 장정 8조(看守朝鮮大院君李昰應章程八條)」의 일부이다.

1조: 이하응을 보정성성(保定省城)에 이송하여 옛 청하도서(淸河道署)에서 거주하도록 한다. 영무처 소속의 친병(親兵) 세 막사를 건물 뒤에 있는 빈 터에 나누어 주둔시켜 좌우에 있는 각 창고를 순찰시키는 한편, 태제독(態提督)은 별도로 보정연군(保定練軍) 두 막사를 파견하여 대당(大堂) 전면에 상주시켜 주야로 철저하게 경비한다. 관계없는 자의 출입을 금하며, 또한 풀 한 포기 나무 하나라도 허락 없이는 출입시킬 수 없다. 모든 이하응의 왕래 서신은 봉함(封緘)을 할 수 없으며, 간수위원의 검열을 거친 후 보낼 수 있다. 봉함을 하였거나 한글로 된 서신은 위원이 반송한다.

2조: 이하응 및 수종(隨從). 관역인(官役人)들은 두 개의 내당(內堂) 건물을 사용하고 모든 간수인들은 외당(外堂)을 사용하며, 상호간 친밀하게 지내는 것을 금한다. 성내 또는 외래의 문무관원은 북양대신의 허락 없이는 면회할 수 없으며, 이를 위반할 경우 간수 위원이 문책한다.

3조: 이하응의 생활에 필요한 식품은 위원이 사람을 파견하여 대신 구입하되 그 대가는 이하응이 지불해야 한다. 이하응이 사람을 보내 물품을 사려고 할 경우, 위원은 신임할 수 있는 병사를 딸려 보내야 하며 이때 타인에게 부탁하여 서신을 보내거나 금지된 물품을 구입해선 안 된다.

4조: 만약 이하응 자신이 시장에 나가 물품을 구입할 경우 하인 1~2명만 대동해야 하고, 이 경우 위원은 먼저 북양대신에게 통보하여 허락을 받아야 하며 또한 반드시 위원이 동행해야 한다. 단 1개월에 1~2번에 한하며, 성 밖으로 나가거나 유숙할 수 없다.

대원군은 일상적인 용품에서 기본 찬거리까지 소소한 불편이 많았던 것으로 보인다. 『매천야록』에는 물 사정이 좋지 않아서 생활하기가 어려웠는데, 대원군이 땅을 파자 달고 맑은 물이 나와서 주민들이 기

이하게 여겼다는 기사가 있다. 집에 편지를 보내서 "망건 1개와 항상 쓰고 다닐 망건 4~5개를 보내고 간장도 많이 보내라."는 지시를 하기도 했다.(『古美術저널』 창간호)

또한 대원군은 본국에서 보내는 물품 반입의 편의와 석방 운동을 위해 청 관헌에게 뇌물을 바치느라 많은 재물이 필요했다. 이 때문에 집정 10년 동안 축적해 둔 운현궁의 재물이 탕진되었다. 대원군은 뇌물을 바칠 때 항상 은(銀)으로 하였으므로, 청나라 사람들이 그를 '은옹(銀翁)'으로 불렀다고 한다.

대원군은 연금 생활의 울분을 묵란(墨蘭)을 치는 것으로 달랬다. 그는 조선에 있을 때부터 손꼽히는 묵란화의 대가였다. 대원군은 야인시절에 추사 김정희를 사사하며 글씨와 묵란 치는 법을 익혔다. 그는 30대 초반 추사의 『난맹첩(蘭盟帖)』을 모사하면서 본격적으로 묵란화에 입문하였고, 30대 중반에 『석파묵란첩(石坡墨蘭帖)』을 만듦에 이르러선 이미 괄목할 만한 성장을 해서 추사의 극찬을 받았다. 대원군의 묵란화의 걸작들은 그가 정치적으로 불우한 시절, 예컨대 제1차 집정에서 물러난 후 양주 산장에서 은거했을 때나 바오딩부 유폐 시절, 또 귀국한 후 1894년까지 약 10년간 한거(閑居)할 때 마치 울분을 토해내듯이 그린 그림들이었다. 바오딩 부에 있을 때 대원군이 그린 '석파란(石坡蘭)'은 명성이 자자해서 온 중국에 두루 퍼질 정도였다.

7) 귀국

나 나가고 못 나가는 것은 한 양반의 마음에 달렸다. 속인 놈이 천참만륙을 할 놈이지 한 양반이야 엇지 아시겠는가. 앞으로는 사신과 역원을 교체해서 보내라. 기삽[조영하의 자(字)]이도 모르고 공연히 애만 쓰는가

보다. 거의 나가게 돼서 18일은 소식이 있을 것 같다. 하루 내로 결정이 난다. 내 팔자가 누구를 원망하겠느냐. 이곳 조사(朝士)들이 대단히 말하고, 지금은 텐진 바닥이 다 안다. 지금은 미리 말 못한다. 가만히 있고 조심만 하여라.(『조선시대 한글편지 판독자료집』)

이 한글편지는 대원군이 1884년 4월 전후에 쓴 것으로, 머지않아 자신이 석방될 것 같다는 소식을 전하면서 신중히 처신할 것을 당부하고 있다. 많은 중국의 관리들이 그렇게 말할 뿐 아니라, 텐진 전체에 그런 소문이 떠돌고 있다는 것이다.

대원군의 석방설이 퍼진 것은 중국 조정의 상황과 관계가 있었다. 1875년 광서제(光緖帝, 덕종)가 동치제의 뒤를 이어 제위에 올랐을 때 그의 나이는 불과 5세였다. 그래서 서태후(西太后)로 잘 알려진 그의 큰어머니 자희태후가 수렴청정을 했다. 처음에 서태후를 보좌한 것은 이홍장을 비롯하여 총리기무아문을 주관한 공친왕 혁흔과 이홍조(李鴻藻), 옹동화(翁同龢) 등이었다. 그런데 광서 초년부터 장패륜(張佩綸), 진보침(陳寶琛), 오대징(吳大澂), 보정(寶廷), 등승수(鄧承修) 등 청류당(淸流黨)을 자처하는 그룹이 등장하여 정부 정책의 잘잘못을 논했다. 특히 1880년대 초 베트남의 보호권을 둘러싸고 프랑스와 갈등이 고조되면서 이들은 연달아 상소를 올려 이홍장의 외교적 실패와 영토를 상실한 죄를 탄핵했다. 이에 서태후는 1884년 4월 8일에 칙지를 내려 공친왕, 이홍조, 옹동화 등에게 나라를 망친 죄로 파직 또는 혁직유임(革職留任)의 처분을 내렸다. 오직 이홍장만이 서태후가 특별히 그 외교적 수완을 인정한 덕분에 지위를 보존할 수 있었다.

광서제의 숙부인 공친왕이 물러나면서 대신 부상한 것은 그의 형,

즉 광서제의 생부인 순친왕(醇親王) 혁현(奕譞)이었다. 이전까지는 공친왕이 함풍제(咸豊帝)와 동치제를 보좌하면서 동치중흥(同治中興)을 이루었지만, 서태후가 정권을 장악하면서 순친왕을 비롯한 무능한 황족과 간신들이 대거 요직을 차지하고 뇌물이 공공연히 오가는 등 조정의 기강이 급속도로 무너졌다. 그 결과가 바로 10년 후 청일전쟁에서의 패배였다.

대원군은 이처럼 자신을 구금한 장본인인 이홍장이 정치적 위기에 빠지고, 또 자신과 같은 황제의 생부인 순친왕이 권력을 잡게 되자 이를 좋은 기회로 여겨 석방 청원을 다시 시작했다. 이와 함께 본국의 심복들에게 연락하여 금년 봄에는 반드시 석방되어 귀국할 것이라는 소문을 퍼뜨리게 했다.

대원군이 조만간 귀국할 것이라는 풍문은 왕비를 비롯한 민씨 척족을 전율시켰다. 만일 대원군이 귀국해서 정권을 다시 장악하면 반드시 이들이 가장 먼저 보복을 당할 것이었다. 이에 이들은 대원군의 석방과 귀국을 필사적으로 막고자 했다. 심지어 1884년 2월에는 한규직(韓圭稷)을 비밀리에 일본 공사관에 보내서, '대원군이 2월 말부터 3월 초 사이에 귀국한다는 소문이 있는데, 그가 실제로 귀국하면 외교를 반대하는 자들이 분란을 일으킬 것이다. 특히 영남지방에서 사단이 일어날 가능성이 크니 사전에 부산 영사관을 호위한다는 명분으로 출병하고, 인천과 원산 두 항구에도 군대를 파견해 달라.'라는 요청을 하기도 했다.(「島村臨時代理公使報告」)

1884년 4월, 공식적으로 공친왕이 파면되고 순친왕과 그 일파가 중용되었다. 그런데 대원군의 석방에 관한 소식은 아직 들리지 않았다. 민씨 척족은 크게 안도한 반면, 대원군의 실망은 이루 말할 수 없었다. 대원군은 방식을 바꿔서 공식적으로 청 조정의 은사(恩赦)를 간청하기로 했다. 그는 6월에 하인 이익서(李益瑞)를 베이징으로 보내 도찰원(都察院)에 탄원서를 제출했다.

> 자식이 국왕이 돼서 이미 막대한 존영(尊榮)을 누렸고, 또 난신의 나이가 칠순에 가까워서 오래전에 치정(致政: 벼슬을 내놓고 물러남)했으니 어찌 다시 자식의 권력을 뺏을 음모를 꾸밀 리가 있겠습니까? 난신이 원통함을 품고도 아뢰지 못한 것을 성명(聖明)께서는 일찍부터 통찰하고 계셨을 것이나, 다만 하정(下情)을 상달(上達)할 길이 없어서 이 때문에 스스로 헤아리지 않고 죽음을 무릅쓰고 직소(直訴)하는 것이니, 부디 실정에 따라 전주(轉奏)를 허락하소서. 혹 하늘같은 인자함을 입어서 석방되어 회국(回國)한다면 세세생생(世世生生) 영원히 융은(隆恩)에 한량없이 감격할 것입니다.(『中日』 4, 문서번호 199의 부건 1)

이에 대해 중국 조정은 아직 조선의 불안한 정세가 완전히 진정되었다고 보기 어렵고, 또 자국 군대가 주둔해 있기 때문에 지금은 석방할 시기가 아니라는 결론을 내리고 이를 각하했다.

그런데 얼마 후, 대원군의 신변에 영향을 미친 중대한 사건이 발생했다. 1884년 12월 서울에서 '개화당(開化黨)'을 자처한 김옥균, 박영효, 서광범(徐光範), 홍영식(洪英植) 등이 일본의 후쿠자와 유키치, 고토 쇼지로 등 재야세력 및 다케조에 신이치로(竹添進一郎) 일본공사와 결탁해서 여섯 대신을 살해하고 정권을 장악한 사건이 발생한 것이다. 이른바 갑신정변(甲申政變)이었다.

개화당이 내세운 혁신강령의 제1조는 바로 "대원군을 불일내 모셔올 것(大院君不日陪還事)"이었다. 이 조항은 일반적으로 독립국으로서의 위신을 온전히 하기 위한 것으로 평가된다. 하지만 현실적으로 대원군이 아니고선 민씨 세력의 발호를 억누를 수 없었다. 김옥균이 쓴『갑신일록(甲申日錄)』에 따르면, 개화당은 정변 직후 수립한 신정부에 대원군의 조카 이재원을 영의정, 장자 이재면을 좌찬성 겸 좌우참찬, 이재원의 동생 이재완을 병조판서, 대원군의 5촌 조카 이재순을 평안도 관찰사, 그리고 손자 이준용(李埈鎔)을 세마(洗馬)에 임명했다. 이를 보더라도 대원군을 이용하려 한 의도를 읽을 수 있다. 대원군은 다시 한 번 정치적 '기화(奇貨)'가 된 것이다.

하지만 갑신정변은 청 군대의 개입으로 '삼일천하'로 끝나고 말았다. 그런데 이를 전후해서 조선 왕실이 러시아에 접근하기 시작했다. 특히 1885년과 1886년 사이에 두 차례에 걸쳐 일어난 조러밀약 사건은 대원군의 운명을 결정했을 뿐 아니라 조선의 국제적 고립을 초래했다. 이 사건에 관해선 다음 절에서 상세히 살펴보기로 하고, 여기서는 일단 제1차 조러밀약사건이 1885년 6월에 폭로된 사실만 확인하기로 한다.

이 사건으로 충격을 받은 것은 일본이었다. 일본의 공로증(恐露症, Russophobia)은 매우 뿌리가 깊은 것으로, 그 한반도 정책은 러시아의 남침에 대한 지정학적 위기의식과 결부돼 있었다. 제1차 조러밀약 사건이 폭로된 뒤인 1885년 7월 3일, 일본 외무경 이노우에 가오루는 주청공사 에노모토 다케아키(榎本武揚)를 통해 이홍장에게「조선외무판법 8개조(朝鮮外務辦法八個條)」를 제출했다.

(1) 이홍장과 이노우에 백작이 조선 외교에 관해 비밀리에 상의해서 그
처리방법을 정한 후, 이홍장이 조선에 직령을 내려 시행하게 할 것,

(2) 조선 국왕은 내시와 국정을 상의할 수 없으며, 전례에 따라 위임한 대신하고만 상의할 것.

(3) 조선 대신 가운데 가장 충성스러운 자를 택해서 국정을 맡길 것. 국왕은 중신을 선택한 후 반드시 먼저 이홍장과 상의하고, 이홍장은 다시 이노우에 백작과 상의할 것. 김홍집, 김윤식, 어윤중 등은 모두 국사를 맡길 수 있는 자들임.

(4) 외부(外部)·호부(戶部)·병부(兵部)의 사무와 같이 가장 중요한 국무는 모두 앞에서 열거한 충성스러운 중신들에게 위임할 것.

(5) 재주가 있는 미국인을 택해서 묄렌도르프를 교체할 것.

(6) 한성에 주찰(駐紮)하며 국정을 감시하는 중국의 관원 또한 교체할 것.

(7) 제5항과 제6항의 미국인은 반드시 이홍장에게 상세한 가르침을 받게 할 것. 조선에 부임할 때 도중에 일본에 들러 이노우에 백작을 만날 수 있음.

(8) 국정을 감시하는 중국의 대원(大員)과 일본의 서리공사(署理公使)는 필요한 일이 있을 때마다 상의해서 처리할 것.(『中日』8, 문서번호 385의 부건 5)

이와 함께 에노모토는 이노우에의 밀서를 보이면서 대원군의 석방을 제의했다. '대원군은 정치적 재간이 부족하지 않다. 오직 외교를 좋아하지 않는 것이 유감이지만, 만약 대원군이 지난날의 생각을 고쳐서 다시 변란을 발생시키지 않는다는 조건으로 귀국을 허락해서 국정을 감독하게 한다면 좋은 결과를 얻을 수 있으리라.'(『中日』8, 문서번호 390의 부건 1)는 내용이었다.

일본 측 제안에 응할 경우 조선에 대한 청의 종주권을 스스로 부정하는 결과가 될 것이었으므로 이홍장은 일단 이를 거부했다. 하지만 실제로는 묄렌도르프를 소환하는 대신 미국인 법률가 데니(O. N. Denny)를 그 후임에 인선하고, 조선세무사 메릴(H. F. Merrill)을 파견하는 등 상당 부분을 수용했다.

대원군의 석방과 귀국은 이러한 배경에서 이뤄졌다. 그것은 러시아 세력을 끌어들이려는 민씨 척족에 대한 위협이자 경고의 의미를 내포했다. 여차하면 고종을 폐위시키고 대원군 또는 그 자손을 대신 즉위시키겠다는 뜻이었던 것이다. 또한 그것은, 처음에 대원군의 납치가 마건충과 하나부사 간의 암묵적 합의의 결과였던 것처럼, 청일 양국의 정치적 타협의 산물이기도 했다.

7월 21일, 청 조정은 이홍장에게 대원군을 톈진으로 초치해서 그가 조선의 외교에 관해 어떻게 생각하는지, 또 러시아나 일본에 의지하려는 마음이 있는지 확인하게 했다. 대원군은 이홍장의 막료 허겸신(許鈐身)에게 인도되어 30일에 톈진에 도착했다. 이홍장과 허겸신, 그리고 주복 등이 차례로 대원군과 회견을 가졌다. 대원군은 자신이 임오군란의 배후라는 의혹은 사실이 아니라고 재차 부인하면서 자신의 정치적 견해를 다음과 같이 밝혔다. 그것은 ① 만약 석방되어 귀국한다면 다시는 국정에 간여하지 않겠다, ② 외교에서는 연미(聯美)를 주장한다, ③ 중국의 대관[大員]에게 조선의 국정을 감독해줄 것을 청원한다, ④ 왕비의 국정 간여를 저지한다는 것이었다.

> 소방(小邦: 조선)의 위태로움이 이러한 지경에 이른 것은 무슨 이유입니까? 국정이 날로 망가지고 뇌물이 자행되어 관직에 임명되는 사람은 모두 민문(閔門)의 친척과 재산이 많은 자뿐이니 백성을 도탄에 빠지게 합니다. 재부(財賦)는 비유하자면 사람의 피와 살과 같습니다. 우리나라는

원래 작은 나라라서 설령 절약해서 경비를 줄이더라도 배비(排備: 안배,
준비)하기 어렵습니다. 더구나 기강이 씻은 듯 사라져서 한갓 건납(愆納:
조세 체납)만을 일삼고 여간한 세입은 모두 사적인 용도로 들어가서, 안
으로는 국가의 재원이 고갈되고 밖으로는 민심이 크게 불안하니, '나라
따로 백성 따로[國自國 民自民]'라고 할만합니다. 이렇게 하고도 작은 나
라가 위태롭지 않은 경우는 들어본 적이 없습니다. …

제 생각에 좋은 방법이 있습니다. 왕비가 국정에 간여하면 소방(小邦)
이 비록 중조(中朝)에서 곡진히 비호해주는 은혜를 받더라도 몇 년이 지
나지 않아 반드시 보전키 어려워질 것입니다. 엄지(嚴旨)를 내려서 왕비
가 국정에 간섭하지 못하게 하고, 대신(大臣) 한 명을 특파해서 왕경(王
京)에 주재시키면서 대소사무(大小事務)를 처리하게 하신다면, 국세(國
勢)를 지탱할 수 있고 민심 또한 안정시킬 수 있을 것입니다. 다만 각국
이 주시하고 있으니 중조(中朝)에서 특사를 파견해서 왕경에 주재하며
사무를 처리한다면 비록 장애가 있겠지만, 작은 것을 돌아봐서 큰 것을
잃는 것과 비교한다면 그 경중이 어떠합니까? 이 방법이 아니면 삼한
(三韓) 한 구역은 필시 천조(天朝)의 소유가 아니게 될 것입니다. 이것 말
고는 다른 도리가 없습니다. (『李文忠公全集』17, 「李昰應與候補道許鈐身密談
節略」)

이제 발등에 불이 떨어진 것은 민씨 척족이었다. 이들은 대원군의
귀국을 저지하기 위해 민영익을 텐진에 파견해서 이홍장에게 진정(陳
情)하고, 또 승정원 동부승지 김명규(金明圭)를 문의사(問議使)로 보내서
대원군의 석방을 몇 년 늦추거나 귀국 후 변경으로 추방하는 등의 대
안을 제안했지만, 모두 거절당했다. 베이징과 텐진에 지인이 많은 역
관 이응준을 보내서 뇌물도 써봤지만 이 또한 효력이 없었다. 형식상
대원군의 석방은 조선 국왕의 청원을 중국 황제가 윤허하는 방식으로

이뤄져야 했다. 진주사(陳奏使) 민종묵(閔種默)은 갖가지 이유를 들어 출발을 미루고 있다가 9월 20일에 이르러 베이징에 도착했다. 얼마 후 공식적으로 대원군 석방의 명이 내렸다.

대원군은 원세개의 호위를 받으며 9월 27일 톈진에서 화륜선에 올라 10월 3일 인천에 도착했다. 3년 만의 귀국이었다. 하지만 그 광경은 초라하기 짝이 없었다. 조선 조정에서 영접사(迎接使)로 파견한 이인응(李寅應)은 민씨 일족의 후환이 두려워 모습을 드러내지 않았으므로 대원군은 어쩔 수 없이 인천 분서(分署)에서 하룻밤을 묵어야 했다. 게다가 호위병도 없어서 중국 수병 40명이 그를 호송했다. 『매천야록』에는 5일 대원군 행렬이 남대문을 통과할 때 고종이 직접 마중을 나왔지만, 말 한마디도 건네지 않아 주변에 지켜보던 백성들이 모두 놀랐다는 기록이 있다.

대원군은 다음날인 6일 입궐하여 고종을 알현했다. 7일에는 서울주재 외국 외교관들을 운현궁에 초대해서 접견하고, 11일에는 직접 각국 공사관을 예방하는 등 달라진 태도를 보여서 세인들을 놀라게 했다.

대원군에 대한 민씨 척족의 증오심은 가공할 만한 것이었다. 그가 인천에 도착하던 날, 민씨 척족은 임오군란의 잔당을 다스린다는 구실로 김춘영(金春榮)과 이영식(李永植) 등을 체포하여 군기시 앞에서 능지처참했다. 뿐만 아니라 대원군의 청지기와 톈진에서 수행하던 통역에 이르기까지 대원군의 수족을 모두 처형했다. 이에 시종 10여 명이 전부 주변에서 달아나 버렸다.

대원군에 대한 정치적 박해는 여기서 그치지 않았다. 대원군의 입경(入京) 당일, 고종은 대원군 「존봉의절절목(尊奉儀節節目)」을 만들어 시행하라는 하교를 내렸다.

전교하시길, "대원군께서 이제 돌아오셨으니, 나의 마음이 기쁘고 다행스러움을 어찌 이루 다 말하겠는가? … 몇 해 전의 사건을 어찌 다시 입에 올리겠는가마는, 그것은 모두 잡류(雜類)가 까닭 없이 출입하면서 유언비어와 비방을 일으켜서 대원군께 누를 끼친 데서 연유한 것이다. 생각이 여기에 미치니 나도 모르게 통탄스럽다. 또 사체(事體)로 말하더라도 예모(禮貌)가 본디 크게 구별되니, 모든 존봉(尊奉)하는 절목에 대해 다시 예조에 명해서 묘당에서 의논한 후 마련해서 들이도록 하라. 그리고 조신(朝紳)과 할 일 없는 잡인들이 시도 때도 없이 왕래하지 못하게 하라. 만약 혹시라도 무례하게 굴어서 예전의 습관을 답습한다면, 위제지률(違制之律: 제도 위반에 대한 법률)로 다스릴 것이다. (『承政院日記』 고종 22년 8월 27일)

이에 따라 만들어진 존봉의절은 다음과 같았다.

- 교자(轎子)는 팔인교(八人轎)를 메도록 한다.
- 흉배(胸褙)는 거북의 무늬를 쓴다.
- 품대(品帶: 품계에 따른 관대를 말함)는 푸른색 가죽에 자색(紫色) 만호(瑪瑚)를 쓴다.
- 초선(蕉扇)은 일산(日傘)으로 대신하되 흰 바탕에 푸른색으로 테를 두른다.
- 부대부인(府大夫人)의 품대는 푸른색 가죽에 자색 만호를 쓴다.
- 대문 밖에는 하마비(下馬碑)를 세운다.
- 대문에는 횡강목(橫杠木)을 설치하도록 한다.
- 대문에는 습독관(習讀官)이 번갈아 가며 입직하게 한다.
- 대신은 '소생(小生)'이라 칭하고, 보국숭록대부(輔國崇祿大夫) 이하는 '소인(小人)'이라 칭한다.
- 조신(朝臣)은 명을 전달하는 이외에 감히 사알(私謁: 사적 면회)을 하지 못한다. (『承政院日記』 고종 22년 9월 10일)

앞에서 본 것처럼, 임오군란 직후에도 대원군 존봉의절이 만들어진 바 있었다. 그런데 이번의 제2차 존봉의절에서는 대문 밖에 횡강목을 세울 것, 대문에 습독관이 윤번으로 입직할 것, 조정 신하의 사적 면회 금지 등의 조항이 추가됐다. 횡강목을 세운다는 것은 밖에서 문을 걸어 잠근다는 것이고, 관리가 윤번으로 입직한다는 것은 출입자를 통제한다는 뜻이었다. 국왕의 명령을 전하는 자 외엔 누구도 대원군을 사사로이 알현할 수 없었다. 이는 '존봉'이라는 말뜻과는 달리, 사실상 대원군을 죄인으로 간주해서 바오딩부의 연금생활을 운현궁으로 연장한다는 의미였다.

대원군은 바오딩부에 구금되어 있는 동안 생전에 다시 고국 땅을 밟을 수 있을지 확신할 수 없었다. 하지만 모진 고초와 굴욕을 견딘 끝에 비록 가택연금 상태지만 운현궁으로 돌아올 수 있었다. 어느덧 그의 나이도 예순 여섯이었다.

歸臥吾廬自放慵　돌아와 내 오두막에 누우니 절로 게을러진다
餘生晚福是天鍾　여생의 늘그막 복은 하늘이 모아준 것이라
皇華使節時相問　중국의 사절이 때로 안부를 묻노니
一樹梅前一老儂　한 그루 매화 앞에 선 한 늙은이

屋中謀酒評春月　집에서 술을 내어 봄 달을 평하니
可喜瘦妻詩語發　수척한 아내가 시어를 내어줌이 반갑구나
一樹梅前一老儂　한 그루 매화 앞에 선 한 늙은이
逸休依舊雲霞窟　예전처럼 구름노을의 굴속에서 편안히 쉰다

(『大院君天津往還日記』와 바오딩부 시절 이하응의 묵란화)

5.
조러밀약 사건

1) 제1차 조러밀약 사건

처음 러시아에 접근한 정치세력은 개화당이었다. 갑신정변을 일으키기 2년 전인 1882년, 수신사(修信使)로 일본에 파견된 박영효와 김옥균은 주일러시아 공사관에 접촉을 시도했다. 이들은 "조선이 청의 종주권 주장으로부터 자국을 보호하고 자국의 자주와 독립을 보장하기 위한 유일한 방법은, 청의 협조를 비롯한 그 어떤 간섭도 없이 다른 열강, 특히 이웃 국가인 러시아와 조속히 조약을 체결하는 것"이라고 주장하면서 조러조약의 체결을 제안했다고 한다. 그 뒤에도 김옥균은 기회가 있을 때마다 러시아공사관을 찾아가 직접협상을 통한 조약체결을 희망한다는 뜻을 밝혔다.(『러시아와 한국』)

하지만 이는 조러밀약사건과 직접적 관계가 있는 것은 아니었다. 왜냐면 이들의 목적은 처음부터 조선의 근본적 개혁을 위해 외세를 끌어들여 정권을 장악하려는 데 있었기 때문이다.(『개화당의 기원과 비밀외교』) 이 때문에 이들은 러시아 공사관뿐만 아니라, 독일, 프랑스, 영국 등 여러 국가의 공사관을 찾아가 비슷한 종류의 제안을 했다. 따라서 이들의 책동을 조선 정부의 공식 입장과 혼동해서는 안 된다. 고종과 명성왕후는 은밀히 이들의 비밀외교를 지지했지만, 공식적으로 외교정책은 김윤식, 조영하, 어윤중 등 친청파가 장악한 기무처에서 결정됐다. 박영효와 김옥균의 조약체결 제안은 월권(越權)에 지나지 않았다.

　청과 일본 사이에서 조선의 국가적 자주성을 유지하기 위해 러시아를 끌어들여야 한다는 구상은 독일인 묄렌도르프(Paul Georg von Möllendorff)에게서 처음 나왔다. 그는 이홍장의 천거로 1882년 12월 조선 정부에 외교 고문 및 해관세무사로서 고빙(雇聘)되었다. 묄렌도르프가 처음 이런 생각을 한 것은 조선에 부임하고 얼마 지나지 않은 1883년 초였다고 한다.

> 300년 전부터 일본은 조선의 숙적이었다. 일본의 정치는 서구화와 더불어 제국주의화되어 갔다. 지난번 1882년 봄[가을의 잘못]에 있었던 조선의 혁명[임오군란] 이래로 일본의 영향은 뚜렷이 강해졌다. 일본은 자기 나라의 공관을 보호할 권리가 있다는 이유로 수도 서울에 수비군을 주둔시켰다. … 청국이 자기의 예속국가가 위급한 상황에 처했을 때 과연 일본으로부터 보호해 줄 수 있을 것인지 당시의 정세를 볼 줄 아는 사람에게는 매우 회의적으로 여겨졌다. 따라서 이러한 이유로 조선이 청국 이외에 어떤 다른 힘에 의지해야 한다고 남편은 처음부터 분명한 생각을 갖고 있었다. 그 때의 상황을 감안하면 그것은 러시아가 틀림없었다.
> (『묄렌도르프 자전』)

　이러한 거청인아책(拒淸引俄策)은 조러수호통상조약의 체결(1884년 7월 7일)을 계기로 본격적으로 추진됐다. 묄렌도르프는 조약체결을 위해 한성에 온 텐진주재 영사 카를 베베르(Carl Waeber)에게 자신의 계획을 귀뜸하고 도움을 구했다. 또 8월과 9월에는 치푸(芝罘)에서 러시아 무관 시네우르 대령과 러시아 태평양함대 사령관 크로운 해군소장을 각각 만나 열강의 공동보장에 의한 조선 독립방안을 피력했다. 이에 대해 시네우르와 크로운은 공동보호보다는 러시아에 의한 단독 보호의 이

점을 강조했다고 한다.

그런데 1884년 12월의 갑신정변을 계기로, 대러교섭의 방향이 국가 자주성을 유지하기 위한 국제적 보장으로부터 왕실의 안위를 위한 밀약으로 변화했다. 정변 당시 고종은 3일 만에 개화당에 의해 억지로 창덕궁에서 경우궁, 계동궁, 그리고 다시 창덕궁으로 이어(移御)해야 했다. 경우궁에서는 여섯 대신과 환관 유재현(柳在賢)이 처참하게 살해당하는 소리를 들었고, 창덕궁에서는 밖에서 쳐들어온 청국군대와 이를 막으려는 일본공사관 수비대가 경내에서 충격전을 벌이는 살벌한 광경을 목격했다. 스스로 민첩하게 움직일 수 없었던 고종은 내관의 등에 업혀 피신해야 했다. 게다가 정변 직후에는 조만간 청과 일본이 한반도에서 전쟁을 벌일 것이라는 흉흉한 소문마저 퍼지고 있었다. 이에 왕실은 강력하면서도 적극적으로 보호를 제공할 관대한 나라를 찾기 시작했던 것이다.

왕실의 러시아 접촉은 2개의 루트로 진행됐다. 첫 번째는 친군(親軍) 전영사(前營使) 한규직의 부하인 김용원(金鏞元), 권동수(權東壽), 김광훈(金光訓 또는 金光勳), 신선욱(申先郁)을 블라디보스토크로 비밀리에 파견한 것이다. 한규직은 갑신정변 때 개화당에게 살해당한 대신 중 1명으로, 이전부터 묄렌도르프에게 동조해서 친러정책을 주장하고 있었다.

김용원과 권동수 등은 마패와 친군 전영의 첩지(帖旨)를 갖고 블라디보스토크로 건너가 남우수리 국경감독부의 베넵스키 대령을 만났다. 이들이 가져온 고종의 밀서는 다음과 같았다.

비록 조선이 일본과 조약을 맺은 사이이긴 하나, 현 사태를 보건대 더 이상 일본과 우호관계를 기대하긴 어려운 실정이다. 더불어 청이 조선

왕조를 보호해 주고는 있으나, 청 역시 조선이 기대할 수 있는 나라는 아니다. 따라서 조선은 자비롭고 정의롭기로 정평이 난 러시아에 도움을 청하는 것이다. 우리는 이미 언급된 사안들을 검토해주길 바라며, 러시아의 사신들을 보내 일본이 조선을 위협하는 행동을 저지해주길 바라는 바이다. (『러시아와 한국』)

이와 함께 고종의 밀사들은 조러수호통상조약의 조속한 비준과 육로통상장정의 체결을 희망한다는 뜻을 전했다. 이에 대해 러시아 측은 비준과 육로통상장정의 체결, 그리고 '대외 압력으로부터 조선을 보호하기 위한 협의'를 할 공사의 파견은 약속했지만, 보호관계 수립에 관해선 일체 언급하지 않았다. 여기서 주목할 것은, 이 밀사의 파견은 왕실이 묄렌도르프를 포함한 어떤 정부 관료에게도 비밀로 한 채 독자적으로 추진했다는 사실이다.

두 번째 루트는 묄렌도르프를 중심으로 진행되었다. 이 사실 또한 정부의 다른 관리들은 전혀 알지 못했다. 1884년 12월, 묄렌도르프는 도쿄주재 러시아 공관에 타전해서 왕실의 보호를 위해 군함과 200명의 해군을 인천에 보내줄 것을 요청했다. 이에 주일러시아 공사 다비도프는 그 진의를 파악하기 위해 서기관 슈페이에르(Alexis de Speyer)를 파견했다.

12월 30일 서울에 도착한 슈페이에르는 묄렌도르프를 만나 조선이 원하는 바가 구체적으로 무엇이며, 또 그 대가로 무엇을 제공할 수 있는지 문의했다. 이에 대해 묄렌드로프는 (1) 러시아가 조선을 마치 발칸반도의 불가리아와 같은 보호국으로 받아들이거나, (2) 만일 그것이 불가능할 경우 국제조약을 통해 조선을 중립국으로 만들어 '아시아의 벨기에'가 되도록 해줄 것을 요구했다. 그리고 만약 러시아가 이 같은 보호책을 마련해 줄 경우 조선항구 중 1개소(영일만)를 제공하고 그곳에 러시아 함대가 자유롭게 드나들 수 있도록 비밀조약을 체결하겠다고 답했다. 그 후 슈페이에르는 이듬해 1월 2일 고종을 알현하고 7일 일본으로 출국했다.

이 비밀 회견에 관해 묄렌도르프는 자전(自傳)에 슈페이에르가 '모든 수단을 동원한 보호'를 약속했다고 기록했다. 하지만 러시아 외상 기르스는 만약 러시아가 조선 때문에 청 또는 일본과 충돌할 경우 이득보다 손실이 더 클 것이라고 보고, 조선 정부가 러시아의 지원에 대한 기대를 계속 갖게 하면서도 실제 보호관계의 수립은 미루고 어떤 확약도 하지 않는다는 방침을 세웠다.(『러시아와 한국』)

슈페이에르가 돌아가고 한 달 뒤인 2월, 이번에는 묄렌도르프가 흠차대신 서상우(徐相雨)와 함께 도쿄에 건너갔다. 그 공식 사명은 한성조약(漢城條約) 제1조에 따라 갑신정변으로 인한 일본인 피해에 대해 사의(謝意)를 표명하는 것이었다. 묄렌도르프는 도쿄에 머문 2주 동안 서상우도 모르게 다비도프 및 슈페이에르와 협의를 가졌다. 이때 묄렌도르프와 ┄┄┄도프 간에 조선 정부┄┄┄┄┄로부터 장교 4명과 하사관 16명을 초빙하┄┄┄┄┄, 일정한 이권을 제공하기로 대략 합의가 이뤄졌다. 당시 묄렌도르프의 생각은 다음과 같았다.

현재는 수도에 500명 단위로 이루어진 4개 대대가 있는데 현 정부를 수비하는 데는 이 정도의 수로 충분하다. 만일 그러한 목적으로 러시아의 장교와 하사관이 조선에 몇 년간 파견된다면 조선은 그것으로써 하나의 큰 고용관계가 실증되는 것이며, 동시에 조선 정부가 미래를 위해 취하고자 노력하는 길을 다른 국가들에도 널리 보여주는 것이다. 만일 러시아가 이를 준비하고 있음을 밝힌다면, 조선정부 또한 서울이나 도쿄 주재 러시아 대표에게 그러한 뜻을 공식적으로 표명해야 할 것이다. 현재 고충은 다음과 같다.

(1) 일본정부가 두 번째 반란 시도를 후원한다는 불안이 감돌고 있다. 그러한 일이 일어나지 않는다는 안심이 있어야 비로소 국민들이 무역을 할 수 있을 것이다.

(2) 청과 일본의 군대가 철수한 후, 왕과 정부를 강력하게 지지해줄 군사력을 증강하는 일이 필요하다.

이 두 가지 점은 하나로 결합될 수 있다. 충분한 수의 러시아 교관의 고빙을 통해 신뢰할 수 있는 병사들로 구성된 연대를 2, 3개 창설하고 조선이 러시아와 친밀한 관계임을 일본이 알게 된다면 그들은 감히 더 이상 음모를 꾸밀 수 없을 것이다. 이를 러시아가 보장할 수 있다. 친밀하고 자주적이며 강하고 유복(裕福)한 조선과 국경을 이루는 것은 러시아에게는 중요한 일이므로 교관을 보내려고 할 것이다.(『묄렌도르프 자전』)

묄렌도르프는 이 같은 교섭결과를 고종에게 은밀히 보고하고 윤허를 얻었다. 하지만 오늘날 외교부 장관에 해당하는 독판교섭통상사무 김윤식을 비롯해서 정부 대신들에게는 전혀 알리지 않았다.

4월 15일, 영국 군함 3척이 한반도 남단의 거문도를 무단 점령하는 사건이 발생했다. 이른바 거문도사건이었다. 정여창을 통해 영국 함대의 거문도 점령 사실을 알게 된 조선 조정은 진상조사와 항의를 위해 엄세영(嚴世永)과 함께 묄렌도르프를 거문도로 파견했다. 이들은 5월 16일에 거문도에 도착해서 영국함대의 활동을 조사하고, 나가사키에 있는 사령관 도웰(William Montague Dowell)을 만나기 위해 19일 일본으로 건너갔다. 여기서 묄렌도르프는 도쿄의 다비도프에게 타전하여 3월에 협의한 러시아 교관 초빙 문제에 관해 고종이 윤허했음을 알렸다. 다비도프도 묄렌도르프에게 러시아 측도 군사교관의 파견이 준비되었음을 전보로 회신했다.

그런데 상황이 복잡해지기 시작했다. 작년 말 왕실에서 극비리에 블라디보스토크에 파견한 김용원과 권동수 등이 귀국한 것이다. 이들이 휴대한 러시아 당국의 회신에는 러시아도 톈진조약에 따른 청일양국의 조선 출병권과 동일한 권리를 요구하는 내용이 적혀 있었다.[15] 김윤식은 크게 당황해서 묄렌도르프를 찾았지만, 이 접촉에 관한 한 그도 관계가 없었다. 김윤식은 어쩔 수 없이 일본 대리공사 곤도 마스키와 총판조선상무 진수당(陳樹棠)에게 이 사실을 알리고 협조를 요청했다.

사건이 채 해결되기도 전인 6월 9일에 이번에는 슈페이에르가 한성에 도착했다. 작년 12월에 이은 두 번째 방한이었다. 그의 임무는 거문도사건과 관련한 교섭 상황 및 각국 공사관의 동정을 파악하는 한편, 조선 정부에 러시아 군사교관의 파견을 통고하고 그 체류조건을 협의하는 것이었다. 본래 슈페이에르는 러시아 군사교관 초빙에 관한

---

15 톈진조약은 갑신정변의 선후처리를 위해 청일 간 체결된 조약으로, 1885년 4월 18일 이홍장과 이토 히로부미(伊藤博文) 간에 체결됐다. 그 조항은 다음과 같다.
　一. 중국은 조선에 주찰(駐紮)한 군대를 철수하고 일본국은 조선에서 사관(使館)을 호위하는 병변(兵弁)을 철수하되, 화압(畫押)·개인(蓋印)한 날로부터 4개월을 기한으로 한다. 기한 내 각각 군대를 전부 철수함으로써 양국 사이에 사단이 발생할 우려를 피한다. 중국 군대는 마산포로 철수하고 일본국 군대는 인천항으로 철수한다.
　一. 양국은 균윤(均允)하게 조선국왕에게 권고해서, 병사를 교련하여 스스로 치안을 지킬 수 있게 한다. 또 조선국왕으로 하여금 외국 무변(武弁) 1명, 혹은 수 명을 선발해서 교연(敎演)의 일을 위임하게 한다. 앞으로 중일 양국은 공히 인원을 파견해서 조선에서 교련할 수 없다.
　一. 장래 조선국에 변란 등 중대사건이 생겨서 중일 양국 혹은 일국이 파병할 필요가 있으면, 사전에 상호 공문을 보내서 지조(知照)하며, 그 일이 진정되면 즉시 철수해서 다시 유방(留防)하지 않는다.

협약 초안을 작성한 후 통리교섭통상사무아문을 거치지 않고 고종의 재결을 얻어 처리할 생각이었다. 그런데 이 협약의 초안을 가진 자가 김윤식에게 밀고하여 이 사실이 탄로났다.

김윤식은 영의정 심순택과 민씨 척신들에게, 이 문제는 간단치 않으니 국왕께 경솔히 재가하시지 말도록 만류해줄 것을 부탁했다. 그리고 20일 슈페이에르를 만나 보호 요청에 관해 조선 정부는 아는 바 없으며, 또 묄렌도르프는 군사교관을 초빙할 권한을 위임받은 인물이 아니고 군사교관은 이미 미국에서 초빙하기로 결정됐다고 하면서 강력히 항의했다. 22일, 슈페이에르는 고종을 알현하고 이 문제를 상의했다. 이 자리에서 고종은 통리교섭통상사무아문에 이 문제를 협의하도록 지시하겠다고 약속했다. 그럼에도 김윤식은 뜻을 굽히지 않았다.

결국 슈페이에르는 전권위임장을 소지하지 않았다는 형식상의 이유로 7월 7일 아무 성과도 없이 한성을 떠났다. 이 일련의 과정에 대해 텐진주재영사 베베르는 다음과 같이 논평했다.

> 고종은 자신의 목숨까지는 아니더라도 왕좌가 흔들릴 수 있는 중요한 사안에 대해 과감한 결정을 내릴 수 없었던 것이며, 러시아가 실제로 도움과 지원을 해줄 수 있는가에 대해 확신하지 못했다. (『러시아와 한국』)

한편, 조선 왕실이 러시아 군사교관의 고빙을 은밀히 추진하고 있다는 소식은 청과 일본의 외무당국을 경악시켰다. 텐진조약에 따르면, 청일 양국은 4개월 내 한반도에서 모든 군대를 철수하고, 또 조선국왕이 제3국의 군사교관을 초빙할 수 있도록 협조할 뿐 자국의 교관을 파견할 수 없다고 되어 있었다. 따라서 러시아 군사교관의 초빙은 그것에 어부지리를 안겨주는 것과 다를 바 없었다. 앞 절에서 서술한 것처럼. 일본 외무경 이노우에 가오루는 7월 3일에 이홍장에게 「조선외무판법 8개조」를 제안하고 한반도 문제에 관한 협력을 청했다. 그 중에 조선의 외교 업무를 김윤식, 김홍집, 어윤중 등에게 일임한다는 조항은 바로 이러한 배경에서 나온 것이었다.

슈페이에르가 떠나고 사흘 뒤인 7월 10일에 이조참판 남정철(南廷哲)은 텐진주차독리통상사무(天津駐箚督理通商事務)라는 신설 직함을 받고 텐진으로 급히 떠났다. 그가 지참한 고종의 친서에는 조러밀약과 관련한 모든 문제의 원인을 묄렌도르프의 월권으로 돌리고, 그의 파면과 소환을 요청하는 내용이 담겨 있었다.(『中日』 8, 문서번호 390의 부건 2와 3) 결국 묄렌도르프는 7월 27일 협판교섭통상사무 직에서 해임되었다. 그리고 해관총세무사직만 유지하다가 결국 8월 25일 고빙계약 조건에 따라 3개월치의 급료를 받고 면직됐다. 묄렌도르프는 초대 러시아공사 베베르가 10월 6일 서울에 부임하기를 기다렸다가 11월 25일 조선을 떠났다.

2) 제2차 조러밀약 사건

첫 번째 조러밀약 사건은 묄렌도르프의 해임으로 수습되는 것처럼 보였다. 그런데 불과 8개월 후 다시 조러밀약설이 폭로돼서 한반도 정세를 극심한 혼돈에 빠뜨렸다. 이로 인해 청에서는 고종의 폐위가 거론될 정도였다. 그렇다면 왕실은 왜 다시 러시아의 보호를 구했던 것일까?

청불전쟁에서의 패배, 그리고 영국 함대를 거문도에서 내보내지 못하는 외교적 무능함 등을 보면서 왕실은 청의 안보우산에 대해 위구심을 품었다. 그러나 더 중요한 이유는 대원군의 귀국이었다. 대원군의 귀국을 즈음해서 그가 돌아오면 일본에 망명한 김옥균, 박영효 등과 손을 잡고 난리를 일으킬 것이라는 소문까지 퍼져 왕실의 불안은 극에 달하고 있었다. [제2장 6절 참조]

1885년 10월 대원군과 함께 조선에 입국한 원세개는 11월 17일 주차조선총리교섭통상사의(駐箚朝鮮總理交涉通商事宜)라는 관직을 받았다. 당시 그의 나이는 불과 27살이었다. 그런데도 그의 행동은 마치 식민본국에서 파견한 총독처럼 방약무인해서 조선인들의 불만과 미움을 샀다. 그에 반해 비슷한 시기 조선주재 대리공사로 부임한 베베르는 세련된 태도와 상대의 호감을 잃지 않는 능수능란한 외교술로 국왕과 왕비를 대했으므로, 왕실의 마음은 더욱 러시아에 기울었던 것이다.

당시 조정에선 민영익을 비롯하여 민영환(閔泳煥), 민응식, 민종묵, 민긍식(閔肯植)과 홍재희, 김가진(金嘉鎭), 김학우(金鶴羽) 등이 주로 국사를 논의했다. 이들은 베이징에 보내는 사신의 빈도를 줄이는 등 반청노선을 숨기지 않고 있었다. 이와 함께 러시아어가 가능한 채현식이 왕궁과 러시아공사관을 오가면서 양측의 연락을 담당했다. 이처럼 왕실과 러시아공사관 간의 관계가 긴밀해지면서 친청파의 대표인 김윤식은 독판교섭통상사무직에서 해임됐다.

제2차 조러밀약 사건이 터진 것은 1886년 8월의 일이었다. 사실 이 사건은 관련 자료가 부족하고, 또 중국과 러시아 문서의 일자와 서술이 서로 달라 정확한 사실관계를 파악하기가 어렵다. 심지어 원세개가 고종을 폐위시키려고 꾸민 음모로 단정하는 견해도 있다. 여기서는 일단 원세개의 보고에 의거해서 사건의 경위를 재구성하기로 한다.

8월 14일, 원세개는 이홍장에게 조선이 러시아의 피호보국이 된다는 내용의 밀약이 조선 관리와 러시아 공사 간에 이뤄졌다고 보고했다. 이보다 앞서, 그는 서울 전보국에 근무하는 진(陳) 아무개라는 청국인으로부터 베베르가 본국에 장문의 전보를 보내려고 하는데 전선의 고장으로 아직 발신하지 못했다는 보고를 받았다. 수상함을 느낀 원세개는 민영익을 불러들여 그 내용을 추궁했다. 민영익은 함구하려고 했지만, 원세개가 그에게서 이 말을 들었다는 사실은 비밀에 부치고 오직 소인(小人)들에게만 죄를 묻겠다고 약속하자 결국 사실을 털어놓았다. 그것은 앞으로 조선과 제3국 사이에 분쟁이 생길 경우, 러시아가 군함을 보내서 보호해줄 것을 의뢰하는 밀함(密函)을 총리 심순택의 명의로 베베르에게 보냈다는 것이었다. 원세개가 본국에 보고한 문서는 다음과 같다.

> 본론만 알립니다. 폐방(敝邦)은 한 모퉁이에 치우쳐 있어서 비록 독립자주(獨立自主)했지만 끝내 타국의 관할(管轄)을 면치 못하니 우리 대군주께서 크게 부끄럽게 여기고 근심하고 계십니다. 이제 힘을 쏟아 진흥(振興)해서, 예전 제도를 모두 개혁하고 영원히 타국의 할제(轄制)를 받지 않으려고 하지만 끝내 우려되는 바가 있습니다. 폐방과 귀국은 목의(睦誼)가 매우 돈독하고 순치(脣齒: 순망치한)의 형세가 있으니 타국과 본디 구별되는 바가 있습니다. 부디 귀 대신께서는 귀정부에 품고(稟告)해서, 협력하고 묵윤(默允)하며 온 힘을 다해 폐방을 보호해서 영원히 변치 않게 하시길 바랍니다. 우리 대군주께서는 천하각국(天下各國)과 일률평행(一律平行)하시니, 혹시 타국과 불화가 생기면 귀국에서 병함을 파견·원조해서 반드시 타당하게 처리하시는 것이 귀국에 깊이 바라는 바입니다. 이와 같이 진심을 알리니 살펴주시기 바랍니다. 훈안(勳安)을 송축합니다. (『李文忠公全集』2.「光緖十二年七月十四日袁道來電」)

원세개는 약속대로 이 사건의 주모자는 김가진, 정병하 등 몇몇

'소인'이라고 보고했다. 그러면서도 고종의 책임을 부각시켜서, 러시아가 손을 쓰기 전에 먼저 파병해서 고종을 폐위하고 이씨 가운데 현명한 자를 왕으로 옹립할 것을 주장했다.

> 민영익이 전후로 한 말들은 이미 모두 상세히 보고했습니다. 자세히 조사해보니, 민영익을 제외한 나머지는 마치 부화뇌동하는 것 같지만 마음속으로는 러시아를 신뢰하는 것이 아니며, 러시아에 의지할 것을 힘껏 주장하는 자는 김가진, 정병하 등 몇몇 소인에 지나지 않습니다. 하지만 또한 한왕(韓王)의 뜻에 영합해서 출세할 계제로 삼으려는 것에 불과하니, 몇몇 소인들만 겨우 제거한다면 또한 그 근원을 맑게 할 수 없어서 후환이 사라지지 않을 것입니다. … 저의 좁은 소견으로는 한(韓)이 비록 러시아에 문빙을 보냈지만, 러시아 군대는 신속히 올 수 없으니, 그 러시아를 끌어들이려는 형적이 크게 드러나기를 기다리기보다는 중국이 먼저 수사(水師)를 파견하고 육병(陸兵)을 조금 실어서 칙지를 받들어 신속히 건너가게 한 후, 이 혼군(昏君)을 폐위시키고 별도로 이씨의 현명한 이를 세우는 편이 나을 것입니다. (『李鴻章全集』22, 「附袁道來電」)

한편, 원세개가 밀함을 입수한 경위에 관해 베베르는 "믿을만한 소식통에 따르면, 8월 12일 원세개는 밀서의 모든 내용을 알게 되었습니다. 그 서찰은 첫 번째 서찰과 같은 내용이었는데, 첫 번째 서찰에 작은 실수가 있어서 왕의 부탁으로 돌려주었습니다. 아마 이 편지가 왕의 실수로 원세개의 손에 들어간 것 같습니다."라고 본국에 보고했다. 만약 이 말이 사실이라면, 조선 왕실에서는 고종의 명의로 최소 2차례 러시아 공사관에 밀서를 보낸 것이다. 그렇다면 원세개가 보고한 밀함이 심순택의 명의로 된 것은, 민영익이 고종의 책임론이 제기될 것을 염려해서 위조했을 가능성이 있다.

계속해서 원세개는 14일에 민영익 이하 조선 관리들을 관저에 집합시킨 뒤에 "문죄를 위해 진저우 72영(營)이 오늘 정오 화륜선에 올라 고려 왕경으로 간다."(問罪次 金州 七十二營 今午乘輪 赴往高麗王京)라는 가짜 전보를 제시하여 일동을 경악하게 만들었다. 이를 들은 고종은 원세개에게 영의정 심순택과 우의정 김홍집을 보내서 이번 사건은 국왕 자신은 물론 대신들도 알지 못하는 일이며, 밀서는 소인들이 위조한 것이라고 해명하게 했다. 하지만 원세개는 물러서지 않았다. 그는 총리아문독판서리 서상우를 비롯한 외무당국자들을 초치해서 꾸짖고, 문제의 밀함을 발송한 책임자들을 규명할 것을 요구했다. 조정에서 난색을 표하자, 그는 심지어 밤에 왕궁으로 쳐들어가 "오늘 일을 어떻게 변명할 것이오?"라며 고종을 다그치기까지 했다. 그런데 이처럼 무서운 일을 겪은 고종과 조대비는 통곡했지만, 왕비만은 "문빙(文憑)을 되찾아오면 무사할 것입니다. 청군이 100만이 온들 어찌하겠습니까?"라며 침착하게 말했다고 한다.

사태의 심각성을 깨달은 조정은 16일에 조존두, 김가진, 김학우, 김양묵 등 러시아공사관에 자주 출입하던 자들을 책임자로 지목해서 유배형에 처했다. 다음날에는 통리교섭통상사무아문 명의로 러시아공사관에 '러시아 대리공사에게 밀함을 보낸 것은 간신들의 가짜 교지[矯旨]로서 국왕 자신은 관여한 바가 없고, 국보(國寶: 옥새)와 도서(圖書: 인장) 모두 훔쳐서 위조한 것이다. 또 문제의 밀함은 국왕의 윤재(允裁)를 거치지 않은 것이므로 부디 반환해 주길 바란다.'라는 내용의 공문을 보냈다.

한편, 조러밀약의 보고를 받은 이홍장은 생페테르부르크 주재 공사 유서분(劉瑞芬)에게 문제의 밀함이 과연 러시아 정부에까지 보고됐는지의 여부와 파병 결정 여부를 조사하게 했다. 유서분의 보고는 8월 18일에 도착했는데, 러시아 외무대신서리 우란갈리(Vlangaly)는 아직 이와 관련한 어떠한 보고도 받고 못했으며, 만약 조선에서 그러한 문서가 오더라도 휴지로 만들 것을 성명했다는 내용이었다. 이를 접수한 이홍장은 이 정도 선에서 사태를 마무리하기로 했다.

이홍장이 고종의 폐위라는 극단적 조처를 취하지 않은 것은 러시아 및 일본과의 외교 관계를 고려한 결과였다. 당시 텐진에서는 이홍장과 러시아 북경주재 대리공사 라디젠스키(M. Ladygensky) 간에 영국 함대의 거문도 철수 문제를 놓고 비밀 협상이 진행되고 있었다. 10월 24일, 라디젠스키는 조선의 현상 유지와 영토 보전을 조건으로 러시아는 한반도로 남하하지 않을 것이라는 구두 약속을 했다. 그리고 이홍장은 이를 근거로 영국에 거문도 철수를 요청해서, 마침내 1887년 2월에 걸친 거문도사건을 매듭지을 수 있었다.

국왕의 교체는 조선의 현상유지라는 러시아의 전제조건과 배치되었고, 따라서 이를 억지로 추진할 경우 러시아와의 외교적 마찰을 초래할 수 있었다. 일본 총리 이토 히로부미도 주일청국공사 서승조(徐承祖)에게 근거 없는 문빙을 믿고 사태를 악화시키지 말도록 당부하였다. 또한 여기에는 조선 국내의 정치 상황으로 볼 때, 대원군의 세력이 생각보다 미약해서 고종 폐위 이후의 사태를 감당하기 어렵다는 현실적 이유도 있었다.

이홍장이 사태를 더 이상 확대하지 않기로 방침을 정한 이상, 원세개도 그에 따를 수밖에 없었다. 그는 우선 김윤식을 8월 26일에 독판교섭통상사무아문에 복직시켰다. 그리고 9월 4일에 김윤식의 명의로 각국 공사관에 조회를 발송해서, 앞으로 조선 정부에서 발급하는 문서에 설령 옥새가 찍혀있더라도 통리아문의 인장이 없으면 무효로 간주한다는 뜻을 공식적으로 통고하게 했다.

> 은밀히 조회합니다.
> 본국의 제 분수에 안주하지 못하는 자들이 왕왕 요언(謠言: 뜬소문)을 거짓으로 지어내서 문빙(文憑)을 위조하고 국보(國寶: 옥새)를 베껴서 외인(外人)을 기만합니다. … 이 때문에 문서를 갖추어 조회하니, 부디 귀 총영사께서는 살펴보시고 이처럼 본 아문의 개인(蓋印)이 없는 불분명한 문빙이 있으면 모두 휴지로 버리시길 바랍니다. (『德案』5; 『華案』)

이는 오늘날로 말하면 대통령의 친서라고 해도 외교부 장관의 직인이 없으면 효력이 없는 가짜문서에 불과하다고 성명한 것과 마찬가지였다. 이 조회에 대해 회신한 것은 원세개와 독일 신임 총영사 켐퍼만(Kempermann) 2명이었을 뿐, 영국·러시아·미국·일본 등 각국 대표는 모두 이를 무시했다.

제2차 조러밀약 사건은 제1차 때와 마찬가지로 몇몇 '소인'을 처형하는 것으로 마무리됐다. 하지만 그것이 초래한 결과는 매우 중대했다. 원세개는 사전에 조러밀약 시도를 분쇄함으로써 종주국의 위력을 과시했을 뿐 아니라, 그 대리자인 자신이 언제든지 국왕과 왕세자를 폐위시키고 척족을 추방할 수 있는 권능을 갖고 있음을 보였다.

또 청이 조선에 대한 종주권을 주장하려면, 조선은 언제까지고 가난하고 약한 나라로 남아 있어야 했다. 이 때문에 원세개는 조선의 경제적 발전과 국제사회에서 독립주권국으로 인정받으려는 외교적 시도를 좌절시키는 데 주력했다. 그 대표적 사례가 1888년 초대 주미공사 박정양(朴定陽)의 파견에 대한 방해였다. 그뿐 아니라 그는 조선에서 노골적으로 중국인들의 이익을 대변하는 한편, 스스로도 온갖 밀수와 부정을 자행했다. 이러한 상황은 1894년 청일전쟁 직전 원세개가 장사꾼의 복장을 하고 야반도주할 때까지 이어졌다.

조러밀약의 시도는 조선의 국제적 고립을 초래했다. 19세기는 세계적 차원에서 러시아와 영국 간의 세력경쟁이 펼쳐지던 시대였다. 청과 일본도 러시아가 한반도로 남하해서 태평양으로 진출하는 사태를 가장 경계하고 있었다. 이러한 상황에서 왕실의 러시아 접근은 주변 열강으로 하여금 그 외교를 위태롭게 여기게 하는 원인이 되었던 것이다. 단, 이 시기에 영국, 일본, 심지어 러시아도 한반도의 현상이 유지되는 한 조청 관계에 굳이 개입할 의사는 없었다. 이는 거꾸로 말하면, 청도 조선의 내정과 외교를 '관리'할 뿐 이를 한 성(省)으로 편입하거나 총독을 파견하여 직접 통치를 시행하는 등 그 국제적 지위를 일방적으로 변경할 수는 없었음을 뜻한다. 이홍장이 끝까지 고종의 폐위를 허락하지 않은 이유도 여기서 찾을 수 있다.

6.
반복되는 음모

1) 여흥 민씨의 세도

이처럼 1885년을 전후해서 조선의 외교는 국제적으로 고립됐지만, 역설적으로 국내에선 여흥 민씨의 세도 정치가 본격적으로 펼쳐졌다. 갑신정변을 일으킨 김옥균과 박영효는 국왕과 왕비의 전폭적인 신임과 총애를 받아 중앙 정계에서 두각을 나타낸 이들이었다. 그런 그들이 일본인과 결탁해서 궁궐 내에서 쿠데타를 일으켰으니, 고종의 충격은 이루 말할 수 없었을 것이다. 게다가 대원군은 명성왕후를 내쫓고 권력을 다시 차지하려는 야망을 버리지 않았고, 갑신정변과 조러밀약 사건을 거치며 조정 대신들과의 관계도 점차 소원해지고 있었다. 이제 아무도 믿을 수 없게 된 고종은 왕비의 일족에게 더욱 의지할 수밖에 없었다. 이렇게 시작된 여흥 민씨의 권세는 1894년 7월 일본군대가 경복궁을 점령할 때까지 지속됐다.

여흥 민씨의 세도정치는 이전 시기의 그것에 비교할 때 독특한 특징이 있었다. 이 시기 대표적인 세도가인 민영익(1860~1914), 민영환(1861~1905), 민영준(閔泳駿, 1852~1895)은 모두 왕비의 조카뻘에 해당했다. 고종의 친정 초기에 정권을 장악한 민승호(1830~1874), 민규호(1836~1878), 민겸호(1838~1882)도 왕비와 같은 항렬이었다. 따라서 여흥 민씨 일족의 실질적인 리더는 명성왕후가 되었다. 즉, 19세기 전반기의 세도정치가 왕비의 친정아버지인 국구(國舅)를 중심으로 한 외척이 왕실의 권위를 누르고 권력을 전횡하는 것이었다면, 여흥 민씨의 세도정치는 왕실의 일원인 왕비가 그 중핵이 되는 기이한 형태로 진화한 것이다.

따라서 여흥 민씨 세도정치는 왕권과 대립각을 세우기보다는 그것과 공생 또는 그에 기생하는 방식으로 이뤄졌다. 예컨대 이 시기의 대표적인 세도가인 민영준의 경우, 굳이 정부의 높은 관직을 차지하기보다는 경제적 이권이 보장되는 선혜청 당상, 의정부 공시당상 등을 맡아 이익을 챙기는 데 몰두했다. 덧붙여 말하면, 민영준은 무능할 뿐더러 매관매직에 능하고 가렴주구를 일삼은 전형적인 탐관오리였다. 이 때문에 국왕과 왕비도 점차 그를 멀리했다. 그러자 민영준은 자신의 권력을 유지하기 위해 점차 원세개에게 접근했다. 그러다가 1894년 초 동학농민운동이 발발하자 청에 원병을 요청하는 논의를 주도했고, 결국 청일전쟁의 파국을 초래한 장본인이 되었다.

한편, 여흥 민씨는 일족 내에서도 분열양상을 보였다. 이는 그 세력의 중심인 명성왕후가 왕실에 속한 여성이라는 사실과 무관하지 않았다. 즉, 왕비가 나서서 일족의 갈등을 조정하고 단결시키기에는 한계가 있었던 것이다. 오히려 정치술책에 능한 왕비는 필요에 따라 그들을 분열시켜 왕실의 권위를 유지하기도 했다. 이와 관련하여, 후쿠자와 유키치의 명에 따라 조선에 입국한 이노우에 가쿠고로(井上角五郎)는 다음과 같이 기록했다.

> 정부는 외교적으로는 지나(支那: 청)의 간섭을 입었고, 내치(內治)는 거의 자주(自主)였지만 조정의 관리들이 서로 권세를 다퉈서 같은 민씨 일

가 중에서도 민응식은 민영익과 알력을 빚는 마음이 있었다. 또 민영환은 민영익보다 한층 왕비와 가까운 친척이었으므로 또한 민영익과 총애를 다퉈서, 마침내 민영익은 다른 일을 구실로 해외로 떠났다. 그 밖에 한규설, 박정양, 이건용(李健鎔: 원문), 조병직(趙秉稷), 김유연(金有淵), 정기회(鄭基會), 김굉집(金宏集), 심상훈(沈相薰) 등도 겉으로는 서로 일치하는 듯했지만 속으로는 암투를 벌여서, 간혹 국내의 소요를 보더라도 굳이 이를 진무하는 방법에도 찬성하지 않았다.(『漢城廼殘夢』)

민씨 세도정치 하에서 백성에 대한 과중한 징세와 착취는 극에 달했다. 또 왕실의 빈번한 제사와 이미 고질이 된 매관매직과 지방관의 부정으로 인해 정부의 국고는 거의 고갈 상태가 되었다. 재정 문제는 이제 손을 쓸 수도 없는 지경이 돼서, 설령 내정개혁을 하고 싶어도 외채(外債) 등 외부로부터의 재정적 지원이 없이는 불가능한 상황이 됐다. 그 자구책으로 정부는 1883년부터 예전에 대원군이 그랬던 것처럼 당오전(當五錢)이라는 악화를 주조해서 유통시켰지만, 이로 인해 1882년 12월에 동전 3냥과 등가였던 은화 1원(圓)이 5년 뒤인 1887년에는 20냥에 해당할 정도로 화폐가치가 크게 하락했다.(『漢城廼殘夢』)

왕비가 세도정치의 중심인 이상 상소나 공론(公論)으로 탄핵하는 것은 불가능했다. 게다가 이미 1883년 민태호의 딸을 세자빈으로 낙점했으므로 국왕이 바뀌더라도 여흥 민씨의 세도정치가 끝날 가망도 없었다. 사실상 대원군이 유일한 대안이었고, 백성 대부분은 예전에 그가 섭정했을 때 살기가 좋았다는 것은 아니지만 그래도 지금보다는 낫다는 절박한 심정으로 그의 복권을 지지했다.

이 때문에 대원군과 그 영준(英俊)한 손자인 이준용(李埈鎔. 1870~1917)은 자의 반, 타의 반으로 한말에 이르기까지 모든 정치적 음모의 중심에 소환됐다. 이와 관련하여 1892년 11월 10일자 허드(Augustine Heard) 조선주재 미국공사의 보고가 참고된다.

> 국고(國庫)는 텅 비었고, 녹봉을 받지 못하는 관리들은 그들의 필요를 충족하기 위해 가능한 모든 수단을 동원해야 한다는 것은 이미 악명 높은 문제입니다. 일단 관리들이 그릇된 길에 접어들게 되면 그 필요를 충족시키기 전엔 멈추지 않습니다. 백성들은 억압당하고 있습니다. 관직은 가장 높은 가격을 제시한 자에게 팔립니다, 하지만 그도 곧 새로운 구매자를 위해 양보해야 합니다. 고위 관직자들의 불법이나 착취는 처벌받지 않습니다.
>
> 정부에 그 합법적 채무나 관리들의 녹봉을 지급할 돈이 없음에도 불구하고, 조정의 의식이나 무익한 환상(useless fantasies)에 막대한 비용을 낭비하고 있습니다. 불만이 만연하며, 머지않아 무언가 폭발하리라는 불안감이 감돌고 있습니다. 그 정점에 왕비가 있으며 나라의 권력과 부를 차지하는 지위의 거의 전부를 장악한 민씨 일족은 증오를 받고 있습니다. 만약 실제 능력을 가진 지도자가 나타난다면, 혁명을 위한 요소들은 신속하게 그를 중심으로 뭉쳐질 것입니다. 현재로선 대원군을 제외하고는 그러한 역할을 할 인물이 지목되지 않는 듯합니다. 그는 의지와 강인한 정신력을 갖고 있지만, 그의 많은 나이와 신체적 허약함이 부담이 되고 있습니다. (KAR Vol.2.)

2) 개화당과의 공모

흥미로운 사실은, 대원군과 손을 잡고 정치적 음모를 꾸민 세력 중에 갑신정변 실패 후 일본으로 망명한 개화당도 포함돼 있었다는 것이다. 앞에서 언급한 것처럼, 1885년 10월 대원군의 귀국을 즈음해서 그가 김옥균과 손을 잡고 정변을 일으킬 것이라는 소문이 나돌아 왕실을 크게 긴장하게 했다.

이보다 서너 달 전에 김옥균은 강화부유수 이재원을 포섭하기 위해 몇 통의 밀서를 보냈다. 이재원은 대원군의 친형 흥녕군(興寧君) 창응(昌應)의 맏아들로 고종에게는 사촌형이 되었는데, 김옥균은 갑신정변 당시 그를 영의정에 임명한 바 있었다. 김옥균은 그에게 최소 5통의 밀서를 보냈다. 다음은 그 중 일부이다.

> 갑복(甲編) 편으로 부치신 글을 혹시라도 다른 사람에게 보여주시진 않았습니까? 그것을 보고 매우 놀랐습니다. 다시 돌려보냅니다. ⋯ 1,000명 정도는 오늘이라도 모을 수 있습니다. 하지만 이 일은 깊이 생각하고 처리해야 합니다. 또 다른 나라 사람을 조금 사용하고 우리나라 사람을 많이 쓰고자 한다면, 이 1,000명은 외국 인종(人種)이 아니라 바로 우리나라 인종입니다. 그러므로 우리나라 사람과 마찬가지입니다. 수백 년이 지난 후 부모의 나라에 돌아가 영원히 조선인이 되고자 하는 사람들입니다. 옛날 임진년에 도요토미 히데요시에게 납치되어 일본으로 들어왔다가 별도로 조선촌(朝鮮村)을 형성하여 서로 혼인하였으니 일본인과는 관계가 없습니다. 이제 7만 명이 됩니다. 이들은 모두 돈이 필요치 않으니, 오늘이라도 데리고 갈 수 있습니다. 이는 비단 어제오늘 사이의 일이 아니라, 이미 전년부터 제 수중에 들어온 자들입니다.(『金玉均全集』)

가고시마 현에는 임진왜란 때 쓰시마 번주 시마즈 요시히로(島津義弘)가 납치한 조선인 도공의 후손들이 부락을 형성해 살고 있었다. 김옥균은 조선 내부의 정보를 탐지하고, 또 유사시 강화도에 주둔한 군대를 내응시키기 위해 강화유수 이재원과 결탁하려고 한 것이다. 그런데 1931년까지도 가고시마 조선촌의 조선인 가구는 400여 호, 인구는 1,650여 명에 지나지 않았다.(『東亞日報』 1931.5.5.) 따라서 인구의 증감을 감안하더라도 김옥균이 1,000명의 병사를 모집할 수 있다고 한 것은 허무맹랑한 과장이었다.

이와 비슷한 시기에 오이 겐타로(大井憲太郎), 고바야시 구스오(小林樟雄) 등 옛 자유당(自由黨) 인사들이 김옥균을 이용해 다시 한 번 조선에서 정변을 일으킬 음모를 꾸민 일도 있었다. 그런데 이들의 계획은 20~30명의 사무라이를 보내서 대신을 암살한다는 것에 지나지 않았고, 그마저도 자금조달이 어려워 무산되고 말았다. 이것으로 보건대, 김옥균이 할 수 있는 일이란 일본 사무라이 몇 명을 데리고 입국하는 데 지나지 않았을 것이다. 나머지는 이재원의 군대 동원에 기대를 걸 수밖에 없었다.

김옥균은 조만간 귀국할 대원군을 음모에 가담시킬 생각을 갖고 있었다. 그는 이재원에게 보낸 다른 서한들에서 대원군의 생각을 아직은 정확히 알 수 없으니 음모를 섣불리 발설하지 말도록 신신당부하면서도, 그를 이용하려는 구상을 숨기지 않았다.

> 바오딩부[대원군]는 아직 환차(還次: 귀국)하지 않았습니까? 귀국 후에 반드시 무슨 획책이 있지는 않을 것이니 국사(國事)를 정돈(整頓)할 수 있을 것이요, 대감 또한 잘 조처할 방도를 생각하실 것입니다. 이 어른이 혹시라도 예전 세계의 견해를 고집하지 않을지 그것이 우려되는 바입니다. 예전 인편에 부친 운현에게 올리는 서한은 아직 보내지 마시고, 그가 환차할 때를 기다렸다가 바치시기를 바랍니다.(『金玉均全集』)

> 제가 우려하는 것은, 태공(太公: 대원군)이 온 뒤에 혹시라도 공(公: 이재원)에게 해를 끼치지 않겠습니까? 참으로 지금은 반드시 갑자기 이러한 일을 일으킬 수 없는 때이니, 공께선 안심하고 주의해서 사기(事機)를 잘 살피십시오. 그가 온 후, 만약 갑자기 큰 잘못을 저지른다면, 저는

마땅히 때를 노려 움직일 것입니다. 그러나 움직일 때는 명분이 있어야 큰일을 이룰 수 있습니다. 그가 만약 권력이 없이 와서 실지(失志)한 채 있다면, 저는 그 상황을 이용하여 그를 유인해서 힘을 합쳐 일을 도모할 것입니다. 이쪽이나 저쪽에서나 저절로 그를 이용할 데가 있을 것입니다. 그러나 반드시 믿을 수만은 없으니, 충분히 신중하고 치밀하게 부합(附合)하는 뜻을 보이시고, 그 동정을 살펴서 수시로 몰래 알려주십시오. 태공이 귀국한 뒤에 그 사세(事勢)를 봐서 움직일 만하면 움직여서 반드시 때를 놓치지 않을 것이니, 부디 지나치게 걱정하지도 마시고 또한 조급해하지도 마십시오.(『金玉均全集』)

이러한 음모는 대원군과 개화당 간의 관계에 의문을 갖게 한다. 대원군은 수구세력을 대표하는 인물이 아니었던가? 그렇다면 조선의 '문명개화'를 표방한 개화당과는 정치적으로 상극이라고 할 수 있다. 그런데도 김옥균이 대원군과의 제휴를 모색한 이유는 무엇이었을까.[16]

첫 번째는 대원군에게 쏠리는 백성의 여망(輿望)이었다. 여전히 조선의 백성들은 대원군을 민씨 척족을 억누르고 비정(秕政)을 바로잡을 수

---

16 이미 김옥균은 1882년 임오군란 직후 대원군이 정권을 잡았을 때, 대원군에게 밀서를 보낸 일이 있었다. 그런데 이 서한이 『朝野』(1882. 9. 26.)라는 일본 신문에 실림으로써 김옥균은 표리부동한 비겁자로 매도를 당하기도 했다. 이 밀서에서 김옥균은 일본에 지불할 배상금을 속히 처리하고 화폐를 개혁할 것을 건의하는 한편, 신분에 구애받지 말고 인재를 골고루 등용할 것을 제안했다.

"또 국가가 지극히 큰 변고를 당한 직후이므로 인재를 등용하는 데 홍통지법(弘通之法)을 쓰지 않는다면 나라를 보존할 수 없을 것입니다. 이른바 사족(士族)·서얼(庶孽)·중인(中人)·상인(常人)의 각 명목을 크게 틔워서[擴通]해서 불차탁용(不次擢用)해서 간격이 없게 한 뒤에야 인재를 흥작향도(興作向道)하게 하고 생령도 구제할 수 있을 것입니다."

여기서 '불차탁용'은 관례나 규칙에 구애받지 않고 인재를 등용한다는 뜻이다. 이와 같은 양반 중심적 신분사회의 개혁이야말로 신분을 초월하여 결정된 비밀결사 개화당이 지향한 국정개혁의 핵심이었다.(『개화당의 기원과 비밀외교』)

있는 권위를 가진 유일한 지도자로 여겼다. 따라서 개화당에게 대원군은 단기간에 백성의 지지를 얻는 데 가장 유력한 카드일 수밖에 없었다.

다음으로 대원군 특유의 과단성을 들 수 있다. 대원군은 경복궁 중건 당시 목재를 얻기 위해 민간의 무속신앙, 전통적인 효(孝) 관념, 국가의 법률과 전통 등은 안중에도 두지 않았다. 수백 년간 누적되어 치유하기 어려운 고질이 되어버린 조선사회의 폐습을 개혁하기 위해선 단지 개화당이 권력을 장악하는 것만으로는 충분치 않았다. 즉, 개화당조차도 대원군에게서 전통과 제도, 심지어 도덕률마저도 초월한 절대 권력자의 모습을 보고 기대를 건 것이다. 그리고 이는 이들의 추구한 바가 '문명개화' 같은 추상적 목표가 아니라, 조선사회의 근본적 개혁에 있었음을 말해준다.

마지막으로 개화당은 대원군을 마음먹기에 따라 '개화를 막고 완고를 보호'할 수도, 훗날 '완고를 변해서 개화로 나아갈' 수도 있는 인물로 여기고 있었다.[17] 이는 대원군이 유연한 사고를 가져서라기보다는, 권력을 위해 개화든 수구든 필요에 따라 그 노선을 바꿀 수 있는, 말하자면 정치적 이념과 정치철학이 부재한 권력욕의 화신이었기 때문이다.

---

[17] 대원군을 '개화'로도 '완고'로도 활용할 수 있다는 인식은 갑오개혁 시기 총리대신 김홍집에게서도 보인다. 그는 1894년 11월 2일, 신임 조선공사 이노우에 가오루와의 회담에서, 대원군의 정치 간여 금지를 주장하는 이노우에에게 다음과 같이 말했다. 그 또한 왕비와 민씨 척족의 발호를 억제하기 위해선 대원군이 정치적으로 필요하다고 판단했다.

"요컨대 대원군의 향배는 국가문제에 큰 관계가 있으니, 그가 제멋대로 하는 거동을 억누르고 하루아침에 개명주의(開明主義)가 금일의 급무임을 알게 한다면 수백 명의 개화당이 있는 것보다도 더 나은 결과가 될 것입니다. … 참으로 대원군은 어떤 때는 독도 되고, 또 약도 될 수 있으니 역시 완전히 버리지 않는 편이 좋을 것으로 생각합니다."(『日外』 27-1, 문서번호 475)

이미 앞에서 서술한 것처럼 대원군은 임오군란 직후엔 영국 군함에 밀사를 보내 기존 조약이 유효함을 성명하고, 또 톈진에서 심문을 받을 때는 '지금 형세에선 왜(倭)·양(洋)을 배척해선 안 된다.'고 진술하기도 했다. 그 뒤에도 그의 실제 행동이나 사상에 근본적 변화는 일어나지 않았다. 이는 어디까지나 권력을 차지하고 유지하기 위한 둔사(遁辭)에 지나지 않았던 것이다.

결과적으로 김옥균의 시도는 실패로 끝났다. 그 이유는, 이재원 또한 왕비의 밀명에 따라 김옥균과 연락하면서 그를 체포하려는 계략을 꾸미고 있었기 때문이다. 말하자면 일종의 반간책(反間策)이었던 것이다. 이와 관련하여 후쿠자와 유키치가 쓴 「메이지 18년 12월 3국 풍성시말(明治十八年十二月三國風聲始末)」(『福澤諭吉傳』 3)이라는 글에 흥미로운 일화가 실려 있다.

이에 따르면, 장갑복(張甲福) – 앞의 김옥균 서한에서 언급한 – 은 본래 의화궁의 생모 장빈(張嬪)의 동생 장은규(張殷奎)라는 자로서, 어려서부터 일본을 왕래하면서 김옥균의 문하생으로 자처했다. 그는 조선으로 건너가 무역으로 거사 자금을 마련하겠다고 김옥균을 설득해서 입국한 후, 민영환을 통해 왕비를 비밀리에 알현하는 데 성공했다.

장갑복은 왕비에게 일본의 유지자(有志者)들이 김옥균 등의 실패를 안타깝게 여겨서 자금을 모으거나 무기를 빌려주고 있으며, 심지어 직접 투신하는 자들도 있다고 하면서 그들이 곧 조선을 침공하려는 계획을 세우고 있다고 아뢰었다. 낯빛이 변한 왕비는 "이 일을 어찌하면 좋겠느냐?"라고 하문했다. 그러자 장갑복은 자객을 써서 김옥균을 일본에서 암살하거나 또는 그 계획을 역이용해서 거짓으로 내응하는 자를 만들어 귀국을 재촉한 후 입국하자마자 체포하는 두 가지 방법을 건의했다. 이에 왕비는 크게 기뻐하면서 강화유수 이재원을 불러 계책을 전달하고 장갑복에게 공작금을 하사해서 다시 일본으로 보냈다고 한다.[18]

이 계획 또한 수상한 낌새를 눈치챈 김옥균이 귀국을 포기하면서 실패로 돌아갔다. 하지만 그 뒤에도 대원군과 개화당 간의 접촉은 계속 이뤄졌다. 그들이 표방한 정치적 대의와 무엇이든 간에, 서로의 정치적 이해관계가 일치하는 한 이들은 좋은 공모자(共謀者)가 될 수 있었던 것이다.

---

18 이와 관련하여, 1885년 9월 동남제도개척사(東南諸島開拓使)의 수원(隨員)으로 일본에 건너갔던 백춘배라는 사람이 김옥균의 명에 따라 조선 내부사정을 정탐하기 위해 입국했다가 체포당하는 일이 발생했다. 그의 진술에 장갑복과 관련한 내용이 있다.

"금년 4월[1885년 5월]에 고베항으로 돌아오니, 적균(賊均: 역적 김옥균)이 이미 며칠 전부터 그곳에 와 있었고, 장은규[장갑복]도 마침 우리나라에서 정탐하려고 왔습니다. … 적균(賊均)은 답답하고 무료해서 날마다 유희를 일삼았습니다. 그러다가 장은규가 돌아온 지 5일째 되는 날 니시무라야(西村屋)에서 이야기를 나누었습니다. 장은규가 언문(諺文)으로 된 서신을 역적에게 주어 함께 보았는데, 눈으로 웃는 것이 기쁨을 감추지 못했습니다. 적균(賊均)이 제 손을 잡고 '그대는 여기에 머물러 있으라. 밥 먹을 방도만 있으면 서너 달만 참도록 하라.'라고 말했습니다. 저는 '무슨 좋은 꾀가 있어서 그리 말씀하시는 것입니까?'라고 물었습니다. 그는 '조만간 알게 될 것이다.'라고 답했습니다.
다음날, 제가 장은규와 역적의 일을 의논하면서 어제 무슨 기쁜 서한이 왔는지 물었습니다. 그가 답했습니다. '그 서한은 계동대감(桂洞大監)[이재원]이 내응(內應)을 허락한 것이다.' 제가 물었습니다. '그렇다면 여기서 병력을 마련할 수 있는가?' 그가 답했습니다. '있다면 있다고 할 수 있다. 그런데 김옥균은 많은 병사를 대동하기를 원한다. 나는 이미 내응이 있으니 많은 병사가 필요 없다고 말했고, 서로 의견을 고집해서 결판이 내지 못하고 헤어졌다.'
며칠 뒤 장은규는 역적이 급전(急電)으로 불러서 떠났습니다. 그가 돌아와서 말하길, '이제 형세가 이뤄졌으니, 내 계산에서 벗어나지 않는다.'라고 했습니다. 제가 그 이유를 묻자, 그는 '김옥균과 함께 고토 쇼지로를 찾아가서, 군대 5,000명을 크게 일으켜서 9, 10월 사이에 강화도를 기습하고 다시 경궐(京闕: 서울의 대궐)을 범할 것이다. 일이 이뤄지지 않더라도 주상을 나가사키로 모신다면 일은 반드시 이뤄질 것이다.'라고 했습니다." (『日案』5,「衙門督辦照會 附白春培供招」)

1887년, 대원군은 오가와 미노루(小川實)라는 일본인을 통해 김옥균과 박영효, 그리고 김가진과 안경수(安駉壽) 등 도쿄주재 공사관원들과 비밀서신을 교환하기 시작했다. 이때 도쿄에 체재하던 박영효는 "장래에 함께 국사를 도모하자."라는 제의를 했는데, 대원군은 그에 화답하는 의미로 중국풍의 붉은색 명함을 오가와를 통해 전달했다.

　　그로부터 몇 년이 지나 1891년 3월에 박영효는 안경수를 통해 대원군에게 서한을 전했다. 그 내용은 조선 내정개혁 방안에 관한 것으로, 첫째, 대원군이 국왕에게 상주해서 평화적으로 국정을 개혁할 것, 둘째, 첫 번째 방법이 불가능할 경우 민씨를 제거하여 국정을 개혁할 것, 셋째, 두 방법이 모두 성사되지 않았을 경우 수단을 다해 일본으로 도항하라는 것이었다. 이 밀서를 받은 대원군은 한번 읽어본 후 바로 돌려주면서 "온 조정이 경동(驚動)하기에 충분한 방법으로 한다면 쓸모가 없지는 않을 것이다. 너는 돌아가 이 말을 박영효에게 전하라."라는 의미심장한 말을 건넸다.

　　6월경에 대원군은 다시 오가와를 불러서 말했다.

> 지금 우리나라의 명맥은 조석(朝夕)에 박두했다. 이를 구할 사람은 박영효와 김옥균 두 사람 말고는 기대하기 어렵다. 너는 빨리 돌아가 두 사람에게 말하라. 나는 이미 늙었으니 달리 바람이 없다. 조선의 정치를 모두 두 사람에게 의탁하고자 한다.

　　오가와가 이를 글로 써줄 것을 청하자, 대원군은 '나는 국부(國父)이니 함부로 글을 써줄 수는 없다. 대신에 텐진에서 귀국할 때의 상황을 말해주면 김옥균과 박영효 두 사람이 반드시 믿을 것이다.'라고 하면서 아무도 모르는 당시의 내밀한 사정을 이야기해주었다.

내가 톈진에 유폐된 이후 모든 비용은 바오딩부에서 정액으로 지급되었고, 그 밖의 일체 사치품은 청 황실에서 대줘서 대우가 매우 후했다. 나는 베이징의 황족들에게 뇌물을 써서 사면 받고자 노력했는데, 그 비용은 모두 본국에서 가져온 것이었으니, 예전에 축적해둔 금은보화와 진기한 물건들이 거의 탕진되기에 이르렀다. 그렇게 몇 년을 노력한 결과, 마침내 정실(情實)을 통하는 길을 마련해서 내 억울한 심정을 황실에까지 알릴 수 있었다. 그러자 친왕(親王) 이하 여러 사람이 민씨 척족의 발호와 그들이 나를 무함한 사실을 알고는 크게 분노했다.

마침내 청 황제께선 나를 사면, 귀국시키고 국정에 간여하게 하라는 칙령을 내리셨다. 어느 날 이홍장은 민영익을 톈진으로 소환하고는, 조사해보니 임오군란은 대원군의 죄가 아닌데 오히려 죄를 뒤집어씌웠다고 크게 꾸짖었다. 그리고는 대원군을 호위해서 귀국할 것을 명하면서, 국정의 중대사를 모두 대원군에게 여쭈어 그 처분을 받으라고 하고, 또 민씨 등 외척의 세력을 믿고 발호하는 자들은 모두 그 죄를 물어 추방하라고 명했다. 그리고 자필로 각서를 써서 증거로 삼으려고 했다.

하지만 민영익은 자신에겐 그럴 권한이 없다며 끝까지 거부했다. 이홍장이 "그렇다면 너를 대신 구류하겠다!"라고 위협했지만, 민영익은 "민씨가 국정에 참여한 것은 왕명을 받든 것에 불과합니다. 권한이 없는 자가 어찌 맹세할 수 있겠습니까? 만약 군이 하시겠다면 김윤식이 적당할 것입니다. 그는 외무독판에 있으며 상하의 신망을 얻고 있으니 그를 부르는 것이 낫겠습니다."라고 말했다. 그래서 김윤식을 다시 불러들였고, 김윤식은 어쩔 수 없이 자필로 각서를 제출한 것이다.

이홍장은 내 호송을 맡은 정여창에게, 내가 국정을 장악할 수 있도록 온 힘을 다해 도울 것을 명했다. 귀국 후, 김윤식과 원세개는 서로 의논해서 내가 정권을 잡게 하려고 했지만, 민씨들이 순순히 응하지 않고 국왕 또한 듣지 않았으므로, 김윤식이 은밀히 원세개와 고종을 폐위하고 내 손자 이준용을 왕위에 앉힐 계획을 꾸몄다. 그런데 민영익이 자신에게 화가 미칠 것을 두려워해서 이를 국왕과 왕비에게 밀고하는 바람에 일이 모두 틀어지고 말았다. 김윤식이 유배형에 처해지고, 민영익이 홍콩으로 달아나 아직 귀국하지 못하는 것은 모두 이 때문이다.

따라서 내가 도움을 청하면 정 제독[정여창]은 반드시 온 마음을 다해 나를 도울 것이다. 다만 내가 직접 나서는 것은 득책이 아니라서 두 사람에게 상의하는 것이다. 만약 두 사람이 일본병 200명 정도를 거느리고 인천에 온다면 정부는 반드시 혼란에 빠질 것이다. 그 틈을 타서 북양함대의 파견을 요청하여 민씨들을 포박해서 함대에 실어 보내면, 우리나라의 정권이 두 사람의 손에 들어가는 것은 어려운 일이 아닐 것이다. 너는 빨리 돌아가 두 사람에게 이를 알려라. (『朝鮮交涉資料』下; 『伊藤博文文書』9)

오가와에게서 대원군의 말을 전해들은 김옥균은 마음이 크게 움직였다. 그는 9월 4일 오이소(大磯)에 있는 박영효를 찾아가 대원군의 거사에 참여하자고 설득했다. 하지만 박영효는 깊이 생각하고는 다음과 같이 말했다.

중국의 간섭은 대원군이 계류되었을 때 이미 큰 나라의 치욕이 되었소. 만약 다시 대신들을 잡아가게 한다면 끝내 선례(先例)가 되어 우리가 중국에 예속되었음을 드러낼 뿐이오. 사체(事體)가 이미 불가한데, 더구나 대원군의 마음은 예측하기 어렵소. 대원군은 조야의 여망을 한 몸에 지고 있으며, 그 무리도 적지 않소. 참으로 일을 이루고자 한다면 우리가 필요할 이유가 없소. 더구나 나이가 많다고는 하나 두 번이나 권력을 잡았으며 지금도 호기(豪氣)가 줄어들지 않았소. 우리에게 정치를 위임한다는 것은 필시 거짓말일 것이오. (『朝鮮交涉資料』下; 『伊藤博文文書』9)

하지만 김옥균은 뜻을 굽히지 않고, 이미 갑신정변을 공모한 바 있는 후쿠자와 유키치 및 고토 쇼지로와 밀의를 계속했다. 하지만 이번에는 고토도 쉽게 움직이려고 하지 않아서, 김옥균이 5, 6차례나 찾아가 설득했지만 확답을 얻지 못했다.

그러는 동안 박영효는 김옥균이 성급하게 일을 벌일 것을 우려하여 도쿄로 왔다. 9월 19일 밤, 김옥균은 박영효를 만난 자리에서 혼자라도 인천에 가겠다고 고집을 부리기도 하고, 또 함께 톈진에 가서 이홍장을 만나보자고도 권유하기도 했다. 하지만 박영효는 "주상은 지나(支那) 황제의 칙명을 받았고, 대원군의 무거운 지위로도 아직 민씨의 전횡을 막지 못했소. 우리가 미미한 망명객의 신분으로 주상을 움직인다는 것은 아마도 불가능할 것이오. 한갓 불가능한 일을 하려다가 한번 차질을 빚는다면 누가 우리를 구해주겠소?"라고 하면서 끝까지 반대했다. 결국 이 음모는 중도에 흐지부지되고 말았다.

3) 원세개의 음모, 일본 공사관과의 접촉

그런데 대원군이 오가와에게 누설한 비밀 이야기 가운데 김윤식이 원세개와 결탁해서 고종을 폐위할 음모를 꾸몄다가 민영익의 밀고로 실패하고, 결국 유배형을 당했다는 말이 있다. 이는 과연 사실이었을까?

이와 관련해서 고종의 외교고문 데니(O. N. Denny)가 쓴 『청한론(China and Korea)』이라는 팸플릿에 원세개의 고종 폐위 음모에 관한 기록이 보인다. 이에 따르면 1887년 7월에 폭동과 방화, 그리고 암살을 통해 고종을 폐위하려는 음모가 폭로됐다. 1886년 제2차 한러밀약 사건과 마찬가지로 이 음모도 민영익이 밀고했다.

그 음모는 대략 다음과 같았다. 먼저 사전에 강화도에서 훈련받은 조선인 군대를 궁궐 주변에 배치한다. 그리고 운현궁과 궁궐 정문 등에 불을 지르는 것을 신호로 왕비와 그 일파를 미워하는 대원군 추종자들이 봉기한다. 이들이 강화도 군대를 이끌고 반란 진압을 구실로 궁궐에 들어와 고종의 신병을 확보한 후, 이준용을 왕으로 즉위시키고 대원군에게 다시 섭정을 맡긴다는 것이었다. 이를 위해 이미 원세개는 어떤 장군에게 3,000냥(4,500불)의 군자금까지 주었는데, 민영익의 밀고로 음모가 누설되자 그 자금은 중국 공사관으로 돌아왔다고 한다.

『청한론』의 기록만으로는 김윤식이 실제로 이 음모에 가담했는지는 확인하기 어렵다. 다만 그는 1887년 7월 18일(음력 5월 28일) 사채(私債) 문서에 함부로 독판교섭통상사무의 직인을 찍어서 다른 나라의 비웃음을 샀다는 석연치 않은 이유로("私債文字 遽自蓋印成約 致有此末由之鬧端 見笑他邦 貽辱朝廷") 유배형을 당했다. 이후 그는 1893년까지 6년이나 충청도 면천군(沔川郡)에서 유배 생활을 해야만 했다.

이러한 정황으로 볼 때, 대원군은 1887년 원세개의 고종 폐위 음모를 사전에 알고 또 이를 방조(傍助)했을 가능성이 크다. 김옥균 및 박영효와 음모를 꾸미려다가 미수에 그친 것도 바로 이 즈음의 일이었다.

대원군은 서울주재 일본공사관에도 접근을 시도했다. 일본공사관 기록에 따르면, 대원군은 1890년 2월 일본 대리공사 곤도 마스키를 만나 자신은 더 이상 완고한 보수주의자가 아닐 뿐 아니라, '개화당의 옹호자'로 자처했다고 한다.

현재 조선정부의 민당(閔黨: 민씨 척족)은 반대당【즉, 대원군당】의 개유(覬覦: 야심을 품고 노림)를 두려워하여【대원군이 정권을 회복하려는 열정은 아직 시들지 않았음. 혹은 원세개를 원세개에게 의지하여 후원으로 삼으려는 기색이 있으므로 민당은 특히 이를 두려워 함】서울의 인심을 농락하여 여망(輿望)을 유지하려고 꾀하는 듯함. 【대원군은 여러 차례 본관에게 자신은 옛날과 같이 완고옹(頑固翁)이 아니며 완전히 개화당이 되었는데, 일본 정부는 아직도 자신을 의심하는지 질문하였음. 또 대원군은 어떤 일본인에게 "동양의 정치가는 일본의 이토 백작, 지나에서는 이홍장, 조선에서는 본인이다. 이제 늙었지만, 아직 10년은 번무(繁務)를 감당할 수 있다."라고 하고, 또 민당(閔黨)을 가리켜서는 간신이라고 부르는 등 항상 불평의 기색을 갖고 있을 뿐 아니라, "내가 이제 한번 일어서고자 한다면 향응(響應)하는 자들이 어찌 수도의 사민(士民) 뿐이겠는가?"라고 큰소리치고 있음. 이상은 근래 본관이 대원군에 관해 보고들은 사실임.】(『日外』23. 문서번호 70)

또 대원군은 1893년 2월 일본 변리공사 오이시 마사미(大石正已)를 만났을 때는 조선과 청, 일본 간의 3국 동맹을 체결하여 러시아를 함께 몰아낼 방책을 논의하였다.

이후 대원군과 일본공사관 간의 관계는 더욱 긴밀해졌다. 일본공사관의 수석서기관 스기무라 후카시(杉村濬)는 『재한고심록(在韓苦心錄)』에서 "대원군은 선천적인 한토숭배자(漢土崇拜者)이며 또한 양이가(攘夷家)로서 일본을 좋아하지 않던 인물이다. 그러나 근래 그는 점차로 세계의 형세를 깨달아서 일·청·한 3국이 동맹하여 동양의 형세를 유지할 필요를 논하면서 일본인을 우대하기에 이르렀다. 그래서 우리나라 전·현직 공사와 공사관직원은 모두 그와 교제가 있었다. 나로 말하자면 조선 재근 경력이 길기 때문에 한층 더 깊이 교제를 해왔다."라고 기록했다.

이처럼 대원군은 귀국한 후 사실상 가택연금 상태에 놓였으면서도 일본에 망명한 개화당과 서울주재 일본공사관, 그리고 원세개 등 상대를 바꿔가면서 정권을 되찾으려는 음모를 포기하지 않았다. 이 과정에서 그는 그때그때 필요에 따라 정치적 입장을 표변했다. 시종일관 그에게 변치 않았던 것은 오직 권력을 향한 욕망뿐이었다. 개화당과 일본공사관, 심지어 원세개도 이를 모르진 않았고, 따라서 그를 완전히 신뢰하지는 않았다. 그럼에도 불구하고 조선 백성들의 여망이 그에게 집중되고 있는 한 그는 언제나 정치적으로 유용한 존재였다.

물론 민씨 척족도 가만히 있지 않았다. 1892년 봄에 연이어 자객이 운현궁에 침범했다. 어느 날 밤, 대원군이 불안하여 마루를 서성이는데, 갑자기 방안에서 쿵하고 화약이 터졌다. 다행히 인명 피해는 없었다. 다음날 아침에 대원군은 지난밤에 일가가 모두 비명횡사할 뻔했다는 의미로 "우리는 할아버지, 아들, 손자가 모두 동갑이다. 그것은 우리가 금년에 태어났기 때문이다."라는 우스갯소리를 했다고 한다.(『梅泉野錄』)[19]

---

19 독일 외교문서에 따르면, 그 날짜는 6월 18일과 19일 사이였다. 백성들 사이에선 왕비가 대원군 암살음모의 배후라는 소문이 돌았으나, 외아문 독판 민종묵은 독일 총영사 크리엔(F. Krien)에게 이를 부인했다. (『독일 외교문서 한국편』4, 305쪽)

제3장

파국
(1894~1895)

1.
청일전쟁

1) 전쟁의 발단

1894년 초 전라도 고부(古阜)에서 지방관의 학정에 견디지 못한 백성들이 민란을 일으켰다. 이 민란은 동학(東學) 교단 조직과 결합해서 삽시간에 삼남(三南)으로 확산했고, 결국 왕조의 발상지인 전주성마저 함락됐다. 당황한 조정은 임오군란과 갑신정변 때의 전례에 따라 청에 원병을 청했지만, 이는 청과의 일전을 준비하고 있던 일본에 한반도 파병의 구실을 제공했다.

동학은 1860년 경주의 최제우(崔濟愚)가 창시한 종교로, "경천수심 정기솔성(敬天守心正氣率性)"을 기본 교리로 내세우고 보국안민(輔國安民)의 도를 자임했다. 정부의 탄압에도 불구하고 그 교세는 날로 확장해서 1895년에는 신도 수가 60여만 명에 달할 정도가 됐다.

1892년 전라도 고부 군수로 조병갑(趙秉甲)이 부임했다. 그는 온갖 명목으로 백성을 수탈했다. 예를 들면 황무지를 경작할 때 세금 면제를 약속했다가 추수할 때 강제로 징세한 것, 부유한 백성에게 불효와 불목(不睦), 음행(淫行)과 잡기(雜技) 등의 이유로 벌금을 부과한 것, 태인 현감을 지낸 그 아비의 비각(碑閣)을 세우기 위해 강제로 비용을 염출한 것, 대동미(大同米) 상납 과정에서 이익을 착복한 것 등이었다. 그중에서도 가장 큰 물의를 일으킨 것은 만석보(萬石洑)의 수리였다. 그는 만석보가 멀쩡한데도 백성을 동원해서 그 아래 새 보(洑)를 만들고는 그 것이 완성되자 강제로 수세(水稅)를 거뒀다.

고부 근처 태인현 산외면(山外面) 동곡(東谷)에 시골 훈장으로 전봉준 (全琫準)이라는 인물이 있었다. 그는 이미 작년부터 여러 차례 조병갑 의 학정에 항의하다가 옥에 갇힌 적이 있었다. 1894년 2월, 마침내 전 봉준은 동지 정익서(鄭益瑞), 김도삼(金道三)과 지방관의 학정을 바로잡기 위한 민란을 일으켰다. 같은 달 15일, 전봉준의 창의(倡義)에 호응한 고 부군민 1천여 명이 군아(郡衙)를 습격해서 불법 징수한 세곡(稅穀)을 원 래 주인에게 돌려주고 만석보를 무너뜨렸다.

간신히 목숨을 건져 달아난 조병갑은 20일 전주에 도착해서 전라 도 관찰사 김문현에게 민란의 발생을 보고했다. 조사 결과 그 원인이 조병갑의 학정에 있음이 밝혀졌으므로 조정에서는 그를 의금부로 압 송한 후, 전라도 장흥부사 이용태(李容泰)를 안핵사(按覈使)에 임명해서 고부군에 파견했다. 하지만 민심을 진정시켜야 할 이용태는 오히려 모 든 죄를 동학에 돌렸다. 그리고 민란에 가담한 백성의 명단을 작성해 서 수감하고 그 집을 불태웠으며, 행방을 알 수 없는 자들은 그 가족 을 살육했다. 분노한 전봉준 등은 마침내 각 지방의 동학 접주들에게 통문을 돌리고, 보국안민(報國安民)을 기치로 내세워 전라도 무장(茂長)에 서 봉기하기에 이르렀다. 1894년 4월 하순의 일이었다.

전봉준의 격문에 호응하여 고부군을 비롯하여 태인, 금구, 부안 등 인접지역의 동학도가 몰려들기 시작했다. 그 형세는 걷잡을 수 없이 커졌고, 민란에 가담한 백성의 수는 순식간에 수천 명을 헤아리게 되 었다. 그러자 조정에서도 이대로 두고 볼 수만은 없었다. 5월 6일, 홍 계훈을 양호초토사(兩湖招討使)에 임명하고 장위영 5대(隊) 약 800명, 야포 2문·개틀링(Gatling) 기관포 2문을 주어 동학농민군을 진압하게 했다. 하지만 동학농민군은 부안을 습격한 후(5.8) 황토현 전투에서 관군에 큰 승리를 거두고(5.11), 무장(5.13), 영광(5.17), 함평(5.20)을 차례로 함락했다.

주목할 것은 당시 동학농민군이 탐관오리의 척결과 더불어 '국태공감국(國太公監國)', 즉 대원군의 집정을 봉기의 명분으로 내세운 사실이다.

> 금일 우리의 의거는 다른 뜻이 있는 것이 아니다. 탐관오리를 개과혁신
> (改過革新)케 하고 국태공께 감국을 맡겨 위로는 종사를 보전하고 아래
> 로는 백성들을 편안케 하며, 부자간의 윤리와 군신 간의 의리를 온전케
> 함으로써 난신적자가 자연히 사라져 감히 나라를 해치지 못하게 하려
> 는 데 있을 따름이다. (『梧下記聞』;「兩湖招討謄錄」)

대원군 집정 요구는 5월 20일 영광 창의소에서 완영유진소(完營留陣所)에 보낸 통문에서 처음 등장했다. 그리고 22일 함평에서 나주로 보낸 통문, 23일 초토사에게 올리는 정문(呈文), 6월 7일 초토사에게 보낸 소지(所誌)에서도 반복적으로 나타났다. 이 같은 대원군의 정계 복귀 요구는 농민들을 결집하는 데 큰 효과를 발휘했다. 처음 대원군 감국 요구가 제시되기 전 농민군의 수는 약 6천 명에서 1만여 명 정도였지만, 불과 10여 일만에 그 수는 2~3만여 명에 달했다.

마침내 5월 31일 전주성이 함락됐다. 정부군은 이를 수복하기 위해 완산에 진지를 구축하고 야포로 성내를 공격했는데, 이 과정에서 조경묘(肇慶廟)와 경기전(慶基殿) 등의 전각이 파손됐다. 이 소식을 접한 왕실과 정부는 큰 충격을 받았다. 고종은 김홍집 등의 반대에도 불구하고, 척족 민영준의 건의에 따라 6월 3일 공식적으로 청국에 원병을

요청했다.

그러자 농민군은 자신들의 봉기가 외국 군대의 한반도 파견의 빌미가 될 것을 우려하고, 또 추수철도 다가오고 있었으므로 6월 10일(음 5월 7일)에 초토사 홍계훈과 이른바 전주화약을 맺고 자발적으로 농성을 풀고 해산했다.

2) 일본의 출병

1894년 초에 일본공사 오토리 게이스케(大鳥圭介)는 휴가를 얻어 귀국 중이었으므로 공사관의 책임은 임시대리공사 스기무라 후카시가 맡고 있었다. 스기무라는 이미 5월 22일에 동학농민운동에 대해 속수무책인 조선 정부가 조만간 청에 원병을 예측할 것으로 예측하고 일본도 조선 파병을 검토해야 한다고 외무성에 상신했다.

처음에 일본 정부는 조선 파병을 단행하면서 그 근거로 제물포조약 제5조를 제시했다. 이에 따르면 일본공사관의 경비를 맡기 위해 병력 약간을 둘 수 있다고 돼 있었다. 그러나 이는 구차한 구실에 지나지 않았다. 실제로 일본이 조선에 1차 파병한 병력은 1개 혼성여단 8,000여 명으로, 조선 정부의 공식 요청을 받고 출병한 청 병력의 3배에 달하는 규모였다. 단순히 일본공사관의 경비를 위해서라면 이같이 막대한 규모의 부대가 필요치 않음은 두말할 나위가 없다.

이즈음 이토 히로부미가 이끄는 일본 내각은 의회와 극한 대립을 거듭하고 있었다. 전년부터 의회의 강경파는 서구 열강과의 불평등조약 개정 교섭에서 정부가 보인 유약한 태도와 정부 관리의 독직(瀆職)을 격렬하게 비난하고 있었다. 이에 이토 총리는 1893년 12월에 중의원을 해산했지만, 의회 내 반정부파의 기세는 줄어들지 않아서 1894년 5월 소집된 제6차 임시의회에서 정부 불신임안이 제출되기에 이르렀다. 이토는 이를 간신히 부결시켰지만, 5월 31일에 다시 관직 기강 확립과 정부예산 절감, 특히 해군성의 예산을 삭감해서 해군력 증강 비용을 충당하는 상주안이 의회에서 가결됐다. 이는 사실상 내각에 대한 의회의 불신임 결의와 다를 바 없었으므로, 이토는 다시 중의원 해산을 결심하고 6월 2일 수상관저에서 임시 각의를 소집했다.

각의가 시작되자 외무대신 무쓰 무네미쓰(陸奧宗光)는 서울에서 도착한 스기무라의 전보를 꺼내 보였다. 그리고는 "만약 청국이 어떤 명의(名義)를 불문하고 조선에 군대를 파견한다면, 우리나라도 그에 상당한 군대를 보내서 조선에 대한 일·청 양국의 세력균형을 유지해야 합니다."라고 주장했다. 무쓰의 제안이 정치적 곤경을 타개하는 데 유리하다고 본 이토는, 당일로 각의의 동의를 얻어 군대 파견안을 확정한 후, 의회 해산안과 함께 메이지 천황에게 상주하여 칙재를 얻었다.

그런데 이때까지만 해도 이토는 국내 정치적 이유에서 조선 출병을 재가했을 뿐, 청과의 본격적인 전쟁을 염두에 둔 것은 아니었다. 대청개전을 주도적으로 획책한 것은 참모차장 가와카미 소로쿠(川上操六)와 무쓰였다. 이보다 앞서, 참모본부는 몇 달 전부터 한반도에 첩자를 파견해서 그 정세를 예의주시하면서 5월 하순부터 수송 준비에 착수하는 등 은밀히 조선 출병을 준비하고 있었다. 문제는 신중한 성격의 이토가 대규모 병력 파견에 쉽게 동의하지 않으리라는 것이었다. 이날 밤에 무쓰는 가와카미를 따로 만나 대책을 논의했다.

- (무쓰) 이토는 평화주의의 정치가요. 그러므로 처음부터 대규모 병력

을 보낸다고 하면 수긍하지 않을 것이오.

– (가와카미) 우선 1개 여단을 파견한다고 하십시오. 평시 1개 여단은 2천
명 정도이기 때문에 이의가 없을 것입니다. 하지만 혼성여단(混成旅
團)을 편성하면 실제로는 7, 8천 명에 달합니다. (『陸軍大將川上操六』)

가와카미의 책략은, 우선 이토에게 1개 여단을 조선에 파병하겠다
고 보고해서 승인을 받은 후 실제로는 전시 혼성여단을 파견한다는 것
이었다. 혼성여단이란 보병 1개 여단에 포병, 기병, 공병 등 다른 병과
를 추가 편성하는 전시 편제였다. 평시 여단이 2개 연대 3,000명 정
도의 병력으로 구성되는 데 비해, 혼성여단의 병력은 보병 2개 연대에
기병 1개 중대(200명), 포병 1개 대대(산포 12문, 500명), 공병 1개 중대 300
명), 수송대(150명), 위생부대(250명), 야전병원(350명), 병참부(80명) 등을
합해 총 8,000명에 달했다. 가와카미의 의견에 대해 무쓰도 과연 묘
안이라고 하면서 극찬했다. 이 자리에 함께 있었던 하야시 다다쓰(林董)
는 훗날 다음과 같은 회고를 남겼다.

이야기의 대의(大意)는, "메이지 15년과 17년 경성의 변[임오군란과 갑신
정변]에서는 청이 기선을 제압해서 우리의 실패로 끝났으니, 이번에는
반드시 청국을 제압해서 두 차례의 손실을 회복하지 않으면 안 된다. 그
러기 위해선 조선에 있는 지나병(支那兵) 이상의 병력을 파견해야 한다.
지금 아산에 있는 청 군대가 5천이라고 하니, 우리는 각지에 주둔한 수
비병을 모아서 7, 8천의 군대를 동원할 필요가 있다."라는 것이었다. …
단, "처음부터 7, 8천 명의 군대를 보낸다고 하면 이토 총리대신은 항상
평화주의를 주장하는 인물이기 때문에 승낙하지 않을 것"이라고 외무
대신이 우려하자, 가와카미 차장은 "먼저 1개 여단을 파견한다고 하면,
총리대신은 여단 병력이 2천 명 정도라고 알고 있기 때문에 아마도 이

의가 없을 것이다. 그리고 나서 혼성여단을 보내면 실제는 7, 8천 명의 병력이 된다."라고 답했다. (『後は昔の記』)

즉, 호전적인 군부와 외무성이 작당해서 정부 수반을 기만하여 어쩔 수 없이 전쟁을 벌이는 상황을 만들려고 한 것이다. 이러한 일이 가능했던 이유는 당시 일본 군제상 참모본부는 천황 직속으로 내각의 통제를 받지 않았고, 또 일단 전쟁이 시작된 뒤에는 모든 군사전략을 단독으로 결정할 권한을 갖고 있었기 때문이다. 실제로 이토는 나중에야 조선에 평시 1개 여단이 아닌 혼성여단이 파견된다는 사실을 알고 이를 축소할 것을 지시했지만, 가와카미는 "출병 여부는 묘의(廟議)를 거쳐 결정되지만, 출병이 결정된 뒤에는 참모총장의 책임입니다. 출병 규모는 우리에게 일임해주시길 바랍니다."라며 불응했다.

일본의 출병 결정은 조선 정부가 청에 공식적으로 원병을 요청하기 하루 전에 이뤄졌다. 이어서 6월 5일에는 천황 직속의 전시 육해군 최고 통수기관인 대본영(大本營)이 설치됐다. 일본 전사(戰史)에서 대본영이 개설된 것은 이때가 처음이었다. 이는 조선 내에서의 정세와 무관하게 이미 대청 개전을 상정하고 있었고, 또 개전에 이르기까지의 과정을 군부가 주도한다는 방침이 세워졌음을 의미한다.

그런데 이때는 이미 동학농민군이 스스로 농성을 풀고 해산하였으며, 한성도 평온을 되찾고 있었다. 게다가 조선 정부의 공식 요청을 받은 청과 달리, 일본은 마땅한 출병 명분도 없었다. 6월 초 한성에 급거 복귀한 오토리 공사가 보기에도 공사관의 보호는 파병의 합당한 이유가 될 수 없었다.

전라도에서는 폭도가 패배하고, 경성에는 청병(淸兵)이 파견되지 않았음. 이러한 상황에서는 우리 공사관 및 인민의 보호를 위해 많은 병사를 파견할 필요가 없을 뿐 아니라, 청국·러시아 및 그 밖의 여러 나라들도 일본의 의도에 의심을 품어서 그 군대를 조선국에 파견할까 크게 우려됨. 그러므로 현재의 사정이 변동돼서 더욱 우리를 위험에 빠뜨리는 상황에 이르지 않는다면, 경성에 4천 명의 병사를 진입시킬 만한 타당한 이유를 알 수 없음. 일본 정부가 그러한 조치를 시행하는 것은 우리의 외교관계에 해를 끼칠 것으로 생각됨. (『日淸韓交涉事件記事(朝鮮之部)』)

따라서 일본은 서양 열강, 특히 러시아의 간섭을 피하기 위해 출병 명분을 만들어야 했다. 그들이 만든 명분은, 설령 동학농민운동이 일시적으로 평정되더라도 조선의 내정개혁이 이뤄지지 않는 한 내란은 언제든 재발할 수 있다. 한반도의 혼란은 동아시아의 지역 질서를 교란하는 원인이므로 이 기회에 조선의 내정개혁을 완수하여 그 화근을 근절해야 한다는 것이었다.

물론 이는 한반도 파병과 대청개전(對淸開戰)을 위한 구실에 지나지 않았다. 외무대신 무쓰조차 조선의 내정개혁 가능성에 관해선 부정적이었다.

나는 애초부터 조선내정의 개혁사업에 대해서는 특별히 무게를 두지 않았고, 또 조선 같은 나라가 과연 만족스러운 개혁을 완수할 수 있을지 의심했다. 그렇지만 조선내정의 개혁은 이제 외교상 일종의 중대문제가 돼서 우리 정부는 여하튼 그 실행을 시도하지 않을 수 없게 되었으니, 우리나라 조야(朝野)의 의론이 어떤 사정과 원인에 기초하고 있는지와 같은 문제는 미처 묻지 못하고, 어쨌건 이러한 일치협동(一致協同)을 본 것이 안팎으로 대단히 유리한 상황이라고 보았다. (『蹇蹇錄』)

이보다 앞서, 6월 6일에 주일공사 왕봉조(王鳳藻)는 이홍장의 지시에 따라 일본 외무성에 조선 출병을 통고하는 조회를 보냈다. 여기에는 "파병원조는 바로 우리 조정이 속방(屬邦)을 보호하는 오랜 관례이다." 라는 구절이 있었다. 일본 외무성은 9일에 회답 조회를 보내서 "제국 정부는 아직까지 조선국을 귀국의 속방이라고 인정한 일이 없다."라고 항의했다. 이어서 일본 정부는 6월 14일과 15일에 각의를 개최하여 청에 조선 내정의 공동 개혁을 제안하되 만약 청이 이를 거부할 경우 단독으로 개혁을 단행하고, 그동안 조선에 군대를 주둔시킨다는 방침을 확정했다.

무쓰 외무대신은 16일에 주일청국공사 왕봉조를 초치해서 청일양국의 공동개혁안을 제시했다. 하지만 22일에 청은 공식적으로 이를 거부했다. 그 표면적 이유는 조선의 내란이 이미 진정되었고, 또 일본은 조선이 독립국이라고 주장하므로 그 내정에 간여할 근거가 없다는 것이었지만, 실제로는 이를 받아들일 경우 청의 종주권 주장이 약화되어 조선이 마치 양국의 공동 보호국처럼 될 것을 우려했기 때문이다. 이러한 반응은 일본도 이미 공동개혁안을 제출할 때부터 예상한 바였다. 일본 정부는 당일로 각의를 열어 조선 내정에 대한 일본의 단독개혁 착수 방침과 함께 그것이 완수되기 전까지는 조선에서 철병하지 않기로 한 기정방침을 거듭 확인하고, 이를 왕봉조에게 문서로 통고했다.

지난 사적(事績)으로 징험해 보건대, 조선반도는 붕당의 쟁투(爭鬪)·내홍 (內訌)과 폭동의 중심으로서의 참상을 드러냈습니다. 이와 같은 사변이 자주 발생하는 이유는 독립국의 책무를 온전히 하는 요소를 결여한 데

기인한다고 충분히 확신할 수 있습니다. 강토(疆土)의 인접과 무역의 중
요성을 고려하더라도 조선국에 대한 제국의 이해(利害)는 매우 긴절(緊
切)하고 중대하므로, 저 나라의 비참한 정황을 차마 수수방관할 수 없습
니다.

　이러한 정세를 맞이해서 제국 정부가 돌아보지 않는다면, 비단 평소
조선에 대해 가지고 있었던 인교(隣交)의 우정에 어긋날 뿐만 아니라,
우리나라 자위(自衛)의 방도를 저버렸다는 비난을 면할 수 없습니다. …
제국 정부가 군대를 철수하기 위해서는, 장래 저 나라의 안녕과 평온을
보장하고 시정이 올바르게 행해진다는 것을 보증하기에 충분한 조처를
협정하지 않는다면 결행하기 어렵습니다. (『蹇蹇錄』)

　이와 함께 외무성은 오토리 공사에게 조선 정부에 내정개혁을 권
고할 것을 정식으로 훈령했다. 이 훈령을 지참한 가토 마쓰오(加藤增雄)
서기관은 27일 한성에 도착했는데, "금일의 형세로는 일의 진행상 개
전을 피할 수 없음. 따라서 우리가 허물을 지지 않는 한에 있어서 어
떤 수단을 취하더라도 개전의 구실을 만들 것"이라는 비밀 명령을 오
토리 공사에게 함께 전했다.

　이에 따라 오토리는 조선 정부에 단시일내 실현하기 어려운 급진
적인 내정개혁을 요구하는 한편, 주일청국공사가 일본 외무대신에게
보낸 공문과 같이 조선이 중국의 '속방(屬邦)'임을 인정하는지의 여부를
추궁했다. 즉, 청국은 이번 파병의 명분으로 '속방을 보호한다[保護屬
邦]'는 것을 들었는데, 만약 조선이 이에 동의한다면 1876년 조일수호
조규의 '자주지방(自主之邦)' 규정에 합의한 것은 일본을 기만한 것이므
로 그 책임을 묻고, 동의하지 않는다면 일본이 조선 대신 청국을 물리
쳐 준다는 명분을 확보한다는 계산이었다.

이에 대해 조선 정부는 신정희(申正熙), 김종한(金宗漢), 조인승(曺寅承) 등 3명의 위원을 선발해서 일본 측에서 제시한 내정개혁안을 심의하는 한편, 철군을 개혁의 선행조건으로 내세웠다. 즉, 일본이 일단 군대를 철수시키면 자주적으로 내정개혁을 단행하겠다는 것이었다. 그리고 청과의 관계에 대해서는, 이번에 중국에 원병을 청한 것 또한 조선의 '자주평등지권(自主平等之權)'과 '자유지권리(自由之權利)'에 따른 것이니 조일수호조규의 '자주지방(自主之邦)' 규정에 모순되지 않는다고 응수했다.

그러는 동안 일본의 개전준비는 착착 진행되었다. 6월 28일에는 혼성여단 전체가 인천 상륙을 완수했다. 그리고 7월 12일에는 외무대신의 명의로 청 정부에 일본은 전부터 평화적 해결을 위해 모든 방법을 강구했지만, 청 정부는 조금도 이에 응하지 않았으므로 앞으로 예상하지 못한 사변이 생기더라도 일본 정부는 그 책임을 질 수 없다고 성명했다.

이처럼 청일개전이 임박하자 오토리는 더욱 초조해졌다. 애초에 조선은 독립국이라고 하면서 그 내정개혁을 강요하는 것부터가 모순적이었다. 그는 결국 극단적인 방법을 택했다. 7월 20일, 오토리는 조선 정부에 중조상민수륙무역장정(中朝商民水陸貿易章程)·중강통상장정(中江通商章程)·길림무역장정(吉林貿易章程) 등 청과 맺은 3개 장정의 폐기와 6월 초 이래 아산에 주둔 중인 청군의 철수를 주장하면서 그 결정을 22일까지 회신할 것을 요구했다. 그리고는 조선 정부의 회답은 기다리지도 않은 채, 인천에 도착한 오시마 요시마사(大島義昌) 여단장과의 협의하에 23일 새벽 보병 제21연대로 경복궁을 기습 점령하고, 고종과 명성왕후를 사실상 포로로 사로잡은 것이다.

3) 일본군의 경복궁 점령과 대원군의 입궐

동학농민운동이 발발하자 조정에서 군대를 내려보내 진압을 시도하고, 또 청에 원병을 요청한 것은 완전히 잘못된 판단이었다. 비단 일본의 대청개전 의도를 간파하지 못해서 한반도에서 청일전쟁이 발발하여 애꿎은 조선 백성이 어육(魚肉)이 되는 빌미를 제공했다는 이유에서만은 아니다. 지방관의 학정에 못 이겨 봉기한 백성을 외국 군대로 진압한 것은 정부가 스스로 보국위민(保國爲民)이라는 기본 책무를 버린 것과 다를 바 없었다. 정부와 지배세력의 눈에는 인내천(人乃天) 사상을 바탕으로 사민평등과 권귀진멸(權貴盡滅)을 외치는 동학도가 외국 더 위험하게 보였던 것이다.

다음은 경복궁 점령이 있기 10여 일 전인 7월 11일(음 6월 9일)에 영돈녕 김병시(金炳始)와 고종이 나눈 대화이다. 의분을 이기지 못한 김병시의 극언은 당시 조정이 처한 참담한 현실을 여실히 보여준다.

> - (김병시) 무릇 천하엔 사리(事理)에서 벗어나는 일이 없습니다. 그런데 이번 일은 참으로 사리를 구명(究明)할 수 없습니다. 처음에 호남의 소요로 인해 서울에서 군대를 보내는 지경에 이르렀습니다. 이는 본디 양민으로서, 과도하게 거둬들이는 정치를 감당하지 못하여 소란을 일으키고 동학도로 귀속된 것입니다. 그런데 수천 명을 살상한 것도 차마 하지 못할 일이거늘, 청 군대의 원조를 청하였으니 또 하나의 실착입니다. 다른 나라 군대를 빌려 내 백성을 죽이니, 어찌 이러한 일이 있겠습니까? 당시 비평하는 자들은 "청 군대가 오더라도 일본인은 반드시 움직이지 않을 것이다."라고 장담하고, 또 듣건대 "법[국제법]에 의하면 타국의 내정에 간여해선 안 된다."라고 하였습니다. 그런데 이제 갑자기 군대를 이끌고 들어와서는 심지어 정치와 관련하여 몇 개

조항을 적어서 보냈으니, 이는 어찌된 이유입니까?

- (고종) 실로 무슨 이유인지 알 수가 없다.

- 혹시 협잡하는 부류와 간세(奸細)한 무리가 중간에서 작용(作俑: 좋지 않은 일을 앞장서서 함)한 것은 아닙니까?

- 그것도 모르겠다.

- 어찌 이런 이치가 있겠나이까? … 금일 전하께서는 신하도 없고, 백성도 없으십니다. 조정에 참으로 사람이 있었다면 저들이 어찌 감히 기탄없이 이런 일을 하였겠습니까? 만약 우리나라가 무고하게 군대를 이끌고 갑자기 일본 도성으로 쳐들어갔다면, 저들도 아무 말 안했겠습니까? 그러므로 신하가 없으시다고 하는 것입니다. 호남의 백성을 살육한 뒤로 해당 도(道)의 백성뿐만이 아니요, 팔도의 백성들이 모두 마음이 떠났습니다. 위에서 이미 적자(赤子)로 백성을 대하지 않는데, 저들이 어찌 부모를 섬기는 성심(誠心)을 가질 수 있겠습니까? 그러므로 백성이 없으시다고 하는 것입니다. 신하도 없고 백성도 없으니, 전하께선 홀로 어떻게 나라를 다스리시겠습니까? (『甲午實記』上)

이때 이미 한성은 일본의 혼성여단에 의해 포위돼 있었다. 6월 9일에 일본 육전대 488명과 순사 20명, 12일에 선발대 제11연대 1,024명, 15일에 오시마 요시마사가 이끄는 혼성여단 본대 2,700여 명이 차례로 인천에 입항했다. 일본군은 이미 전쟁 분위기에 도취돼서 6월 13일 스기무라 대리공사가 인천을 갔을 때 "새로 파견된 군인의 사기가 매우 높아 도저히 공사가 바라는 [평화 교섭의] 목적을 달성하기가 어렵겠다."라고 생각할 정도였다.

상황이 이처럼 심상치 않게 돌아가자 1885년 이래 약 10년간 방약무인한 태도로 조선의 내정과 외교에 간섭한 원세개는 19일에 장삿꾼

차림을 하고 몰래 한성을 빠져나갔다. 24일, 2,500여 명의 일본군이 한강을 건너와 용산 만리창에 여단 본부를 설치하고, 한성전보총을 장악하여 조선과 청 사이의 유선 연락망을 절단했다. 28일엔 앞에서 언급한 것처럼 혼성여단 후속부대가 모두 도착했다.

7월 20일 대본영의 내훈(內訓)을 갖고 후쿠시마(福島) 중좌가 도착하였다. 거기에는 "청국이 만약 군대를 증가시키면 여단장은 독단으로 일을 처리할 것"이라고 적혀 있었다. 이에 따라 오시마 여단장은 경복궁 점령계획을 수립했다. 그리고는 오토리 공사를 방문하여 이를 제시하고, 오토리가 조선 정부에 전한 최후통첩의 회답 여하와 무관하게 23일에 작전을 단행하기로 결정했다.

7월 23일 0시 30분을 기해 작전이 시작됐다. 그 목적은 고종을 포로로 사로잡아서 조선 정부를 조정하여 개혁을 단행하게 하고, 청군을 축출해달라는 요청을 받아내려는 것이었다. 또한 조선을 전시동맹국으로 만들어서 정당한 전쟁 명분(causus belli)을 획득하는 한편, 서울의 조선 군대를 무장 해제시켜서 배후의 위협을 제거하고 군수물자의 징발과 수송, 통신, 병력 이동 등 전쟁 수행의 편의를 취하려는 계산도 있었다.

경복궁 점령 작전에는 제9여단 11연대의 전병력, 제10여단 21연대의 1개 대대와 야전포병 제5연대 3대대 등 혼성여단의 주력이 참가했다. 일본군은 서대문을 통해 입경한 후 경복궁 서쪽의 영추문(迎秋門)을 돌파하기로 했다. 새벽 5시경 궁궐 내로 난입한 일본군은 장위영 병졸 300명을 몰아내고, 광화문과 건춘문을 열어 다른 부대의 진입을 도왔다. 경복궁 북쪽 백악산으로 후퇴한 조선 수비군과 일본군 간에 오전 7시 반까지 총격전이 이어졌다. 하지만 많은 사상자를 내지 않은 채

교전은 곧 중단되었다.

이때 조선 정부 내에서 내응한 이들이 있었다. 「갑오실기(甲午實記)」에는 안경수가 어명을 내세우며 일본군의 침입에 항전하는 조선 수비병들을 만류한 사실이 기록돼 있다.

> 새벽에 일본군 수천 명이 경복궁을 포위했다. 영추문 밖에 이르러 빗장이 열리지 않자 나무 사다리를 타고 궁궐 벽을 넘어 들어왔다. 또 동소문(東小門)을 통해 불을 지르며 돌입했다. 빗장을 부수어 문을 연 후, 곧장 임금님이 임시로 계시던 집경당(緝慶堂) 섬돌 아래로 들어왔다. 그리고는 각 문을 빙 둘러 지키면서 조정신하와 액속(掖屬)들이 모두 들어오지 못하게 막았다. 신남영(新南營)에 있던 기영(箕營) 병사들이 곧장 건춘문으로 들어와 일본 병사에게 발포했다. 그런데 안경수가 대내(大內)에서 나와 급히 말렸다. 기병(箕兵)은 분노하여 즉시 군복을 벗어 던지고 떠나 버렸다.

그가 어명을 들고 오지 않았더라면 한바탕 전투가 일어났을 것이다.[1] 안경수는 이미 한 달 전인 6월 20일에 오토리 공사를 비밀리에 방문하여 "앞으로 외국 군대의 위력을 빌려서 내부의 개혁을 하는 것 말고는 방법이 없으니, 이제 당분간 귀국이 군대를 주둔시킬 것을 내심 희망한다."라며 내통을 시도했다. 며칠 후, 오토리는 이러한 생각을 공유하는 '정부 개혁파'로 김가진, 조희연(趙義淵), 권형진, 유길준(俞吉濬), 김학우, 안경수, 홍종우 등이 있는데, 이들의 계획은 대원군을

---

1 당시 조선 주재 영국공사 조던은 "사건이 일어나기 며칠 전 서울에 도착해 왕궁 울타리 밖에서 숙영하고 있던 500명의 평양 병사들이 유일하게 저항했다. 만약 그들이 전투 명령을 받았더라면 아마도 많은 수의 일본군의 훌륭한 상대가 됐을 것이다."라고 보고했다. (AACDM, pp.276~277)

추대해서 민씨를 몰아내고 정치를 근본적으로 개혁하려는 데 있고, 따라서 일본 군대가 하루라도 더 진주할 것을 희망하며 그것이 철수하기 전에 개혁을 결행하려고 서두르고 있다고 보고했다.(『日外』 27-1, 문서번호 384; 27-2, 문서번호 579) 실제로 당시 외아문 주사 유길준은 일부러 과격한 내용의 외교문서를 기안해서 조선과 일본 간의 충돌을 촉진하였고, 김가진과 안경수 등은 일본공사관과 긴밀히 연락하면서 도움을 주었다.(『日外』 27-1, 문서번호 412)

이른바 갑오개혁의 중추가 된 것은 바로 이들이었다. 앞에서 인용한 고종과의 대화에서 김병시는 이들을 '협잡하는 부류와 간세한 무리(挾雜之流 奸細之輩)'라고 지칭했지만, 일본공사관 측에선 '정부 개혁파', '일본당' 또는 '개화당'으로 불렀다.

한편, 일본 공사관은 경복궁을 점령한 후 민심을 진정시키고 외국의 비난을 모면하기 위해 조선인 중에서 명목상의 정부 수반을 세워야 했다. 그 역할을 맡을 인물은 대원군 이외엔 생각하기 어려웠다.

스기무라 후카시의 『재한고심록(在韓苦心錄)』에 따르면, 일본공사관 측에선 이미 7월 초부터 대원군에게 밀사를 보내서 '모종의 제안'을 했다고 한다. 손자 이준용이나 종자 정익환(鄭益煥) 같은 대원군 주변의 인물은 협조 의사를 밝혔지만, 유독 대원군만은 분명한 의사를 밝히지 않아서 애태우게 했다.

마침내 경복궁 점령 전날인 7월 22일 밤에 오카모토 류노스케(岡本柳之助) 등이 마포 공덕리에 있는 대원군의 별장 아소정(我笑亭)에 찾아와 최후의 설득을 시도했다. 오카모토는 와카야마(和歌山) 번 출신으로 대륙 낭인의 전형이라고 할 만한 인물이었다. 하지만 대원군은 여전히 요지부동이었다. 그러자 정익환이, '대원군의 심복 가운데 정운붕(鄭雲

鵬)이라는 사람이 있는데 청나라에 구치돼 있을 때 성심으로 모셔서 그의 말이라면 모두 들어주신다. 지금 민씨 때문에 죄를 얻어 7, 8년간 모처에 구금되어 있는데, 만약 그를 데려와서 대원군을 설득케 하면 성사될 것이다.'라고 귀띔해주었다. 이에 일본공사관 서기관 고쿠부 쇼타로(國分象太郞)가 한밤중에 순사와 군인 20여 명을 데리고 가서 억지로 그를 꺼내왔다.

그렇지만 해가 질 때까지도 대원군은 움직이려고 하지 않았다. 그러자 스기무라는 '대원군이 입궐하지 않으면 조선의 중흥과 동양의 평화는 물론, 조선의 종묘사직도 어떻게 될지 모른다. 우리도 다른 방법을 강구하지 않을 수 없다.'라며 협박조로 강요했다. 오카모토와 정운붕도 옆에서 천재일우의 기회를 맞았으니 주저해선 안 된다고 극력 권했다. 대원군이 마침내 입을 열었다.

- (대원군) 귀국의 이번 행위가 과연 의거(義擧)라면, 족하는 귀국 황제 폐하를 대신하여 일이 이뤄진 후 한 치의 우리 영토도 빼앗지 않겠다고 약속할 수 있소?

- (오카모토) 저는 일개 서기관의 신분이니 황제 폐하를 대신해서 약속을 할 수 없습니다. 하지만 저는 지금 오토리 공사의 사절로 왔습니다. 오토리 공사는 아시는 것처럼 일본 정부의 대표자이니, 저는 오토리 공사를 대신해서 가능한 만큼의 약속은 할 수 있습니다.

- 그렇다면 오토리 공사를 대신해서 한 치의 우리 영토도 차지하지 않겠다는 약속을 하시오.(『在韓苦心錄』)

그리고 시종에게 명하여 붓과 종이를 가져오게 했다. 스기무라는 붓을 들고 "일본 정부의 이번 행위는 실로 의거(義擧)에서 나온 것이니 일이 이뤄진 후 절대 조선국의 한 치의 땅도 **빼앗지** 않겠음.(日本政府之 此擧 實出於義擧 故事成之後 斷不割朝鮮國之寸地)"라는 26자를 적어 주었다. 그러자 대원군은, "그렇다면 나는 그대의 말에 따라 일어서겠소. 다만 나는 신하의 신분이니 왕명이 없으면 입궐할 수 없소. 부디 칙사가 오도록 조처해주시오."라고 하였다. 스기무라는 급히 조희연의 집으로 사람을 보내서 궁중의 상황을 처리하도록 했다.

물론 스기무라의 각서에 큰 의미가 있는 것은 아니었다. 후에 대원군이 이 각서를 갖고 일본의 침략 행위에 대해 항의한 흔적도 보이지 않는다. 다만 1873년에 최익현의 상소로 정권을 잃고, 또 1882년 임오군란 직후 중국 황제가 책봉한 국왕의 자리를 찬탈했다는 죄로 3년간 수금된 대원군은 조선정치에서 명분이 갖는 중요성을 누구보다도 잘 알고 있었다. 따라서 훗날 여론의 비난과 청의 추궁을 피하기 위해 이 입궐이 자신의 본의가 아니며, 또 일본의 침략을 막기 위해 최대한 노력했다는 증거를 남기고자 했을 것이다.

마침내 칙사가 도착했다. 대원군은 그제야 사인교에 올라 일본 군대의 호위를 받으며 경복궁에 입궐했다. 때는 이미 한낮이 다 된 11시였다. 스기무라의 기록에 따르면, 대원군이 정전에 이르자 고종이 계단을 내려와 맞이했는데, 손을 맞잡고 눈물을 흘리면서 대원군은 고종의 실정(失政)을 책망하는 한마디 말을 하고 고종은 이를 사죄했다고 한다. 이 기록이 사실인지는 알 수 없지만, 하루아침에 일본 군대의 습격을 받아 포로 신세가 된 고종이나 바로 그 군대의 호위를 받으며 아들을 대신하여 집정 역할을 하기 위해 입궐한 대원군이나 기가 막힌 심정은 마찬가지였을 것이다.

다음 날인 24일, 고종은 스스로 책망하는 윤음을 내리고 중요한 국무와 군사(軍事)를 모두 대원군에게 여쭌 후 그 재결(裁決)에 따를 것을 명했다. 이날부터 대원군의 세 번째 집정이 시작됐다. 그리고 29일까지 부국학민(負國虐民)과 범장(犯贓) 죄로 민영준, 민형식(閔炯植), 민응식, 민병석(閔丙奭), 민치헌(閔致憲), 김세기(金世基), 조병식(趙秉式), 임치재(任穉宰), 조필영(趙弼永), 김창석(金昌錫) 등 민씨 척족 세력과 왕비의 총애를 업고 국고를 탕진한 진령군(眞靈君)이 투옥되거나 유배형에 처해졌다. 또 영의정 김병시, 좌의정 조병세(趙秉世), 우의정 정범조(鄭範朝)와 내무독판 민영환과 민영소(閔泳韶), 경기감사 홍순형(洪淳馨), 수원유수 조병직(趙秉稷), 초토사 홍계훈 등도 모두 파직되었다. 20여 년간 지속된 민씨 정권이 일거에 무너진 것이다.

경복궁 점령 이후 일본공사관이 발급하는 문표(門標)를 소지하지 않은 사람은 출입이 금지됐다. 조선군영은 무기를 모두 압수당했고, 이제 한성에선 한 명의 조선군도 찾아볼 수 없게 되었다. 몇일 후, 대원군과 신정부는 조청 간 종속관계를 전제로 체결된 상민수륙무역장정 및 중강통상장정, 길림상민무역장정의 폐지를 선언했다.

25일, 일본 해군은 풍도해전에서 북양해군의 광을(広乙)호를 격침시키고 조강(操江)호를 나포했다. 이때 영국 선적의 수송선 고승(高陞)호도 격침됐다. 이어서 일본 육군은 29일에 성환전투에서 대승을 거두었다. 그리고 8월 1일, 메이지천황은 선전조칙(宣戰詔勅)의 형식으로 공식 선전포고를 했다.

조선은 제국이 처음에 계유(啓誘)해서 열국의 반열에 나아가게 한 독립된 일국이다. 그런데 청국은 매번 스스로 조선을 속방(屬邦)이라고 칭하며 음으로 양으로 그 내정에 간섭하였고, 내란이 발생하면 속방을 어려움에서 구원한다는 구실로 군대를 조선에 파견했다. 짐은 메이지 15년의 조약에 따라 군대를 파견해서 변란에 대비하게 하며, 더 나아가 조선으로 하여금 화란(禍亂)을 영원히 제거해서, 장래 치안을 보존하여 동양 전국(東洋全局)의 평화를 유지하고자 했다. 우선 청국에 협동해서 종사할 것을 고했는데, 청국은 갑자기 태도를 바꾸고 갖가지 구실을 만들어서 이를 거절했다. 제국은 이에 조선에 그 악정[秕政]을 개혁[釐革]해서, 안으로는 치안의 기틀을 다지고 밖으로는 독립국의 권리와 의무[權義]를 온전히 할 것을 권고하였다. 조선은 이미 이를 승낙했으나, 청국은 시종 은밀하게 백방으로 이러한 목적을 방해하였다. (『官報』 메이지 27년 8월 2일 호외)

오토리 공사는 8월 20일과 26일에 각각 조선 외무대신 김윤식과 「잠정합동조관」 및 「양국맹약」을 체결했다. 전자는 조선의 내정개혁에 대한 일본의 지도와 간섭을 정당화하기 위한 것으로, 일본 고문의 파견, 철도 부설, 군용전신선 관리 권한 등을 규정했다. 이에 따라 주세국(主稅局) 주세국관(主稅局官) 니오 고레시게(仁尾惟茂), 공사관부 무관 육군중좌 구스노세 유키히코(楠瀨幸彦), 법제국(法制局) 참사관(參事官) 이시츠카 에이조(石塚英藏), 경시청 경시 다케히사 가즈조(武久克造), 사이토 슈이치로(齋藤修一郞), 오카모토 류노스케, 호시 도루(星亨) 등이 대거 조선 정부에 고문으로 들어왔다. 또한 경복궁 점령과 관련해선, 이를 우연히 발생한 사건으로 치부하고 더이상 따지지 않는다고 명시했다.("本年七月二十三日 在大闕相近之地 兩國兵丁 偶爾接仗 言明彼此 各願不必追究") 후자는 일종의 대청 공수동맹(攻守同盟)이었다. 이를 통해 조선은 형식상 '자주독립국'으로서, '조일 양국의 이익 증진을 위해' '일본 군대에 협조하여 편의를 제공'하도록 규정되었다.

2.
갑오개혁

1) 군국기무처

조선의 내정개혁은 일본이 러시아 등 서구 열강의 간섭과 국제사회의 비난을 무마하기 위해 내세운 전쟁 명분에 지나지 않았지만, 자임해서 대외적으로 천명한 과업이라는 점에서 어느 정도 성과를 거둘 필요가 있었다. 조선이 적어도 외견상으로라도 독립국의 면모를 갖추게 하는 것은 '문명국' 일본의 국제적 위신과도 관계되는 문제였다.

이러한 배경 속에서 갑오개혁이 추진됐다. 7월 27일, 개혁을 추진하기 위한 초정부적 입법·정책결정기구로 군국기무처(軍國機務處)가 발족했다. 『재한고심록』에 따르면, 이는 전날 스기무라 후카시와 조선정부 내 개혁파 인사들 간의 논의에서 결정됐고, 대원군이 '군국기무소'라는 이름을 붙였다고 한다. 이 기구는 총재 1명과 부총재 1명, 20명 이내의 의원, 2~3명의 서기관으로 구성됐다. 총재는 영의정 김홍집이 겸임하고, 부총재는 박정양이 맡았다. 의원으로는 김윤식(강화부유수), 김가진(외아문협판), 김학우(연무공원 참리), 박준양(내아문참의), 조희연(장위사), 이윤용(대호군), 정경원(내아문참의), 김종한(내아문협판), 이응익(공조참의), 박정양(내아문독판, 부총재 겸임), 안경수(우포도대장), 민영달(내아문협판), 권영진(기무국독판), 유길준(외아문참의), 이원긍(내아문참의), 김하영(외아문참의), 서상집(부호군), 장박(선 수사) 등이 임명됐다. 서기관은 유정수와 오세창 등이 맡았다. 이 중 대원군파는 박준양과 이원긍, 그리고 나중에 임명된 이태용 등이었다.

군국기무처는 군국(軍國)에 관한 일체의 중대 사무를 합의해서 처리했는데, 그것이 비교적 제대로 기능한 12월 26일(음 10월 29일)까지 약 3개월 동안 40회의 회의를 통해 210여 건에 달하는 의안(議案)을 쏟아냈다. 그중에는 사대(事大) 전례의 폐기와 독립의 천명, 과거제 폐지, 신분 차별 철폐, 연좌율 폐지, 조혼 금지, 공사노비 해방, 과부의 재가 허용, 재정제도의 근대화 등 조선왕조에선 상상조차 쉽지 않던 혁신적인 개혁안이 포함돼 있었다. 하지만 이 개혁은 관직명을 고치고 지방행정 단위를 개편한 것 정도를 제외하고는 실질적 성과를 거의 거두지 못했다.

갑오개혁이 '서류상의 개혁'에 그친 직접적인 원인은, 이 같은 정치사회적 대개혁을 단행하기엔 조선 정부의 재정이 이미 고갈되었고, 또 지방에 대한 통제력을 상실한 데 있었다. 당시 평안도와 황해도는 청일전쟁으로 유린되고, 전라·충청·경상도는 동학농민운동으로 인해 폐허가 되었다. 게다가 강원도는 본래 농지가 부족하고, 함경도 또한 그 조세로 북영(北營)의 군비를 충당했으므로 도저히 정부 세원을 마련할 길이 없었던 것이다. 유길준은 후쿠자와에게 보낸 서한에서 이 같은 고충을 토로했다.

> 지방의 개혁은 실로 개혁의 근본이지만, 이는 중앙정부에서 취서(就緒)하는 것보다 훨씬 어렵습니다. 중병(重兵)으로 각지의 요해처를 진무(鎭撫)하지 않으면 아마도 토착 소리(小吏)가 마치 지금 동학도처럼 떼 지어 일어나 저항할 것입니다. 또 그 직무를 맡을 수 있는 자가 매우 적습니다. 만약 현재 지방관들에게 시행하게 한다면, 두서(頭緒)를 이해하지

못해서 반드시 폐해가 생길 것이니 도리어 시행하지 않음만 못할 것입니다. … 개혁은 자금이 없으면 할 수 없는데, 지금 국고가 고갈되어 있고 또 지방세(地方稅)는 동학의 소요로 인해 거둬들일 수 없으니, 차관이 아니면 시행할 수 없습니다. (『福澤諭吉全集』18)

처음부터 조선의 내정개혁은 청일전쟁과 내정 간섭의 구실이었다. 일본은 조선 정부가 이러한 개혁을 감당할 만한 능력을 갖추었는지의 여부에는 크게 관심을 두지 않고 오직 성급하게 착수하게 했다. 이와 관련해서, 주일러시아 공사 카시니(Arthur Paul Nicholas Cassini)는 일본이 조선에 강요하는 개혁의 모순에 관해 다음과 같이 보고했다.

조선 독립의 이름으로 현재의 대청정책을 수행하고 있는 일본은 한반도 전체를 점령한 뒤, 왕과 그의 가족을 포로로 잡은 상태에서 청을 상대로 공수동맹을 강제로 체결함으로써 청과의 조약을 폐기하도록 강요하고 있다. 또한 우스울 정도로 짧은 시간 내에 세계에서 가장 후진적인 국가를 표준적인 나라로 변화시키겠다고 약속하여 개혁 전반을 강압적으로 시행하려는 것은 어떻게 보든 이상한 것이다.(『러시아와 한국』)

갑오개혁은 일본의 대청 개전의 필요성에서 시작됐다. 그렇다고 해서 이를 전적으로 일본에 의한 타율적 개혁이라고 단정하는 것은 잘못이다. 군국기무처의 적지 않은 이들은 국가가 혼란한 틈을 타 일신의 출세와 영달의 기회를 잡으려 한 것이 사실이다. 하지만, 그중 일부는 멸망에 임박한 조선의 명운을 만회하기 위해 마지막 희망을 걸고 갑오개혁에 적극적으로 참여했다. 이들은 조선 내에선 변혁의 수단과 동인(動因)을 찾기 어려우며, 따라서 이를 외세에서 구할 수밖에 없다고 생각했다. 그러한 점에서 이들의 인식은 갑신정변 당시의 '개화당'과 유사한 점이 있었다.(『개화당의 기원과 비밀외교』)

그 대표적인 인물이 유길준이었다. 갑오개혁의 핵심 참모로 활약한 유길준은 1894년 말 의화군을 수행하여 일본에 건너갔을 때 외무대신 무쓰 무네미쓰에게 다음과 같이 '세 가지 부끄러움[三恥]'을 이야기했다.

> 이제 조선의 개혁은 실행하지 않을 수 없습니다. 그런데 조선 사람에겐 세 가지 부끄러움이 있습니다. 제가 말하는 세 가지 부끄러움이란, 스스로 개혁을 하지 못해서 귀국의 권유와 압박을 받게 되었습니다. 그러므로 우리나라 인민에게 부끄러운 것이 하나요, 세계 만국에 대해 부끄러운 것이 둘이요, 천하 후세에 대해 부끄러운 것이 셋입니다. 이제 이 세 가지 부끄러움을 무릅쓰고 세상에 나설 면목은 없습니다. 다만 개혁을 잘 행해서 자기의 독립을 보존하여 남에게 굴욕을 받지 않고, 개진(開進)의 실효를 거두어 보국안민한다면 그래도 속죄할 수 있을 것입니다.
> (『俞吉濬全書』4)

유길준의 부끄러움에도 불구하고, 군국기무처는 공전(空轉)을 거듭했다. 그 원인 중 하나는 내부의 분열이었다. 그 대결 구도 또한 군국기무처 내부, 군국기무처와 대원군, 대원군과 민비, 왕실과 군국기무처 등 다양했는데, 서로 복잡하게 얽혀 있어서 해법을 찾기가 어려웠다. 게다가 일본공사관은 실제 군국기무처가 출범하자 국제적 비난을 꺼려 오히려 직접 개입을 자제했다.[2] 그 결과, 어느 세력도 주도권을

---

2 예컨대 1894년 8월 14일 오토리는 무쓰에게 올린 "조선 내정개혁 권고에 관해 우리 정부가 취할 방침의 대요(朝鮮內政改革勸告二付我政府ノ執ル可キ方針大要)"라는 보고에서 "개혁사업은 가능한 한 조선 인사들의 손에 맡겨서 실행하고, 우리가 깊이 간섭하지 않는 것이 긴요함. 왜냐면 우리가 깊이 그것에 간섭할 경우, 지나(支那: 중국)의 과오를 따라 한다는 비난을 면하기 어려움.

장악하지 못하고 상호 간에 반목과 암투, 그리고 혼란만이 지속된 것이다.

군국기무처는 처음부터 두 개의 이질적인 그룹으로 구성돼 있었다. 그것은 일본공사관에서 '개화당'으로 부른 소장파 관료와 예전부터 조선의 내정과 외교를 담당해온 원로대신이었다. 이 중 수적으로 우세를 점한 '개화당'은 대부분 문과를 거치지 않은 중인·서얼·무반·향반 출신으로 당시 나이는 대체로 30~40대였다. 군국기무처 핵심 구성원(김홍집, 박정양, 김윤식, 어윤중, 김가진, 안경수, 조희연, 유길준, 김학우, 이윤용, 권재형) 가운데 과거 급제자는 문과 5명(김홍집, 박정양, 김윤식, 어윤중, 김가진), 무과 1명(조희연)에 불과했다. 그리고 김가진, 안경수, 김학우, 이윤용, 권재형은 서자 출신이었다. 이들은 유학(유길준, 안경수, 김학우), 외교관(안경수, 김가진), 훈련병대 생도(조희연, 권형진) 등의 경력 또는 일본공사관과의 인맥을 바탕으로 중앙정계에 진출할 수 있었다. 갑오개혁은 이들에게 급격한 신분 상승의 기회를 제공했다. 예를 들어 유길준의 경우, 갑오개혁 이전에는 외아문 주사였다가 1895년 말에는 내부대신에까지 올랐으니, 오늘날로 말하자면 외교부 서기관이 불과 1년여 만에 행정안전부 장관으로 승격한 셈이었다.

'개화당'은 전근대 신분질서 하에선 출세가 제한된 한계인들(marginal men)이었다. 군국기무처의 활동이 본격적으로 시작된 7월 30일부터 다음 날까지 제출된 의안 16건 가운데 10건이 사민평등과 능력 본위의 인재 등용, 여성의 사회적 대우 향상, 공사 노비제도의 폐지 및 인신

그에 따라 조선 인사들에게 우리나라를 미워하는 마음을 갖게 하여, 훗날 제3국이 그 틈을 노리는 불행이 없으리라고 할 수 없기 때문임."이라고 하였다. (『駐韓日本公使館記錄』 5)

매매 금지 등 신분제와 사회적 차별의 철폐에 관한 것이었다. 그 개혁의 신속함과 급진성은 평소 이들이 가졌던 첨예한 문제의식의 발로였다.

　군국기무처의 다른 한 축은 총재 김홍집을 비롯하여 김윤식, 어윤중, 박정양 등 원로대신들이었다. 조선사회의 전형적인 양반 관료라고 할만한 이들이었다. 이들의 나이는 46세(어윤중)에서 60세(김윤식) 사이로 '개화당'과는 한 세대 정도의 터울이 있었다. 이들은 '개화당'이 추진하는 과격한 개혁에 대해 생래적인 거부감을 갖고 있었다.

　1890년대 초에 쓴 글에서 김윤식은 '개화'를 '시무(時務)'라고 정의하고, 서양 오랑캐를 제압하는 방법은 기이하고 교묘한 기계를 만드는 것이 아니라 군주와 신하가 각각 분수와 책임을 다하고 국제사회에서 신의를 지켜 '도리를 아는 나라(有道之國)'라는 인정을 받는 것이라고 했다.(「宜田紀述評語三十四則」) 또 다른 글에선 나라마다 시세(時勢)가 같지 않기 때문에 시무 또한 다를 수밖에 없다고 전제한 후, 조선의 시무는 '청렴한 관리는 높이고 탐오한 관리는 쫓아내며 백성을 부지런히 돌보고 조약을 성실히 준수해서 우방과 흔단(釁端)을 빚지 않는 데' 있다고 주장했다.(「時務說 送陸生鍾倫遊天津」) 마찬가지로 어윤중도 갑신정변 전부터 젊은이들이 '개화'와 '야만'을 논하면 '시사(時事)'도 알지 못하면서 경솔하게 정치를 논한다고 꾸짖었고,(『尹致昊日記』1. 고종 21년 1월 2일) 김홍집은 1880년 수신사로 방일한 후 고종에게 복명하는 자리에서 '자강(自强)'의 의미에 관해 "비단 부강만을 뜻하는 것이 아니요, 우리의 정교(政敎)를 닦고 민국(民國)을 보전하여 외부세력이 이용할 만한 빌미[外釁]를 만들지 않는 것이 실로 자강의 제일 급선무"라고 아뢰었다.(『以政學齋日錄』下)

'개화당'과 원로대신 그룹은 출신 성분, 관직 경력, 연령대, '개화'에 관한 인식 등 어느 모로 보나 이질적이었다. 다만 전자는 후자에 비해 그 경력이나 명망이 일천했으므로, 일본공사관에서도 국내외 평판을 고려하여 이들을 신정부의 간판으로 내세우지 않을 수 없었던 것이다.

대원군과 왕비 간의 대립은 '개화당'과 원로대신들 간의 알력을 더욱 부채질했다. 전자는 주로 왕비파로, 후자는 대원군파로 경도되었는데, 군국기무처가 설립된 지 약 한 달이 지나자 이들은 거의 서로 적대하는 형세가 되었다고 한다.

> 김굉집[김홍집], 김윤식, 어윤중은 대원군 측에 기울고, 박정양은 왕비와 가까웠지만 중립적 입장을 지켰다. 안경수와 조희연은 나에게 대원군은 "민씨 타도에는 공이 있지만, 고로(古老)하고 근세 사정에 통하지 못한다. 이에 반해 두 폐하는 총명하고 근세 사정에 통하심으로 새 정사(政事)는 곧바로 두 폐하 결재를 받도록 해야 한다."라고 주장했다. 그들은 두 폐하를 받들고 우리 공사관의 원조를 기대하고 대원군 당을 제거하려 하였으므로 두 파 간 알력은 더욱 심해지고, 기무소[군국기무처]가 설립되고 약 한 달이 지난 즈음에는 거의 서로가 적대시하는 형세가 됐다. (『在韓苦心錄』)

군국기무처 의원 중에서도 단연 이채를 발한 인물은 유길준이었다. 그는 정치적 지향이나 일본공사관과의 관계 등으로 볼 때 틀림 없는 '개화당'이었고 또 그렇게 분류되었지만, 정치적 행보는 원로대신들과 같이 했다. 아마도 그가 갑오개혁 기간에 참모 역할을 할 수 있었던 것도 이러한 독특한 위치 때문이었을 것이다. 유길준은 후쿠자와에게 보낸 서한에서 자신이 왕실파가 아닌 대원군파가 된 이유를 다음과 같이 설명했다.

> 대원군은 원래 완고한 노인으로 문명개혁(文明改革)에는 적합지 않고, 또 연로하여 용력이 줄었으며 간계(奸計)가 이미 드러났으니 두려워할 것이 없습니다. 사실 내심 불평을 품고 있어서 매번 은밀히 무언가를 꾸미고 있습니다. 일국(一國)의 중함으로 보자면 비록 대원군이 국왕의 생부일지라도 죄가 있으면 벌을 주어야 하니, 본디 하지 않을 수 없는 것입니다. 부득이한 일은 그래도 어찌해볼 수 있지만, 왕후(王后)의 경우에는 항상 민씨 일족을 가슴에 품고서 국왕의 배후에서 온갖 일을 방해하면서 기어코 정부를 무너뜨리고 자기의 뜻을 펼치려고 하니 가장 큰 근심이 됩니다. (『福澤諭吉全集』18)

한편, 갑오개혁에 대한 왕실의 인식은 대체로 부정적이었다. 왜냐하면 그 개혁의 핵심 중 하나가 왕실의 국정 간여를 차단하고, 재정·인사·군사 등 정부의 독자적 권한을 확립하는 데 있었기 때문이다. 이른바 왕실과 정부 간 재정과 권한의 구분이었다. 이를 제도화하는 데 실패할 경우, 개혁의 성과는 한 마디 어명으로 수포가 되고 민씨 척족의 국정 농단이 언제라도 재연될 수 있었다. 그런 점에서 이는 다른 모든 개혁의 전제조건이기도 했다. 유길준은 옛 스승 모스(Edward Morse)에게 보낸 서한에서, 자신들이 추구한 개혁의 근본 취지를 다음과 같이 설명했다.

> 국가와 왕실 간에 명확한 구분이 그어져야 합니다. 즉, 국왕은 국왕이고 단지 국가의 수반에 지나지 않습니다. 국왕 자신이 국가는 아닙니다. 지금까지 우리 정부조직이나 모든 것이 국가나 국민을 위해 있지 않고 국

왕 한 사람을 위해 만들어져 있습니다. 그래서 국왕은 국민의 생사여탈
권을 갖고 있었습니다. 이것은 무엇보다 더 악의 원천이 되어 국가가 약
해지고 가난해졌던 것입니다.("The Reformation We Made")

이에 따라 갑오개혁 기간 중 궁중의 기구와 인원은 대폭 정리되고,
국왕의 전통적 권한은 크게 제한되거나 박탈당했다. 이사벨라 비숍
(Isabella B. Bishop)의 표현을 빌리면, 당시 고종의 처지는 '급여받는 꼭두
각시(salaried automaton)'에 지나지 않았다.

처음에 왕실과 정부 간 권한과 사무의 구분이라는 개혁 취지에는
'개화당'이나 원로대신 모두 동의했다. 그런데 별도의 권력 기반을 갖
지 못한 '개화당'은 점차 국왕파로 기운 반면에, 김홍집, 김윤식, 어윤
중 등 원로대신 그룹은 끝까지 왕실과 정부의 사무와 재정을 분리할
것을 주장했으므로 왕실의 미움을 샀다.

김홍집, 김윤식, 어윤중 등이 왕권의 제한을 주장한 것은 입헌군주
제와 같은 서구적 정치이념의 영향 때문이 아니었다. 이들은 임오군란
과 갑신정변을 경험하면서 이 전례 없는 변고들을 초래한 원인이 고종
과 민씨 척족의 일방적 국정운영에 있다고 생각했다. 특히 2차례에 걸
쳐 왕실이 독자적으로 추진하다가 실패한 조러밀약은 양자의 관계가
틀어진 결정적 계기가 되었다.

이 때문에 1885년부터 민씨 세도정권이 본격적으로 전개되면서 이
들은 모두 유배되거나 한직으로 밀려나는 등 고초를 겪어야만 했다.
김윤식은 고종폐위 음모에 연루되어 1887년부터 1893년까지 6년간
충청도 면천군(沔川郡)에 유배되었고, 김홍집은 이 기간을 대부분 명예
직인 판중추부사로 지냈다. 어윤중도 1887년에 정치적으로 몰락했다

가 1893년 동학 보은집회를 계기로 재기할 수 있었다. 이들이 갑오개혁 당시 왕실과 정부 간의 재정과 사무의 구분을 주장한 것은, 군주와 신하 간에 역할과 권한을 구분하고 그 사이에서 건전한 견제와 균형을 추구하는 조선왕조의 전통적 정치사상의 연장선에 있었다.

마지막으로 윤치호가 갑오개혁에 관해 쓴 구절을 소개한다. 앞에서 언급한 것처럼, 비록 일본에 의해 강요된 개혁이지만, 군국기무처의 일부 위원은 그것에 마지막 희망을 걸었다. 당시 상하이에 체류하던 윤치호도 마찬가지였다. 하지만 그는 얼마 지나지 않아 대원군과 명성왕후 간의 결코 끝나지 않는 권력다툼, 그리고 그에 부화뇌동해서 국가보다는 일신의 생존만을 도모하는 데 급급한 많은 관리의 행태를 전해 듣고 깊이 좌절했다. 결국 그는 일기에 다음과 같이 저주의 말을 퍼부었다.

> 내가 일본 신문에서 수집한 정보를 통해 볼 때 조선에서의 개혁은 단지 지상(紙上)의 개혁이 될 것이 분명하다. 사실상 왕과 왕비, 대원군, 그리고 그들 관료는 이 나라에 절대적으로 필요한 신속한 혁신에는 무능하며, 더 나쁜 것은 그것을 바라지도 않는다는 점이다. 조선인들은 이와 같이 보다 개선된 상태로 나아가는데 무능하고, 또한 원하지도 않기 때문에 그들에게는 일본이나 영국 모두가 한반도를 장악하는 것이 차라리 복이 될 수 있다. 중국의 학문과 유교가 작고 불행한 조선을 회복할 수 없을 정도로 황폐화시켰다. 생기를 회복하려면 수백 년 걸릴지도 모른다. 아, 부패하고 유교화되어 아무짝에도 쓸모없는 관리들이 정부로부터 철저히 축출되어야 할 텐데! (『尹致昊日記』 1894년 9월 28일)

2) 대원군과 군국기무처의 갈등

오토리 공사는 경복궁을 점령한 직후 무쓰 외무대신에게 보낸 보고에서 "이면에서 여러 가지로 염탐군을 활용했는데, 일반의 인기(人氣)는 전부 대원군에게 향하고 대원군도 청운의 뜻이 전혀 없지는 않은 모양이었으므로, 전에 말씀 드린 것처럼 김가진, 안경수, 오카모토, 오가와를 이용해서 우선 대원군을 입각시키는 일에 진력했는데…"라고 대원군을 추대한 이유를 설명했다.(『日外』 27-1. 문서번호 422)

처음엔 일본 외무당국도 대원군에게 적지 않은 기대를 걸었다. 오토리의 보고를 받은 무쓰 외무대신은 다음과 같이 회신했다.

> 본관은 귀하의 성공에 만족함. 이 기회를 활용하여 가능한 최단시일 내 조선 조정내 관리들의 가장 급진적인 개혁을 실행할 것. 그리고 대원군에게 귀하의 힘이 닿는 한 모든 원조를 제공하고, 그의 지위를 공고히 하는 데 최선을 다하여 적어도 1년 이상 지속시킬 것.(『日外』 27-1. 문서번호 425)

하지만 이러한 기대는 불과 1개월도 지나지 않아 깨지고 만다. 비록 일본군의 위세를 업고 다시 정계에 복귀하기는 했지만, 대원군은 선천적인 배일주의자(排日主義者)였다. 7월 23일 이후 잠정합동조관이 체결된 8월 20일까지 경복궁은 일본의 군사적 점령하에 있었다. 대원군은 일본군이 왕궁 점령을 풀지 않는 것에 항의하는 한편, 외무아문의 명의로 청군의 축출을 요청하는 정식 공문을 발급하라는 일본공사관의 요구를 거부했다.

이와 함께 그는 손자 이준용과 함께 경성주재 미국, 영국 외교관의 지원을 얻어 왕궁의 호위군대와 경군(京軍)을 다시 조직하려고 시도했다. 특히 일본 외무당국의 신경을 곤두서게 한 것은 8월 2일 경복궁에서 있었던 대원군과 러시아공사 베베르의 회견이었다. 이 자리에서 대원군은 "이번에 일본이 이웃나라의 호의로 수고와 비용을 아끼지 않고 우리나라를 위해 진력했다. 그 호의에 대해선 깊이 감사하지 않을 수 없지만, 다만 일본이 바라는 개혁은 지나치게 과격하기 때문에 다소 당혹스럽다. 소문에 따르면 일청 양국이 이미 개전했다고 한다. 두 나라가 오래 전쟁을 하는 것은 동양 평화에 크게 방해가 되니, 부디 각국의 주선으로 조정해주기 바란다."라는 말을 했다.(『駐韓日本公使館記錄』1, 기밀신 제114호) 이를 보고받은 무쓰는 "대원군과 러시아공사 간의 대화와 관련해서, 그러한 종류의 감정을 표현한 것은 반드시 강하게 질책해야 함. 왜냐면 조선의 흔들리는 태도는 일본을 곤란한 입장에 처하게 하고 외국의 간섭을 초래할 것이기 때문임."이라고 훈령했다.(『日外』27-2, 문서번호 699)

대원군과 군국기무처 간의 관계 악화에 결정적 역할을 한 것은 그 손자 이준용이었다. 당시 대원군의 나이는 75세로, 모든 일을 스스로 결정하고 처리하기엔 무리가 있었다. 이준용의 나이는 25세였다. 일본공사관에선 그를 '유위(有爲)의 기상이 가득한 인물'로 평가했고, 주일영국공사 어네스트 사토(Ernest Satow)도 1896년 2월 그를 도쿄에서 면담한 후 조선에서 '가장 재능있는 인물(the ablest man)'로 인정했다. 이준용은 대원군의 대리인 역할을 하면서, 때로는 자신의 정치적 야심을 위해 조부의 존재를 이용했다. 대원군도 이제는 스스로 섭정의 지위에 오르기보다는 나라를 망친 왕비와 유약한 국왕 대신 사랑하는 손자를 다음 왕위에 앉히려는 마지막 희망을 품고 있었다.

대원군의 입궐을 계기로 이준용은 급속히 권력을 장악했다. 이전까지 그의 지위는 규장각 직제학(直提學)에 불과했지만, 이제 중궁전 별입시, 종정경(宗正卿), 통위영사(統衛營使), 내무아문의 서리대신 등을 겸임했다. 그는 중궁전 별입시로서 궁중의 동향을 감시할 수 있었고, 또 종정경이 되어 이씨 종친의 지도적 지위를 얻었다. 이와 더불어 한성의 가장 큰 군영 중 하나인 통위영을 장악하고, 내무아문 서리대신으로서 전국의 지방관을 임명하고 경찰을 통솔하는 막강한 권한을 행사했다. 당시 일본공사관의 보고에 따르면, 그는 마치 예전 세도가와 같은 느낌을 주었고 기무처 직원들은 그의 앞에 모두 위축돼서 어찌할 바를 몰랐다고 한다.

이처럼 이준용의 정치적 영향력이 커지고, 또 왕비의 폐위 음모가 알려지면서[3] 군국기무처의 '개화당'은 이준용과 그 일파를 멀리하기 시작했다. 이들은 8월 1일과 17일에 이준용을 군국기무처 의원으로 임명하자는 일부 의원의 제안을 부결하고, 또 18일에는 내무대신의 지방관 임용권을 ― 당시 이준용이 내무대신 서리였으므로 ― 박탈했다. 이어서 9월 21일에는 대원군파에 속하는 군국기무처 의원 이태용과 이원긍을 교체했다.

이후 대원군과 군국기무처 간의 관계가 크게 악화됐다. 이와 관련하여 오토리는 8월 31일 무쓰 외무대신에게 다음과 같이 보고했다. 무쓰 외무대신이 "힘이 닿는 한 대원군에게 모든 원조를 제공해서 그의

---

3 대원군이 경복궁에 입궐하고 다음 날인 24일에 대원군의 심복 이원긍이 그 분부라면서 명성왕후를 폐서인(廢庶人)한다는 내용의 폐비안을 들고 일본공사관을 방문했다. 이에 대해 오토리 공사가 가부간에 답을 주지 않자 이준용이 두세 차례 공사관을 직접 찾아와 설득을 시도했다. 하지만 일본 공사관에선 이를 허락하지 않았고, 오히려 김가진·안경수·조희연 등 '개화당'이 이 사실을 알고 국왕과 왕비에게 밀고함으로써 양자의 관계가 극도로 악화됐다고 한다.(『在韓苦心錄』)

지위를 공고히 하는 데 진력할 것"이라는 지시를 내린 지 불과 한 달 남짓 지난 때였다.

> 대원군은 입궐 후에는 오직 개혁파의 의견에 순순히 따라서 군국기무처의 결의에 대해선 결코 이의(異議)를 용납하지 않고 대체로 인가해주는 것이 관례였지만, 근래 점차 전횡하는 조짐이 보임. 이미 국왕의 인가를 거쳐 발포된 법률과 규칙도 개의치 않으므로, 개혁파는 은밀히 우려하고 있으며 혹은 사직하겠다고 말하는 자들도 있음. 본래 대원군은 완고한 수구가(守舊家)이니, 일단 그 뜻을 얻으면 그 본색을 드러내는 것은 무리가 아님. 따라서 앞으로는 대원군이 자기 멋대로 하지 못하도록 예방하는 것이 매우 긴요함. (『日外』 27-1, 문서번호 443)

이처럼 군국기무처와의 관계가 파열음을 내는 동안, 대원군은 남쪽의 동학농민군, 그리고 북쪽의 평양 주둔 청국군대와 은밀히 연락을 취하면서 일본세력을 축출하려는 음모를 꾸미고 있었다. 이 첩보를 입수한 경무사 이윤용이 대원군의 뒤를 캐자, 대원군은 9월 28일 일본공사관을 방문하고 돌아가는 길에 궁내를 지키는 순검이 그에게 신식 거수경례를 한 것을 빌미로 순검 5명을 포박해서 옥에 가두는 한편, 당일로 이윤용을 파직하고 자신의 심복인 허진(許璡)을 새 경무사에 임명했다. 그리고는 약 100명의 순포(巡捕)를 두고 공포 분위기를 조성했다.[제3장 4절 참조]

대원군의 위세는 여전하였고, 군국기무처의 '개화당'은 일본공사관의 보호가 없으면 그 생존마저도 위태로운 현실을 새삼 깨달았다. 이후 군국기무처의 의원들은 대원군의 폭위(暴威)가 두려워 감히 입을 열지 못하게 되었다고 한다.

3.
평양성 전투

그 사이 평양성에는 청국의 증원부대가 집결하고 있었다. 8월 4일부터 9일까지 총병 위여귀(衛汝貴)가 인솔하는 성군(盛軍) 13영(營) 6,000명을 비롯하여 총병 마옥곤(馬玉崑)의 의군(毅軍) 4영 2,000명, 좌보귀(左寶貴)의 봉군(奉軍) 8영 4,000명, 풍승아(豐升阿)의 봉천성군(奉天盛軍) 1,500명 등 총 13,500여 명의 군사가 입성했다. 이들 부대는 대부분 이홍장의 북양육군 소속으로 다년간 서양식 군사 훈련을 받았다. 8월 28일에는 한 달 전 성환 전투에서 패주한 섭사성의 부대 3,500여 명도 도착했다.

청의 대부대가 평양에 진주한다는 소문이 전해지자 조선 정부의 분위기가 술렁였다. 이와 관련하여 8월 31일 오토리는 다음과 같이 보고했다.

> 청나라의 대군이 이미 평양(平壤)에 들어와 때를 기다려 경성(京城)으로 진격한다는 설이 나돌자 한때 민심이 흉흉하여 안정하지 못하고 정부 내에서도 순수한 개혁파 즉, 신정부와 생사를 함께할 수밖에 없는 지위에 있는 사람들을 제외한 나머지는 은밀히 두 마음을 품는 사람들이 있는 것 같습니다. 특히 궁내 관원 중에는 청나라 군대의 남하를 바라는 사람도 없지 않다는 소문이니, 개혁사업에 큰 타격을 주고 있습니다.
>
> 『駐韓日本公使館記錄』 5)

대원군은 본격적으로 전쟁이 벌어지면 반드시 대국인 청이 일본에 승리할 것으로 믿었다. 그가 입궐 전에 한참을 망설이는 태도를 보인 데는 이러한 이유도 있었을 것이다. 아마도 그는 300년 전 도요토미 히데요시가 한반도를 침략했을 때 명나라 군대의 힘으로 이를 몰아낸 역사를 떠올렸을 것이다. 그렇다고 해서 이를 단순히 시대착오적이라고 비난할 수만은 없다. 러시아, 미국, 영국 등 여러 서양 열강도 개전 초기엔 청의 우세를 점치고 있었기 때문이다.

대원군은 이미 8월 16일부터 김종한, 이용호(李容鎬), 임인수(林仁洙), 정인구(鄭寅九), 김형목(金炯穆) 등을 밀사로 평양에 파견했다. 이들은 용산에서 배를 타고 바닷길로 연안까지 가서 21일에 평양에 들어간 후, 평안감사에게 청과 일본 간에 교전이 발생하면 청을 원조하라는 밀서를 전달하였다. 이용호는 청 장수 위여귀와 직접 면담하기까지 했다.

대원군은 평양성의 청 장수에게 보낸 밀서를 통해 많은 수의 군대를 조선에 파병하여 일본인들과 매국노들을 몰아내 종사와 왕가 3대의 위기를 구제해줄 것을 간청했다. 그 서한 2통의 내용은 다음과 같다.

> 일전에 부친 편지는 잘 받아보셨습니까? 지금 종사(宗社)의 안위가 일시에 위급하게 되어 날마다 천사(天師: 천조의 군대)의 구원만 기다리고 있습니다. 요즈음 들리는 말에 의하면 대군이 출정하였다고 하니, 이는 참으로 다시 소생할 수 있는 기회라고 생각됩니다. 그러므로 상국(上國)은 많은 원병을 보내시어 우리의 종사와 궁전을 보호해 주시고, 또 일본인에게 아부하여 매국 행위를 감행한 간악한 무리들을 하루 빨리 일소하여 이 위기를 구제해주시기를 피눈물로 기원하고 또 기원합니다. 그리고 몇 분의 대인께서 출정하셨는지 정확히 알 수 없으므로 명함 3장을 대형(台兄)께 보내오니 직접 전해주시기 바랍니다. 이곳에 있는 2장도

동일한 것입니다. 그러나 양서(兩西)에 부임한 신임 관찰사들은 왜인의 추천이 아니라 하더라도, 병사(兵使)가 일본당[日黨]의 손에서 나왔으니 이런 뜻을 알려주실 것을 거듭 부탁드립니다.

7월 28일[양력 8월 28일]

노석생(老石生)

지난번 편지를 보냈습니다만, 그 사이 받아보셨는지 모르겠습니다. 밖으로는 일본의 군사들이 옹호하여 따라다니고 안으로는 흉악한 무리가 조정을 핍박하여 종사는 위기일발에 처하고, 백성들은 도탄에 빠져 있습니다. 이런 시기에 궁전을 보호하기 이하여 저희 집안 3대는 위험을 무릅쓰고 저항하고 있습니다. 그러나 현재로서는 한 손으로 하늘을 받치고 있는 것과 다름이 없는 격이라 오직 천사(天師)만 기대하고 있는 것이 아이가 어미를 기다리고 있는 것과 같아 일각이 급하오니, 하늘의 도움을 바랄 뿐입니다. 그리고 몇 분의 대인이 출정하였는지 확실한 말을 듣지 못하고 있으므로 이에 명함 3장을 송부하오니 대형(台兄)께서 그분들을 수행할 때 별도로 전해주시기 바랍니다. 그리고 이 마음도 토로해주시면 감사하겠습니다. 귀하의 만복을 기원합니다.

7월 28일[양력 8월 28일]

어리석은 아우가 절하고 바칩니다. (『韓日本公使館記錄』5)

그러나 대원군의 예측과 달리, 9월 12일부터 시작된 평양전투에서 일본군은 대승을 거두었다. 16일에는 평양성이 함락됐다. 당시 청군 총사령관 섭지초는 사방에서 일본군이 몰려들자 휘하 장수들에게 완전히 포위되기 전에 평양성에서 철수하는 방안에 관해 의견을 구했다. 그런데 이미 결사항전을 결심한 봉천군 총병 좌보귀가 섭지초를 감금해버렸다. 이어진 전투에서 청군은 총사령관이 부재한 채 각 지휘관의 판단에 따라 예하부대가 개별적으로 전쟁을 수행하는 난맥상을 연출했다. 일설에는 청군의 총사령관과 장수들은 전투가 벌어지기 전에 이미 평양성을 빠져나갔다고 한다. 실제로 청군의 지휘관 중에 전사한 것은 좌보귀뿐이고, 나머지는 모두 탈주했다. 이 전투에서 일본군의 전사자는 180명, 부상자는 506명인 데 반해, 청군의 전사자는 2,000명 이상이었다.

평양은 야마가타 아리토모(山縣有朋)가 이끄는 제1사단에 의해 점령됐다. 그리고 청군이 빠뜨린 문서들을 조사하는 과정에서 대원군이 보낸 밀서 2통이 발견된 것이다. 이때 일본군이 노획한 문서 중에는 대원군 외에도 고종, 총리대신 김홍집, 대원군의 맏아들이자 궁내부대신 이재면이 보낸 밀서도 있었다. 이들도 청일전쟁의 승패가 아직 불분명한 상황에서 청군 측에도 미리 접선하는 편이 유리하다고 판단한 것이다. 야마가타는 다른 노획문서들과 함께 이들 서한을 9월 27일에 히로시마 대본영으로 보냈다. 훗날 이 서한들은 이노우에 가오루 신임 조선공사가 대원군을 은퇴시키는 결정적 수단으로 활용됐다.

4.
동학농민운동

1) 이병휘의 고변

1894년 9월 어느 날, 경무청에 고변이 들어왔다. 허(許) 아무개라는 사람이 이준용과 이용호(李容鎬) 등 3명이 '세도환국(世道換局)'을 모의하고 있다고 고발한 것이다. 경무사 이윤용은 9월 26일 대궐로 달려가 직접 이 사실을 아뢰었다. 이윤용은 대원군의 서녀(庶女)의 남편, 즉 사위였는데 1881년 이재선 옥사 당시 대원군을 배반한 후 민씨 척족의 지지자가 되었다고 한다.(『梅泉野錄』)

마침 같은 날 북한관성장(北漢管城將)으로 있던 이병휘(李秉輝)라는 사람이 군국기무처에 투서했는데, 그 내용이 앞의 고변과 같았다. 그는 "동학도를 불러들여 창의(唱義)하려는 움직임이 있소. 이태용 박준양이 그 참모 노릇을 하고 있소."라는 말을 덧붙였다.

이태용과 박준양은 대원군의 심복이었다. 총리 김홍집과 외무대신 김윤식이 상의해서 이들에게 유배 처분을 내리려고 하자, 이 소식을 들은 이준용이 급히 달려와서 강하게 항의했다.

> 대체 두 사람이 무슨 죄를 지었다고 찬배한다는 말이오? 6월 21일[양력 7월 23일] 이후 외부인과 상종한 자들은 비단 둘만이 아니오. 그 수십 명의 기록이 있는데 이들 모두가 참모란 말이오? 이는 터무니 없는 말을

날조한 것에 지나지 않소. 끝까지 법으로 다스리시겠다면 나에게 먼저 형률을 시행하시오! (『甲午實記』)

이준용의 서슬에 기가 죽은 김홍집은 "그게 무슨 말이오?"라고 하면서 고변 문서를 급히 찢어버리고 사과하였다. 이러한 일이 있었음을 안 대원군은 포교에게 밀고자 이병휘를 잡아들이게 했다. 하지만 일이 틀어졌음을 깨달은 이윤용이 이미 그를 도피시킨 뒤였다. 대원군은 이병휘의 상관인 경리사(經理使) 안경수를 불러 "이병휘는 그대가 추천한 자가 아닌가? 그러니 그가 어디로 달아났는지는 그대가 필시 알 것이다. 즉시 체포해서 대령하지 않으면 그자의 죄는 그대가 책임을 져야 할 것이다."라고 경고했다. 결국 안경수의 종용을 받은 이병휘는 10월 1일 법무아문에 자수했다.

그런데 이후 대원군과 이준용이 보인 행동이 심상치 않았다. 이병휘가 밀고한 바로 다음 날인 9월 27일 이준용은 갑자기 오토리 공사에게 그림 선물을 보내고 자신의 집에 내방해 줄 것을 청했다. 오토리는 사람을 대신 보내서 "용건이 있으면 내일 직접 오라."라는 퉁명스러운 말을 전했다. 그런데도 이준용은 다음날 직접 일본공사관을 찾아와서 '최근 조선인들이 대원군 일가와 일본공사관 사이를 이간질하려고 자신이 왕위를 찬탈하려는 야심을 품고 있으며, 청군 및 동학당과 내통한다는 등 갖가지 헛소문을 퍼뜨리고 있다.'라고 하면서 이를 일일이 해명하고는 근거 없는 말을 믿지 말라고 신신당부했다.

이준용이 다녀간 후, 이번에는 대원군이 일본공사관에 왔다. 이 자리에서 그는 3시간에 걸쳐 장광설을 쏟아냈다. 그 요점은 최근 자신과 일본공사관 사이를 이간질하는 자들이 있으니 미혹되지 않도록 주의할 것, 동학에 관련해선 자신이 우선 진정시키도록 힘쓸 터이니 일본 군대의 파견을 당분간 보류할 것, 일본에 파견할 보빙대사를 대원군 일가 중에서 보내겠다는 것 등이었다. 그러고서도 충분치 않았던지, 다시 스기무라 서기관의 집을 찾아가 "나는 일본과 협력해서 충분히 개혁하려고 결심했는데, 의원 등이 당파를 나누어 서로 알력을 빚기 때문에 개혁사업이 앞으로 나아가질 않소. 모쪼록 저들과 서로 협화(協和)해서 개혁을 행하도록 진력하고자 하오. 또 우리나라에 권고해서 내정을 개혁하고 그 독립을 공고히 하는 것은 귀국공사의 책임이라고 생각하오."라는 말을 했다.

그 뒤에도 대원군은 사태의 확대를 막기 위해 서둘렀다. 첫 번째로 그가 손을 쓴 것은 경무사 이윤용이었다. 앞에서 언급한 것처럼 대원군은 9월 28일 일본공사관을 방문하고 돌아가는 길에 순검이 자신에게 거수경례한 것을 트집 잡아 순검 5명을 포박해서 옥에 가둔 후, 이윤용의 관직을 박탈하고 30일에 자신의 심복인 허진을 대신 그 자리에 앉혔다.

다음은 이병휘의 입을 막는 일이었다. 그가 자수한 다음 날 문초가 진행됐는데, 이 자리에는 운현궁에서 보낸 장문순(張文順)이라는 자가 참관했다. 문초를 담당한 낭관 민규정(閔圭政)과 서기 조문석(趙文錫)은 큰 압박감을 느꼈다. 문초가 시작되기도 전에 낭관은 "입에서 나오는 대로 함부로 말하지 말라. 서울 사람과의 관계는 일절 말하지 말고 지방 사람과의 관계만 진술하라."라고 당부했고, 서기는 "모든 음모는 이준필이 꾸몄다고 하시오. 그러면 일신에도 유리할 뿐 아니라, 나중에 좋은 관직에도 오를 수 있을 것이오."라며 회유를 시도했다. 이준필은 이미 죽었기 때문에 그에게 모든 죄를 덮어씌우라고 권유한 것이다. 그런데도 진술 도중에 이태용과 박준양의 이름이 나오자, 낭관은 "네가 직접 진술서를 써라. 나는 도저히 못쓰겠다!"라고 하면서 붓과 종이를 집어던졌다. 문초가 모두 끝난 후, 겁을 먹은 이병휘는 직접 이태용과 박준양을 본 것은 아니라며 서류에서 그들의 이름을 삭제해 줄 것을 청했다.

마지막은 수하를 통해 정부 대신을 탄핵하는 상소를 올리게 한 것이다. 10월 1일 김기홍(金基鴻)이라는 인물이 정부 대신을 '팔간(八奸)'으로 규정하고, 군국기무처가 주도하는 '개화'와 '자주'의 허구성을 통렬하게 공박하면서 이들을 모두 참형에 처할 것을 논하는 과격한 상소를 올렸다.

> 올해의 난은 또 팔간(八奸)이 있어서 박영효에게 부화뇌동하며 은밀히 왜구를 청해 작변(作變)해서 이처럼 전례 없는 변고를 일으킨 것입니다. 팔간은 곧 안경수·김가진·김홍집·권형진·김윤식·김종한·박정양·조희연입니다. 이들은 모두 오장에 들러붙어 이목을 현혹하는 자들로, 기어코 매국의 음모를 이루려고 이 변란을 일으켰으니 어찌 통분하지 않겠나이까? '개화'로 말하면, 왜구를 불러 입궐케 한 후 성상을 깊이 가두고 궁중의 재화를 모두 취하고 각 군영의 군기를 강탈하였으니, 이는 모두 매국의 음모이거늘 도리어 '개화'라고 합니다. '자주'라고 하면서 '大'자 하나를 더하는 것을 첫 번째 약조로 삼았으니, 이는 곧 국세(國勢)를 고립시키려는 음모입니다.… 부디 전하께서는 결단을 크게 내리셔서 저 왜구를 성토하고 군주를 무시하는 박영효를 통쾌하게 죽이십시오. 그리고 나라를 팔아먹은 팔간에게 속히 참형을 내리심으로써 팔도 백성들이 거꾸로 매달린 듯한 위급함을 풀어주시고 귀신과 사람이 공분하는 치욕을 씻어주시옵소서. (『日外』27-1, 문서번호 458)

이처럼 극단적인 내용의 상소가 올라온 이상, 총리 김홍집을 비롯해 '팔간'으로 지목된 관리들은 모두 인혐(引嫌)의 뜻에서 일단 사표를 제출하지 않을 수 없었다. 실제로 사표가 수리되지는 않았지만, 이로 인해 각 아문의 업무는 물론 군국기무처의 의사 일정 또한 4, 5일간 중단됐다.

그런데 김기홍은 수문장(守門將)에 불과해서 애초에 이런 문장을 지을 능력이 없었다. 이 상소는 대원군 일파가 사주한 것이라는 소문이 파다했고, 총리와 군국기무처 의원들은 이를 운현궁의 살벌한 경고로 받아들였다.

이리하여 정부는 이병휘 고변의 진상을 더 조사하지 않고 서둘러 덮었다. 하지만 이렇게 한 때의 해프닝으로 끝나는 것처럼 보이던 이 사건은, 10월 말 이노우에 가오루 공사가 조선에 부임하면서 다시 정계의 초미의 관심사로 부상했다.

2) 대원군의 동학도 사주

이병휘의 고변 이후 이를 수습하려는 대원군과 이준용의 부산한 움직임은 역설적으로 그것이 거짓이 아님을 웅변했다. 이 사건의 진상은 무엇이었을까? 이병휘의 진술서를 토대로 사건의 경과를 재구성해 보자.(『동학농민혁명사료총서』18, 「李秉輝供草」)

서울 탑동(塔洞)에 거주한 이병휘는 안성에서 생긴 산송(山訟) 문제 때문에 친구 허엽(許曄)을 찾았다. 이병휘의 나이는 47세, 북한산성의 관리와 방어를 담당하는 북한관성장으로 있었다. 허엽은 그보다 세 살 적은 44세로 특정한 직업 없이 문학을 업으로 삼는 사람이었다. 이병휘는 동학농민운동으로 인해 산송 해결에 어려움을 겪자 발이 넓은 허엽과 상의하려고 한 것이다.

자초지종을 듣고 난 허엽은 다음과 같이 말했다.

> 지금 박동진(朴東鎭)이라는 사람이 선무사(宣撫使)의 종사관으로 충청도
> 에 가 있네. 이 양반이 동학도들과 관계가 있으니, 긴히 부탁하면 좋게
> 해결할 수 있을 것이네. 그런데 그를 움직이려면 반드시 정인덕(鄭寅德)
> 의 서찰이 있어야 할 걸세.

정인덕은 청석동에 사는 선비였다. 이병휘도 예전에 허엽의 소개
로 한번 찾아간 적이 있어서 안면이 있었다. 이병휘는 정인덕의 서찰
을 얻어줄 것을 간청했다.

그로부터 며칠 뒤인 9월 12일에 허엽에게서 정인덕의 서한을 받았
다는 전갈이 왔다. 이병휘는 크게 기뻐하며 달려갔다. 그런데 허엽은
서찰을 주면서 수수께끼 같은 말을 꺼냈다.

> 이유는 묻지 말고, 박동진을 만나면 "나도 그 일에 참여해서 알고 있
> 소."라고 하시게. 산송을 해결하는 데 도움이 될 걸세.

이병휘는 박동진을 만나기 위해 그의 집이 있는 천안에 내려갔다.
14일에 그를 만났는데, 산송 건은 벌써 해결이 돼 있었다. 이병휘가
허엽이 일러준 대로 말하자, 박동진이 반가워하면서 본색을 드러냈다.

> 나는 사실 선무(宣撫)가 아니라 동학도를 모으기 위해 내려왔소. 대원위
> [대원군] 대감의 명으로 나는 공주에서 임기준(任箕準), 서장옥(徐長玉)과
> 일을 추진하고 있소. 그리고 전주에선 박세강(朴世綱)이 전봉준, 송희옥
> (宋喜玉)과 모의하고 있소.

즉, 박동진은 표면적으로는 농민군을 달래서 해산시키는 선무사(宣撫使)의 일원으로 내려왔으면서도 실제로는 대원군의 밀명에 따라 임기준(林箕準), 서장옥(徐璋玉) 등과 함께 농민군의 봉기를 사주하고 있었던 것이다. 이들은 본래 충청도의 동학접주였다. 박동진은 이 때문에 예전에 포도청에 체포된 일이 있는데, 대원군이 입궐하자마자 석방하고 내무아문 주사로 임명했다. 그리고는 선무사 정경원(鄭敬源)이 충청도에 파견될 때 종사관으로 함께 내려가게 한 것이다. 전주에서 암약하는 박세강의 전력도 비슷했다. 그도 대원군의 명으로 석방된 후 의정부 주사가 되었다. 덧붙여 말하면, 처음에 박동진에게 보내는 서한을 써준 정인덕은 이준용의 사람이었다.

박동진은 이병휘가 가져온 서찰을 조금 보여주었다. 가장 눈에 띈 것은 "지금 진행 중인 일은 어떻게 돼 가는가? 속히 상경하라."라는 구절이었다. 이병휘는 "지금 진행 중인 일이란 게 도대체 무엇입니까?"라고 물었다. 그러자 박동진은 또 다른 서한을 꺼내서 보여줬는데, 거기에는 "동도(東徒: 동학도) 수십만 명을 불일내로 단속해서 신속히 상경할 것"이라고 적혀 있었다. 이병휘는 그것이 이준용의 필적임을 대번에 알아챘다.

박동진은 앉은 자리에서 허엽과 정인덕, 그리고 이준용에게 보내는 서한 3통을 썼다. 그리고 이병휘에게 서울로 돌아가 이를 전해줄 것을 청하고 다음과 같이 당부했다.

> 그대는 관성장이니 수만 명을 규합해서 북한산성을 파수하고, 허엽에게 남한산성을 점거하여 성세(聲勢)를 이루게 하시오. 이를 정인덕, 허엽과 상의해서 결정하되 혹시라도 경솔하게 행동하지 마시오.

이 말에서 박동진 등이 이병휘를 끌어들이려고 한 이유가 드러난다. 앞에서 언급한 것처럼, 관성장이란 경리영(經理營)의 정3품 무관직으로 북한산성의 방어와 관리를 담당했다. 따라서 이병휘를 끌어들이면 동학도들이 북상할 때 한성에서 내응하기 쉬울 것으로 보고, 산송의 해결을 미끼로 급히 포섭을 시도한 것이다.

박동진이 준 3통의 서한 중 이준용에게 보낸 서한의 내용은 다음과 같았다.

> 예전에 하명하신 일은, 곧 30여만 명을 거느리고 25, 6일[양력 9월 24, 25일] 사이에 상경할 것이니, 서울의 상황을 상세히 기별해 주십시오. 만약 일본군이 내려오면 참으로 대적하기 어려울 것이니 반드시 속히 알려주시기 바랍니다.

정인덕에게 보낸 서찰도 비슷한 내용이었다. 거기엔 "이 대감, 박 영감과 이야기한 후 석정(石庭)과도 상의하라."는 말과 함께 일본군의 출동 여부를 상세히 탐지해서 기별하라는 구절이 있었다. 이 대감과 박 영감은 대원군의 심복 이태용과 박준양을 가리킨다. 그리고 석정은 다름 아닌 이준용의 별호(別號)였다.

이병휘는 19일 밤 다시 서울로 올라왔다. 그는 허엽에게 박동진의 전언과 함께 3통의 서한을 전했다. 그 후 며칠 동안 이병휘와 허엽은 하루도 거르지 않고 정인덕의 집에서 비밀 회합을 가졌다. 21일에는 박동진이 이끄는 동학군의 북상 계획과 남북한 산성의 점거 계획 등을 논의하고, 정인덕의 제안에 따라 동학군이 상경한 뒤에 정부에 올릴 만인소(萬人疏)와 외국공관들에 투서할 문서 초안을 작성했다.

    다음 날 저녁에도 이병휘는 정인덕의 집을 찾았다. 이날은 마침 다른 사람이 없었으므로 그들이 꾸미고 있는 계획의 전말을 들을 수 있었다.

- (정인덕) 이 대감[이준용]은 평소 큰 뜻이 있었소. 작년에 동학 무리가 보은에 모였을 때 박동진을 통해 그 성기(聲氣)를 통했는데 모인 자들이 수만 명에 불과하고, 또 수중에 권력이 없어서 끝내 어찌할 수 없었소. 그래서 이태용 대감과 박준양 영감에게 의견을 물으니, 박 영감은 "관직을 쉬고 외국에 출유(出遊)해서 크게 명망을 얻은 뒤에 들어오면 10년이 흐를 것이니 주상은 이미 노쇠해지셨을 것입니다. 세자는 특별히 대덕(大德)이 없으니, 그때는 외국의 명망과 본조(本朝)의 물정이 자연히 돌아올 것입니다. 이것이 수고하지 않고 얻는 방법입니다."라고 했소. 그런데 이 대감은, "큰일은 때를 놓쳐선 안 되는 법입니다. 지금 물망(物望)이 모두 노대감(老大監: 대원군)에게 돌아왔고, 더구나 동학은 국태공을 추대한다는 명분으로 일어난 자들입니다. 만약 몇십만의 무리를 동원해서 권토(捲土)하여 온다면, 참으로 사람이 많으면 하늘도 이긴다[人衆勝天]는 것이니, 설령 일본 군대가 움직인들 어쩔 수 없을 것입니다."라고 했소. …

- (이병휘) 동학도가 올라온 다음엔 어떻게 할 것입니까?

- 한편으로는 경기도 지방에 머물게 하고, 한편으로는 경성 도회(都會)에 유입(流入)해서, 종로에 만인소청(萬人疏廳)을 설치하고 지난번 만든 문서를 정부와 각 공관에 보낼 것이오. 그리하면 한두 사람의 일이 아니오, 10만 명의 일인 데다가 또 외국에 해를 끼치는 일이 아니니 외국에서 무슨 말을 하겠소? 통위영, 용호영, 총어영, 호분위(虎賁衛)를 보내서 궁궐을 지키게 한 후, 대중(大衆)을 지휘해서 들여보내고 주상을 받들어 상왕으로 모시고, 중전과 세자를 폐위하고, 이준용을 모

셔서 보위에 오르게 하며, 개화당(開化黨)을 모두 죽여야 비로소 자주
지정(自主之政)이 될 것이오. 그리고 사절을 청에 밀파할 것이니, 이는
단지 일후의 시비를 막으려는 것일 뿐이오.

- 일본 군대가 먼저 움직이면 어떻게 합니까?

- 무리를 사방으로 흩어지게 한 다음에 10월[음력]에 청군이 내려오길
  기다렸다가 힘을 합쳐 일본군을 협공하면 문제가 없을 것이오.

　　이상에서 드러난 대원군의 음모를 정리하면 다음과 같다. 수십만
명의 동학도를 일제히 상경시켜서 서울과 경기 일원의 주요지역을 점
거한다. 이때 북한산성과 남한산성의 군졸을 포섭해서 내응한다. 그리
고 동학도를 한성으로 들여보내서 위력시위(威力示威)를 하는 한편, 만
인소를 올려 고종은 상왕으로 추대하여 정치 일선에서 물러나게 하고,
왕비와 세자는 폐위한 다음 이준용을 왕위에 등극시킨다는 것이었다.[4]
이와 함께 군국기무처의 개화당은 모두 죽여 없애고, 만약 일본군이
먼저 움직이면 동학도를 일단 해산시켰다가 음력 10월에 청 군대가 남
하할 때 다시 협공한다는 구상이었다.

---

4 1895년 4월, 이준용이 체포된 후 뮈텔 신부는 동학농민군의 제1차 봉기 당시
초토사(招討使) 홍계훈에게서 대원군의 음모에 관해 들은 말을 일기에 적었다.
"작년[1894] 10월 그[이준용]에 의해, 아니 오히려 그의 할아버지 대원군에
의해 일본인들은 물론 왕에게까지 반역을 꾀하는 음모가 꾸며졌다고. 물론
동학도들과 손을 잡았으며, 동학도들에게 수원에 집결하라는 명령이 극비리
에 내려졌다. 당시 그들과 싸울 사람으로 이준용이 파견되기로 되어 있었다.
그는 그들과 동맹을 맺은 후 일본인들을 향해 진격시킬 셈이었다. 그동안 서
울의 동맹원들을 서울에 불을 놓고 온갖 혼란을 야기한 후, 왕을 보호한다는
구실로 대궐을 포위하고 왕이 피신하지 못하게 하면서 왕에게 퇴위와 이준용
에게 왕위를 양보할 것을 강요할 계획이었다. … 그[홍계훈]는 이준용이 예의
음모를 자백했다고 솔직하게 이야기해주었다. 대원군이 그 음모의 핵심인물
이었으며, 그는 처음부터, 말하자면 청국인이나 일본인의 개입이 있기 전부
터 동학도들과 손을 잡았다는 것이다."(『뮈텔주교일기』1, 1895.4.20)

하지만 이 음모는 미수에 그쳤다. 그로부터 나흘 뒤인 26일에 이병휘가 정인덕이 박동진에게 보낸 서찰을 증거로 들고 경무청에 고변했기 때문이다. 심문 과정에서 이병휘는 고변한 이유에 관해 서찰이 제법 크고 또 안에 별폭(別幅)이 있어서 의심스러워 보였기 때문이라고 했지만, 이는 군색한 변명에 지나지 않는다.

그가 변심한 가장 큰 이유는 평양전투에서 청군이 대패하고 일본군이 평양성을 점령한 소식을 들었기 때문일 것이다. 또 원래 계획대로라면 24일과 25일 사이에 충청도와 전라도에서 수십만의 동학도가 상경해야 했지만, 이 또한 차질을 빚고 있었다. 실제로 전봉준이 삼례에서 동학농민군의 제2차 봉기를 일으킨 것은 그로부터 한 달 뒤인 10월 말이었다. 이러한 상황에서 이병휘는 국왕의 폐립(廢立)과 같은 중대한 역모에 계속 가담하는 데 두려움을 느낀 나머지 변절을 택한 것이다. 이병휘의 고변으로 허엽과 정인덕은 경무사 이윤용의 손에 체포되었다.

덧붙여 말하면, 충청도의 모병 책임자 박동진과 전라도의 책임자 박세강은 공교롭게도 이병휘가 밀고한 직후인 10월 초에 비명횡사했다. 일본공사관 측에선 대원군의 심복 박준양이 공주로 내려간 지 이틀 뒤에 이들이 살해된 것으로 파악했다. 이들은 음모가 탄로날 위기에 처하자 대원군이나 이준용에 의해 입막음을 위해 살해당한 것으로 보인다.

3) 동학농민군의 두 번째 봉기

대원군이 동학의 집단세력을 정치적으로 활용하려고 시도한 것은 이번이 처음은 아니었다. 동학농민운동이 일어나기 전년인 1893년 3월 28일부터 30일까지 박광호(朴光浩)를 소수(疏首)로 동학도 40여 명이 광화문 앞에서 좌도혹민(左道惑民)의 죄로 처형당한 교조 최제우의 신원(伸冤)을 위해 복합상소를 한 일이 있었다. 하지만 정부는 청원을 받아들이지 않고 도리어 동학도에 대한 탄압을 강화했다. 그러자 한성에 동학도가 잠입했다는 풍문과 함께 각 예배당과 외국인들의 집에 괘서(掛書) 사건이 발생해서 불안감이 고조되었다. 곧이어 5월에는 교주 최시형(崔時亨)의 통문으로 약 2만 명의 동학도가 보은군에 집결했다.

이때부터 대원군은 동학도와의 접촉을 시도했다. 예컨대 『대한계년사(大韓季年史)』에는 "대원군은 몰래 동학당 수만 명을 서울로 와서 모이게 하고 불궤(不軌: 반역)를 도모하여 그의 손자 준용을 추대하려 했지만 결국 성사되지 않았다."라는 기록이 있다. 또 앞에서 설명한 것처럼 정인덕도 이병휘에게 "이 대감[이준용]은 평소 큰 뜻이 있었소. 작년에 동학 무리가 보은에 모였을 때 박동진을 통해 그 성기(聲氣)를 통했는데 모인 자들이 수만 명에 불과하고, 또 수중에 권력이 없어서 끝내 어찌할 수 없었소."라고 했다.

대원군은 1894년 7월 23일 집정의 지위를 되찾자마자 본격적으로 동학농민군에 접촉을 시도했다. 그는 서장옥 외에도 서병학이나 장두재 등 투옥돼 있던 동학 접주들을 석방하여 심복으로 삼은 후, 밀서를 주어 남쪽으로 내려보냈다.

다음은 장두재가 8월 9일 김덕명(金德明), 김개남(金開南), 손화중(孫和中) 등 호남지방의 주요 동학지도자들에게 2차 봉기를 촉구하며 보낸 밀서의 일부다.

지난 21일[양력 7월 23일] 인시(寅時)경 왕성을 함락하고 대궐을 침범한 왜적 몇천 명이 삼전(三殿)을 포위하여 매우 위태로웠고, 각 영문에 있는 병기와 식량을 모두 빼앗았습니다. 대궐문과 사대문을 왜적이 지키고 또 수원성을 함락하고 청국 군대를 패멸시켜 마치 무인지경과도 같았다고 하니 어찌 통곡할 일이 아니겠습니까. … 우리가 내려갈 때 청국병과 합세하여 왜적을 모두 물리치겠다고 운현궁에 말씀드렸더니 흔쾌히 받아들였습니다. 염려하지 말고 조처하여 함께 봉기하여 속히 큰 공을 이루도록 엎드려 빕니다.(『駐韓日本公使館記錄』8)

대원군의 계획은 동학농민군이 북상하면 한성에서 내응하여 정부를 전복하고 정권을 장악한다는 것이었다. 하지만 9월이 돼도 동학군의 모병은 뜻대로 이뤄지지 않았고, 청군은 대패해서 국경 밖으로 쫓겨났다. 게다가 이병휘의 고변 사건까지 터졌다.

대원군으로선 자칫하면 모든 계획이 물거품이 될 수도 있는 위기였다. 그는 황급히 오토리 일본 공사를 직접 찾아가 동학의 소요는 우선 자신이 진정시킬 테니 진압군대의 출동을 잠시 늦춰줄 것을 간청했다. 그리고는 자신의 명의로 된 효유문(曉諭文)을 공표해서 동학도에게 무기를 버리고 생업으로 복귀할 것을 명했다.

홍선대원군이 간절히 효유함.
우리 조정은 인후함으로 나라를 세워 예의(禮義)가 풍속을 이루고 대대로 현명한 임금이 나와서 500년 간 백성이 병란을 겪지 않은 채 지금에 이르렀다. 그런데 최근 기강이 해이해지고 풍속이 점차 무너져서, 지방관의 탐학(貪虐)과 토호의 무단(武斷)과 간악하고 교활한 이서(吏胥)의 침삭(侵削)이 날마다 늘어나 끝이 없다. 우리 조정이 품어서 기른 적자(赤子: 백성)들이 애오라지 살길이 없는데, 서울의 궁궐은 높고 멀어서 호소할 길이 없어 마침내 동학(東學)의 이름에 기대 무리를 짓고 스스로 보호하여 하루의 요행스러운 생존을 바라고 있으니, 그 정상(情狀)을 살펴보면, 아아! 궁하고 또 슬프도다. … 팔도를 돌아보아도 믿고 나라를 다스릴 만한 것은 오직 백성뿐이거늘, 태반이 헛소문에 물들어 처음엔 원통함을 호소하기 위해 일어났다가 점차 그 기세를 타고 움직여 곳곳에서 소란을 일으키며 기강과 분수를 범하고 있다. 그리하여 관청은 정치를 시행하지 못하고, 조정은 명령을 행하지 못하고, 백성은 생업을 편안히 영위하지 못하게 하고 있으니, 너희들은 한번 생각해보라. 이것이 과연 의거(義擧)이겠느냐, 아니면 패거(悖擧)이겠느냐? 『大院君曉諭文』

이는 위기를 모면하기 위한 일시적인 궁여지책이었을 뿐, 결코 본심이 아니었다. 대원군은 효유문을 반포하면서 이면에선 비밀리에 각지로 밀사를 파견해서 동학도의 봉기와 상경을 촉구했다. 이들 밀사는 동학 접주들을 만나 대원군의 효유문은 왜놈의 협박에 못 이겨 낸 것이니 절대 믿지 말라고 하면서 군사를 정비해 함께 일본군을 공격하자고 설득했다.

이 과정에서 이들은 고종의 밀지(密旨)라며 쪽지를 전하기도 했다. 그 가운데 소모사(召募使)로 전라도에 내려간 이건영(李建永)이 김개남과 전봉준 등 동학 지도자들에게 전달한 것은 다음과 같다. 소모사란 지방에 변란이 발생했을 때 향병(鄕兵)을 모집하기 위해 임시로 임명하는 직책을 말한다.

삼남초토사 이건영을 보내어 너희에게 교시하노라.
너희는 선대 왕조 때부터 교화를 입은 백성으로서 선왕의 은덕을 저버리지 않고 지금까지 살고 있다. 조정에 있는 자들은 모두 저들에게 붙어서 안에는 상의할 사람이 하나도 없으니 의지할 데 없이 홀로 앉아 하

늘을 우러러 통곡할 따름이다. 지금 왜구가 궁궐을 침범해서 종사에 재
앙이 미쳤으니 나라의 운명이 조석에 달려 있다. 사태가 여기까지 이르
렀으니 만약 너희가 오지 않으면 이미 박두한 재앙을 어찌하겠느냐? 이
로써 교시하노라.

(대내(大內)에서 밀교(密敎)가 있었다. 만약 이 말이 왜놈에게 누설되면
옥체에 재앙이 미칠 것이니 신중히 비밀을 지킬 것.)(『동학당과 대원군』)

훗날 이 밀지를 압수한 일본공사관 측에서는 이를 대원군파가 위
조한 것으로 보았는데, 아마도 이는 사실이었을 것이다. 하지만 그 진
위 여부와 무관하게 대원군의 편지와 국왕의 밀지는 전봉준을 위시한
동학 접주들이 재차 봉기하는 데 적지 않은 영향을 미쳤다. 이와 관련
하여, 1894년 11월 10일 당시 공사 이노우에는 무쓰 외무대신에게 다
음과 같이 보고했다.

동학당이 창도(唱道)한 바는, 가혹하게 수렴하는 관리의 폭위 밑에 굴복
하고 있는 백성을 도탄에서 구출한다는 것을 명분으로 봉기했습니다.
하지만 일청전쟁(日淸戰爭)이 일어났을 때, 대원군이 청군과 상응해서
우리 군대를 공격하게 하여 크게 지나의 환심을 얻기 위해 곳곳에 사람
을 보내 동학당을 선동하고 이들을 이용하려 했기 때문에 갑자기 그 인
원이 증가했던 것입니다. (『駐韓日本公使館記錄』5)

마침내 전봉준은 10월 중순에 이르러 동학의 남접(南接) 세력을 중
심으로 다시 한번 거병했다. 처음에 전주에서 4,000여 명으로 봉기한
동학농민군은 공주에 이르렀을 때는 이미 1만여 명을 상회할 정도가
되었다.

한편, 상황이 이처럼 심각해지자 고종은 10월 24일에 이르러 동학 농민군의 무력진압을 명했다.

> 지난번에 선무사(宣撫使)를 나누어 보내고 계속해서 포고하였으나 미련하고 완고한 것들이 뉘우치지 않고 반역이 날로 심해지니 이들은 양민으로 볼 수가 없다. 이제 군대의 출동을 명하여 요사스런 기운을 깨끗이 없애려 한다. 해당 비류(匪類)들이 병기를 버리고 귀화하여 각기 생업으로 돌아가거나 혹은 두목을 잡아서 바치는 자는 죽이지 않고 논상(論賞)할 것이다. (『甲午實記』)

이에 따라 10월 29일 호위부장(扈衛副將) 신정희를 양호도순무사(兩湖都巡撫使)에 임명하고, 전봉준과 그동안 협력해 온 전라감사 김학진(金鶴鎭)을 해임했다. 이어서 11월 8일에는 총리 김홍집이 이노우에 공사를 만나 동학 토벌을 위한 군사 원조를 요청했다. 이노우에는 그 자리에서 이를 승낙했다. 그는 이미 조선에 부임하기 전부터 동학 토벌을 위한 후비병(後備兵) 1,000명의 지원을 약속받았고, 그중 3개 중대는 11월 5일 한성에, 2개 중대는 6일 인천에 이미 도착해 있었다. 김홍집의 공식 요청은 요식행위에 불과했던 것이다.

다음 날 1,000명의 일본군과 3,000명의 조선 관군으로 구성된 공동 정토군(征討軍)이 일본군 제19연대 사령관 미나미 고시로(南小西郎)의 지휘하에 출동했다. 일본군은 동학군이 러시아령으로 넘어가거나 남해의 섬들로 이동하는 것을 막기 위해 3로(路)로 나누어 전라도로 진격한 후 포위해서 섬멸한다는 전략을 세웠다.

이즈음 동학군은 논산에 집결해 있었다. 남접의 전봉준과 북접의 손병희(孫秉熙)가 손을 잡은 결과 그 수는 167,000여 명에 달했다. 하지만 조직의 미비와 훈련 부족, 무엇보다 화력의 절대적 열세를 만회하기는 어려웠다. 이는 정부 측에서도 잘 알고 있었다. 11월 9일 외무대신 김윤식이 충청감영에 일본군의 남하 소식을 알리기 위해 보낸 서한에 다음과 같은 구절이 보인다.

> 비도(匪徒)는 무리짓는 것으로 성세(聲勢)를 삼지만, 실제로는 맹랑하여 신경쓸 것도 못됩니다. 맨손의 도적이요, 오합지중(烏合之衆)이니 비록 수가 많더라도 무슨 두려워할 것이 있겠습니까? 비록 도적들이 서양 총기를 얻었더라도 사용하는 데 익숙지 않고 또 탄환이 없으니, 도리어 토총(土銃: 화승총)만 못합니다. 토총 같은 둔기(鈍器)가 어떻게 서양 총기를 대적하겠습니까? 그러므로 일본인 1명이 비도(匪徒) 수천 명을 상대할 수 있고, 경병(京兵) 10명이 비도 수백 명을 감당할 수 있는 것입니다. 이는 다른 이유가 아니라, 무기의 예리함 차이 때문입니다. (『동학농민혁명국역총서』7, 「錦營來札」)

결국 농민군은 12월 4일에서 7일까지 벌어진 공주 부근의 우금치 전투에서 결정적 패배를 당했다. 이 과정에서 이진호(李軫鎬) 휘하의 조선 관군은 별다른 역할을 하지 못했다. 오히려 지방의 유생들이 소집한 민병이 동학군의 활동에 관한 정보를 제공하거나, 은신한 동학 지도자를 생포하는 등 큰 공을 세웠다. 신분질서와 강상윤리를 어지럽힌다는 점에서 이들에게 동학이란 군국기무처에서 추진하는 '개화'와 본질적으로 다를 바 없었다.

> 우리 조선이 나라를 세워 오랫동안 이어진 것은 오직 사서(士庶)의 분수가 엄했기 때문이다. 지난 임술민란 때 그 구분이 비로소 무너졌고, 외국인이 경관(京館)에 와서 거주한 뒤에 그 구분이 더욱 무너졌다. 지금

동학의 무리는 더욱 이 일에 이를 갈아, 반드시 양반과 평민 구분을 없앤 뒤에 그만두려고 한다. 세도(世道)가 이런 지경에 이르니, 진실로 한심스럽다. … 지난해 겨울에 경욱(景郁)이 서울에서 돌아와 말하기를, "이른바 개화라는 것은 바로 서울의 동학이다."라고 하였는데 얼마 지나고 나서 부절(符節)을 맞춘 것처럼 들어맞았다. 온갖 계교로 사람을 잡아끌어 자신의 무리에 가입시키는 것이 모두 지난날의 동도(東徒: 동학도)와 같았다. … 동도(東徒)가 스스로 '학(學)'이라는 명칭을 붙이는 것은 또한 어디서 모방한 것인가? 또 한 번 변하여 개화가 되었으니, 그 분수가 영원히 무너졌다. 나라 또한 그 뒤를 따라 무너질 것이니, 통탄스럽고 통탄스럽다! (朴文鎬, 「時事」)

4) 전봉준

우금치 전투에서 패한 전봉준은 전라도 지방으로 피신했다가 이듬해 1월 23일 순창에서 유생 한신현(韓信賢)이 이끄는 지방 민병에게 사로잡혔다. 그는 전주로 압송된 후 일본군에게 인도되었다. 그리고 다시 서울로 호송되어 이노우에 공사와 우치다 사다쓰지(內田定槌) 영사의 심문을 받은 후, 이듬해 3월 5일부터 4월 4일까지 법부 권설재판소에서 손화중, 최경선(崔慶善), 송두한(宋斗漢), 김덕명과 함께 재판을 받고 4월 23일 『대전회통(大典會通)』의 '군복기마작변관문자 부대시참률(軍服騎馬作變官門者 不待時斬律)'에 의거하여 처형당했다.

이 과정에서 전봉준은 대원군의 교사(敎唆)를 받아 제2차 봉기를 일으켰다는 의혹을 극력 부인했다.

- (우치다) 대원군이 동학건에 관계되어 있는 것은 세상이 모두 아는 바
  이다. 또 대원군은 지금 권세가 없으니, 네 죄의 경중은 단지 이 자리

에서 정해질 뿐이요, 대원군에게 달려있지 않다. 그런데도 너는 끝내
곧이곧대로 아뢰지 않고 마치 대원군의 은밀한 비호를 깊이 바라고
있는 것 같으니, 이는 과연 무슨 뜻인가?

- (전봉준) 대원군이 다른 동학도 수십 명과 관계가 있다고 해도 나와는
  애초부터 관계가 없소.

- 대원군과 동학 간에 관계가 있음은 온 세상이 아는데 너만 홀로 듣지
  못했단 말이냐?

- 정말 듣지 못했소.

- 대원군이 동학과 관계가 있음을 처음부터 하나도 듣지 못했단 말이
  냐?

- 그렇소. 내 일도 감추지 않는데 하물며 다른 사람에 있어서겠소? (『동
  학농민전쟁사료총서』18, 「全琫準供草」)

하지만 이 진술은 온전히 믿기 어렵다. 예컨대 남원성에 웅거하면
서 전라도의 세력을 양분한 김개남의 경우, 12월 28일 태인(泰仁)에서
체포된 후 전라감사 이도재(李道宰)의 심문을 받을 때 "우리들이 한 일
은 모두 대원군의 은밀한 지시에 의한 것이다. 지금 일이 실패한 것
은 또한 하늘의 뜻일 뿐인데, 어찌 국문한다고 야단이냐!"라고 일갈했
다고 한다.(『梧下記聞』) 그렇다면 대원군과 전봉준은 어떤 관계에 있었을
까?[5]

---

5 이와 관련하여 천도교 사상가 이돈화(李敦化)의 『천도교창건사』에 따르면, 전
  봉준은 동학농민운동을 일으키기 3년 전부터 운현궁에 출입했다고 한다.
  "3년간이나 서울에 머문 것은 서울의 군사적 형편과 정치적 허실을 조사하기
  위한 것이었으며, 이를 미뤄보더라도 전봉준은 이미 오래전부터 거사할 뜻을
  가지고 있었음을 알 수 있다. ... 이때(1893) 대원군이 실의하고 있음을 보고
  전봉준이 대원군을 달래어 정부개혁의 계책을 밀약하고 돌아와 동란을 일으

제2차 봉기 직전에 전봉준이 대원군의 밀사를 만난 것은 사실이다. 전봉준의 심문 기록에 따르면, 9월 30일 대원군의 심복인 박동진과 정인덕이 전주로 내려왔다. 당시 전봉준은 태인 집에서 요양 중이었다. 이때까진 봉기할 생각이 없었던 것 같다. 그런데 10월 4일 박동진과 정인덕의 지시로 송희옥이 보낸 편지가 도착한 후 상황이 달라졌다. 송희옥은 전봉준과 처족 7촌의 재종숙질(再從叔姪) 관계로, 전라좌우도(全羅左右道) 도집강을 맡으며 전봉준의 비서 역할을 하고 있었다. 그 편지는 다음과 같았다.

> 어제 운변(雲邊: 운현궁)으로부터 효유문을 가지고 두 사람이 왔습니다. 의심스럽지 않은 것은 아니나, 이것이 중요한 일이기 때문에 우선 그 대책을 의논하고자 도회소(都會所)를 철폐하고 구촌(龜村)으로 이동한 것입니다. 그런데 어제 저녁에 또 두 사람이 비밀리에 내려왔습니다. 그 전말을 상세히 알아보니 과연 개화당 쪽에서 압력을 받아서 우선 효유를 발한 것이요, 그 뒤에 비밀 기별이 있었습니다. … 이 일은 신속하면 만전지책이요, 늦추면 탄로 나는 빌미가 될 것입니다. 이를 양찰해서 즉시 대사를 일으키기를 깊이 바랍니다. (『駐韓日本公使館記錄』8)

이 서한을 받은 전봉준은 곧장 삼례(三禮)로 올라가 소모사(召募使) 이건영을 만났다. 이건영이 전봉준과 김개남에게 전하기 위해 – 실제로는 대원군파에 의해 날조된 것으로 의심되는 – 고종의 밀지를 지참하고 있었음은 앞에서 서술한 바와 같다. 기쿠치 겐조(菊池謙讓)의 『근대조선사(近代朝鮮史)』에 따르면, 태인의 본가에 머물고 있던 전봉준은 10월 7일 종자

켰다." (『天道敎創建史』2)

3, 4명과 함께 길을 떠나서, 장성을 거쳐 9일에 삼례에서 이건영을 만났다. 그리고 이 자리에는 또 다른 대원군의 밀사인 박완용(朴完勇)이라는 인물이 있었다고 한다. 전봉준이 재차 거병을 결심한 것은 그 직후의 일이었다.

제2차 봉기를 결행한 이유에 관해, 전봉준은 일본군이 '개화'를 명분으로 경복궁을 무단 점령하고 고종을 협박했으므로 그 연유를 따지기 위해서였다고 진술했다. 하지만 그가 실제로 거병한 것은 10월 중순이었다. 즉, 전봉준은 경복궁 점령이 있은 지 두 달 뒤에야 비로소 움직인 것이다. 이에 대해 전봉준은 병이 있었던 데다가 또 곡식이 아직 익지 않고 많은 농민을 일시에 모으기가 어려웠기 때문이라고 해명했다. 하지만 정황상 여기엔 대원군과의 접촉, 특히 고종의 영향이 있었던 것으로 보인다.

일본군이 압수한 문서는 중에는 전봉준이 이건영을 만난 직후에 부하들에게 보낸 회람문도 있었다. 그것은 틀림 없는 전봉준의 필적이었다.

대궐에서 초모사 이건영에게 보낸 밀지가 이곳에 와 있는데, 이와 같은
일이 왜인에게 누설되면 화가 옥체에 미칠 것이니 조심하여 비밀을 지
킬 것. (『駐韓日本公使館記錄』8)

그렇지만 이 같은 증거와 정황에도 불구하고, 전봉준은 끝까지 대원군과의 관계를 부인하였다. 추측건대, 그 이유는 고종의 밀지 때문이었을 것이다. 『논어(論語)』에 "[군자는] 도리에 맞는 말로 속일 수는 있지만, 도리에 맞지 않는 말로 속일 수는 없다(可欺也 不可罔也)"라는 구절이 있다. 전봉준이 보기에도 대원군의 밀사가 가져온 국왕의 밀지는 의심스러웠을 것이다. 그럼에도 '사(士)'를 자처한 전봉준은 일단 이를 진실한 것으로 믿고 구국을 위한 거병을 시도한 것은 아니었을까. 그리고 비록 형세가 불리하여 뜻을 이루지 못했지만, 끝까지 대원군과의 관계를 부인함으로써 국왕이 연루되는 사태를 막으려고 한 것이 그의 '적심보국(赤心保國)'의 본의가 아니었을까.

전봉준은 대원군의 밀지에 따라 수많은 농민을 모았지만, 일본군과의 대격전이 임박했음에도 한성에서 어떠한 내응의 기미도 없는 것에 당황했을 것이다. 이와 함께 대원군에게 동학도가 단지 자신의 정치적 목적을 이루기 위한 수단에 지나지 않다는 사실도 분명해졌을 것이다. 아마도 그것이 전봉준이 사로잡힌 후, 그 저항의 순결성을 지키기 위해 대원군과의 관련성을 결단코 부정하는 이유가 된 것으로 생각된다.

마지막 순간 전봉준이 대원군에 대해 가진 부정적 인식은, 동학농민군의 '토벌대장' 미나미 고시로 소좌에 의한 심문기록에서도 잘 나타난다.

- (미나미) 대원군은 어떤 인물인가?

- (전봉준) 대원군은 오래 정치를 해서 위권(威權)이 매우 성대하지만, 지금은 늙어서 정권을 잡을 기력이 없고, 원래 우리나라의 정치를 그르친 것도 모두 대원군이 한 짓이니 인민이 그에게 복종하지 않소.

- 사민(士民)은 대원군을 추대해서 그에게 복종한다. 또 대원군도 사민이 자신에게 복종하고 있음을 자신한다. 그렇기 때문에 사민에게 고시(告示)한 것이 아닌가? 그런데도 사민이 대원군에게 복종하지 않는

다고 하는 것은 무슨 말인가?

- 사민은 무슨 일이든 대원군에게 복종하지 않는다는 뜻이 아니오. 우리나라가 전부터 해온 양반(兩班)·상인(常人)의 제도를 폐지한 것에는 복종하지 않는다는 뜻이오.

- 당신들이 거병한 목적을 숨김없이 자백하라.

- 원래 우리가 군대를 일으킨 것은 민씨 일족을 타도하고 폐정(廢政)을 이혁(釐革: 개혁)하려는 목적이었지만, 민씨 일족은 우리가 입경하기 전에 타도되었으므로 일단 군대를 해산하였소. 그런데 그 후 7월(음력) 일본군이 크게 경성에 들어와서 왕궁을 포위했음을 듣고, 크게 놀라서 동지를 모아 이를 몰아내고자 다시 거병한 것이오. 단지 내 최종 목적은 제일 먼저 민씨 일족을 죽이고, 그 한 패인 간신들을 물리쳐서 폐정을 개혁하는 데 있었소. 또 전운사(轉運使)을 폐지하고 전제(田制) 와 산림제(山林制)를 개정하며, 소리(小吏)들이 사리(私利)를 취하는 것을 엄중히 처분하고자 했을 뿐이오.(『東京朝日新聞』, "東學黨大巨魁と其 口供", 1895.3.5.)

하지만 전봉준의 진술과 달리, 조선의 백성들에게 대원군은 여전히 신망을 얻고 있었고, 민씨 일족의 학정과 일본의 침략으로부터 조선을 구원할 위엄을 갖춘 유일한 인물로 인식되고 있었다. 그렇다면 대원군의 진실성 따위는 문제가 될 수 없었다. 설령 전봉준이 대원군에게 배신감을 느꼈더라도, 이와 무관하게 그 또한 대원군을 농민을 동원하고, 또 그 행동이 반역이 아님을 입증하기 위한 상징적 권위로 활용했던 것이다.

그들이 믿는 대원군과 미리 기맥을 통했는지의 여부는 의문이지만, 전명숙[전봉준의 본명]의 인물됨으로 미뤄보면 그의 처음 기포(起包)가 반드시 대원군을 기대했기 때문은 아님이 명확하다. 다만 그는 지략이 풍부하고 동도의 의기 역시 한계가 있으므로, 대원군이라는 목상(木像)을 대중의 눈앞에 내세움으로써 조종(操縱)의 편리로 삼으려 한 것 같다. (『二六新報』"東學黨の眞相(五), 1895.11.14.)

5.
정계 은퇴

1) 이노우에 가오루의 부임

평양에서의 승리 후 일본군은 파죽지세로 북진했다. 육군은 주롄 (九連), 랴오닝(遼寧), 다롄(大連)을 거쳐 닝커우(營口)에 이르렀고, 해군은 웨이하이웨이(威海衛)까지 북양함대를 추격했다. 북양함대 사령관 정여 창은 불리한 형세에 절망하여 자결하고, 나머지 함선들은 항복하라는 명을 거부한 채 항전하다가 전멸에 이르렀다.

전장의 연이은 승전보와 달리, 조선의 내정개혁은 이렇다 할 성과 를 내지 못하고 있었다. 일본은 대청개전의 명분으로 조선의 독립과 내정개혁을 제시했는데, 조선을 독립시키기 위해 그 내정에 간섭한다 는 것은 그 자체로 모순적이었다. 이 때문에 러시아를 비롯한 서양 열 강은 일본의 의도가 조선을 그 보호국으로 삼는 데 있다고 의심했다. 일본은 그 간섭을 막기 위해서라도 조선의 개혁에 일정한 성과를 내야 했다.

조선의 내정개혁이 지지부진하자 조선공사 오토리 게이스케의 정 치력이 도마에 올랐다. 1894년 9월 24일, 총리대신 이토 히로부미는 내무대신 이노우에 가오루에게 서신을 보내 그 후임에 관한 의견을 구 했다. 그런데 뜻밖에도 이노우에가 조선 공사직을 자원했다. 이노우 에는 이토 총리와 같은 조슈번 출신으로, 막부 말기에 함께 영국공사관 방화사건을 일으키고 세계정세를 파악하기 위해 영국에 밀항하기도 한 막역한 관계였다. 메이지정부가 출범한 뒤엔 외무경과 외무대신, 농상무대신, 내무대신, 대장대신 등을 역임하고, 이토가 교통사고를 당했을 때는 수상 대리까지 맡은 일본 정계의 손꼽히는 거물이었다. 게다가 조선 공사로 부임할 경우 직속상관이 될 외무대신 무쓰 무네미쓰는 그가 오랫동안 뒤를 봐준 후배였다.

이노우에는 조선의 국제적 지위를 '자주지방(自主之邦)'으로 규정한 1876년 조일수호조규 체결 당시 부전권 대신으로 참여하였고, 1879년부터 1887년까지 외무경과 외무대신을 맡으며 임오군란, 갑신정변, 거문도사건 등 한반도 관련 주요 현안을 직접 처리했다. 이 때문에 그는 조선의 '독립' 문제를 매듭짓는 것을 자신의 마지막 사명이라고 생각했다고 한다. 이노우에는 10월 15일에 조선주재 특명전권공사에 임명됐다.

이노우에의 평전 『세외정상공전(世外井上公傳)』과 고토 쇼지로의 평전 『백작 고토 쇼지로(伯爵後藤象二郞)』에는 이노우에의 부임과 관련한 흥미로운 일화가 전한다. 고토 쇼지로(1838~1897)는 도사번(土佐藩) 출신의 유력한 재야정객으로, 후쿠자와 유키치와 함께 갑신정변에 직접 개입한 인물이었다. 당시 그는 김옥균에게 거사 자금과 일본인 자객을 제공하는 대신, 조선 개혁의 전권을 위임할 것을 요구한 바 있었다.(『개화당의 기원과 비밀외교』) 물론 이는 갑신정변이 '삼일천하'로 끝나면서 흐지부지되었다.

그런데 고토는 10년이 지난 뒤에도 야욕을 버리지 않았다. 그는 도쿄주재 조선공사관을 통해 '자신은 일본 제일류의 대정치가이고, 또 사위 이와자키 야노스케(岩崎弥之助)가 일본 굴지의 대부호이기 때문에

3~4천만 엔 정도는 쉽게 조달할 수 있다.'라는 메시지를 조선 정부에 전하게 했다.

이와 함께 고토는 후쿠자와 유키치와 상의해서, 조만간 조선으로 돌아갈 예정인 박영효를 통해 조선 정부의 외국인 고문이 되려는 음모를 꾸몄다. 박영효는 조선주재 일본공사관의 압력으로 8월 초에 일본으로 망명한 지 10년 만에 귀국하고, 9월 3일에 사면령을 받았다. 박영효와 함께 조선에 입국한 야스오카 유키치(安岡雄吉)는 8월 22일에 조선 정부의 고문 초빙 가능성에 관해 다음과 같이 후쿠자와에게 보고했다.

> 한정(韓廷)의 형세는 아직 명확히 말씀드리긴 어렵지만, 출발 전에 추측했던 것과 거의 다르지 않습니다. 단지 외면상의 개혁, 지상(紙上)의 정리(整理)에 지나지 않는 모습으로, 이대로 방임할 경우 완전히 무너지는 것 말고는 다른 길이 없을 것으로 생각됩니다. 어제부터 신관제(新官制) 실시 및 화폐제도 실행을 한다고 하지만, 이로 인해 얼마나 효과를 거둘지는 매우 불확실한 상황입니다. … 일본으로부터 상당한 고문이 될 만한 인물을 파견해서, 직접 한정(韓廷)의 사무를 담당하게 하고자 하는 마음은, 이미 그 징후가 드러나고 있습니다. 이제 한 걸음 더 나아가는 일은 반드시 저들이 놀라고 기뻐할 바라고 믿습니다. (『福澤諭吉書簡集』7)

이처럼 조선의 상황이 유리하게 돌아가고, 또 오토리 공사가 곧 경질될지 모른다는 소문이 퍼지자 고토는 무쓰 외상에게 달려가 자천(自薦)을 시도했다. 하지만 일본 각료 중에는 고토 같은 과격한 인물을 한성에 풀어놓는 것은 위험하다고 생각하는 이들이 적지 않았다.

고토는 굴하지 않고, 10월 12일에 이토 총리를 직접 만나서 조선의 내정개혁에 관한 지론을 설파했다. 그리고는 사이온지 긴모치(西園寺公

望) 후작이 위문사(慰問使)로 조선 조정을 방문한 데 대한 답방으로 조만 간 사은대사(謝恩大使) 의화군(義和君)이 방일하기로 예정돼 있는데, 혹시 그 일행에게서 고문 초빙의 요청이 오면 자신을 천거해 줄 것을 요청 했다. 실제로 이노우에가 조선에 부임하기 전 시모노세키에 머무르고 있을 때 의친왕 일행을 만났는데, 이들은 고토를 조선 정부 고문으로 초빙하는 칙서를 지참하고 있었다. 사은대사 일행에는 유길준이 수행 원으로 포함돼 있었는데, 고토의 고문 초빙 건은 그가 후쿠자와의 지 시로 주도했을 것이다. 이노우에가 특명전권공사로 조선에 급히 부임 한 데는 이와 같은 후쿠자와와 고토의 음모를 좌절시키려는 의도도 있 었다고 한다.

2) 대원군과 왕비의 축출

조선에 부임하기 전, 이노우에의 개혁 방침은 대원군과 왕비를 제 압해서 정치에 관여하는 것을 막고, 왕실과 정부의 권한과 사무를 엄 격히 구분하되 모든 정치의 책임은 총리에게 맡기며, 법률에 따라 관 리의 직분, 국가와 백성의 관계를 규정하고 행정사무와 재정을 정리한 다는 것이었다.

이노우에는 그중에서도 대원군과 왕비의 세력을 억제하는 것을 최 우선의 과제로 간주했다. 그는 조선에 부임하자마자 이 일에 착수했다.

예전 인편에 자세히 보고한 것처럼, 왕비, 대원군, 이준용은 실로 조선
내정개량의 전도를 가로막는 방해물입니다. 이러한 방해물의 세력을
억누르지 않으면 도저히 어떤 개혁에 착수하더라도 무익할 것이므로
본관은 부임 이래 첫 번째로 이들 방해물을 겸제(箝制: 자유롭게 활동하지

못하도록 억누름)하는 책략을 취하여, … (『日外』 27-2, 문서번호 485)

10월 28일 오후 3시, 이노우에는 고종을 알현하고 신임장을 봉정했다. 공식 절차가 끝난 후 이노우에는 왕세자와 외무·궁내대신만 배석한 가운데 고종에게 자신을 여느 공사와 같은 존재로 간주하지 말고, 천황이 특별히 신임해서 파견한 자이니 일종의 고문관으로 대하여 흉금을 터놓고 모든 일을 하문해줄 것을 청했다. 말하자면 조선 정부의 비공식 고문을 자임한 것이다.

다음 날 대원군은 이노우에를 만나기 위해 일본공사관을 방문했다. 이 자리에서 대원군은 이노우에에게 "한나라 고제는 인심을 수습하기 위해 약법삼장을 우선했소. 그대는 이를 알아야 하오."(漢高帝爲收攬人心 先約法三章 君應知之也)라는 18자를 써 보였다. 약법삼장이란 중국 한나라 고조(高祖) 유방(劉邦)이 진(秦)나라 수도 함양을 함락했을 때 가혹한 법치(法治)에 신음하던 민심을 수습하기 위해 기존의 수많은 법률을 "살인자는 죽이고, 남을 다치게 하거나 도둑질한 자는 그에 상응하는 벌을 받는다."(殺人者死 傷人及盜抵罪)라는 3개 조문으로 간소화한 것을 말한다. 대원군은 이 고사를 인용해서 군국기무처에서 추진하는 급진적인 개혁의 부작용을 경고한 것이었다. 이에 대해 이노우에는 "2천년 전 시대의 일을 오늘날 동양이 다사(多事)한 때 적용해서, 그와 같은 정치를 하려는 것은 매우 큰 잘못이오."라고 대꾸했다.

이어서 조정의 공식회의 석상에 대원군의 참석 여부를 두고 날카로운 공방이 이어졌다.

- (이노우에) 여기서 미리 약속해 두고 싶은 것은, 각하와 협의한 후 귀국

의 각 아문대신 또는 대신 부재 중에는 대리협판과 한 방에서 내 의
견을 말할 것이니, 그때는 각하께서도 배석해주길 바라오.

- (대원군) 그것은 찬성하기 어렵소. 왜냐하면 나는 조사(朝士)가 아님은
  물론, 정부에 나가서 각 대신과 일을 논의할 수 없기 때문이오. 이는
  우리 국법이오. 또 각하가 각 대신에게 말씀하시는 것은 물론 일일이
  나에게 알릴 것이오.

- 그렇다면 각하는 대신과 국정을 논의하지 않는 것이오? 또 각각에게
  따로 말할 수 있는 것이라면 어찌 각 대신의 회합이 필요하겠소? 필경
  따로따로 말하는 것은 어쩌면 서로 의심을 야기할 우려가 없을 수 없
  소. 이것이 내가 한 방에서 회합할 필요를 느끼는 이유이오.

- 아니오. 물론 각 대신과 정사를 논의하오. 하지만 대신들은 나에게 와
  서 일을 품의(稟議)하는 것이 관례로 되어 있소. 또 내가 대신들과 한
  방에서 만나는 것은 지위가 크게 다르고, 또 대신들은 내 면전에서 앉
  을 수 없는 등의 불편함이 있으니 도저히 행하기 어렵소.

- 어찌 각하가 말씀하시는 것을 가리켜 법이라고 할 수 있겠소? 설령 그
  것을 법이라고 한다면, 현재 동학당이 각지에서 발호함을 당하여, 귀
  국 정부가 자국의 힘으로 진압하지 못해서 일본의 파병을 요청하는
  것도 과연 국법이오? (『日外』 27-1, 문서번호 473)

대원군이 첫 번째 집정을 할 때부터 공식 석상에서 다른 대신들과
같은 반열에 서지 않았다는 것은 이미 앞에서 서술했다. 이는 그가 묘
당에 설 수 있는 특정한 직책을 맡지 않았기 때문이다. 따라서 대원군
이 조신(朝臣)의 반열에 나란히 서는 순간 국왕의 생부로서의 그의 권위
는 여지없이 실추되고, 또 정치에 참여하는 법적 권한이 문제시될 것
이었다. 이노우에도 이를 잘 알고 있었다. 그는 대원군의 비공식적 권

위를 인정할 생각이 없었고, 따라서 양자의 갈등은 처음부터 예정되어 있었다. 이날 회견을 마친 후, 이노우에는 본국 외무성에 올린 보고서에서 대원군을 "늙은 여우(an old fox)"라고 표현했다.

그런데 2일 뒤인 10월 31일 밤에 법무협판 김학우가 자택에서 정체불명의 괴한들에 의해 살해되는 사건이 발생했다. 김학우는 법무대신 서리였는데, 대원군의 위세에 굴하지 않았기 때문에 미움을 사고 있었다. 특히 문제가 된 것은 내무대신의 지방관 임명 권한을 박탈하는 의안이었다. 오래 전부터 지방관의 임명권과 이 과정에서 오가는 막대한 뇌물은 세도가의 권세를 지탱하는 기반이었다. 당시 내무대신 서리는 다름 아닌 이준용이었으므로, 이는 곧 그를 겨냥한 조치에 다름 아니었다.

김학우가 살해된 직후 이준용이 암살의 배후라는 소문만 무성할 뿐, 증거를 찾지 못해 처벌은 유야무야됐다. 하지만 조희연, 안경수, 김가진 등 군국기무처의 '개화당'은 극도의 공포를 느꼈다. 심지어 11월 6일엔 안경수와 김가진이 지방관 전출을 자처하여 일본공사관 측에서 이를 간신히 만류하는 일도 있었다.

이노우에도 반격의 수단을 찾아야 했다. 그는 본국 대본영에 요청해서 일본군이 평양성을 점령했을 때 노획한 대원군과 김홍집 그리고 고종의 밀서를 전달받았다. 그것이 도착하자 이노우에는 11월 8일에 총리 김홍집, 외무대신 김윤식, 탁지대신 어윤중을 일본공사관으로 초치해서 강한 어조로 대원군을 비난했다.

> 대원군은 가장 세력이 강해서, 지금 여기 있는 김굉집[김홍집] 씨가 총리
> 대신에 있더라도 대원군이 싫으면 즉시 물리치고, 또 어윤중 씨를 미워

하면 즉시 물러나게 할 수 있소. 또 그 뜻을 거스르거나 음험한 비밀 계책을 꾸민다고 생각하면 곧장 포박하고, 혹은 정부로부터 진무(鎭撫)의 명을 받아서 출장 나가 있는 자에게 이 사람[대원군]이 진무는 하지 말고 동학당을 교사하려는 내명(內命)을 내렸소. 또 심지어 사람을 죽이는 일을 마치 개를 죽이거나 무를 자르는 것처럼 생각하니, 세력이 가장 강한 인물이 틀림없소.

대원군과 가까운 김홍집은 "지금부터 20년 전에 대원군이 정치를 할 때 매우 잔혹한 일도 있었지만, 지금은 예전처럼 생각해선 안 된다는 것을 잘 알고 있습니다. … 연로해서 일이 이렇게 된 것이니, 그다지 크게 추궁할 일이 아닙니다. 차라리 대원군이 생각을 바꾸게 하는 것이 금일의 급무라고 생각합니다. 왜냐면 대원군이 일단 생각을 바꾸면 금일의 형세가 어떻게 될지 모르기 때문입니다."와 같은 말로 그를 비호하려고 애썼다. 그러자 이노우에가 평양성에서 노획한 서한을 내던지며 말했다.

이것들은 평양을 공략했을 때 얻은 것이오. 원본은 도쿄에 보냈기 때문에 사본을 야마가타 대장이 보내왔소. 사본으로는 효력이 약하니 다시 전보를 쳐서 원본을 보내도록 할 것이오. 끝까지 지나[중국]에 의뢰하려고 한 일은 이것으로 입증되었소. 자, 대원군은 연로하니 종종 이러한 일이 있어선 안 되지 않겠소?

이를 본 김홍집 등은 경악했다. 그 서한 중 한 통에 '주연(珠淵)'이라는 글자가 적혀 있었기 때문이다. '주연'은 고종의 별호(別號)였다. 이는 고종의 책임마저도 거론될 수 있는 중대한 사안이었으므로, 김홍집은 제발 그것만큼은 돌려달라고 간청했다. 하지만 이노우에는 이미 원본을 야마가타가 대본영에 제출해서 천황이 열람했기 때문에 의미가 없다면서 거절했다. 대신들의 당황한 모습을 확인한 이노우에는, 앞으로 조선 정부의 행동 여하에 따라선 굳이 큰 문제로 삼지 않을 수 있다고 회유했다. 김홍집 등은 이노우에가 하자는 대로 따를 수밖에 없었다.

> 민씨가 세도(世道)로서 국정을 장악하여 사람을 죽이고 금전을 약탈하는 등 비정(秕政: 악정)을 행했는데, 대원군은 그와 백중하는 인물이오. 또 그 대원군이 정치에 간여하게 한다면 개혁은 쓸데없는 일일 것이오. 대군주께 알현할 때 상황을 보니 왕비가 미닫이문을 사이에 두고 이것저것 국왕에게 말을 덧붙이는 소리를 모두 들었소. 이것으로 생각해보면 왕비도 여간 재물(才物: 재주있는 사람)이 아닌 듯하오. 원래 민씨의 세력은 왕비의 세력에 기대서 강해진 것인데, 지금 그 권력을 대원군의 폭위(暴威)로 억누르는 것은 마치 대원군이라는 독(毒)으로 그 전의 독을 제압하는 것에 불과하오. … 이러한 사람들이 정치에 간여치 못하게 하는 것이 가능하겠소, 그렇지 않겠소? 불가능하다면 일본에서는 바로 귀국을 포기할 것이며, 어쩌면 마치 금일 지나(支那)를 대하는 것처럼 하지 않을 수 없는 불행한 사태가 생길지 모르오. (이상 『日外』 27-2. 문서번호 477)

이틀 후인 11일, 이노우에는 김홍집과 김윤식을 다시 불러서 "앞으로 중궁과 대원군은 결코 정치에 관여해서 안 됨은 물론이고, 대군주라고 해도 정부 대신의 직무대신을 침해하지 못하게 하겠소."(『日外』 27-2, 문서번호 478)라고 선언하고 이를 고종에게 아뢰게 했다.

그 사이에 일본공사관의 오카모토 류노스케는 이노우에의 명에 따라 서한 사본을 갖고 대원군을 방문했다. 처음에 대원군은 청군과의 내통 사실을 인정하지 않았지만, 이 서한들을 보자 "이것은 당시 형세상 어쩔 수 없는 일이었소. 하지만 이제 발각된 이상 할 말이 없소."라고 체념한 듯 말했다.

다음 날 오후 2시에 대원군이 일본 공사관을 찾아왔다. 대원군은 자신이 평양성의 청 장수들에게 서한을 보낸 일이 없으며, 다만 평양 감사 민병석이 먼저 편지를 보내왔기에 자신도 잘못된 감정으로 그에게 회신한 일은 있다고 변명하였다. 하지만 이노우에는 편지 가운데 "일본에 들러붙은 간사한 무리를 쓸어버리자는 뜻을 청 장수들에게 전해달라."라는 구절을 들이대면서 대원군을 추궁했다. 어쩔 수 없게 된 대원군은 "일본 군대를 싫어하는 것은 아니지만, 일이 이 지경에 이르러 사실상 지나(支那) 편에 통호(通好)하는 글이 있게 된 것은 뭐라고 드릴 말씀이 없소. 이는 내가 어쨌든 잘못했다고 사죄하오. 충분히 죄를 사죄한 후 앞으로의 일은 일일이 상담하겠소."라며 굴복했다.

이노우에는 '지금까지 대원군의 행동을 볼 때 앞으로 도저히 개혁의 실효를 거둘 것이라고 기대할 수 없다. 특히 지금처럼 정령(政令)이 여러 곳에서 나오면 도저히 완전한 정사를 행할 수 없다. 대원군이든 왕비든 또는 다른 사람이든 간에 대군주처럼 정사에 참견하면 백관이 누구를 따를지 알 수 없기 때문에 정치 문란을 막을 수 없다.'라며 대원군에게 은퇴를 강요했다. 대원군은 "그대의 말뜻을 알겠소. 앞으로 나는 일체 정사에 관여하지 않겠소."라고 답할 수밖에 없었다. 다음날인 13일에는 이준용이 공사관을 방문하여 유감의 뜻을 표했다.

11월 18일(음 10월 21일) 대원군은 여러 대신이 모인 자리에서 정치 은퇴를 선언했다.

정사를 논의한 것이 이미 100여 일이 지났는데도 아직 실시하지 못한

것이 있으니, 앞으로 정부 이하 각 아문은 각자 그 일을 관장하고 권리를 자임하여 서로 침범하지 마시오. 반드시 변통해야 하는 모든 일은 협의하여 타당하게 처리하시오. 이노우에 공사는 일본의 유신원훈이자, 동양의 선각이니 우리 정부는 마땅히 허심탄회하게 모든 일을 상의해야 하오. (『日外』 27-2. 문서번호 495)

그리고 22일에 이르러 고종은 "태공(太公: 대원군)의 뜻을 받들어 금년 6월 22일(양력 7월 23일) 서무(庶務)와 군무(軍務)를 대원군에게 지시를 받으라고 한 전교를 철회[還入]한다."라고 전교하였다. 이것으로 일본군의 경복궁 점령으로부터 123일에 걸친 대원군의 제3차 집정이 공식적으로 막을 내렸다.

대원군을 제거한 이노우에의 다음 목표는 왕비였다. 그는 11월 24일자 보고에서 다음과 같이 그 이유를 설명했다.

> 다음으로 대원군과 똑같이 내정개혁에 방해가 되는 것은 왕비입니다. 그러므로 대원군의 폭려(暴戾)를 규제하더라도 왕비의 발호를 제어하지 않으면 결국 난폭함[暴]으로 난폭함을 대신 하는 것이요, 하나를 억제해서 다른 하나의 발호를 조장하는 것에 불과합니다.(『駐韓日本公使館記錄』 5)

이보다 앞서, 20일과 21일 이노우에는 여러 대신이 지켜보는 가운데 고종을 알현하고 20개 항목의 개혁안을 제시했다. 그 제1조는 "정권은 모두 하나의 길에서 나와야 한다", 제3조는 "왕실 사무는 국정과 분리해야 한다."라는 것이었다. 이미 대원군은 추방됐으므로, 이는 왕비를 겨냥한 것이었다. 그리고 26일에 다시 알현을 청하여 20개조 개혁안의 한문본을 진상하고, 국왕에게서 거듭 이를 이행하겠다는 다짐을 받았다.

그런데 28일에 뜻밖의 사건이 일어났다. 관보에 신임 탁지협판 한기동(韓耆東), 법무협판 이건창(李建昌), 공무협판 이용식(李容植), 농상협판 고영희(高永喜)의 임명 소식이 게재된 것이다. 26일에 상주한 20개조 개혁안 중에 "관리의 등용 및 면출(免黜)의 규칙을 설정해서 사의(私意)로 진퇴시킬 수 없다."라는 조항(제17조)이 있었으므로, 이노우에는 이를 중대한 문제로 간주했다.

그는 당일로 총리대신 김홍집에게 서한을 보내서 이를 힐책하고, 29일에 다시 김홍집, 김윤식, 어윤중을 불러서 조선의 장래는 가망이 없으니 지난번에 제시한 20개조 개혁안을 철회하겠다고 선언했다.

이어서 이노우에는 12월 1일에 고종을 알현하여 조선엔 더이상 개혁의 가망이 없음을 신랄하게 아뢰었다. 그리고는 앞으로 조선의 개혁에 관여하지 않음은 물론, 동학도의 토벌을 위해 파견한 군대도 철수시킬 것이며, 그로 인해 발생한 일본인의 피해에 대해 철저하게 배상을 요구하겠다고 협박했다.

> 본 공사가 귀국 내정에 효과가 없음을 단념하기에 이른 것은 하루아침의 짧은 생각에서 나온 것이 아닙니다. 백방으로 숙고한 후 도저히 가망이 없다고 단정한 것이니, 이제 다시 뜻을 번복할 수 없습니다. … 그러므로 본 공사는 결코 귀국 내정에 관한 개량사무(改良事務)에는 고문관 등과 같은 자격으로 조금도 간여하지 않을 것입니다. 폐하는 중궁이 됐든, 대원군이 됐든, 누구와도 상의해서 그 권력을 회복하십시오. 본 공사는 그 대신 귀 정부가 요청한 동학당 토벌군의 철수를 명해서, 병사 1명도 귀국을 위해 힘쓰는 것을 중단할 것입니다. 또한 본 공사는 당연한 직무로서, 우리 국민 가운데 동학당에게 살해당한 사람이나 이익을 침

해받은 사람이 있다면 귀 정부가 존재하는 한 담판을 시도할 것이며, 만약 귀 정부가 이를 다스릴 수 없을 때는 우리 병력으로 그 죄를 묻는 데 조금도 주저하지 않을 것입니다. 귀국에 대한 성의(誠意)와 후의(厚誼)는 지금부터 완전히 던져 버리지 않을 수 없습니다. (『世外井上公傳』)

일개 외교관이 주재국의 국왕에게 아뢴 말이라고는 믿을 수 없을 정도로 거칠고, 위협적인 언사였다. 고종은 앞으로 왕비가 내정에 간섭하는 일은 결코 없을 것이며, 20개조 개혁안도 당장 내일부터 시행하겠다는 말로 이노우에를 달랠 수밖에 없었다. 이미 청군이 패퇴하고, 동학농민운동이 완전히 진정되지 않은 상황에서 일본을 적으로 돌릴 순 없었기 때문이다. 하지만 이노우에는 뒤도 돌아보지 않고 떠나 버렸다.

이제 발등에 불이 떨어진 것은 조선 정부였다. 어떻게든 사태를 수습하고자 총리 김홍집은 12월 6일에 궁내대신 이재면, 외무대신 김윤식, 탁지대신 어윤중, 그리고 군무대신 조희연과 연명으로 개혁 의지를 천명하는 「서언(誓言)」을 작성해서 이노우에에게 제출했다. 이 서약문은 6개 조의 기본 방침과 15개 항의 속조(屬條)로 구성됐는데, 속조 제2항에선 이노우에를 공사가 아닌 '고문관'으로 대우하고, 제5항에선 '[왕비는] 왕후의 덕을 지키고 대군주 폐하의 성덕을 내조하는 데 그치며, 행여라도 정사에 간섭하지 않는다.'라고 왕비의 정치 불간섭을 명시했다. 「서언」은 주로 유길준이 기초하고, 조희연이 일본공사관을 왕복하면서 이노우에의 뜻을 반영했다고 한다.

이노우에는 고종이 「서언」을 재가한 것을 확인한 후, 8일에 다시 알현을 청하여 조선의 '개혁'에 진심으로 진력하겠다고 아뢰었다. 이와 함께 국왕과 왕비의 지위를 보장하는 한편, 최근 귀국한 박영효의 관작을 복구하고 다시 등용할 것을 제의했다. 예로부터 내궁(內宮)은 종실과 외척, 내시와 이른바 별입시(別入侍)라는 가까운 신하들만 출입할 수 있었으므로, 철종의 부마(駙馬)로 왕족의 자격을 가진 박영효를 입각시켜 궁궐의 내부사정을 감시하고, 국왕과 왕비를 친일로 더욱 기울게 하려고 한 것이다.

12월 17일에 이르러 종래의 의정부가 내각으로 개칭되고, 신내각이 조직됐다. 총리는 김홍집이 유임되고, 박영효는 내무대신에 임명되었다. 그리고 법무대신에는 박영효와 함께 갑신정변 실패 후 일본으로 망명한 서광범이 취임했다. 이와 함께 군국기무처가 폐지되고, 중추원 회의가 신설됐다. 이른바 김홍집−박영효 연립내각의 출범이었다.

이노우에는 한 걸음 더 나아가, 고종에게 종묘사직에 개혁의 근본 취지를 밝히고 각오를 맹세하는 의식을 강요했다. 이는 1868년 일본의 메이지천황이 문무백관을 거느리고 메이지국가의 국시(國是)를 천지신명에게 고한 전례를 답습한 것이었다. 이에 따라 1895년 1월 7일과 8일, 국왕은 왕비와 세자, 문무백관을 거느리고 이노우에가 제시한 20개조의 개혁안을 토대로 한 홍범 14조를 종묘사직에 서고(誓告)했다. 그 주요 내용은 청나라에 의존하는 마음을 버리고 자주독립의 기초를 세울 것, 왕비와 종척(宗戚)의 정치 간여 금지, 왕실과 정부 사무의 구분, 의정부 및 각 아문의 직무와 권한의 규정, 인민의 생명과 재산 보호, 문벌과 출신지역에 구애받지 않는 공정한 인재 등용 등이었다.

> 감히 황조(皇祖)와 열성(列聖)의 신령 앞에 고합니다. … 우리 황조가 우
> 리 왕조를 세우고 우리 후손들에게 물려준 지도 503년이 되는데, 짐의

대에 와서 시운(時運)이 크게 변하고 문화가 개화하였으며 우방(友邦)이 진심으로 도와주고 조정의 의견이 일치되어 오직 자주독립을 해야만 우리나라를 튼튼히 할 수 있습니다. 짐이 어찌 감히 하늘의 시운을 받들어 우리 조종께서 남긴 왕업을 보전하지 않으며 어찌 감히 분발하고 가다듬어 선대의 업적을 더욱 빛내지 않겠습니까? 이제부터는 다른 나라에 의거하지 말고 국운을 융성하게 하여 백성의 복리를 증진함으로써 자주 독립의 터전을 튼튼히 할 것입니다. 그 방도는 혹시라도 낡은 습관에 얽매지 말고 안일한 버릇에 파묻히지 말며 우리 조종의 큰 계책을 공손히 따르고 세상 형편을 살펴 내정(內政)을 개혁하여 오래 쌓인 폐단을 바로잡는 데 있습니다. 이에 짐은 14개 조목의 큰 규범을 하늘에 있는 우리 조종의 신령 앞에 고하면서 조종이 남긴 업적을 우러러 능히 공적을 이룩하고 감히 어기지 않을 것이니 밝은 신령은 굽어살피시기 바랍니다. (『承政院日記』 고종31년 12월 12일)

정부 대신들이 제출한 「서언」이나 고종이 선왕과 천지신명에게 다짐한 「서고」는 그 내용만 보면 근대적 개혁안으로선 타당한 것이었다. 하지만 문제는, 그것이 일본의 조선정략의 일환으로 이뤄진 데 있다.

이 개혁안의 위선적 성격은 당시 일본의 정치 현실을 보더라도 알 수 있다. 메이지유신 이후 일본의 정체(政體)는 외형상으로 영국식의 입헌군주제에 가까웠지만, 실제로는 조슈 번의 이토 히로부미, 야마가타 아리토모, 이노우에 가오루, 가쓰라 다로(桂太郞), 사쓰마 번의 구로다 기요타카, 마쓰카타 마사요시(松方正義), 사이고 쓰구미치(西鄕從道), 오야마 이와오(大山巖), 황족인 사이온지 긴모치 등 9명의 겐로(元老)에 의한 과두정치 체제였다. 헌법상으로 천황을 보필하는 책임은 법적으로 내각 대신들에게 있었지만, 이들은 그 배후에서 드러나지 않은 채 어떠한 정치적 책임도 지지 않고 대신 이상의 권위를 누렸다. 내각총리의 선정을 비롯하여 어떠한 국가의 중대 사안도 이들의 합의가 없이는 결정될 수 없었다. 이처럼 그 정체가 불분명한 과두정치는 다른 유럽 국가에선 찾아보기 어려운 독특한 정치 현상이었다. 그런데 만약 일본에 어느 날 갑자기 외부세력이 들어와 겐로 정치를 철폐하고 모든 사안을 내각에서 결정하게 했다면 어땠을까? 아마도 십중팔구는 막부 말기의 동란이 다시 연출되어 극심한 혼란과 분열상이 나타났을 것이다.

6.
파국으로 치닫는 길

1) 이준용 역모 사건

어느덧 대원군의 나이도 76세가 되었다. 그는 여전히 맑은 정신과 정정한 기력을 과시했다.[6] 하지만 꼭두각시 내각의 집정이 되어 여러 음모를 시도했으나 모두 실패하고, 불과 넉 달 만에 이노우에에 의해 강제로 정계에서 은퇴하는 고초를 겪으며 심신은 지칠 대로 지쳤을 것이다. 이제 그에게 남은 유일한 희망은 사랑하는 손자 준용이 다음 왕위에 올라 자신의 가르침대로 조선을 다스리는 모습을 보고 눈을 감는 것이었다. 이러한 그의 마지막 바람을 무너뜨린 사건이 1895년 4월에 일어났다.

4월 18일 한밤중에 이규완(李圭完)이 인솔한 경무청 순검들이 운현궁에 난입해서 이준용을 체포했다. 죄명은 국왕과 왕비 그리고 왕세자를 폐한 후 스스로 보위에 오르려 했다는 역모죄와 작년 10월 31일의 법무협판 김학우의 암살을 사주했다는 모살죄였다.

---

6 1896년 9월경에 대원군을 직접 만나 이야기를 나눈 미국 선교사 존스(George H. Jones)는 그의 인상을 다음과 같이 기록했다.

"그는 나이가 연로한 티를 거의 내지 않았다. 그는 꼿꼿했으며 활기에 차 있었다. 얼굴엔 거의 주름이 없고, 약간 흰머리가 있었으며 눈빛은 놀랍도록 반짝이고 맑았다. 키는 167cm 정도였는데, 보는 이들에게 보통 이상의 권력을 가진 사람이라는 인상을 주었으며 다른 이들의 지도자처럼 보였다." "The Taiwon Kun", *The Korean Repository*, Jul. 1898.

이보다 앞서, 이노우에는 김학우가 암살된 후 경무 고문관 다케히사 가츠조에게 이 사건의 엄밀한 조사를 지시했다. 그런데 수사가 진행되면서 추가로 폐위 음모에 관한 증거가 발견된 것이다. 경무청의 조서가 완성되자 이노우에는 내각에 나타나 '이 건의 주모자로 인정되는 이준용은 신분이 왕족이며 더욱이 국왕의 조카다. 또 이 사건은 대원군이 연루될 가능성이 있으므로 실로 국가의 대사다. 이제 와서 이대로 중지하든, 또는 공식적으로 재판에 회부하든 그것은 여러분의 자유이니 충분히 이해(利害)를 판단해서 응분의 결정을 내리길 바란다.'라고 하였다. 총리 김홍집을 비롯한 내각은 경악했지만, 결국 논의 끝에 재판에 회부하기로 결정하고 국왕의 재가를 받았다.

조선 시대에 이 같은 역모죄는 의금부에서 심문하는 것이 관례였다. 하지만 의금부는 갑오개혁으로 폐지됐으므로 법무아문에서 이준용의 심문을 담당했다. 그리고 아직 재판소 구성법이 공포되기 전이어서 왕족에 대한 범죄를 심판할 재판소가 없었기 때문에 특별법원을 설치해서 이 안건을 처리했다.

이준용이 잡혀가자 대원군은 그가 수감된 고등재판소 근처로 달려가 음식과 의복을 들여보내는 등 홀로 옥바라지를 담당하고, 죄는 자신에게 있으니 손자 대신 나를 수감해 달라고 울부짖었다. 그 모습은 마치 실성한 사람과 같았다고 한다. 당시의 광경을 뮈텔 주교는 일기에 다음과 같이 적었다.

1895년 4월 20일
오늘 아침 신문에 이준용의 체포 이유가 실리다. (4월 18일 밤 대원군의 처소 운현궁에서 체포됨. 격노한 대원군이 잠자리에서 일어나 그의 손자의 구금 장소로 가서 석방을 요구했지만. 사람들은 그의 요구를 들어주지도 않고 그를 떼 놓아버렸다고 한다. 그러자 그는 과일상 조합인 과물회사(果物會社)에 거처를 정하고 온종일 거기에 있다고) 작년 10월 그에 의해서, 아니 오히려 그의 할아버지 대원군에 의해서 일본인들은 물론 왕에게까지 반역을 꾀하는 음모가 꾸며졌다고. 물론 동학도들과 손을 잡았으며, 동학도들에게 수원에 집결하라는 명령이 극비리에 내려졌다. 당시 그들과 싸울 사람으로 이준용이 파견되기로 되어 있었다. 그는 그들과 동맹을 맺고 나서 일본인들을 향해 진격시킬 셈이었다. 그동안 서울의 동맹원들은 서울에 불을 놓고 온갖 종류의 혼란을 야기하며, 왕을 보호한다는 구실 아래 대궐을 포위하고 왕에게 사퇴서를 내고 이준용에게 왕위를 양보하라고 강요한다는 것이었다.

4월 22일
대원군은 여전히 금부 앞에서 손자의 석방을 요구하고 있다. 설사 손자가 죄인이라 하더라도 제 집에서 죽을 수 있는 호의라도 베풀어달라고 한다.

이와 함께 대원군은 5월 1일자로 미국공사 씨일(John M. B. Sill)에게 "예전에 들으니 각국에선 큰 의안(疑案: 의심스러운 사건)이 생기면 각국의 대인들이 회심(會審)하는 관례가 있다고 했습니다. 구구하고 미천한 마음이 귀 대인께 바람이 없을 수 없사오니, 부디 귀 대인께서 각 공관의 대인들에게 공문을 보내시어 회동 날짜를 약속해서 범죄자와 제 손자의 대면조사를 청원하여 이 안건을 처리하게 해주십시오. 유죄라면 벌을 받을 것이요, 무죄라면 억울함을 풀 것입니다."라는 서한을 보내서 외교단 회의에서 대질조사를 통해 진상을 밝혀줄 것을 간청하기도 했다. 하지만 이러한 노력은 모두 무위에 그쳤다.

20일간의 심문을 마치고 5월 13일 특별법원에서 이준용에게 유형 10년의 처분이 내려졌다. 본래 역모죄는 사형에 해당한다. 하지만 왕족이라는 이유로 특별법원에서 1등을 감해 종신유배형으로 판결한 후, 다시 고종의 특사로 감형해서 10년 유배형이 결정된 것이다. 유배지는 강화도에서 북서쪽으로 4km 떨어진 교동도(喬桐島)로 정해졌다. 이 과정에서 훗날 이준용의 보복을 두려워한 박영효와 서광범은 끝까지 그를 사형에 처할 것을 주장했지만, 전근대적인 재판과 처형이 일본의 위신을 손상할 것을 우려한 이노우에 공사의 반대로 받아들여지지 않았다.

이와 함께 대원군과 이준용의 심복인 박준양과 이태용은 모반죄, 고종주(高宗柱), 전동석(田東錫), 최형식(崔亨植)은 모살죄로 교수형에 처했다. 그 밖에 관련자 10명은 종신유배, 6명은 15년 유배, 2명은 10년 유배형을 각각 선고받았다. 그리고 4월 24일에는 전봉준을 비롯한 동학의 지도자들에게 교수형이 행해졌다. 이것으로 대원군의 세력은 괴멸됐다.

5월 20일, 이준용이 유배지로 호송되던 날 대원군은 그와 함께 교동도까지 따라가려고 했지만, 마포에서 관헌들에게 저지당했다. 5일 뒤에 대원군이 다시 교동도로 가려고 하자, 경무청은 이를 계기로 대원군을 감시할 순사를 증원하고 「대원군존봉의절」을 새로 만들어 시행했다. 1863년과 1885년에 이은 세 번째 존봉의절이었다.

- 앞뒤 각 대문에 가로 빗장대문을 건다.
- 대문에 총순(總巡)과 순검(巡檢)을 돌아가며 입직하게 한다.
- 대소 신민은 칙명을 받지 않으면 감히 사알(私謁: 사적 면회)을 금한다.
- 각국 공사 등이 경의를 표하고자 할 때는 외부(外部)에 조회하고, 이를

다시 궁내부 외사과에 전달하여 그 관리가 인도하고 통역하게 한다.

- 출입할 때는 궁내부에 먼저 통지하고, 궁내관원이 배종하며 총순, 순검이 경비한다. (『在韓苦心錄』)

지난 존봉의절과 비교할 때, 이번에는 대신과의 호칭 문제 등은 아예 거론하지도 않고 운현궁에 대한 감시만 더욱 강화했다. 특히 1885년에는 '조정 신하[朝臣]'만 사적 면회를 금지했지만 이제 일반인들도 칙명이 없으면 대원군을 만날 수 없었고, 또 외국 사절도 그를 면회하려면 외부(外部)를 통해 궁내부의 허가를 얻어야 했다. 대원군은 다시 가택연금 상태에 들어간 것이다. 이후 대원군은 운현궁으로 돌아가지 않고 마포 공덕리에 있는 별장 아소정(我笑亭)에 칩거하며 비탄의 나날을 보냈다.

이준용은 석 달 만인 8월 18일 고종이 민씨 척족에 대한 사면령을 내릴 때 함께 특사를 받아 유배에서 풀려났다. 그리고는 명성왕후 시해 사건 전날인 10월 7일 밤에 대원군이 스기무라와 맺은 비밀 합의에 따라 12월 26일 일본 유학을 떠났다. 비록 명목은 유학이었지만 실제로는 대원군이 함부로 행동하지 못하도록 인질로 잡아둔 것이었다. 그후 이준용은 일본 정부의 방해로 12년간 조국에 돌아오지 못했다. 마지막까지 그를 애틋하게 마음에서 놓지 못하던 할아버지 대원군이 죽을 때도 귀국을 허락받지 못했다. 그는 그 자리를 빼앗고자 무던히도 애썼던 명성왕후의 아들 척(拓)이 제위에 등극한 지 이틀 뒤인 1907년 7월 20일에야 비로소 귀국 허가를 받을 수 있었다.

2) 일본의 차관

여러 차례 지적한 것처럼, 조선의 만성적 재정난은 내정개혁의 가장 큰 걸림돌이 되었다. 특히 1894년에는 동학농민운동과 청일전쟁으로 인해 경기도를 제외한 전국이 거의 초토화됐다. 경무청의 비용을 마련할 길이 없어서 대신들이 봉급을 갹출하고, 군졸의 급료가 몇 개월이나 지급되지 않는 사태가 벌어졌다. 이래서는 예전 임오군란과 같은 사태가 재연되지 않으리라고 아무도 장담할 수 없었다.

이노우에 공사도 마찬가지였다. 설령 외견상의 개혁일지라도, 최소한의 성과라도 얻으려면 본국의 재정적 지원을 얻지 않을 수 없었다. 그는 1894년 12월 4일 무쓰 외상에게 조선에 500만 엔의 차관을 제공할 것을 요청했다. 덧붙여 말하면, 탁지아문의 일본인 고문관은 1896년의 조선 정부의 전체 세입을 446만 8,587엔으로 계상한 바 있다. 즉, 조선 정부에 500만 엔은 1년 조세 수입을 상회하는 큰 금액이었다.

> 본관(本官)의 관찰로는 국왕, 왕비도 금일은 완전히 우리에게 의지하여 앞으로 개혁의 전망이 대략 세워졌으니, 이제는 이 정부의 재정적 어려움을 구호하는 것이 실로 긴요합니다. 현재의 형세는 정부의 금고가 텅 비어서 왕실의 경비를 시작으로 병대(兵隊)의 급료까지 지급할 수 없습니다. 병대의 급료를 미지급한 지 이미 4개월째 되었습니다. 경무청의 비용 같은 것은 각 대신이 월급의 반을 떼어서 겨우 처리하는 형편입니다. 이러한 상황이므로 새로 건설할 학교, 신식 훈련을 제공할 병대 등은 물론, 옛 관리 중 쓸모없는 인원을 줄이는 것조차 하나도 착수할 수 없는 상황입니다. 게다가 앞날을 전망해보면, 이 나라의 곡창이라고 부르는 경상·전라·충청 3개 도는 동학당에게 유린되고, 황해·평안 2개 도

는 일청의 전쟁과 동학당 때문에 거의 황폐해졌습니다. 남은 곳은 경성·강원·함경의 3개 도에 불과한데, 그중 함경도의 조세는 매년 북쪽의 방비에 쓰이고, 강원도 각지 또한 동학당이 있으니, 결국 남는 곳은 경기 1개 도밖에 없을 것입니다. 이 경우 매년 5, 600만 엔이 필요한 이 정부의 경제는 어떻게 꾸려나갈 수 있겠습니까? (『日外』 27-1, 문서번호 295)

그는 영국의 대(對)이집트 정책을 인용하면서 조선에서의 지위를 공고히 하고 서양열강에 그 내정 간섭을 정당화하기 위해선 반드시 조선에 자본을 투입해야 한다고 주장했다. 차관의 제공은 '영국의 이집트 정책'을 조선에 적용하기 위한 전제조건이었다.

지금까지 우리나라는 조선을 도와 그 독립을 공고히 하고 내정을 개혁한다고 주장했지만, 이는 모두 단순히 그 명분을 인호(隣好)의 관계에서 빌린 것에 지나지 않았습니다. 이와 같아선 조선에 대한 우리의 지위가 공고하지 않고, 여러 강국에 대해 충분한 구실을 갖는다고 할 수 없습니다. 영국이 이집트에 대해 충분히 간섭할 수 있는 이유는 무엇입니까? 다른 이유가 아니라, 영국이 이집트에 그 자본을 투하해서 실리적 관계상 그 입지를 점했기 때문이 아니겠습니까? (『日外』 27-1, 문서번호 289)

이노우에는 구체적으로 차관의 규모는 500만 엔 이상, 이율은 10% 이하로 할 것을 건의했다. 왜냐면 당시 조선 정부가 청나라 상인 동순태(同順泰)에게 얻은 차관의 이율은 7.2%, 초상국(招商局) 차관은 8%, 정부 차관은 이자가 아예 없었기 때문이다. 이노우에는 이토 히로부미에게 "이 일이 부결된다면 소생의 체재는 실로 쓸모없는 것이 되어 사퇴하는 것 말고는 방법이 없으니 유념해 두시기 바랍니다. 만약 그렇게 된다면 조선은 다시 대원군의 권위가 펼쳐져서 끝내 분요(紛

擾)가 재발하여 국면을 수습하지 못할 것은 당연합니다. 어떻게 전도(前途)를 궁리하더라도 좋은 방법이 없습니다."(『世外井上公傳』)라고 반협박성의 서한을 보낼 정도로 이 문제에 필사적이었다.

당시 일본 정부의 예산 규모로 볼 때 500만 엔은 결코 적은 액수가 아니었다. 그 일반예산 규모는 8천만 엔 수준이었고, 의회를 장악한 반정부세력, 이른바 '민당(民黨)'은 정부 비용의 절감과 감세['民力休養]를 요구하고 있었다. 이에 이노우에는 1895년 1월 8일에 청일전쟁의 명분이 조선 독립에 있음을 근거로, 임시군사비 특별회계를 이용해서 조선 정부에 '긴급자금 대여' 형식으로 500만 엔을 제공하고 의회로부터 '사후 승인'을 받을 것을 제안하기까지 했다. 그리고는 "나에게 간단히 가부를 회답하라. 만약 안 된다면 나는 더 이상 아무것도 할 수 없다.(Answer me simply yes or no. If no, I could not do any thing more.)"(『日外』 28–1, 문서번호 191)라는 전문을 보냈다.

결국 일본 정부는 1895년 2월 26일 조선 정부에 대한 300만 엔의 차관 공여를 결정했다. 이에 따라 3월 초 법제국 장관 쓰에마쓰 겐초(末松謙澄), 일본은행 총재대리 쓰루하라 사다키치(鶴原定吉), 슈토 료지(首藤諒二)가 입국해서 내무대신 박영효, 탁지대신 어윤중, 탁지협판 안경수와 교섭을 벌였다.

처음 일본 측에서 제시한 조건은 ① 원금 300만 엔은 조선 정부가 일본에서 국채를 모집하는 방식으로 상환할 것, ② 300만엔은 전액 일본은행권으로 교부하고 그 세납(稅納)을 허용할 것, ③ 3년 거치 후 2년 내 원리금을 모두 상환할 것, ④ 담보는 관세수입으로 저당할 것, ⑤ 상환이 완료될 때까지 조선 정부는 신규 화폐 발행을 중단한다는 것 등이었다. 이에 대해 조선 측에선 차관을 일본은행권이 아닌 은화

(銀貨)로 제공할 것을 주장하는 한편, 일본은행권의 세금납부 허용과 신규화폐 발행 중단 조건에 완강히 항의했다. 하지만 입장이 불리했으므로, 조선 정부는 결국 3월 23일에 이르러 ① 3년 거치(이자 연 6%) 후 2년 내 원리금 상환, ② 300만 엔 차관 중 절반은 은화, 절반은 일본은행권으로 하는 데 합의했다. 차관의 담보와 관련해선, 관세수입은 이미 타국에 저당으로 잡혀있었으므로 '정부 세입에 대한 선취권(先取權)'으로 정했다. 그리고 현안이 되었던 신규화폐 발행 중단 조건은 모호하게 처리됐다. 이러한 과정을 거쳐 3월 30일 50만 엔, 그리고 4월 10일을 전후하여 180만 엔이 탁지부에 입금됐다.

하지만 5년 내 300만 엔의 차관을 상환하는 것은 당시 조선 정부의 재정 여건으로 볼 때 사실상 불가능했다. 이 때문에 이노우에는 이후에도 '조선의 이집트화'를 내세우며 조선 왕실에 대한 추가 자금의 공여를 주장했다. 이러한 요청은, 후술하듯이 삼국간섭(1895.4.23.) 이후 일본의 위신이 크게 실추되면서 더욱 절박해졌다.

3) 삼국간섭

1895년 4월 17일, 청의 이홍장과 일본의 이토 히로부미간에 청일전쟁을 매듭짓는 강화조약이 체결됐다. 이른바 시모노세키 조약이었다. 그 주요 조항은, '청은 조선이 완전무결한 독립자주국임을 확인하며, 자주독립을 해치는 것처럼 보이는 조선이 청에 행하는 조공·헌상·전례 등은 영원히 폐지한다'(제1조), '청은 랴오둥반도(遼東半島), 타이완(台灣) 및 펑허우제도(澎湖諸島) 등 부속 도서의 주권 및 그 지방에 있는 성첩, 병기 제조소 및 관유물을 영원히 일본에 할양한다'(제2, 3조), '청은 배상금 2억 냥을 일본에 지불한다'(제4조), '청은 일본군에 의한 산둥

성(山東省) 웨이하이웨이(威海衛)의 일시점령을 인정한다. 배상금을 완전히 지불하기 전에 일본군은 철수하지 않는다.'(제8조) 등이었다.

한편, 러시아는 청일전쟁이 막바지에 이른 3월 말에 일본의 대륙진출을 허용하지 않기로 방침을 정했다. 이에 따라 시모노세키조약이 체결된 지 6일만인 4월 23일에 러시아 주일공사를 필두로 독일, 프랑스의 주일공사가 하야시 다다스(林董) 외무차관을 방문하여 한 통의 각서를 제출했다. 랴오둥반도를 일본이 차지하는 것은 베이징을 위협할 우려가 있을 뿐 아니라, 조선의 독립을 유명무실하게 만들어 장래 동아시아 평화에 장애를 초래할 가능성이 있으므로 이를 청국에 반환하라는 내용이었다.

러시아 황제폐하의 정부는 일본이 청국에 요구한 강화조건을 검토함에 그 요구에 포함된 요동반도를 일본이 소유한다는 것은 항상 청국의 수도를 위태롭게 할 뿐만 아니라, 이와 동시에 조선국의 독립을 유명무실하게 만드는 것으로, 이는 장래 극동의 영구평화에 장해를 끼치는 것으로 인정한다. 따라서 러시아 정부는 일본국 황제폐하의 정부에 대해 거듭 그 성실한 우의를 표하기 위하여 이에 일본국 정부에 요동반도의 영유를 확실하게 방기할 것을 권고한다.

일본 각의에서는 이를 두고 격론이 벌어졌지만, 결국 세 나라의 요구를 수용할 수밖에 없었다. 5월 5일 일본은 삼국에 그 전면 수락을 통고하고, 10일 천황의 조칙으로 이를 확정했다. 이후 일본은 청과 별도의 협상을 벌인 끝에 11월 8일 랴오둥반도 환부조약 및 부속의정서를 체결하고, 3,000만 냥을 받는 대가로 1895년 말까지 이 지역에서 철병하는 데 합의했다.

일본 정부의 조선정책은 삼국간섭을 계기로 근본적으로 전환되었다. 5월 25일과 6월 4일의 각의에서는 ① 일본이 청과 전쟁을 벌인 이유는 조선의 독립에 있었는데, 이 목적은 이미 시모노세키조약을 통해 완전히 달성되었음을 확인하고, ② 일본은 조선의 독립유지 책무를 홀로 질 필요가 없고 그 상황을 개선하는 조처는 앞으로 관련국과의 협력하에 추진하며, ③ 조선과 일본 간의 관계는 조약상 권리에 기초한다는 것 등의 기본방침을 결정했다. 애초에 조선의 내정개혁은 청일전쟁을 위한 구실에 불과했던바, 이미 그 목적은 충분히 달성되었으므로 당분간 이 문제에서는 손을 떼고 정국의 추이를 관망하겠다는 의미였다.

삼국간섭을 계기로 조선 왕실이 일본의 간섭으로부터 벗어나기 위해 친러정책을 더욱 강화한 것은 잘 알려진 사실이다. 그렇다면 당시 러시아의 대한정책은 어떠했을까? 과연 왕실의 친러정책은 외교정책으로서도 유효한 것이었을까?

1888년 5월 8일에 생페테르부르크에서 러시아 외무장관 기르스(Giers), 외무부 아시아국장 지노비예프(Zinoviev), 프리아무르 지역 총독 코르프(H.A. Korf) 등이 참석한 가운데 조선정책의 방향을 정하기 위한 특별위원회가 열렸다. 이 위원회에서는 빈곤한 국가인 조선을 얻는 것은 러시아에 부정적 결과만 초래할 뿐 어떠한 이익도 보장하지 못하며, 프리아무르 관구의 재정 상황을 고려할 때 한반도에의 영토 확장은 부담만 증가시키고 청 및 일본과의 관계에 악영향을 미칠 것이라는 결론을 내렸다. 이러한 인식은 이후 청일전쟁 때까지 이어졌다. 즉, 러시아의 대한반도 정책의 기조는 현상 유지에 있었으며, 이 조건이 관철되는 한 조선 문제로 인해 청 또는 일본과 군사적으로 충돌하는 사태를 피하고자 한 것이다.

삼국간섭으로 일본의 만주진출을 봉쇄하는 데 성공한 러시아는, 이제 그것을 자극하지 않기 위해 오히려 조선에서는 소극적인 정책을 취했다. 1895년 7월, 러시아는 그동안 조선 왕실의 자주성을 위해 적극적인 개입을 주장한 조선공사 베베르를 해임하고, 신임공사로 슈페이에르를 임명했다. 베베르는 고종이 신뢰하는 몇 안 되는 외국공사 중 한 명이었으므로, 고종은 두 차례나 러시아 차르 니콜라이 2세에게 친서를 보내 그의 유임을 간청했다.

그 덕분에 슈페이에르는 조선 부임의 명을 받은 뒤에 사망한 주일공사 히트로포를 대신하기 위해 일본으로 향했고, 베베르는 당분간 한성에 더 남아 있을 수 있었다. 하지만 9월 13일에 신임 조선공사 슈페이에르에게 부여된 훈령은, 러시아 황제의 도움으로 일본세력을 구축하고 본래의 권위를 되찾으려는 조선 왕실의 바람과는 거리가 먼 것이었다.

> 우리는 조선에 대해 스스로 침략적 의도를 품지 않고 있지만, 다른 어떤 국가의 침략적 의도 또한 허용할 수 없음이 당연하다. 우리는 서울을 지배하려는 일본인들과 투쟁해야 할 것이다. … 조선을 비롯한 모든 곳에서 우리를 바람직하지 못한 분규에 연루시킬 가능성이 있는 모험적이고 대담한 행동은 어떤 것이든 회피할 것이다. (『러시아와 한국』)

4) 내각의 분열

이즈음 조선 정계에선 1895년 2월과 5월 두 차례에 걸쳐 큰 소동이 일어났다. 내각 총사퇴 사건과 총리대신 김홍집의 면직이 그것이었다.

2월의 내각 총사퇴 사건은 군무대신 조희연과 내무대신 박영효 간의 알력에서 비롯됐다. 이 사건은 훈련대(訓練隊) 대대장의 임명 문제가 발단이 됐다. 훈련대는 일본인 교관에 의해 훈련된 부대로서, 1894년 9월 19일 오토리 공사가 조선 정부에 훈련대와 별도로 서양인 교관을 초빙해서 별도의 친위대를 만들려는 움직임이 있음을 항의한 기록으로 볼 때 이 해 7월 23일부터 9월 19일 사이에 창설된 것으로 추정된다. 그리고 12월 19일 이노우에 공사는 고종을 알현한 자리에서 군무(軍務)를 모두 군무아문 소관으로 일원화할 것을 건의하는 한편, 그 고문관으로 구스노세 유키히코 소좌와 오카모토 류노스케를 천거했다. 이들은 1895년 2월 외무대신 김윤식에 의해 군무아문 고문으로 정식 초빙됐다. 훈련대는 옛 육영(六營)의 병사 가운데 건장한 자를 선발해서 구성했으며, 1895년 5월 현재 제1훈련대 492명, 제2훈련대 481명 등 총 973명의 병력을 갖추고 있었다.(『官報』 제19호, 1895.4.21.)

1895년 2월, 훈련대가 대대 규모로 확대되면서 조희연은 참령(參領) 신태휴(申泰休)를 대대장에 임명하려고 했다. 하지만 박영효는 자신의 충실한 심복인 신응희(申應熙)를 그 자리에 앉히고자 했다. 조희연이 끝까지 불응하자, 박영효는 독자적으로 고종의 재가를 얻어 뜻을 관철했다. 그리고는 2월 11일에 열린 내각회의에서 개혁이 지지부진한 데 책임을 지고 각 아문의 대신들이 총사직할 것을 제의했다. 그의 계산은 내각이 총사직하면 고종이 이노우에를 불러 대책을 하문할 것이니, 이때 그를 통해 김홍집, 어윤중, 김윤식, 박정양 등 갑오개혁파를 축출한다는 것이었다. 하지만 이노우에는 고종에게 대신의 경질에 반대한다는 뜻을 아뢰었고, 결국 내각 총사퇴는 단순한 해프닝으로 끝났다.

이 소동은 이노우에 공사가 억지로 결합시킨 갑오개혁파와 갑신정변파 간의 갈등을 재확인하는 계기가 됐다. 여기에 '정동파'라는 새로운 세력이 등장했다. 정동파는 유학이나 미국공사관 근무 경험으로 영어를 구사할 수 있는 인물들로서, 외교의 다각화를 통해 특정 국가에 지나치게 경도되는 것을 피하고자 했다. 그 주요 인물로는 학무대신 이완용, 농상공무협판 이채연(李采淵), 학무협판 윤치호, 궁내회계원장 이하영(李夏榮) 등이 있었다.

이노우에에 의해 대원군과 명성왕후라는 절대적 카리스마가 축출된 후 조선 정계는 무질서한 혼돈 상태임이 드러났다. '만인의 만인에 대한 투쟁'으로 정의되는 홉스(Thomas Hobbes)의 자연상태가 현실에서 펼쳐지고 있었다. 홉스에 따르면, 그것은 인간은 자신의 힘과 창의력으로 얻을 수 있는 것 외엔 어떤 안전(security)도 제공되지 않는 상황으로서, 이러한 조건에서는 그 정당한 과실을 얻을 수 있을지 불확실하므로 근면성(industry)이 있을 수 없고, 그에 따라 경작도, 항해도, 건축도, 이동수단도, 지리적 지식도, 시간의 계산도, 예술도, 문자도, 사회도 존재할 수 없다. 그중에서도 가장 나쁜 것은, 끊임없는 공포와 예기치 못한 죽음의 위험이다. 그 속에서 인간의 삶은 고독하고, 가난하고, 더럽고, 잔인하면서도 짧다고 했다.

상하이에서 막 돌아온 윤치호가 보기에, 조선 정계에서 벌어지고 있는 자연상태로부터 질서를 회복할 수 있는 유일한 희망은 이노우에에게 있었다. 하지만 이 또한 서로 싸우다가 결국 어부에게 잡히는 도요새와 조개의 운명을 피할 수 없다는 점에서 치욕스러운 일이었다.

1. 동학도와 중국인들의 도움을 얻어 현정부를 전복하려는 시도가 실패

한 데 대해 몹시 당황하고 분노한 대원군은 그의 목적을 이루기 위해 다른 지긋지긋한 음모를 꾸미는 데 분주하다.

2. 음모를 교묘하게 이용해서 재상들을 서로 반목하게 하는 것은 왕비의 관행이다. 그녀의 무기는 중상모략이다. 이 방법으로 그녀는 모든 이들을 그녀의 이익에 헌신하게 하면서 그 동료들에겐 적대적이 되도록 만든다. 그녀의 이기적인 목적들은 왕국의 복지를 대가로 이렇게 증진된다. 그녀는 박영효에게 (김홍집, 어윤중, 김윤식 등) 일부 인사들이 그녀를 향해 음모를 꾸미면서 새로운 당을 만들고 있다고 믿게 하는 데 성공했다. 그녀는 은밀한 수단으로 그녀의 심복 중 하나를 경무사의 자리에 앉힐 것인데, 이를 위해 내 부친[윤웅렬]이 아무 과실도 없는데 사직하게 할 필요가 있었다.

3. 김가진은 대단히 열심히 이른바 '구당(舊黨, Old party)'에 관한 정보를 이노우에 백작에게 잘못 전달해 왔다.

4. 박영효는 그의 편협함, 완고함, 그리고 거리낌 없는 야망으로 모두의 기대를 배신했다. 그는 완전히 왕비의 손안에 있다.

5. 이노우에 백작은 어제 대화에서 조희연과 그 동료들에게 김가진이 그들에 관해 험담한 모든 말들을 들려주었다.

이 사실들을 종합하면 상황은 다음과 같다:

모두가 자기 이익만을 뒤쫓는다. 대원군은 그의 잘못된 길을 가는 데 방해가 되는 모든 이들을 죽이려고 한다. 왕비는 그 수단이 얼마나 잘못된 것인지에 개의치 않고 권력을 장악하고 싶어 한다. 박영효는 독재자에게 요구되는 강인한 기질도 없이 독재자가 되고자 한다. 그의 개인적 그리고 국가적 이익을 위해 이 상황을 개선할 수 있는 유일한 사람은 이노우에 백작이다. 그는 어부지리(漁夫之利) 속담에 나오는 어부처럼 행동한다. 조선의 정치는 조선인의 거주지처럼 더럽다. 치욕적이다! 치욕적이다! 치욕적이다! (『윤치호일기』 4, 1895.2.16.)

조희연과 박영효 간의 반목은 내각 총사퇴 소동 이후에도 해소되지 않았다. 조희연이 랴오둥 반도로 일본 군대를 위문하러 출국하자, 박영효는 군부의 주요 자리를 자신의 심복들로 채웠다. 그리고 예전에 조희연이 임지로 떠나는 양주 목사를 위해 국왕의 윤허를 얻지 않고 호위병 1개 분대를 보낸 것, 칙령이 정식으로 공포되기 전에 신(新)군복을 착용한 것 등을 빌미로 그를 탄핵했다.

5월 5일 조희연이 복귀했다. 13일에 조희연의 처분에 관한 내각회의가 열렸는데, 박영효 내부, 서광범 법부 등 갑신정변파는 그의 면직을 주장하고, 총리 김홍집을 위시하여 김윤식 외부, 어윤중 탁지 대신 등 갑오개혁파는 반대했다. 중립을 지키던 학부대신 박정양은 결국 갑신정변파 쪽으로 돌아섰다. 17일 어전회의에서 고종은 조희연의 면직을 명하면서 김홍집을 크게 질책했다. 이로 인해 김홍집은 사직서를 제출했다. 어윤중과 김윤식도 사표를 냈지만, 일본공사관의 개입으로 철회됐다. 김홍집의 사직서는 5월 29일에 수리됐다.

이 과정에서 일본공사관의 영향력은 거의 발휘되지 못했다. 심지어 박영효는 국왕과 왕비의 총애를 얻어 권력을 독점하고자 일본의 간섭을 막고 권력을 국왕의 수중에 돌려주겠다고 약속했다. 이처럼 박영효와 왕실의 관계가 가까워지면서 일본공사관은 더욱 소외됐다. 불과 4개월 전 고종에게 종묘 서고를 단행케 하면서 "이제 왕실은 우리 손아귀에 들어왔다."라며 득의양양하게 본국에 보고한 이노우에는, 망연자실하여 5월 19일에 다음 보고서를 발송했다.

현재 그 당파[조희연의 면직을 주장하는 일파]를 조직하는 주동자는 박영효로서, 만사에 국왕과 왕비의 총애를 이용하고 있다. 지금의 파란은 그

대로 지나갈지 모르겠지만, 또 이런 일이 발생한다면 본 공사는 어떤 수단을 취해야 할지 알지 못한다. 평화[시모노세키조약]가 발표되자 일본은 이제 독단적으로 일을 처리할 수 없다는 것을 조선인들이 인식하고 있으니, 어떤 당파에라도 간섭을 시도해서 책망하는 등의 일을 한다면 반드시 외국공사의 원조를 요청할 것이다. …

　이와 같은 상황이므로 본 공사는 사태의 경과를 묵묵히 지켜보고 있다. 훗날의 어려움을 받아들이려는 각오가 없으면 이러한 사태에 간섭하는 것은 도저히 불가능하다. 그러므로 간섭의 정도, 즉 조선정략(朝鮮政略)의 대강을 결정해 두는 것이 필요하다. 물론 우리 정부도 소견이 있겠지만 본 공사도 나름대로 의견이 있다. 그러므로 본 공사는 장래의 우리 정략을 협의하기 위해 잠시 휴가를 얻어 귀조(歸朝)하는 것이 당장 필요하다고 생각한다. (『日外』 28-1. 문서번호 279)

이노우에는 5월 31일에 외무성의 귀국 지시를 받고, 6월 7일 서울을 떠나 일본으로 잠시 귀국했다.

5) 박영효의 실각

1895년 5월 29일, 총리대신 김홍집의 후임에 박정양이 취임했다. 그런데 박정양은 이미 갑신정변파로 기운 데다가 본래 온건하고 유약한 성품이었으므로 실제 권력은 내부대신 박영효에게 집중됐다. 하지만 박영효는 두 달도 되지 못해 역모죄를 뒤집어쓰고 다시 일본으로 망명했다. 그 발단이 된 것은 궁궐 호위병의 교체문제였다.

6월 23일 어전회의에서 박영효는 궁궐 호위병의 교체를 제안했다. 즉, 미국 교관이 지도하는 시위대(侍衛隊)가 맡고 있는 궁궐 호위 임무를 일본 사관이 조련한 훈련대(訓練隊)로 교체한다는 것이었다. 그 의도는 서양공사관과 연락하는 시위대의 사관(士官)과 미국인 교관 등을 축출하려는 것이었다. 고종은 "왕궁을 호위하는 구병(舊兵)을 폐기하는 것은 원래 짐이 바라는 바가 아니니, 대신들이 억지로 이 일을 상주하는 의도를 알 수 없다."라고 하면서 재가하지 않았다. 그런데도 대신들이 호위병 교체는 이미 예전에 국왕이 재가한 사항이라고 반복해서 아뢰자, 고종은 진노하면서 "작년 6월 이래로 칙령과 재가한 것들은 모두 짐의 뜻이 아니다. 이를 취소할 것이다!"라며 갑오개혁 전체를 부정하는 극단적인 말까지 했다. 이 사건을 계기로 왕실과 박영효의 관계는 급속히 냉각됐다.

고종은 왜 궁궐 호위병 문제에 이토록 예민하게 반응한 것일까? 궁내대신 서리 김종한이 일본공사관에 전한 말에 따르면, 그 배경에는 갑오개혁에 대한 누적된 불만이 있었다. 즉, 고종은 이를 군권(君權)의 박탈로 간주하고 있으며, 과거제 폐지와 함께 중인과 평민이 대거 관직에 진출하면서 군신 간의 전통적 윤리와 신분질서가 무너진 것에 대해 매우 큰 불안감을 품고 있다는 것이었다.

> 대군주 폐하와 내각 간의 불화를 초래한 원인(遠因)은, 요컨대 이번 신정(新政)의 결과 왕실과 정부 간의 경계를 정했기 때문에 대군주께서 예전처럼 서정(庶政)을 친재(親裁)하지 못한 데서 기인하는 것입니다. 대군주께선 작년 6월 이래로 군권(君權)을 갑자기 내각에 빼앗겼다고 생각하시고 대단히 괴로워하시는 것 같습니다. …
>
> 대군주께서는 평소 일본에 다른 마음이 없음을 깊이 믿고 계시지만, 오히려 조선인이 스스로 숙장(肅莊)에서 큰 재앙을 양성하는 근심이 있음을 두려워하고 계십니다. 지난 15년 변란[임오군란] 이후로는 밤낮으로 노심초사하면서 매우 엄중히 경계하고 계십니다. 그 뒤부터 밤에는

침전에 들지 못하고 반대로 낮에 겨우 주무실 정도입니다.

그런데 이번 정치개혁 이후로 상하 신민의 정형(情形: 민심)이 예전과 크게 달라졌습니다. 문벌도 없이 미천한 무리가 갑자기 대신의 현직(顯職)에 올라 듣는 이들을 놀라게 합니다. 이러한 평민대신(平民大臣) 대리의 한 사람인 이주회(李周會) 등이 이번 훈련대 입위(入衛) 건에 관해 사흘 동안이나 조정에서 다투며 항변을 한 것이나, 또 경무청 순검이 대담하게도 왕족의 근친인 이준용의 저택에 침입해서 체포한 것, 또 정부가 왕실비(王室費)를 제한하고 왕실 부속 농장을 압수하여 궁중에서 그 반환을 요구하는 데도 감히 저항한 것 등 여러 가지 사건들이 현저하게 대군주로 하여금 인심의 방자함을 의심하게 만들었습니다. 이러한 상황에서는 마침내 순검이 깊은 궁궐에까지 쳐들어와서 언제 감히 옳지 않은 기도가 있을지 알 수 없으니, 이러한 정부 신료가 이미 어떤 화심(禍心)을 품고 있는지 알 수 없는 이상, 그들이 조직하고 훈련한 신병을 믿을 수 없음은 매우 분명하다는 결심을 하신 것입니다. (『日外』 28-1, 문서 번호 313)

7월 6일, 일본인 사사키 류조(佐佐木留藏)가 일본공사관에서 조선어를 가르치는 한재익(韓在益)에게, 박영효가 왕비를 폐위하고 정권을 장악하려는 음모를 꾸미고 있다고 밀고했다. 한재익은 이를 궁내부특진관 심상훈과 유길준에게 알렸고, 이들은 고종에게 이 사실을 아뢴 후 전 총리 김홍집을 불러 대책을 논의했다. 이날 밤 고종은 박영효와 가까운 경무사 이윤용을 파면하고 안경수로 교체한 후, 한재익을 경무관에 임명했다. 그리고 역모를 꾀한 혐의로 박영효의 체포령을 내렸다.

다음 날 외부대신 김윤식이 박영효의 음모를 알리고 협조를 청하기 위해 일본공사관을 방문했다. 김윤식이 막 떠나려는 순간, 박영효가 밖에서 들어왔다. 두 사람은 공사관 입구에서 낮은 목소리로 몇 마디 말을 주고받았다. 박영효는 최근 궁중의 움직임이 심상치 않아서 이윤용에게 만일의 사태가 생기면 알려달라고 미리 부탁했는데, 어젯밤 3시쯤 그가 잠옷 바람으로 담을 넘어 들어와 상황을 알려주었다고 했다. 김윤식에게서 그 사실을 확인한 후, 박영효는 곧장 심복 이규완과 신응희 두 사람만 데리고 일본 순사 10여 명의 호위를 받으며 일본으로 급히 달아났다. 왕실도 일본과의 외교적 마찰을 우려해서 굳이 박영효를 체포하려고 하진 않았다.

이 사건으로 박영효는 순식간에 권세를 잃고 몰락했다. 하지만 그 증거라고는 사사키 류조의 밀고밖에 없었으므로, 역모의 실체에 관해선 의견이 분분했다.

러시아 공사 베베르는 실제로 박영효가 역모를 꾸몄다고 보았다. 그는 6월 29일 로바노프 외상에게 이 사건의 전말을 다음과 같이 보고했다.

> 국왕에게 불만이 많았던, 그리고 국왕의 행동이 왕비와 그녀 일파의 권모술수 때문이라고 판단한 박영효는 왕비를 상대로 음모를 꾸몄습니다만, 그는 친일파의 다른 중요 인사들을 그 음모에 끌어들이지 못한 것 같습니다. 이 음모는 곧 들통이 났으며 6월 24일에서 25일로 넘어가는 밤[러시아력] 박영효를 체포하라는 국왕의 칙령이 하달됐습니다. 일본인들에게 훈련받은 신식 경찰이 이번에는 완전히 국왕의 편에 섰으며, 도주한 음모자들의 수색에 실제로 참여했습니다.(『러시아 외교관 베베르와 조선』)

그에 반해 일본공사관에선 이 사건을 박영효를 몰아내기 위해 왕실이 꾸민 음모로 보았다. 또 사사키에 대해선 "호치신분(報知新聞) 통신원 오자키 유키오(尾崎行雄)의 부하로 자칭하는 자로서, 성품이 바르지 않아서 일본인도 그와 교제하는 자가 없다. 그는 박영효에게 조선 조정의 고빙(雇聘)을 요구했지만 딱 잘라 거절당했기 때문에 박영효를 깊이 원망하고 있다."라고 파악했다.(『日外』 38-1, 문서번호 328) 궁중의 내밀한 사정에 대해 누구보다 잘 알았던 윤치호도 일기에 이 음모를 꾸민 장본인은 왕비라고 적었다.

> 그러나 박영효의 몰락에 왕비의 능란한 손길이 있었음을 분명히 느낀다. 왕비는 대원군을 연금시키는 데 박영효를 이용했다. 그녀는 김홍집과 그 무리를 전복시키는데도 그를 이용했다. 왕비는 최종적으로 박영효를 축출하는 데 김홍집을 이용했다. 다음은 누가 파멸을 맞을 순서인가? (『윤치호일기』 4, 1895.7.8.)

일본 정부도 박영효의 갑작스러운 실각에 경악했다. 그리고 이 사건을 조선 내에서 일본세력의 결정적 후퇴를 뜻하는 것으로 간주하고, 이노우에 공사에게 급히 조선으로 복귀할 것을 지시했다. 이어서 7월 11일에는 외무대신 서리 사이온지가 이노우에에게 현재 조선 정부에 대여 중인 300만 엔의 상환 기간을 연장하고, 이와 별도로 300만 엔을 조선 정부에 기증하겠다는 내용의 비밀훈령을 보냈다.

이노우에는 7월 14일 도쿄에서 출발했다. 그는 21일 한성에 도착한 후, 25일과 30일 그리고 8월 6일, 세 차례에 걸쳐 국왕과 왕비를 알현했다.

한편, 박영효가 일본으로 망명한 후 이노우에가 갑자기 조선에 귀임한다는 소식이 전해지자 조선 왕실은 크게 긴장했다. 심지어 그가 3,000명의 대병력을 이끌고 올 것이라는 풍문까지 돌았다. 하지만 정작 이노우에는 한성에 돌아와 좋은 말로 국왕과 왕비의 환심을 사려고 했을 뿐 아니라 300만 엔의 무상기증 의사까지 아뢰었다. 구체적으로 300만 엔 가운데 200만 엔은 경성-인천 간 철도 건설, 50만 엔은 금년 및 내년 3월까지의 정부 예산 보충, 50만 엔은 왕실 재산으로 귀속하기로 했다. 그리고 일본에서 제공한 차관 300만 엔의 변제기한을 15년에서 20년까지 연장하겠다는 뜻과 함께 향후 조선에서 왕실에 대한 반역이 발생하는 경우 일본 정부가 병력으로 보호해 주겠다고 약속했다.(『日外』 28-1, 문서번호 248)

왕실의 환심을 사려는 노력은 여기서 그치지 않았다. 이노우에는 17개 조항으로 된 의견서를 제시했는데, 그중 제2조와 제13조에서는 각각 "왕후는 상격(常格)에 구애되지 않고, 특히 내각대신 또는 협판에게 내알현을 허락할 것", "종래의 구악(舊惡)을 끝까지 따져서 포박하고 수감하는 것은 복수 행위로서 후세에 폐해를 끼칠 우려가 있으니, 기존의 죄인은 일체 석방할 것. 민씨에 관계되는 자 또한 마찬가지임"이라고 하여 왕비의 국정 간여를 허용하는 한편, 갑오개혁 초기 추방당한 민씨 척족에 대한 국왕의 사면권까지 인정해 주었다. 이에 따라 8월 22일 민영준, 민형식, 민병석, 민응식 등 민씨 척족과 그 일당 등 270여 명의 전직 관료에 대한 대대적인 사면령이 내렸다. 그중에는 조병갑, 이용태, 김문현 등 동학농민운동의 원인을 제공한 탐관오리들도 포함돼 있었다.

이는 삼국간섭과 박영효의 추방 이후 실추된 자국의 세력을 만회하고, 왕실과 러시아공사관의 관계가 더욱 가까워지는 것을 막으려는 노력의 소산이었다. 하지만 이것이 중대한 화기(禍機)라는 사실이 밝혀지는 데는 그리 오랜 시간이 필요하지 않았다. 미국 감리교 선교사들이 발행한 *The Korean Repository*라는 잡지의 한 기사는 그로부터 두 달 뒤 명성왕후 시해라는 비극을 초래한 원인 중 하나로 고종과 명성왕후가 이노우에 공사의 친절한 태도와 왕실의 안전 보장에 방심한 것을 들었다.[7]

> 두 폐하는 천황과 일본의 정부 이름으로 [이노우에] 공사가 아뢴 틀림없는 보장(unequivocal assurance)에 의지할 수 있었다. 일본의 가장 걸출한 정치인 중 한 사람인 공사는 신임과 존경을 받을 만한 오랜 경력을 갖고 있었다. 그의 보장에 의지한 두 폐하는 의지하지 않았더라면 취했을 예방조치를 취하지 못한 것이다. ("The Queen's Death Again Investigated", *The Korean Repository*, 1896.3.)

6) 미우라 고로의 부임

이노우에의 귀임은 일시적인 것에 지나지 않았다. 그는 이미 조선 정세를 좌지우지할 수 있는 자신감을 잃은 상태였다. 따라서 그가 귀임하기 전에 이미 그 후임자로 궁중고문관 미우라 고로(三浦梧樓)가 내정돼 있었다.

미우라는 조슈(長州) 파벌의 일원으로, 육군 중장을 역임한 군인 출신이었다. 그는 1884년 2월부터 이듬해 1월까지 육군경 오야마 이와오(大山巖)가 유럽 군사시설을 순방할 때 수행한 일이 있었다. 당시 수

---

7 이 기사는 본래 아관파천(俄館播遷) 이후 고종이 왕비 시해에 대한 완전하고 공평한 조사를 지시함에 따라 법부협판 겸 고등재판소 판사 권재형(權在衡)이 법부대신 겸 고등재판소 재판장 이범진(李範晉)에게 제출한 것이었다. 처음에는 서재필(徐載弼)을 통해 소책자 300부를 전국에 배포할 계획이었으나 일본 공사관의 압력으로 중단되고, 그 영역문만 *The Korean Repository*에 신게되었다.

행원으로는 미우라 외에도 청일전쟁의 주역인 가와카미 소로쿠, 노쓰미치쓰라(野津道貫), 가쓰라 다로 등이 있었다. 이 순방을 계기로 일본 육군은 교련과 전술을 프랑스식에서 영국식으로 바꾸고, 군제를 기존의 진대제(鎭台制)에서 대외전쟁을 지향하는 사단제(師團制)로 전환했다. 미우라는 이 과정에서 군대 확장을 추진한 사쓰마와 조슈 군벌을 비판한 일로 인해 1888년 12월에 퇴역하고, 그 뒤로 학습원 원장, 귀족원 자작의원, 공중고문관 등을 역임했다.

총리대신 이토 히로부미에게 조선공사로 미우라를 처음 천거한 것은 다니 다테키(谷干城)로 알려져 있다. 다니는 도사번 출신의 군인으로, 미우라와는 1881년의 이른바 '4장군 상표(上表) 사건'을 함께 일으키는 등 각별한 사이였다. 다니는 1895년 7월 5일 이토에게 미우라를 천거하는 서신을 보냈다. 그 이유 중 하나는 박영효가 일본에 망명해 있을 당시 미우라와 관계가 좋았다는 것이었다.(『谷干城遺稿』下) 하지만 박영효는 바로 다음 날 역모죄를 뒤집어쓰고 일본으로 돌아오고 말았다.

한편, 이노우에는 7월 2일에 올린 건의서에서 "신임공사를 파견하는 상황이 된다면, 본관의 희망은 공사 자신의 세군(細君, 부인)이 교제 등에 숙련된 인물을 특별히 인선했으면 합니다."라고 하여 후임 조선 공사의 조건으로 왕비와 가까이 지낼 수 있는 사교적인 성격의 부인이 있을 것을 들었다.(『世外井上公傳』4) 이는 이노우에가 이 시점에 자신의 후임으로 미우라를 고려하지 않은 증거로 간주되고 있다. 또 앞에서 언급한 것처럼, 일본 내각은 7월 11일에 조선 왕실에 대한 300만 엔의 기증금[惠與金]을 의결하는 등 유화정책을 도모했다. 군인 출신의 미우라는 어느 모로 보나 세련된 외교에는 적합하지 않은 인물이었다.

그렇다면 일본 정부의 대한정책은 7월 11일부터 미우라가 조선공사로 내정된 14일 사이에 급변한 것으로 볼 수 있다.

처음에 미우라는 외교에 문외한이라는 이유로 조선 공사 임명을 고사했다. 그러나 야마가타 아리토모를 비롯해서 내무대신 노무라 야스시(野村靖), 궁내부차관 다나카 미쓰히로(田中光顯) 등의 요청이 거듭되자, 그는 부임의 조건으로 3개의 대한정책안을 제시하면서 그중에 정부방침을 명확히 할 것을 요구했다. 그것은 ① 조선을 독립국으로 인정하고 일본의 힘으로 그 방어 및 개혁을 책임지는 것, ② 서구 국가와의 공동 보호를 통한 조선 독립국화, ③ 러시아와의 한반도 분할 점령이었다. 이에 대해 정부 당국으로부터 이렇다 할 회신이 없자, 미우라는 7월 17일 노무라 내무대신을 찾아가 부임 의사를 번복했다. 하지만 야마가타 아리토모 등의 간곡한 설득으로 다시 마음을 돌렸다.

당시 상황에 관해 미우라는 훗날 다음과 같이 회고했다. "임기응변으로 스스로 처리할 수밖에 없다고 결심했다."라는 구절로 볼 때, 미우라는 야마가타로부터 조선 정책에 관한 한 사실상의 전권을 암묵적으로 승인받은 것으로 판단해서 조선 부임을 결심한 것으로 이해할 수 있다.

> 돌아가 보니 야마가타로부터 [미우라가] 제출한 3대 정책은 일이 중대하여 매우 숙고가 필요하기 때문에 어떤 결정을 내리기 위해서라도 하루 빨리 도한(渡韓)해 달라는 것이었다. 거기에서 나는 정부 무방침(無方針)인 채로 도한하는 이상, 임기응변적으로 내가 스스로 처리할 수밖에 없다고 결심한 것이다. (『觀樹將軍回顧錄』)

그로부터 8월 17일에 공식적으로 조선 주재를 명받기 전까지, 미우라는 아타미(熱海)의 별장에 머물면서 조선 전문가들과 회합을 거듭했다. 그 대부분은 이른바 국권론자 또는 대륙 침략론자로서, 구마모토 국권당(熊本國權黨)을 창립한 삿사 도모후사(佐々友房)나 시바 시로(柴四朗) 등 명성왕후 시해의 주범이 되는 인물도 포함돼 있었다.

여기서 주목할 것은, 이들이 일본으로 망명한 박영효를 만난 사실이다. 예컨대 삿사는 박영효를 만난 직후인 7월 20일에 미우라에게 "오늘 만나고 여러 가지 이상야릇한 이야기(珍話)를 들었음. 근일 시바씨 등과 함께 이야기를 나누자고 약속했음. 부임에 앞서 참고가 되실 것으로 생각됨. 자세한 이야기는 뵙고 하기로 함."이라는 서한을 보냈다.(『三浦梧樓關係文書』) 8월 2일엔 미우라 본인도 박영효를 만났는데, 이때 박영효는 '민비는 한국의 큰 여우로 모든 일의 장애가 되고 있다.'라는 취지의 말을 했다고 한다. 명성왕후를 시해한 일본인들은 그 '작전명'을 '여우사냥(狐狩リ)'이라고 했다. 이것이 과연 우연의 일치인지는 알 수 없지만, 왕실의 계략으로 하루아침에 모든 것을 잃고 조선을 떠나온 박영효가 하는 원한에 찬 말들을 미우라도 심상하게 듣지는 않았을 것이다.

미우라는 조선 낭인들의 조직인 천우협(天佑俠)의 다케다 한시(武田範之), 범아시아주의를 제창한 현양사(玄洋社)의 쓰키나리 히카루(月成光) 등과 함께 9월 1일 한성에 부임했다. 다케다 한시는 이미 1889년에 조선에 처음건너와 1893년에 전라도 금오도에서 유배 온 이주회(李周會)를 만나 '동양의 평화와 조선 민족의 구제를 위해 명성황후를 제거'하기로 약속한 전형적인 '조선 낭인'이었다. 그는 한성에 도착하자마자 이주회를 찾아가 명성왕후의 제거를 논의했다. 당시 이들 조선 낭인들의 명성왕후에 대한 인식은 다음과 같았다.

러시아의 세력이 도도히 조선반도에 침입하는 근원은, 실로 이 궁정의 한 여성, 민비 그 사람의 일빈일소(一嚬一笑: 한번 얼굴을 찌푸리고 한번 미소지음) 사이에 생겼다. 동아시아의 무서운 재앙의 근원이 그곳에서 배양되는 것도 모르고, 그녀는 일본의 세력을 제거하려고 하는 일심(一心)에 치달아 두려운 장래의 재앙에는 마음 쓰지 않는 것이었다. 동아시아를 구하고 조선을 구할 수 있는 안전의 유일하고 가까운 방법은 민비를 죽이는 데 있다. 민비를 죽여라! 민비를 죽여라! 이러한 것이 당시 경성에 재류한 지사들의 절규였다. (『東亞先覺志士記傳』上)

미우라는 한성에 도착하자마자 아직 공사관에 남아 있던 이노우에게 '기증금은 도저히 의회를 통과할 전망이 없으므로 입 밖에 내지 말라.'라는 뜻밖의 말을 전했다. 원래 왕실 기증금은 가을에 열릴 임시 의회에서 처리될 예정이었다. 그런데 청일전쟁으로 획득한 새 영토의 방어에 필요한 재원을 청의 전쟁배상금과 증세를 통해 마련한다는 전후 재정계획안을 둘러싸고 논쟁이 벌어진 끝에 재정대신 마쓰카타 마사요시가 사직하고 임시의회가 취소된 것이다.

이노우에는 기증금 건이 부결될 경우, 조선 왕실 및 정부에 대해 일본의 위신이 완전히 실추될 것이라고 하면서 외무대신서리 사이온지에게 강하게 항의했지만 달라지는 것은 없었다. 결국 그는 9월 15일 고종을 마지막으로 알현하는 자리에서 다음과 같이 아뢰었다.

기증금 건은 가장 재정에 관계되는 것이니, 가오루는 이제 잠시 궁내부 및 정부재정 정리가 착착 진행되는지의 실황을 미우라 공사로부터 보고를 받은 뒤가 아니라면, 처음의 의사를 본국 정부로 하여금 실행케 하는 데는 위구심이 있습니다. (『世外井上公傳』)

즉, 이노우에는 처음엔 아무 조건 없이 왕실에 300만 엔을 기증하겠다고 제안했다가, 불과 한달 여만에 왕실과 정부 재정의 정리를 조건으로 증여한다는 식으로 식언(食言)한 것이다. 그리고 이틀 후 황급히 서울을 떠나 버렸다. 이제 사태는 군인 출신의 미우라 공사가 하는 대로 내버려 둘 수밖에 없게 되었다.

훗날 명성왕후 시해사건과 관련하여 열린 히로시마 지방재판소의 예심(豫審)에서 스기무라 후카시는, 미우라에게서 "본관(本官)은 마치 부처가 된 심정으로 웬만한 일은 참고 오직 무사를 바랄 것인가, 아니면 도깨비가 되어 어디까지나 우리 권세를 유지하고 당초 목적의 달성을 기할 것인가를 밝혀달라는 취지였다. 그 후 여러 번 독촉했으나 결국 답을 얻을 수 없었다."라는 말을 들었다고 진술했다.(『朝鮮交涉資料』中) 또한 미우라는 "양국을 위해 이번 일은 부득이했다고 믿고 있다. 내가 내각의 여러 공과 만나면 할 말이 많다."라고 하고,(『日韓外交史料』5) "내각 각원이 와서 이번 일의 전말을 들어봄 직하다.", "나에 대해서는 누군가 내각 각원이 와서 묻는 게 당연하다. 그때까지는 이야기할 게 못된다."라고 회고하기도 했다. (『觀樹將軍回顧錄』)

미우라는 조선 부임 전까지 정부 당국의 명확한 대한정책 방침을 듣지 못한 채, 묵시적으로 자유 재량권이 주어진 것으로 이해하고 있었다. 그렇다면 미우라가 법정 진술마저 거부한 채 일단 만나야겠다고 고집한 내각의 '여러 공'이란 누구였을까?

그것은 처음에 미우라에게 조선 부임을 극구 요청한 야마가타 아리토모, 노무라 야스시, 다나키 미쓰히로 등 조슈 번 출신의 이너써클(inner circle)이었을 것이다. 미우라의 회고에 따르면, 사쓰마 번의 중심 인물인 대장대신 마쓰카타 마사요시는 조선 부임을 앞둔 송별회에서 미우라에게 대한정책을 물었다. 이에 미우라는 짐짓 딴청을 부리며 자신의 마음속에 다른 꿍꿍이는 없으며 다만 미우라라는 오보즈(大坊主: 승려 모습을 한 요괴)를 조선 들판에 풀어놓은 것으로 생각하라고 대꾸했다고 한다. 이는 미우라의 부임에 관한 한, 메이지 정부의 양대 축인 사쓰마 번의 겐로(元老)마저도 배제되고 있었음을 의미한다.

　이처럼 두목[親分]의 명시적 지시 없이 부하[子分]가 그 마음을 헤아려[忖度] 일을 벌이고, 그것이 혹시 잘못되면 두목에게 누가 미치지 않도록 부하가 죄를 뒤집어쓰는 조직 폭력배와 같은 행태는 근대 일본의 대한정책에서 반복적으로 나타나는 현상이었다. 이를 위해 두목은 조선에 파견되는 부하에게 상당한 재량권을 인정했다. 운요호사건이나 갑신정변, 명성왕후 시해 등 근대 한일관계사의 중요한 사건의 내막을 명확히 밝혀내기 쉽지 않은 것은 이 때문이다. 메이지천황의 신임이 두터웠던 궁내부차관 다나카 미쓰히로의 회고에 따르면, 명성왕후 시해 소식을 들은 천황은 "미우라도 할 때는 하는구나!"라는 감탄사를 내뱉었다고 한다.(『왕후모살』)

에필로그 : 조선 정치사의 마지막 장면

10월 8일 새벽 5시경, 일본인 낭인 30여 명과 일본군 경성수비대, 그리고 제2 훈련대대 병졸들이 경복궁에 난입해서 명성왕후를 시해했다. 사변 다음 날 러시아공사 베베르가 본국에 보고한 것처럼, 이는 "평화시에 외국인들이 자국 군대의 비호를 받고 자국 공사관의 지휘 아래 왕궁을 침입하고 왕후를 시해한 후 그 시신을 불태운, 세계 역사에 유례가 없는 범죄"였다.(『러시아문서번역집』2, 문서번호 90.)

미우라가 명성왕후 시해를 결심한 것은 실추된 자국의 세력을 일거에 만회하기 위해서였다. 훗날, 이 사건의 주범으로 체포된 스기무라 후카시는 그 의도에 관해 다음과 같이 진술했다.

일이 이렇게 된 이유는 올해 봄, 여름부터 조선의 형세가 점차 비운(否運)에 기울어 우리 천황폐하께서 희망하신 내정개혁도 실행하지 않고, 그에 따라 그 독립을 공고히 할 가망도 사라졌다. 특히 근래 러시아가 궁중에 은밀히 세력을 얻어 점차 정부를 압도해서, 마침내 조선에서 우리 권세(權勢)를 소멸시키는 경향이 있었다. 그러므로 미우라 공사는 향후 취해야 할 방침에 관해 부임 전에 정부에 내훈(內訓)을 청했는데, 정부는 이에 답하지 않았다. 그런데 취임 전후의 형세가 날로 급박해서 실로 위기일발의 상황이었으니, 미우라 공사는 이제 주저할 겨를이 없이 자기의 책임으로 전임공사가 취했던 전례, 그리고 정부가 이를 추인한 전례에 따라, 또 대원군의 열렬한 희망에 응해 그를 입궐시키고, 국왕 폐하를 보좌하여 궁중 사무를 정리하게 함으로써 우리 정부의 당초 목적을 관철하고, 아울러 조선에 대한 우리나라의 권세를 유지하려는 임기의 처분에 다름 아니었다. (『朝鮮交涉資料』中. 「杉村濬等被告事件陳述書」)

이 진술에서 '전임공사가 취했던 전례'란, 1894년 7월 23일 오토리 공사가 대원군을 옹위해서 경복궁을 무단 점령한 일을 가리킨다. 미우라는 명성왕후 시해를 그녀의 가장 큰 반대세력인 대원군과 해산위기에 몰린 조선인 훈련대에 의한 쿠데타로 위장하기로 했다. 이들이 경복궁에 진입했을 때, 일본 낭인을 써서 명성왕후를 살해한다는 계획이었다. 따라서 이 음모의 관건은 대원군의 동원 여부에 달려 있었다.

9월 1일 한성에 부임한 미우라는 이후 공사관에서 두문불출하며 시해 계획을 마련했다. 9월 초부터 미우라와 함께 입국한 시바 시로, 다케다 한시가 이주회와 만난 것으로 봐선 이미 그전부터 어느 정도 계획이 섰던 것으로 보인다. 특이한 것은 이노우에의 동향이었다. 그는 신임공사가 부임한 뒤에도 한성을 떠나지 않고 17일간이나 공사관에 더 머물러 있었던 것이다. 비록 정황에 불과하지만, 이는 그가 명성왕후 시해를 교사했거나 적어도 그 계획을 묵인한 증거로 받아들여지고 있다.

이노우에가 17일 일본으로 떠나자 스기무라는 본격적으로 대원군과의 접촉을 시도했다. 9월 하순 호리구치 구마이치(堀口九萬一, 영사관보), 9월 30일 스즈키 준켄(領木順見, 낭인), 10월 1일 와타나베 다카지로(渡邊鷹次郎, 영사관 순사), 10월 2일 호리구치, 10월 3일과 5일 오카모토가 차례로 대원군의 별장인 아소정을 찾았다. 그런데 대원군은 작년에 집정에 올랐을 때도 일본군을 조선 땅에서 몰아내기 위한 음모를 꾸민 바 있었으므로, 다시 경복궁에 입궐한 뒤에 그가 정치에 관여치 못하도록 조치를 해둘 필요가 있었다. 이에 오카모토는 10월 5일 대원군을 찾아갔을 때 4개조의 밀약을 맺었다. 그 내용은, ① 대원군은 고종을 보익(保翼)하여 궁중 사무만 맡되 정무엔 일절 간여하지 않을 것, ② 김홍집, 어윤중, 김윤식을 요직에 앉히며, [일본인] 고문관의 의견을 듣고 고종의 재가를 얻어 정치를 개혁할 것, ③ 이재면을 궁내부 대신, 김종한을 협판에 임명할 것, ④ 이준용을 3년간 일본에 유학 보낼 것 등이었다.(『在韓苦心錄』)

당시 한성엔 이른바 조선 낭인들이 많이 모여 있었다. 이들은 러시아의 세력이 한반도로 남하하여 동아시아가 위태로운 지경에 빠지는 것을 막기 위해선 그 원흉인 명성왕후를 죽여야 한다고 믿고 있었다. 그 대부분은 구마모토(熊本)현 출신으로서, 한성신보사를 비롯하여 구마모토 국권당, 천우협, 현양사 등에 소속돼 있었다. 미우라는 정부의 책임을 면하기 위해 민간인인 이들을 활용하기로 했다. 음모는 극비리에 추진됐다. 우치다 사다쓰지(內田定槌) 영사를 비롯해서 호시 도루(聖亨) 법부 고문, 니오 고레시게(仁尾惟茂) 탁지부 고문 등도 사건 당일까지 그 계획을 모르고 있을 정도였다.

미우라는 10월 10일을 디데이(D-Day)로 잡고 2일을 전후해서 각 책임자에게 구체적 역할을 분담했다. 시바 시로와 아다치 겐조는 낭인의 동원을 맡았다. 대원군을 끌어내는 것은 오카모토의 임무였다. 스기무라 후카시는 일본인과 조선인 간의 연락을, 구스노세 유키히코 중좌(공사관부속 무관 겸 군무아문 고문)와 마야하라 쓰토무(馬屋原本務) 소좌(수비대장)는 일본군 수비대와 조선 훈련대의 지휘를 맡기로 했다. 조선인 중에선 훈련대 제1대대장 이두황(李斗璜), 제2대대장 우범선(禹範善), 제3대대장 이진호(李軫鎬), 전 군부협판 이주회가 가담했다. 낭인은 40명 정도 동원되었다.

그런데 10월 6일 저녁 훈련대가 경무청을 습격해서 충돌하는 사건이 발생했다. 이전부터 일본 사관의 지휘를 받는 훈련대를 위험시하던 조선 정부는 7일 새벽 2시에 전격적으로 그 해산령을 내렸다. 이 소식은 당일 오전 군부대신 안경수에 의해 일본공사관에 통고됐다. 훈련대는 이 음모의 핵심 중 하나였으므로, 낭패한 미우라는 예정된 날짜를 이틀 앞당겨 당장 실행하기로 했다.

뮈텔 주교의 일기에 따르면, 이미 조정 대신들 사이엔 2~3일 전부터 쿠데타가 일어날 것이라는 소문이 은밀히 퍼져있었다.(『뮈텔주교일기』1, 1895.10.15.) 스기무라 후카시 또한 6일에 총리대신 김홍집에게 쿠데타가 있을 것임을 미리 알리면서 협조를 당부했다.(『在韓苦心錄』) 경복궁에서 참극이 일어난 당일, 거의 모든 대신은 경복궁에 없었고 그들 중 일부는 왕의 부름을 받고서도 달려가지 않았다.

7일 밤 11시, 낭인들이 용산에 속속 집결했다. 그 복장은 양복에 일본도를 찬 자부터 일본 전통의복을 입은 자, 심지어 조선인으로 변장한 자까지 제각각이었다. 자정이 지나 오카모토와 여러 명의 낭인들이 대원군을 끌어내기 위해 공덕리로 향했다. 이들은 벽을 넘어 저택에 들어간 후, 대원군을 감시하던 위병 11명을 창고에 몰아넣고 밖에서 문을 잠갔다. 아마도 그전까지 대원군은 일본인들의 목표가 작년처럼 왕비의 국정간여를 금지하는 정도라고만 생각했을 뿐, 그 시해를 꾸미고 있으리라곤 상상하지 못했을 것이다. 심상치 않은 낌새를 느낀 대원군은 완강히 저항하였고, 이 때문에 오카모토 등은 오전 3시 반경이 돼서야 겨우 그를 끌어낼 수 있었다. 원래 미우라가 세운 계획에 따르면, 대원군을 실은 가마는 남대문 근처에서 일본 수비대(경성수비대 후비보병 제18연대)와 합류하도록 돼 있었다. 그런데 대원군의 가마가 서대문 방향 도로를 택할 것으로 판단한 수비대가 서대문 근처 언덕에서 대기하고 있었으므로, 대원군 일행은 성 밖을 우회해서 서대문으로 향했다. 이로 인해 4시에 경복궁을 기습하기로 한 계획에 차질이 빚어졌다.

서대문 밖에 이르자 우범선이 이끄는 훈련대 제2대대가 이미 집결해 있었다. 이윽고 일본군 수비대도 합류했다. 대원군의 가마를 중심으로 일본군 수비대가 선봉과 후위에 서고, 훈련대는 가마의 앞뒤, 낭인들은 가마 주변을 둘러싼 진형으로 서대문을 돌파한 후 한성 시내를 질주했다. 이들이 광화문 앞에 도착한 것은 5시 30분경이었다. 이때는 이미 동이 터서 행인들까지 보였다.

미리 경복궁 주변에 대기하고 있던 일본 병사 몇 명이 사다리를 타고 남쪽 벽과 북쪽 벽을 넘어가 광화문과 춘생문(春生門)을 열었다. 일본 수비대와 조선인 훈련대가 물밀 듯이 들어왔다. 시위대 연대장 홍계훈이 이들을 막으려 했지만, 훈련대 병사들은 오직 일본인 사관의 명에 따를 뿐이라면서 그의 저지에 불응했다. 일본 낭인의 칼에 쓰러진 홍계훈의 몸 위로 구스노세가 마지막 총격을 가했다.

당시 경복궁 내엔 약 250~300명의 궁궐수비대가 있었다. 하지만 이들은 교전이 발생하자마자 소총과 군복을 내던지고 모두 달아나버렸다. 한 가지 다행스러운 일은, 당시 경복궁에 미국 장교 다이(William M. Dye)와 러시아 건축기사 사바친(Afnasy I. Seredin-Sabatin)이 숙직 중이었던 것이다. 고종은 작년에 일본군이 경복궁을 점령한 뒤로 신변에 불안을 느껴 다이와 사바친, 그리고 미국 교관 닌스테드(F. H. Nienstead)에게 돌아가면서 6일 중 4일, 특히 야간에 궁궐에 머물게 했다. 무자비한 일본 군대와 낭인들도 서양열강과의 외교관계를 고려하여 이들에게 직접적 위해를 가하진 않았다. 그 덕분에 명성왕후 시해사건의 진상이 묻히지 않을 수 있었던 것이다.

일본군 100여 명은 국왕과 왕비가 있는 건청궁(乾淸宮)으로 출입하는 모든 문을 막았다. 그 사이 낭인들이 전각의 방들을 뒤지며 왕비를 찾았다. 고종은 왕비를 피신시킬 틈을 만들고자 일부러 자객들이 보기 쉬운 앞의 방으로 나와 섰다. 조선인 군관 1명이 대군주께서 이곳에 계시다고 주의를 주었지만 자객들은 개의치 않고 고종의 앞을 지나 다른 방을 뒤졌다. 심지어 그중 하나는 고종의 어깨를 잡아끌기도 했다. 그 때 피투성이가 된 궁내대신 이경직(李耕稙)이 기어 나왔다. 그는 광분한 낭인들의 앞을 가로막다가 두 팔이 잘려있었다. 간신히 마루 끝까지 기어왔을 때, 낭인 하나가 고종의 앞에서 칼로 그를 찔러 죽였다. 세자도 다른 방에서 상투를 붙잡혀 끌려 나왔다. 지옥도(地獄圖)가 현실에 펼쳐지면 이와 같았을까. 고종은 그만 정신을 잃고 쓰러졌다.(『日韓外交史料』5,「開國五百四年八月事變報告書」)

왕비의 얼굴을 알지 못하는 자객들은 닥치는 대로 궁녀들의 머리채를 휘어잡고 질질 끌어낸 뒤에 궁궐 마당으로 내던졌다. 그럼에도 이 강인한 여인들은 왕비의 거처는 물론, 아무 말 없이 미동도 하지 않은 채 극한의 폭력과 공포를 견뎠다. 왕비의 최후는 세자에 의해 목격됐다. 왕비는 여러 궁녀와 함께 한 방에 모여 있었다. 자객이 "왕후는 어디에 있는가?"라고 외치며 달려들자, 궁녀들은 왕비는 여기에 계시지 않는다고 답했다. 그 순간 왕비가 복도를 따라 몸을 피하려 하는데, 자객 1명이 그녀를 쫓아가 움켜잡은 후 바닥에 내던졌다. 그리고는 가슴팍으로 뛰어올라 발로 세 번 짓밟은 다음 살해했다.(『러시아문서번역집』2, 문서번호 90.) 낭인들은 그 시신을 홑이불에 싸서 곤녕합 앞마당에 옮긴 후, 다시 건청궁 동쪽 녹산(鹿山)으로 운반해서 석유를 붓고 불태웠다.

고종은 일본공사관으로 사람을 보내 미우라를 불렀다. 미우라는 스기무라 후카시와 통역 1인을 데리고 장안당(長安堂)에서 고종을 알현했다. 이때 미우라는 조칙 3장을 제시하면서 재가를 요구했다. 그 요구사항은 이제부터 모든 정사(政事)와 명령은 내각에서 아뢴 뒤에 고종이 이를 재결해서 시행할 것, 이재면을 궁내대신에 임명할 것, 김종한을 궁내협판에 임명할 것이었다. 고종이 이를 재결하자 비로소 일본군과 낭인들은 경복궁에서 물러갔다. 이때 이범진은 미우라와 대원군이 고종에게 명성왕후의 폐서인 조칙을 강요하는 장면을 목격했다. 고종은 "과인의 손가락을 잘라라. 만약 그 잘린 손가락이 서명할 수 있다면 그대들이 원하는 대로 서명하라. 그러나 그때까지 과인의 손은 절대로 그런 짓을 하지 않을 것이다."라며 완강히 저항했다고 한다.

하지만 사변 이틀 후인 10월 10일(음 8월 22일)에 왕비의 폐서인 조칙이 관보에 게재됐다.

> 짐이 왕위에 오른 후 어언 32년이 흘렀다. 그러나 그때부터 어진 정치가 전국에서 펼쳐진 것은 아니었다. 왕후 민씨는 친척과 측근을 짐 가까이 두고 짐의 눈을 가리고 짐의 귀를 막아 백성들의 재산을 빼앗고 행정을 혼란에 빠뜨렸으며 매관매직을 자행했다. 왕비의 독재가 온 나라에 퍼

졌으며 도둑들이 사방에서 일어나 나라는 큰 위험에 빠졌다. 짐은 왕비가 가장 악한 인물이었다는 것을 알고 있다. 그러나 선견지명이 부족하고 왕비의 측근들이 두려워 왕비의 죄를 벌하지 못했다. 왕비는 짐의 명령이라고 하면서 조선의 군인들을 해산시켜 폭동의 원인을 제공했다. 왕비는 임오년[1882]처럼 달아나 피신해 있다. 짐은 왕비를 찾아오도록 했으나 어디에 숨어 있는지 알 길이 없다. 왕비의 처신은 왕비라는 자리에 걸맞지 않았으며, 지은 죄 또한 너무 커서 더 이상 조선의 영광을 왕비와 함께 할 수 없다. 왕조 대대로 내려오는 전통에 따라 짐은 왕후 민씨를 폐위시키고 평민의 신분으로 만든다.

이 조칙은 고종의 재결을 받지 않고, 총리대신 김홍집을 비롯해서 외부대신 김윤식, 내부대신 박정양, 탁지대신 심상훈, 군부대신 조희연, 법부대신 및 학부대신 서리 서광범, 농상공부 대신 정병하, 그리고 궁내부대신 이재면의 연서(連署)로 반포됐다. 이 중 심상훈과 박정양은 몸을 피해서 이 조칙이 반포될 때 궐내에 있지도 않았다. 이 조칙은 김홍집을 비롯해서 유길준과 조희연 등 몇 사람에 의해 위조된 것이었다.(『高宗實錄』 고종 34년 1월 27일; 12월 20일)

명성왕후 시해의 참극은 다이와 사바친을 비롯한 많은 사람에게 목격되었고, 각국 공사관은 이 사실을 본국에 낱낱이 보고했다. 국제적으로 비난 여론이 들끓자 일본 정부로서도 더 이상 모른척할 수 없었다. 미우라 공사를 비롯해서 명성왕후 시해범 48명이 일본으로 이송되어 1895년 10월 26일 히로시마 지방재판소 예심에 회부됐다. 그러나 증거가 부족해서 누가 명성왕후 및 기타 사망자를 실제로 죽였는지 알 수 없다는 어처구니없는 이유로 이듬해 1월 20일 전원 면소(免訴) 처분을 받고 석방됐다. 이보다 앞서 1월 14일 히로시마 소재 제5사단

군법회의에선 구스노세와 마야하라 등 장교 8명에게 증거불충분에 따른 무죄 판결을 내렸다.

이 과정에서 문제가 된 것은 대원군의 정변 주도 여부였다. 히로시마 법정의 예심종결서(豫審終結書)에선 대원군이 사전에 일본공사관 측과 밀약을 맺은 사실을 강조했다. 이에 따라 조선정부의 의뢰로 명성왕후 시해사건의 공식보고서 작성을 맡은 법부 고문 그레이트하우스(Clarence R. Greathouse)는 대원군에게 반박문 제출을 요청했지만, 대원군은 죽는 날까지 이 일에 관해 함구했다. 이 때문에 대원군의 입궐을 둘러싼 전말은 여전히 불분명한 채로 남아 있다.[1]

명성왕후 시해 후 내각은 다시 '개화파'로 꾸려졌다. 이들은 사변 직후 명성왕후 폐서인 조칙을 주도적으로 위조했을 뿐 아니라, 왕비 시해의 진상을 조선인 경무청과 수비대 간의 충돌로 은폐하여 각국 공사관에 통지하는 등 그 수습에 급급했다. 이들은 대원군과 마찬가지로 명성왕후 시해까지는 생각지 못했지만, 적어도 10월 8일을 전후해서 궁정에서 큰 변고가 있으리라는 것은 어느 정도 파악하고 있었다. 심지어 정병하의 경우엔 참변 당일 명성왕후의 길을 막고 피신하지 말

---

1 당시 러시아 공사 베베르는 로스톱스키 공작에게 올린 보고서에서, 1896년 3월 *Korean Repository*에 실린 그레이트하우스의 공식사변보고서가 대원군의 관여 사실을 정확히 서술하지 못했다는 사실을 지적했다.

"가장 눈에 띄고 위험한 대원군의 역할은 아직 거의 손도 대지 못한 상태로 남아 있습니다. 그레이트하우스 씨는 사안이 대원군과 연관될 때마다 매번 극복하기 힘든 방해를 받고 있습니다. 그레이트하우스 씨는 대원군이 자유롭게 행동할 수 있도록 놔두면, 이번 음모의 실질적인 원인은 영원히 손대지 못한 상태로 남을 것이며, 시해와 폭동의 위협이 중단되지 않을 것임을 노골적으로 인정해야 했습니다. 대원군에 대한 공포는 그 누구도 그에 반하는 말을 할 수 없을 정도로 대단하며, 아시아식 야만의 대표자인 그가 지닌 잔인한 에너지는 조선에서의 안전과 질서에 대한 어떤 희망도 남겨두지 않습니다."(『러시아 외교관 베베르와 조선』)

것을 청했다는 말까지 있었다.(『高宗實錄』 고종 34년 1월 27일)

이노우에 공사가 한성에 다시 부임해서 17개조 의견서를 제출한 뒤로 왕비는 공식적으로 정치에 간여했다. 이와 함께 왕실의 권력은 다시 강화되어, 정부에 빼앗긴 권한을 회수하여 관리의 임면과 칙령의 반포를 왕실에서 주관하는 한편, 조폐국을 궁내부에 부속시키는 등 정부의 재원을 점차 왕실 재산으로 편입하기 시작했다. 심지어 왕실에서 김홍집 이하 내각 대신 11명을 죽이려 한다는 소문까지 돌았다. (『日外』 28-1, 문서번호 378.) 앞에서 설명한 것처럼, 이들 '개화파'는 국가의 존립에 필요한 정치사회적 개혁을 달성하기 위해 일본 세력을 정치적으로 활용하고자 했다. 하지만 이로 인해 왕실과의 관계는 회복할 수 없을 만큼 악화되었고, 이제 그것이 족쇄가 되어 일본인들이 꾸민 흉계에서 발을 뺄 수 없는 지경에까지 이르렀던 것이다.

1895년 10월 8일 이후 고종과 왕세자는 사실상 개화파 내각의 포로가 되었다. 그 처지는 대원군도 다르지 않았다.[2] 게다가 개화파 내각은 명성왕후 시해로 인해 백성의 분노가 극에 달한 가운데 춘생문(春生門) 사건(11.28.)까지 발생하자, 이 위기를 돌파하고자 단발령의 단행이라는 정치적 승부수를 던졌다.(12.30.) 이 때문에 고종은 세자, 대원군과 함께 머리카락을 깎이는 굴욕을 감수해야 했다.(『東學農民戰爭史料叢書』2, 「時聞記」)

이 정국을 반전시키기 위해 고종이 취한 방법은 어찌 보면 가장 단

---

2 "대원군은 최근에 일어난 일련의 사건들의 희생자였으며, 지금 대궐에 죄수처럼 감금되어 있는 상태이고, 아무 일도 할 수 없을 뿐만 아니라 하지도 않고 있으며, 그 자신의 목숨과 그의 아들인 왕의 목숨까지도 염려하고 있다는 소문이 나돌고 있는 것이다. 죄인은 일본인들인 것 같다. 그리고 정부의 몇몇 인물이 그들에게 동조한 것이라고들 한다." (『뮈텔주교일기』 1, 1895.10.15.)

순하지만, 동시에 너무도 중대한 정치적 의미를 갖는 것이었다. 그것은 모든 정치적 권위의 근본이자 인륜(人倫)의 원천인 성궁(聖躬)을 옮기는 것이었다. 국왕과 신하의 관계는 흔히 북극성과 그 주위를 도는 뭇 별들로 비유됐으니, 이제 북극성이 사라진 이상 별들은 그 궤도를 잃고 존재의미마저 상실할 것이었다.

1896년 2월 11일 아침, 고종과 왕세자는 궁녀의 가마를 타고 경복궁을 빠져나와 러시아공사관으로 이어(移御)하는 데 성공했다. 이른바 아관파천(俄館播遷)이었다. 파천 직후, 고종은 경무관 안환(安桓)에게 총리대신 이하 내각 대신들을 모두 체포하라는 명을 내렸다. 그 대상은 총리 김홍집을 비롯하여 농상공부대신 정병하, 내부대신 유길준, 군부대신 조희연, 법부대신 장박, 경무사 권형진 등이었다.

김홍집과 정병하는 조방(朝房)에서 체포됐다. 고종이 체포령을 내렸다는 소식이 전해지자 주위사람들은 김홍집에게 피신할 것을 권했다. 하지만 그는 "죽으면 죽었지, 어찌 박영효처럼 역적이란 오명을 얻겠는가?"라고 하면서 순순히 운명을 받아들였다. 김홍집은 정병하와 함께 경무청 밖에서 재판 없이 순사들에게 참형(斬刑)을 당했다. 이들의 시신은 곧바로 종로 한복판에 버려졌는데, 명성왕후의 시해와 단발령에 분노한 백성들이 돌과 기와조각을 던져서 순식간에 형체가 망가졌다. 그중에는 그 인육을 씹어 먹는 이들도 있었다. 김홍집의 처형 소식이 전해지자 그의 부인은 목을 매 자결하였고, 젖먹이 아들은 강보에 싸여 죽은 채로 발견되었다.(『梅泉野錄』)

한편, 유길준, 조희연, 장박, 권형진 4명은 대신의 지위를 감안해서 포박하지 않고, 가마에 태운 후 순사들이 곁에서 손을 넣어서 호송하려고 했다. 그런데 꾀가 많은 유길준은, 자신들은 왕의 명령에 따라 체포된 죄인이니 감히 가마를 탈 수 없다고 하면서 걸어가겠다고 고집을 부렸다. 그리하여 도보로 연행하던 중, 광화문 앞에 이르렀을 때 유길준이 갑자기 포위를 뚫고 일본군이 주둔하고 있는 삼군부 건물로 뛰어 들어갔다. 당황한 병사들이 어찌할 바를 모르고 있을 때, 유길준의 구원 요청에 따라 일본 병사들이 뛰어나와 다른 3명도 빼내 삼군부로 들어가 버렸다. 구사일생으로 목숨을 건진 이들 네 명은 일본으로 망명했다.(『大韓季年史』)

비록 어윤중은 명성왕후 시해 직전에 탁지부 대신에서 면직돼서 이 사건과 직접 관계는 없었지만, 김홍집이 죽는 것을 보고 자신에게도 고종의 분노가 미칠 것을 두려워하여 고향인 보은으로 피신하고자 했다. 그런데 1895년 3월 30일(음 2월 17일) 용인에 이르렀을 때, 평소 그에게 원한을 품고 있던 주민 정원로(鄭元老)에게 살해당했다. 그 배후엔 친러파 이범진(李範晉)과 유진구(俞鎭九)가 있었다고 한다. 그나마 목숨을 부지한 것은 김윤식이었다. 하지만 그 또한 1896년 12월에 이르러 왕비의 폐서인 조칙을 각 공관에 통지한 죄로 탄핵을 받아 제주도로 종신 유배되었다. 그가 한성에 돌아온 것은 그로부터 10년도 넘은 1907년이었다.

고종은 개화파 내각에 대한 처절한 보복과 함께 대원군에게도 1895년에 만들어진 「대원군존봉의절」을 준수할 것을 명했다. 이로써 대원군은 생애 마지막 가택연금에 들어갔다. 이후 대원군은 1897년 가을에 병을 얻어 약 7개월 동안 앓다가 1898년 2월 22일(음 2월 2일) 운현궁에서 79세를 일기로 파란만장한 생을 마쳤다.

평생 많은 이들에게 애증의 대상이었지만, 그가 죽었을 땐 모두가 한마음으로 애도했다. 대원군은 언제나 중대한 정치적 사건과 음모의 중심에 있었다. 이를 단순히 그의 무한한 권력욕만으로 설명할 수는 없다. 그 이유는 조선사회의 무너진 질서를 복구하려는 이들이나, 오랜 세월 누적된 병폐를 개혁해서 그것을 새로운 방향으로 이끌어나가려는 이들 모두, 국왕의 생부라는 절대적 권위와 함께 특유의 과단성과 잔인함을 갖춘 대원군을 정치적으로 필요로 했기 때문이었다. 어쩌면 대원군의 죽음에 대한 애도는, 그 마지막 희망마저 잃어버린 상실감의 표현이었을 것이다.

명성왕후와 대원군의 퇴장과 함께 조선의 역사는 '한말'이라고 부르는 새로운 시대로 접어들었다.

> 그는 병이 깊어지자 큰아들 재면을 불러 "내가 주상을 알현할 수 있다면 죽어도 여한이 없겠다. 어떻게 하면 좋겠느냐?"라고 물었다. 하지만 이재면은 고종의 분노를 입을 것이 두려워 감히 아뢰지 못했다. 잠시 후 또 "어가(御駕)는 아직 움직이지 않았느냐?"라고 묻더니 크게 탄식하고 절명했다. 이를 들은 이들이 모두 통곡했다.
>
> 하응이 10년 동안 권력을 잡았을 때 공과(功過)가 반반이었다. 갑술년 이후 명성왕후와 원한이 날로 심해져서 위기에 처한 것이 여러 번이었다. 두문불출한지 10여 동안 매번 국가에 변란이 생길 때마다 백성의 추대를 받아서 여러 번 일어서고 여러 번 쓰러졌으니 거의 자애(自艾: 스스로 덕을 수양함)할 수 있었으나, 은혜와 복수의 일념은 죽는 날까지 변치 않았으므로 사람들이 그를 경멸했다. 하지만 나이가 들고 경력이 쌓이면서 명성이 외국에까지 미쳤으므로 조야(朝野)에선 그를 대로(大老)로 의지했다. 그가 죽자 원근(遠近)이 크게 놀라며 애도했다. (『梅泉野錄』)

부록

연표
참고문헌
찾아보기

연도	양력	음력	주요 역사적 사건	흥선대원군
1821 (1세)	1. 24	(1820) 12. 21		서울 안국동궁(安國洞宮)에서 남연군(南延君) 구(球)의 넷째 아들로 태어남.
1831 (11세)	–	–		여흥 민씨 민치구(閔致久)의 딸과 혼인함.
1836 (16세)	–	–		부친을 여읨. 4부 학당 동몽교관(童蒙敎官)에 임명됨.
1845 (25세)	8. 22	7. 20		맏아들 재면 출생
1847 (27세)	–			종친부 유사당상에 임명됨.
1962 (42세)	3월	–	진주민란 발생	
	7월	–	이하전 역모 사건	
	1. 16	12. 8	철종 승하	
	1. 21	12. 13	고종 즉위	흥선대원군(興宣大院君)의 작호를 받음.
	2. 4	12. 27		국상 절차의 의논을 계기로 본격적으로 정계에 진입함.
	2. 7	12. 30	대왕대비, 고종의 가통과 왕통을 구분하는 전교를 내림.	
1864 (44세)	2. 20	1. 13	대왕대비, 의정부와 비변사의 업무 분장을 지시함.	
	3. 18	2. 10	대왕대비, 의정부 복설을 명함.	
	4. 7	3. 2	동학교조 최제우, 혹세무민의 죄로 처형됨.	
	5. 16	4. 11	종부시를 종친부에 통합함.	
	8. 28	7. 7	대왕대비, 서원 정리를 명함.	
	9. 13	8. 17	사액서원을 제외한 사설서원은 토지와 노비 소유를 금함.	
1865 (45세)	4. 23	3. 28	비변사를 의정부에 통합함.	
	4. 24	3. 29	만동묘 및 화양동서원 철폐	
	4. 26	4. 2	대왕대비, 경복궁 중건을 명함.	
	4. 27	4. 3		경복궁 중건의 총책임을 맡음.

연도	양력	음력	주요 역사적 사건	흥선대원군
1865 (45세)	4. 29	4. 5	경복궁 공사비를 충당하기 위해 원납전 징수를 결정함.	
	6. 19	5. 26	영의정 조두순, 의정부 중수 및 6조 건물의 의전을 건의하면서 국초의 삼군부를 언급함.	
	8. 1	6. 10	대왕대비, 『대전통편』의 개수 (改修)를 명함.	
1866 (46세)	2. 11	12. 26	오페르트, 충청도 조금진에 내항하여 통상을 요청함.(제1차 내한)	
	2. 15	1. 1	왕비의 간택 절차를 시작함.	
	2. 19	1. 5	천주교도에 대한 대박해(병인박해)가 시작됨.	
	3. 29	2. 13	대왕대비 철렴	
	5. 5	3. 21	고종, 친영례(親迎禮)를 거행함.	
	6. 6	4. 24	군문대장(종2품)을 판서와 동격(정2품)으로 올림.	
	7. 13	6. 2	주청프랑스공사 벨로네, 조선에 선전포고.	
	8. 6	6. 26	오페르트, 충청도 해미현 조금진에 내항, 통상을 요구함.(제2차 내한)	
	8. 16	7. 7	제너럴셔먼호, 대동강 어귀에 도착.	
	9. 2	7. 24	제너럴셔먼호, 대동강에 좌초하여 평양 군민(軍民)에 의해 소실(燒失)되고 탑승자는 모두 살해당함.	
	9. 25	8. 17	프랑스 전함 3척이 염창항까지 도달함.[제1차 원정]	
	10. 14	9. 6	프랑스 함대, 강화도에 출현. 다음날(15일), 로즈 제독은 한강 봉쇄를 포고함.[제2차 원정]	
	10. 20	8. 12	이항로, 상소를 올려 대원군의 실정(失政)을 논함.	

연도	양력	음력	주요 역사적 사건	흥선대원군
	10. 22	9. 14		조정에 회람장을 보내 결사항전의 의지를 천명함.
	11. 10	10. 4	정족산성 전투	
1866 (46세)	11. 18	10. 12	프랑스 함대 퇴각	
	11. 22	10. 16	강화유수에게 진무사(鎭撫使)를 겸임케 하고, 외등단(外登壇)으로 예우함.	
	12. 6	10. 30	당백전(當百錢) 주조 결정.	
1867 (47세)	7. 7	6. 6	호조판서 김병국의 상소에서 사창제(司倉制)가 거론됨.	
	7. 12	6. 11	사창의 구체적 운영절목 마련	
	4. 10	3. 18	셰넌도어 호, 평안도 삼화부에 도착함.	
	4. 15	3. 23	삼군부 복설	
1868 (48세)	5. 10	4. 18	오페르트, 대원군의 생부 남연대원군 묘의 도굴을 시도하다 실패함.	
	7. 27	6. 8	삼군부를 의정부와 대등한 정1품 아문으로 승격함.	
	8. 19	7. 2	경복궁 중수공사 종료	
1870 (50세)	7. 23	6. 25		맏손자 준용 출생
	4. 28	3. 9	고종, 사액서원을 포함해서 첩설(疊設)된 모든 서원의 폐지를 명함.	
	5. 14	3. 25	고종, 전교를 내려 전년에 대원군이 분부한 호포제(戶布制)를 정식화함.	
1871 (51세)	6. 1	4. 14	강화해협에 진입한 미국 보트와 조선 초병 간 소규모 전투 발생.	
	6. 11	4. 24	광성보 전투	
	6. 12	4. 25		전국에 척화비 건립을 명함.
	7. 3	5. 16	미 함대, 강화도를 떠남.	
	12. 25	11. 4	명성왕후, 첫 번째 왕자를 출산함. 직장 기형으로 4일 만에 사망.	

연도	양력	음력	주요 역사적 사건	흥선대원군
1873 (53세)	11. 29	10. 10	고종, 도성 문세의 철폐를 명함.	
	12. 22	11. 3	최익현, 상소를 올려 대원군의 정치 간여를 중단시킬 것을 요구함.	
	12. 23	11. 4	고종, 사실상 서무 친재를 선언함.	석파정에 은둔함.
1874 (54세)	1. 27	12. 10	경복궁 대화재 발생	
	8. 6	6. 24	청 예부에서 일본의 침략을 경고하는 자문 도착	
	9. 30	8. 20	강화진무영 폐지	강화진무영 폐지를 계기로 도성을 나와 덕산 남연군묘를 참배한 후, 양주 곧은골에 은둔함.
1875 (56세)	1. 6	11. 27	민승호 폭사 사건	
	7. 24	6. 22		유폐에서 석방되어 한성으로 귀환함.
	9. 20	8. 21	운요호 사건(~9.22)	
1876 (57세)	2. 27	2. 3	조일수호조규 체결	
1880 (61세)	10. 2	8. 28	김홍집, 어전 복명하면서 『조선책략』을 진상함.	
1881 (62세)	1. 20	12. 21	삼군부 폐지, 통리기무아문 신설	
	3. 25	2. 26	이만손을 소수로 하는 영남 유생들이 「영남만인소」를 올림.	
	6. 23	5. 27	「척사윤음」 반포	
	10. 20	8. 28	이풍래, 이재선 역모를 고변함.	
1882 (63세)	5. 22	4. 6	조미수호통상조약 체결	
	6. 6	4. 21	조영수호통상조약 체결(제1차)	
	6. 30	5. 15	조독수호통상조약 체결(제2차)	
	7. 23	6. 9	임오군란 발발	
	7. 25	6. 11	고종, 대소 공무를 모두 대원군에게 품결(稟決)할 것을 명함.	제2차 집정 개시
	8. 26	7. 13		마건충 등 청 장령들에게 납치 당해 중국으로 호송됨.

연도	양력	음력	주요 역사적 사건	흥선대원군
1882 (63세)	8. 30	7. 17	조일수호조규 속약 및 제물포 조약 체결	
	9. 12	8. 1	군란 당시 피신한 명성왕후가 환궁함.	텐진 바오딩부에서 이홍장에게 심문을 받음.
	9. 26	8. 15		바오딩성성 내 구 청하도서에 연금됨.
	10. 4	8. 23	조청상민수륙무역장정 조인	
1883 (64세)	6. 2	4. 27		대원군 계열의 정현덕(鄭顯德)·조병창(趙秉昌)·조채하(趙采夏)·이재만(李載晩)·이원진(李源進)·조우희(趙宇熙)·이회정(李會正)·임응준(任應準) 등 8명 처형
	7. 25	7. 22	조일통상장정·해관세칙·일본인어채범죄조규·일본인한행리정약조(日本人間行里程約條) 체결	
	11. 26	10. 27	제2차 조영, 조독수호통상조약 체결	
1884 (65세)	12. 4	10. 17	갑신정변(~12.6)	
1885 (66세)	1. 9	11. 24	한성조약 체결	
	4. 15	3. 1	거문도 사건 발발	
	4. 18	3. 3	텐진조약 체결	
	5~6월	—	제1차 조러밀약 사건	
	7. 3	5. 21	이노우에 가오루, 「조선외무판법 8개조」를 제출함.	
	10. 3	8. 25		인천으로 귀국
	10. 6	8. 28	러시아대리공사 겸 총영사 카를 베베르 부임	두 번째 「존봉의절질목(尊奉儀節)」 시행
	11. 17	10. 11	원세개, 주차조선총리교섭통상사의로 부임	
1886 (67세)	8월	—	제2차 조러밀약 사건	
	8. 6	7. 7	원세개, 고종 폐위 건의	
1887 (68세)	3. 1	2. 7	영국 군함, 거문도에서 철수	

연도	양력	음력	주요 역사적 사건	흥선대원군
1888 (69세)	4. 10	2. 29	미국 육군소장 다이 등 4명 입국	
1890 (71세)	6. 4	4. 17	대왕대비 서거	
1891 (72세)	6월	–		오가와를 통해 김옥균, 박영효와 내통 시도.
1893 (74세)	3. 29	2. 12	동학교도 40여 명이 교조 신원을 위해 광화문에서 사흘 간 복합상소함.	
	4. 26	3. 11	동학교도가 보은에서 대규모 집회를 개최함.	
1894 (75세)	2. 15	1. 10	고부 군민, 전봉준의 지휘 하에 봉기함.	
	3. 28	2. 22	김옥균, 상하이에서 홍종우에게 피살	
	4. 26	3. 21	동학농민군, 안핵사 이용태의 부당한 조처에 반발하여 재차 봉기함.	이후 밀사들을 남파해서 동학도와 연락을 취함.
	5. 31	4. 27	동학농민군, 전주성 점령	
	6. 9	5. 6	일본군 선발대, 인천 상륙	
	6. 11	5. 8	동학농민군, 전주성에서 자진 해산	
	7. 22	6. 20		일본 공사관 측과 조선의 땅을 뺏지 않는다는 조건으로 입궐에 동의함.
	7. 23	6. 21	일본군, 경복궁 군사점령	제3차 집정 개시
	7. 27	6. 25	군국기무처 설치	
	8. 16	7. 16		평양성에 밀사를 보내 청 장수들과의 내통을 시도함.
	8. 20	7. 20	조일잠정합동조관 체결	
	8. 26	7. 26	조일양국맹약 체결	
	9. 16	8. 17	일본군, 평양성 함락	
	10. 26	9. 28	이노우에 가오루, 조선 공사로 부임함.	

연도	양력	음력	주요 역사적 사건	흥선대원군
1894 (75세)	10. 31	10. 3	법무협판 김학우 피살	
	11. 18	10. 21		이노우에의 압력으로 정계 은 퇴를 선언함.
	11. 20	10. 23	이노우에, 고종을 알현하 고 20개조의 개혁안을 제시 함.(~11.21)	
	11. 22	10. 25	고종, 7월 23일 대원군에게 서 무와 군무에 관한 지시를 받으 라고 한 전교를 철회함.	제3차 집정 종결
	12. 4	11. 8	우금치 전투(~12.7)에서 동학 농민군이 결정적 패배를 당함.	
	12. 6	11. 10	이재면, 김윤식, 어윤중 등 대 신들이 이노우에에게 「서언(誓 言)」을 제출함.	
1895 (76세)	1. 7	12. 12	고종, 문무백관을 거느리고 홍 범 14조를 종묘사직에 서고(誓 誥)함.	
	1. 12	12. 17	군국기무처 공식 폐지	
	4. 17	3. 23	시모노세키 조약 체결	
	4. 18	3. 24		이준용이 역모 및 김학우 암살 사주 혐의로 체포됨.
	4. 26	4. 2	삼국 간섭	
	5. 25	5. 2		세 번째 「존봉의절(尊奉儀節)」 시행
	5. 29	5. 6	박영효-박정양 내각 출범	
	7. 7	윤5. 15	박영효, 모반 혐의로 일본으로 망명함.	
	7. 23	6. 2		이준용, 특사로 교동도 유배에 서 석방됨.
	9.1	7. 13	미우라 고로, 조선 공사로 부임 함.	
	10. 8	8. 20	명성왕후 시해사건	
	11. 28	10. 12	춘생문 사건	
	12. 30	11. 15	단발령	

연도	양력	음력	주요 역사적 사건	흥선대원군
1896 (77세)	2. 11	12. 28	아관파천	고종의 지시로 생애 마지막 가택연금에 들어감.
1898 (79세)	1. 8	12. 16		여흥부대부인 민씨 사망
	2. 22	2. 2		79세를 일기로 서거

〈1차 자료〉

① 흥선대원군 관련 자료

「다시 살아가지 못하리라」, 정양완 역, 『문학사상』 제14호, 1973.
「大院君의 保定府談草-吳汝綸 對談記」, 성대경, 『鄕土서울』 제40호, 1982.
「大院君의 天津被拉日記 李鴻章의 査問答記」, 성대경 해설, 『월간조선』 1980년 7월호.
「大院君曉諭文」, 서울대학교 규장각한국학연구원 소장, 청구기호: 奎121415.
「흥선대원군 중국 유폐지서 극비리에 보낸 쪽지」, 김용구 해설, 『古美術저널』 창간호, 2001.
「흥선대원군이 명성황후에게 보낸 한글편지」, 이종덕·황문환 역, 『문헌과 해석』 제60호, 2012.
『石坡雜記』, 한국학중앙연구원 및 영남대학교 소장
『興宣大院君 史料彙編』 4책, 석파학술연구원 편, 현음사, 2005.
『흥선대원군과 운현궁 사람들』(도록), 서울역사박물관, 2007.

② 관찬사료 및 문서집

『高宗實錄』, 探究堂, 1970.
『備邊司謄錄』(高宗朝) 제36~37책, 국사편찬위원회, 1960.
『東學亂記錄』 2책, 국사편찬위원회, 1980.
『承政院日記』(高宗朝) 15책, 국사편찬위원회, 1967~1968.
『政治日記』, 서울대학교 규장각한국학연구원 소장, 청구기호: 奎古4206-14.
『推案及鞫案』, 서울대학교 규장각 한국학연구원 소장, 청구기호: 奎15149.

『舊韓國外交文書』 24책, 고려대학교 아세아문제 연구소, 1966~1970. *『舊韓國』으로 약칭
『근대한국 국제정치관 자료집』 3책, 장인성·김현철·김종학 편역, 서울대학교 출판부, 2012.
『근대한국외교문서』 제1~5권, 근대한국외교문서편찬위원회 편, 동북아역사재단, 2009~2012.

『근대한국외교문서』제6~13권. 근대한국외교문서편찬위원회 편, 서울대학교 출판문화원, 2015~2018.

『근대한일조약자료집』. 최덕규 외 편, 동북아역사재단, 2020.

『독일 외교문서 한국편』15책, 고려대학교 독일어권문화연구소 편, 보고사, 2019~2021.

『동학농민혁명사료총서』30책, 사운연구소, 1996.

『주한미국공사관·영사관 기록: 1882~1905』20책, 한림학교 아시아문화연구소 편, 한림대학교 출판부, 2000.

『李文忠公全集』7册, 吳汝綸 編, 臺北: 文海出版社, 1962.

『李鴻章全集』39册, 顧廷龍·戴逸 主編, 合肥: 安徽教育出版社, 2007.

『淸季中日韓關係史料』11册, 臺北: 中央硏究院 近代史硏究所, 1972. *『中日韓』으로 약칭

『淸光緖朝中日交涉史料』2册, 臺北: 文海出版社, 1970. *『中日』로 약칭

『日本外交文書』(明治年間) 62册, 日本外務省 編, 東京: 日本外務省, 1933~1963. *『日外』로 약칭

『岩倉公實記』3册, 多田好問 編, 東京: 原書房, 1968.

『三浦梧樓關係文書』, 山本四郎 編, 東京: 明治史料研究連絡会, 1960.

『福澤諭吉書簡集』9册, 福澤諭吉, 東京: 岩波書店, 2001.

『福澤諭吉全集』21册, 福澤諭吉, 東京: 岩波書店, 1958.

『伊藤博文關係文書』9册, 伊藤博文關係文書研究會 編, 東京: 塙書房, 1973~1981.

『伊藤博文文書: 秘書類纂』30册, 檜山幸夫 編, 東京: ゆまに書房, 2006.

『日韓外交資料集成』8册, 金正明 編, 東京: 巖南堂書店, 1962~1967.

『秘書類纂 朝鮮交涉資料』3册, 伊藤博文, 東京: 原書方, 1970.

Anglo-American Diplomatic Materials Relating to Korean, 1866-1886. Park Il-Keun ed, Seoul: Shinmundang, 1982. *AADM으로 약칭

Korean-American Relations: The Initial Period, 1883-1886, Vol. 1, George M. McCune and John A. Harrison eds, Berkeley: Univ. of

California Press. *KAR로 약칭

Korean-American Relations: The Period of Growing Influence, 1887-1895, Vol. 2, Palmer Spencer J. ed, Berkeley and Los Angeles: Univ. of California Press, 1963.

③ 개인문집 및 기록

『洋擾記錄』, 미상, 국립중앙도서관 소장.

『洋擾史草』, 미상, 국립중앙도서관 소장.

『赤虎記』, 미상, 국립중앙도서관 소장

국사편찬위원회 편, 『東學亂記錄』 2책, 한국사료총서 제10집, 1959.

金澤榮, 『韓史綮』, 『金澤榮全集』제5권, 아세아문화사, 1978.

奇正鎭, 『蘆沙集』, 한국문집총간 제310집, 민족문화추진회, 2003.

金奎洛, 『雲下見聞錄』, 아세아문화사, 1990.

金允植, 『陰晴史』, 한국사료총서 제6집, 국사편찬위원회, 1955.

_____, 『續陰晴史』, 한국사료총서 제11집, 국사편찬위원회, 1960.

_____, 『雲養集』, 한국문집총간 제328집, 민족문화추진회, 2004.

金衡圭, 『靑又日錄』, 한국사료총서 제22집, 국사편찬위원회, 1972.

金弘集, 『以政學齋日錄』, 고려대학교영인총서 제3집, 고려대학교출판부, 1976.

柳厚祚, 『落坡先生文集』, 大譜社, 1995.

馬建忠, 『東行三錄』, 김한규 역, 『사조선록 역주 5』, 소명출판, 2012.

茂朱官衙, 『隨錄』, 동학농민혁명참여자명예회복심의위원회, 『동학농민혁명 국역 총서』제3권, 2017.

朴珪壽, 『瓛齋集』, 한국문집총간 제312집, 민족문화추진회, 2003.

朴殷植, 『朴殷植全書』 3책, 단국대학교 동양학연구소, 1975.

朴定陽, 『從宦日記』, 한국학문헌연구소 편, 『박정양전집』제2권, 아세아문화사, 1984.

朴齊炯, 『近世朝鮮政鑑』上, 탐구당, 1964.

朴周大, 『羅巖手錄』, 한국사료총서 제27집, 1980.

샤를 달레, 『한국천주교회사』 3책, 한국교회사연구소, 1979.

샤를 마르텡 저, 유소연 역, 『프랑스 군인 쥐베르가 기록한 병인양요』, 살림, 2010.

宋近洙, 『龍湖閒錄』, 한국사료총서 제25집, 국사편찬위원회, 1980.

宋相燾, 『騎驢隨筆』, 한국사료총서 제2집, 국사편찬위원회, 1971.

申櫶, 『申櫶全集』 3책, 아세아문화사, 1990.

____, 『沁行日記』, 김종학 역, 『심행일기: 조선이 기록한 강화도조약』, 푸른역사, 2010.

앙리 쥐베르 저, 유소연 역, 『프랑스 군인 쥐베르가 기록한 병인양요』, 살림, 2010.

魚允中, 『從政年表』, 한국사료총서 제6집, 국사편찬위원회, 1955.

에른스트 오페르트 저, 한우근 역, 『조선기행』, 일조각, 1982.

俞吉濬, 『俞吉濬全書』 5책, 유길준전서편찬위원회 편, 일조각, 1971.

尹致昊, 『尹致昊日記』, 한국사료총서 제19집, 국사편찬위원회, 1968~1980.

尹孝貞, 『風雲韓末秘史』, 수문사, 1984.

李恒老, 『華西集』, 한국문집총간 제304~305집, 민족문화추진회, 2003.

鄭喬, 『大韓季年史』, 한국사료총서 제5집, 국사편찬위원회, 1955.

鄭元容, 『經山日錄』, 허경진·구지연 역, 『국역 경산일록』 6책, 보고사, 2008.

崔瑆煥, 『顧問備略』, 실시학사 편, 『어시재 최성환의 고문비략』, 사람의 무늬, 2013.

崔益鉉, 『勉菴集』, 한국문집총간 제325~326집, 민족문화추진회, 2004.

파울 G. 묄렌도르프 저, 신복룡·김운경 역주, 『묄렌도르프 自傳(外)』, 집문당, 1987.

한국교회사연구소 역주, 『뮈텔주교일기』 6책, 한국교회사연구소, 2009.

_____ 편, 『기해일기, 치명일기, 병인치명자전』, 한국교회사연구소, 1982.

호레이스 N. 알렌 저, 김원모 역, 『알렌의 일기』, 단국대학교 출판부, 1991.

黃玹, 『梅泉野錄』, 한국사료총서 제1집, 국사편찬위원회, 1955.

____, 『梧下記聞』, 김종익 역, 『오동나무 아래에서 역사를 기록하다: 황현이 본 동학농민전쟁』, 역사비평사, 2016.

廣瀨順晧 編, 『近代外交回顧錄』, 東京: ゆまに書房, 2000.

堀口九萬一, 「閔妃事件の思ひ出」 『軍事史研究』 3-1, 1938.

大町桂月, 『伯爵後藤象二郎』, 東京: 富山房, 1914.

德富猪一郎, 『陸軍大將川上操六』, 東京: 第一公論社, 1942.

陸奧宗光, 『蹇蹇錄』, 中塚明 校注, 東京: 岩波書店, 1983.

林董, 『後は昔の記』, 東京: 時事新報社, 1910.

杉村濬, 『明治廿七八年在韓苦心錄』, 東京: 勇喜社, 1932.

三浦梧樓, 『觀樹將軍回顧錄』, 東京: 政敎社, 1925.

石川幹明 編, 『福澤諭吉傳』4冊, 東京: 岩波書店, 1932.

小早川秀雄, 「閔后殂落事件」, 外務省記錄, 『韓國王妃弑害一件』

井上角五郞, 『漢城迺殘夢』, 東京: 春陽書樓, 1891.

井上馨候傳記編纂會, 『世外井上公傳』5冊, 東京: 井上馨候傳記編纂會, 1933~34.

Bishop, Isabella B., *Korea and Her Neighbours*, 2 vols. London: John Murray, 1898.

Denny, Owen N., *China and Korea*, Shanghai: Kelly and Walsh, 1888.

Griffis, William E., *Corea: the hermit nation*, New York: Charles Scribner's Sons, 1897.

_____, *America in the East*, New York: A. S. Barnes, 1900.

Hulbert, Homer Bezaleel, *The passing of Korea*, New York: Doubleday, Page & Co., 1906

Lowell, Percival, "A Korean Coup d'État", *The Atlantic Monthly*, Vol.58, Issue 349, 1886. Nov.

④ 기타

대전광역시 향토사료관, 「壬午六月日記」, 『은진송씨 제월당가 기탁유물 특별전 "명성황후를 모시다": 1882년 임오군란』, 2008.

황문환 외, 『조선시대 한글편지 판독자료집』3책, 역락, 2013.

『東京日日新聞』 *Korean Repository*

〈연구 문헌〉

(1) 제1장 「권력(1863~1873)」

① 연구서

강상규, 『조선 정치사의 발견: 조선의 정치지형과 문명전환의 외기』, 창비, 2013.

고성훈 외, 『민란의 시대: 조선 시대의 민란과 변란들』, 가람기획, 2000.

기무라 간(木村幹) 저, 김세덕 역, 『대한제국의 패망과 그림자』, 제이앤씨, 2017.

김동욱, 『서울의 다섯 궁궐과 그 앞길』, 도서출판 집, 2017.

김병우, 『대원군의 통치정책』, 혜안, 2006.

김성혜, 『재위전기 고종의 통치활동(1864~1876)』, 선인, 2013.

김영작, 『한말 내셔널리즘 연구: 사상과 현실』, 청계연구소, 1989.

김용구, 『세계관 충돌의 국제정치학: 동양 예와 서양 공법』, 나남출판, 1997.

_____, 『세계관 충돌과 한말외교사, 1866~1882』, 문학과 지성사, 2001.

김원모, 『근대한미관계사: 한미전쟁편』, 철학과 현실사, 1992.

김준형, 『1862년 진주농민항쟁』, 지식산업사, 2001.

나미키 요리히사(竝木賴壽), 이노우에 히로마사(井上裕正) 저, 김명수 역, 『아편전쟁
　　　　과 중화제국의 위기』, 논형, 2017.

다보하시 기요시(田保橋潔), 김종학 역, 『근대일선관계의 연구』(상), 일조각, 2013.

_____, 『근대일선관계의 연구』(하), 일조각, 2016.

민병수·조동일·이재선, 『개화기의 우국문학』, 신구문화사, 1974.

박용국, 『복자 정찬문』, 알마, 2015.

박진철, 『고종의 왕권 강화책 연구(1873~1897)』, 원광대학교 박사학위논문, 2001.

배항섭, 『19세기 조선의 군사제도 연구』, 국학자료원, 2002.

배항섭·손병규 편, 『임술민란과 19세기 동아시아 민중운동』, 성균관대학교 출판부,
　　　　2013.

성대경, 『대원군정권 성격연구』, 성균관대 박사학위논문, 1984.

손형부, 『박규수의 개화사상연구』, 일조각, 1993.

안외순, 『대원군집정기 권력구조에 관한 연구』 이화여자대학교 박사학위논문, 1995.

연갑수, 『대원군집권기 부국강병정책 연구』, 서울대학교 출판부, 2001.

_____, 『고종대 정치변동 연구』, 일지사, 2008.

원유한, 『조선후기 화폐사』, 혜안, 2008.

유봉학, 『정조대왕의 꿈-개혁과 갈등의 시대』, 신구문화사, 2001.

유자후, 『조선화폐고』, 학예사, 1940.

이광린, 『한국개화사연구』, 일조각, 1969.

_____, 『한국사강좌V: 근대편』, 일조각, 1990.

이선근, 『한국사: 최근세편』, 을유문화사, 1961.

정옥자, 『조선후기 중인문화 연구』, 일지사, 2003.

제임스 팔레(James Palais) 저, 이훈상 역, 『전통한국의 정치와 정책』, 신원문화사, 1993.

조영준, 『조선후기 왕실재정과 서울상업』, 소명출판, 2016.

조재곤, 『근대 격변기의 상인 보부상』, 서울대학교 출판부, 2003.

최병옥, 『개화기의 군사정책연구』, 경인문화사, 2000.

최효식, 『조선후기 군제사 연구』, 신서원, 1995.

한영우, 『조선시대 신분사연구』, 집문당, 1997.

② 연구논문

강상규, 「대원군의 천주교 탄압에 대한 정치학적 고찰-전환기 한반도의 리더십
        분석」, 『정신문화연구』 제30집 1호, 2007.

고석규, 「1862년 농민항쟁 연구의 논쟁점」, 『역사와 현실』 제1호, 1989.

_____, 「19세기 초·중반의 사회경제적 성격」, 『역사비평』 제35호, 1996.

김명호, 「實學과 開化思想의 관련양상-철종시대 朴珪壽의 활동과 燕巖의 影響」,
        『대동문화연구』 제36집, 2000.

_____, 「대원군정권과 박규수」, 『진단학보』 제91호, 2001.

김병우, 「大院君執政期 政治勢力의 性格」, 『계명사학』 제2호, 1991.

_____, 「大院君의 宗親府 强化와 '大院位分付'」, 『진단학보』 제96호, 2003.

김성혜, 「1873년 고종의 통치권 장악 과정에 대한 일고찰」, 『대동문화연구』 제72
        집, 2010.

김세은, 「대원군 집권기 군사제도의 정비」, 『한국사론』 제23호, 1990.

_____, 「고종초기(1863~1873) 국가의례 시행의 의미」, 『조선시대사학보』 제31호,
        2004.

김영수, 「근대 한국의 실패와 정치적 리얼리즘(I) – 조선 말기 興宣大院君의 정치와 정치리더십을 중심으로」, 『동양정치사상사』 제2권 1호, 2003.

_____, 「근대 한국의 실패와 정치적 리얼리즘(II) – 조선 말기 興宣大院君의 정치와 정치리더십을 중심으로」, 『동양정치사상사』 제4권 1호, 2005.

김용섭, 「還穀制의 釐正과 社倉法」, 『동방학지』 제34집, 1982.

김의환, 「새로 발견된 『홍선대원군 약전(興宣大院君略傳)』」, 『사학연구』 제39호, 1987.

노혜경, 「오페르트의 조선 인식」, 『역사실학회』 제55호, 2014.

도마 세타(藤間生大), 「大院君政權의 構造」, 양상현 편, 『韓國近代政治史研究』, 사계절, 1985.

박광성, 「洋擾後의 江華島防備策에 관하여」, 『畿甸文化』 제7집, 1976.

박찬식, 「신헌의 국방론」, 『역사학보』 제117호, 1988.

서영희, 「명성왕후 연구」, 『역사비평』 제57호, 2001.

성대경, 「大院君初期執政期의 權力構造」, 『대동문화연구』 제15집, 1982.

안대회, 「고종시기 학계와 문단의 동향–南社 同人의 懷人詩를 중심으로」, 『대동문화연구』 제104집, 2018.

안외순, 「高宗의 初期(1864–1873) 對外認識 變化와 親政–遣淸回還使 김見을 중심으로」, 『한국정치학회보』 제30집 2호, 1999.

_____, 「개항 전후 여흥 민씨 세력의 동향과 명성황후」, 오영섭·장영숙 편, 『다시 보는 명성황후』, 여주문화원, 2006.

연갑수, 「개항기 권력집단의 정세인식과 정책」, 한국역사연구회 편, 『1894년 농민전쟁연구』 제3권, 역사비평사, 1991.

_____, 「대원군 집정의 성격과 권력구조의 변화」, 『한국사론』 제27호, 1992.

_____, 「병인양요와 대원군 정권의 대응」, 『군사』 제33호, 1996.

_____, 「대원군 집권기 국방정책」, 『한국문화』 제20호, 1997.

_____, 「홍선대원군에 대한 오해와 진실」, 『내일을 여는 역사』 제23호, 2006.

오두환, 「당오전 연구」, 『경제사학』 제6호, 1983.

오수창, 「정국의 추이」, 한국역사연구회 19세기정치사연구반, 『조선정치사 1800~1863』 상, 청년사, 1990.

우철구, 「병인양요 소고」, 『동방학지』 제49호, 1985.

원유한, 「18세기에 있어서의 화폐정책: 동전(銅錢)의 주조사업 중심」, 『역사학보』

제19호, 1967.

유영익, 「興宣大院君」, 『한국사시민강좌』 제13호, 1993.

이경구, 「18~19세기 서울과 지방의 격차와 지식인의 인식」, 역사비평 편집위원회 편, 『정조와 정조 이후-정조 시대와 19세기의 연속과 단절』, 역사비평사, 2017.

이광린, 「近世朝鮮政鑑에 대한 몇 가지 問題」, 『한국개화사연구』, 일조각, 1969.

이배용, 「開化記 明成皇后 閔妃의 政治的 役割」, 『국사관논총』 제66집, 1995.

이선근, 「근세 세도정치의 역사적 고찰」, 『국사상의 제문제』 제5집, 1959.

_____, 「朴齊炯의 近世朝鮮政鑑과 大院君時代 研究의 再檢討」, 지양 신기석박사 회갑기념학술논문집 편찬위원회, 『芝陽申基碩博士 華甲記念學術論文集』, 삼화인쇄, 1968.

이준구, 「18·19세기 身分制 변동 추세와 身分 지속성의 경향」, 『한국문화』 제19호, 1997.

임혜련, 「19세기 神貞王后 趙氏의 생애와 垂簾聽政」, 『한국인물사연구』 제10호, 2008.

장영숙, 「高宗親政初期 軍令權의 推移와 軍制改編(1873~1884)」, 『사학연구』 제58·59호, 1999.

정경현, 「19세기의 새로운 國土防衛論: 茶山의 〈民堡議〉를 中心으로」, 『한국사론』 제4호, 1978.

제임스 팔레(James Palais), 「李朝時大의 安定性-平衡制度와 限界調節」, 『한국의 전통과 변천』, 고려대학교 출판부, 1973.

_____, 「조선왕조의 관료적 군주제」, 조선시대사학회 편, 『동양 삼국의 왕권과 관료제』, 국학자료원, 1999.

조성산, 「19세기 조선의 지식인 지형-균열과 가능성」, 역사비평 편집위원회 편, 『정조와 정조 이후-정조 시대와 19세기의 연속과 단절』, 역사비평사, 2017.

조성윤, 「개항 직후 대원군파의 쿠데타 시도-이재선 사건을 중심으로」, 양상현 편, 『한국근대정치사연구』, 사계절, 1985.

_____, 「조선후기 서울지역 중인세력의 성장과 한계」, 『역사비평』 제21호, 1993.

최병옥, 「고종대의 삼군부 연구」, 『군사』 제19호, 1989.

최석우, 「병인양요소고」, 『역사학보』 제30호, 1966.

_____, 「朝鮮後期社會와 天主敎」, 『論文集』 제5권 1호, 1974.

최진욱, 「丙寅洋擾 전후 申櫶의 대내인식과 개혁론」, 『한국사학보』 제42집, 2011.

한영우, 「조선시대 중인의 신분·계급적 성격」, 『한국문화』 제9호, 1988.

한우근, 「大院君의 稅源擴張策의 一端—高宗朝 洞布·戶布制 實施와 그 後弊」, 『金載元 博士 回甲紀念論叢』, 을유문화사, 1969.

홍순민, 「고종대 경복궁 중건의 정치적 의미」, 『서울학연구』 제29호, 2007.

_____, 「정치집단의 성격」, 한국역사연구회 19세기정치사연구반, 『조선정치사 1800~1863』 상, 청년사, 1990.

홍순옥, 「興宣大院君政權의 考察」, 『韓國政治學會報』 제3집, 1969.

홍일식, 「韓國 開化思想의 淵源攷」, 안암어문학회 『어문논집』 제19집 1호, 1977.

Ch'en, Jerome, *Yuan Shih-K'ai*, Stanford: Stanford Univ. Press, 1972.

Palais, James, *Politics and Policy in Traditional Korea*, Cambridge, MA: Havard University Press, 1975.

_____, "Confucianism and The Aristocratic/ Bureaucratic Balance in Korea", *Harvard Journal of Asiatic Studies*, Vol.44, No.2, Dec.1984.

_____, "A Search for Korean Uniqueness", *Harvard Journal of Asiatic Studies*, Vol.55, No.2, 1995.

藤間生大, 「大院君政權の歷史的意義(I)」, 『歷史評論』254號, 1971.

_____, 「大院君政權の歷史的意義(II)」, 『歷史評論』255號, 1971.

_____, 「大院君政權の構造」, 『近代東アジア世界の形成』, 東京: 1977.

木村幹, 「備邊司謄錄'座目'に見る朝鮮王朝末期官僚制の一研究—大院君政權から高宗=閔氏政權へ」, 『國際協力論集』7(2), 1999.

石井壽夫, 「李太王朝の朝鮮天主敎とその迫害」, 『史學雜誌』52권 5호, 1941.

槽谷憲一, 「大院君政權の權力構造: 閔氏政權上層部の構成に關する考察」, 『東洋史研究』49-2, 1990.

(2) 제2장 「음모(1874~1893)」

① 연구서

강범석,『잃어버린 혁명-갑신정변 연구』, 솔, 2006.

권석봉,『淸末對朝鮮政策史硏究』, 일조각, 1986.

권혁수,『근대 한중관계사의 재조명』, 혜안, 2007.

기무라 간(木村幹) 저, 김세덕 역,『조선/ 한국의 내셔널리즘과 소국의식』, 산처럼,
    2007.

김용구,『임오군란과 갑신정변: 사대질서의 변형과 한국외교사』, 원, 2004.

김원모,『近代韓美關係史: 韓美戰爭篇』, 철학과 현실사, 1992.

_____,『개화기 한미교섭관계사』, 단국대학교 출판부, 2003.

김정숙,『흥선대원군 이하응의 예술세계』, 일지사, 2004.

김종학,『개화당의 기원과 비밀외교』, 일조각, 2016.

다보하시 기요시(田保橋潔) 저, 김종학 역,『근대일선관계의 연구』(상), 일조각, 2013.

_____,『근대일선관계의 연구』(하), 일조각, 2016.

러시아 대장성 저, 김병린 역,『구한말의 사회와 경제』, 유풍출판사, 1982.

박 보리스 드미트리예비치(Park, Boris Dmitrievich) 저, 민경현 역,『러시아와 한국』,
    동북아역사재단, 2010.

박 벨라 보리소브나(Park, Bella Borisovna) 저, 최덕규·김종헌 역,『러시아 외교관
    베베르와 조선』, 동북아역사재단, 2020.

송병기,『근대 한중관계사 연구』, 단국대학교 출판부, 1985.

_____,『개방과 예속』, 단국대학교출판부, 2000.

스워다우트(Robert R. Swartout) 저, 신복룡·강석찬 역,『데니의 생애와 활동』, 평민
    사, 1988.

이양자,『朝鮮에서의 袁世凱』, 신지서원, 2002.

최덕규,『제정러시아의 한반도 정책, 1891~1907』, 경인문화사, 2008.

해링튼(Fred Harvey Harrington) 저, 이광린 역,『개화기의 한미관계-알렌 박사의 활
    동을 중심으로』, 일조각, 1973.

Deuchler, Martina. *Confucian gentlemen and barbarian envoys: the opening of Korea, 1875-1885*, Seattle: University of Washington Press, 1977.

Malozemoff, Andrew. *Russian Far Eastern Policy, 1881-1904: With Special Emphasis on the Causes of the Russo-Japanese War*, Berkeley, California:University of California Press, 1958.

林明德, 『袁世凱與朝鮮』, 臺北: 中央研究院近代史硏究所, 1984.

② 연구논문

고병익, 「穆麟德의 雇聘과 그 背景」, 『진단학보』 제25~27합집, 1964.

권석봉, 「李鴻章의 對朝鮮列國立約勸導策에 대하여」, 『역사학보』 제21집, 1962.

_____, 「大院君被囚問題에 대한 再檢討(上)」, 『인문학연구』 제3호, 1976.

_____, 「大院君被囚問題에 대한 再檢討(下)」, 『인문학연구』 제4~5합집, 1977.

_____, 「淸廷에 있어서의 大院君과 그의 還國(上)」, 『동방학지』 제27호, 1981.

_____, 「淸廷에 있어서의 大院君과 그의 還國(下)」, 『동방학지』 제28호, 1981.

김달중, 「1880年代 韓國國內政治와 外交政策-閔氏政治指導力 및 外交政策 再評價」, 『韓國政治學會報』 제10집, 1976.

김원모, 「袁世凱의 韓半島 安保策(1886)」, 『동양학』 제16집, 1986.

김정숙, 「『大院君天津往還日記』와 保定府 時節 李昰應의 墨蘭畵」, 『장서각』 제7집, 2002.

김종원, 「조중상민수륙무역장정에 대하여」, 『역사학보』 제32호, 1966.

김종학, 「이노우에 가쿠고로와 갑신정변: 미간사료 『井上角五郞自記年譜』에 기초하여」, 『한국동양정치사상사연구』 제13권 1호, 2014.

김현숙, 「묄렌도르프(Möllendorff)의 외교정책과 경제개발정책의 성격」, 『湖西史學』 제34집, 2003.

박봉식, 「메릴 書簡」, 藜堂金載元博士回甲紀念事業委員會 편, 『金載元博士回甲紀念論叢』, 을유문화사, 1969.

성대경, 「大院君의 天津被拉 日記 李鴻章의 査問答記」, 『월간조선』 1980년 7월호.

_____, 「大院君의 保定府談草-吳汝綸 對談記」, 『향토서울』 제40호, 1982.

송병기, 「소위 三端에 대하여-근대 韓淸關係史의 한 연구-」, 『史學志』 제6집, 1972.

_____, 「신사척사운동 연구」, 『사학연구』 제37호, 1983.

유영익, 「大院君과 淸日戰爭」, 김기혁 외, 『청일전쟁의 재조명』, 한림대학교 아시아문화연구소, 1996.

은정태, 「고종친정 이후 정치체제 개혁과 정치세력의 동향」, 『한국사론』 제40집, 1988.

이동욱, 「李鴻章-라디젠스키 天津 회담(1886)의 재고찰-이홍장의 의도와 역할을 중심으로」, 『사총』 제101호, 2020.

이배용, 「개화기 명성황후 민비의 정치적 역할」, 한국인문과학원 편, 『韓國史研究論選』 제36권, 한국인문과학원, 1997.

임계순, 「朝露密約과 그 후의 韓露關係(1884-1894)」, 박태근 외, 『韓露關係 100年史』, 한국사연구협의회, 1984.

정진영, 「19세기 후반 嶺南儒林의 정치적 동향: 萬人疏를 중심으로」, 민족문화연구소 편, 『한말 영남 유학계의 동향』, 영남대학교 출판부, 1998.

조성윤, 「개항 직후 대원군파의 쿠데타 시도: 이재선 사건을 중심으로」, 양상현 편, 『한국근대정치사연구』, 사계절, 1985.

최문형, 「열강의 대한정책에 대한 일고찰: 임오군란과 갑신정변을 중심으로」, 『역사학보』 제92호, 1981.

한철호, 「고종 친정초(1874) 암행어사 파견과 그 활동: 지방관 징치를 중심으로」, 『사학지』 제31집, 1998.

Heard, Augustine, "China and Japan in Korea", *The North American Review*, vol.159. no.454, 1894.

Lew, Young Ick, "Yüan Shih-K'ai's Residency and the Korean Enlightenment Movement(1885-1894), *Journal of Korean Studies*, vol.5, 1984.

Park, Il-Keun, "China's Policy Toward Korea: 1880-1884", 『부산대학교 논문집』 제31집, 1981.

甲賀宜政, 「近世朝鮮貨幣及典圜局の沿革」, 京城帝国大学朝鮮経済研究所, 『朝鮮總督府月報』第4卷 12號, 1914.

伊藤之雄, 「元老の形成と變遷に關する若干の考察-後繼首相推薦機能を中心として」, 『史林』第60卷 2號, 1977.

佐佐木揚, 「一八八〇年代における露朝關係-一八八五年の'第一次露朝密約を中心として」, 『韓』第106號, 1987.

崔碩莞, 「甲申政變期の井上角五郎-日本の甲申政變企圖說の再評價」, 『日本歷史』第533號, 1992.

(3) 제3장 「파국(1863~1895)」 및 에필로그

① 연구서

강범석, 『왕후모살』, 솔, 2010.

김상기, 『동학과 동학란』, 한국일보사, 1975.

김태웅, 『어윤중과 그의 시대』, 아카넷, 2018.

나카쓰카 아키라 저, 박맹수 역, 『1894년, 경복궁을 점령하라』, 푸른역사, 2002.

다보하시 기요시 저, 김종학 역, 『근대일선관계의 연구』(상), 일조각, 2013.

_____, 『근대일선관계의 연구』(하), 일조각, 2016.

박종근 저, 박영재 역, 『淸日戰爭과 朝鮮』, 일조각, 1989.

벨라 보리소브나 박 저, 최덕규·김종헌 역, 『러시아 외교관 베베르와 조선』, 동북아역사재단, 2020.

신복룡, 『전봉준 평전』, 지식산업사, 1982.

오타니 다다시 저, 이재우 역, 『청일전쟁-국민의 탄생』, 오월의 봄, 2018.

유영익, 『갑오경장연구』, 일조각, 1990.

_____, 『東學農民蜂起와 甲午更張』, 일조각, 1998.

이돈화 편, 『천도교창건사』, 경인문화사, 1982.

이이화, 『전봉준, 혁명의 기록』, 생각정원, 2014.

장도빈, 『갑오동학란과 전봉준』, 덕흥서림, 1926.

천도교중앙총부 교사편찬위원회, 『천도교백년약사』, 미래문화사, 1981.

최문형 외, 『明成皇后 弑害事件』, 민음사, 1992.

戚其章,『甲午战争新讲』, 北京: 中華書局, 2009.

菊池謙讓,『近代朝鮮史』2冊, 京城: 鷄鳴社, 1939.

原田敬一,『日清戦争』, 東京: 吉川弘文館, 2008.

檜山幸夫,『日清戦争－秘蔵写真が明かす真実』, 東京: 講談社, 1997.

② 연구논문

강창일, 「일본의 조선 침략과 명성황후」, 오영섭·장영숙 편, 『다시 보는 명성황후』, 여주문화원, 2006.

김성혜, 「고종시대 군주권 위협 사건에 대한 일고찰」, 『한국문화연구』 제18호, 2010.

김영수, 「갑오농민군과 흥선대원군의 정치적 관계에 대한 연구－이병휘, 전봉준 공초(供招)에 대한 분석을 중심으로」, 『한국사회과학』 제19권 3호, 1997.

김영수, 「을미사변을 둘러싼 기억과 의문－명성황후 암살자에 관한 기록과 추적」, 『사림』 제41호, 2012.

김원수, 「청일전쟁 및 삼국간섭과 러시아의 조선정책」, 오영섭·장영숙 편, 『한국 정치외교사논총』 36(2), 2015.

김종학, 「근대 '개화'의 수용과 정치변동(1876~1895)」, 동북아역사재단 한일역사문제연구소 편, 『청일전쟁과 근대 동아시아의 세력전이』, 동북아역사재단, 2020.

배항섭, 「전봉준과 대원군의 '밀약설' 고찰」, 『역사비평』 제39호, 1997.

유영익, 「대원군과 청일전쟁」, 『청일전쟁의 재조명』, 한림대학교 아시아문화 연구소, 1996.

이상백, 「동학당과 대원군」, 『역사학보』 제17·18호, 1962.

이연숙, 「명성황후와 박영효: 1895년 박영효의 不軌陰圖說을 중심으로」, 오영섭·장영숙 편, 『다시 보는 명성황후』, 여주문화원, 2006.

조재곤, 「1894년 일본군의 조선왕궁(경복궁) 점령에 대한 재검토」, 『서울과 역사』 제94호, 2016.

최문형, 「露日의 對立과 '閔妃' 弑害事件」, 『역사학보』 제168호, 2000.

최석완, 「일본정부의 청일전쟁 개전 논의와 그 성격－청일전쟁의 역사적 의의와 관련하여」, 『역사와 세계』 제46호, 2014.

福島新吾,「壬午.甲申.閔妃事件關聯の《杉村君日記》: 研究と史料解讀」,『專修史學』
　　　第21號, 1989.

田保橋潔,「近代朝鮮に於ける政治的改革」, 朝鮮總督府,『近代朝鮮史研究』第1號,
　　　1944.

秦郁彦,「閔妃弑害事件の再考察」,『政經研究』43(2), 2006.

ㄱ

저자소개

김종학(金鍾學)

서울대학교 외교학과를 졸업하고 같은 대학원에서 석·박사 학위를 취득하였다. 동북아역사재단 연구위원, 국립외교원 조교수 겸 외교사연구센터 책임교수 등을 역임하고 현재 서울대학교 정치외교학부 부교수로 재직 중이다. 2018년 박사학위논문을 단행본으로 출간한 『개화당의 기원과 비밀외교』로 제43회 월봉저작상을 수상했다.

주요 저서로 『근대한국외교문서』(2010~2018. 13책. 공편), 『근대한국 국제정치관 자료집 1』(2012. 공편), 『개화당의 기원과 비밀외교』(2017), 『한국의 대외관계와 외교사(근대편)』(2019. 공저), 『청일전쟁과 근대 동아시아의 세력전이』(2020. 공저), 『한일조약자료집(1876~1910)』(2020. 공편), 『일본, 한국을 상상하다』(2021. 공저) 등이 있다.

번역서로 『심행일기(沁行日記)』(2010), 『근대 일선관계의 연구(近代日鮮關係の硏究)』상(2013)·하(2016), 『을병일기(乙丙日記)』(2013), 『신론(新論)』(2016), 『조선사무서(朝鮮事務書) 1』(2021. 공역) 등이 있다.